Halecker, Hoffmann, Melz, Scheffler, Zielińska
Musik und Strafrecht

Juristische Zeitgeschichte
Abteilung 6, Band 55

Juristische Zeitgeschichte
Hrsg. von Prof. Dr. Dr. Dr. h.c. Thomas Vormbaum
(FernUniversität in Hagen, Institut für Juristische Zeitgeschichte)

Abteilung 6:
Recht in der Kunst – Kunst im Recht
Mithrsg.
Prof. Dr. Gunter Reiß
(Universität Münster)
Prof. Dr. Anja Schiemann
(Deutsche Hochschule der Polizei, Münster-Hiltrup)

Band 55

Redaktion: Christoph Hagemann

De Gruyter

Dela-Madeleine Halecker, Paul Hoffmann, Joanna Melz, Uwe Scheffler, Claudia Zielińska
unter Mitwirkung von
Alice Anna Bielecki, Lisa Weyhrich, Peggy Zimmer

Musik und Strafrecht

Ein Streifzug durch eine tönende Welt

De Gruyter

ISBN 978-3-11-073707-3
e-ISBN (PDF) 978-3-11-073172-9
e-ISBN (EPUB) 978-3-11-073176-7

Library of Congress Control Number: 2020951088

Bibliografische Information der Deutschen Nationalbibliothek

Die Deutsche Nationalbibliothek verzeichnet diese Publikation in der Deutschen Nationalbibliografie; detaillierte bibliografische Daten sind im Internet über http://dnb.dnb.de abrufbar.

Umschlagabbildung: Juan Gris, Arlequin assis à la guitare (1919),
Musée National d'Art Moderne, Paris.
Druck und Bindung: CPI books GmbH, Leck

www.degruyter.com

Vorwort

Im Jahre 2013 wurde auf Initiative von Dela-Madeleine Halecker von unserem gesamten Lehrstuhlteam an der Europa-Universität Viadrina Frankfurt (Oder) eine Ausstellung „Kunst und Strafrecht“ gemeinsam konzipiert und erstellt.

Auf insgesamt zwölf Tafeln sind dort in Wort und Bild Fälle dargestellt, mit denen insbesondere Berührungspunkte zwischen der Freiheit der Kunst und strafrechtlich geschützten Rechtsgütern veranschaulicht werden.

Die Tafeln zeigen vor allem Werke der Bildenden Kunst (Gemälde, Graphiken, Plastiken), beschäftigen sich aber auch mit Themen der Dichtkunst und der Darstellenden Kunst. Werke der Musik, also der Tonkunst, kommen auf den Tafeln im Zusammenhang mit dem Coverartwork der Rockbands Kiss und Cannibal Corpse vor.

Damit wird jedoch nur ein kurzer Einblick in die Thematik „Musik und Strafrecht“ gewährt, die um Einiges mehr zu bieten hat: Hier finden sich über mehr als ein Jahrzehnt andauernde Gerichtsprozesse, in denen der Vorwurf des Musikdiebstahls oder Plagiats zu klären war, Fallgestaltungen, in denen Musikstücken bereits nur aufgrund ihrer Melodie ein nationalsozialistischer Charakter zugesprochen wurde, oder die indiziert wurden, weil der Liedtext Verhaltensweisen wie Sodomie oder Inzest beschreibt oder sogar die Begehung von Verbrechen wie Vergewaltigung oder Mord andeutet. Der Faden ließe sich problemlos weiterknüpfen …

Zu einigen dieser Aspekte haben wir Vorträge auf verschiedenen Tagungen und Vernissagen gehalten, auf denen stets unsere Ausstellung „Kunst und Strafrecht“ in unterschiedlichen Variationen und Sprachen präsentiert wurde. Den alleinigen Fokus auf das Thema „Musik und Strafrecht“ richteten wir am 24. April 2019 auf einer Tagung an der Europa-Universität Viadrina Frankfurt (Oder), auf der wir ausschließlich musikthematische Beiträge vorstellten.

Aufgrund der sehr guten Resonanz und des anhaltenden Interesses an dieser Thematik haben wir uns nun zur Veröffentlichung unserer Vorträge – aktualisiert, teilweise ergänzt und verfußnotet – als Sammelband entschlossen; der Vortragsstil wurde nicht immer in toto beibehalten. – Abgerundet wird der Band durch einige der Vorträge unserer Gäste auf der Tagung „Musik und Strafrecht“.

Dela-Madeleine Halecker – Paul Hoffmann – Joanna Melz –
Uwe Scheffler – Claudia Zielińska

Inhaltsverzeichnis

Dela-Madeleine Halecker, Uwe Scheffler

Einleitung 5

Joanna Melz, Claudia Zielińska, Alice Anna Bielecki

„Verbotene“ Lieder? Ein Überblick über strafrechtlich kontroverse Musik in Deutschland 9

Claudia Zielińska

Madonna – Eine Pop-Ikone zwischen Gotteslästerung und Gottesverehrung 43

Uwe Scheffler

Das „Horst-Wessel-Lied“ vor Gericht – kein Ruhmesblatt der Justiz 59

Claudia Zielińska

„KIᛋᛋ“ – Verstoß gegen § 86a StGB? 77

Lisa Weyhrich

Pussy Riot – Die Moskauer Furien 95

Claudia Zielińska

„Die Ärzte“ – erst „Ab 18“? 113

Paul Hoffmann

Das Plagiat in der Musik – zwischen Strafrecht und Inspiration 127

Paul Hoffmann

Metall auf Metall – 20 Jahre Rechtsstreit um zwei Sekunden 139

Uwe Scheffler

Russischer Blatnjak – Gulag-Schansons statt Gangsta-Rap 151

GASTVORTRÄGE AUF UNSERER TAGUNG
AM 24. APRIL 2019

Brian Valerius

Musik und Blasphemie – Vom Maria-Syndrom über Black Metal zu Pussy Riot 167

Wolfgang Schild

Musikalische Hinrichtung: Zur Oper „Dead Man Walking“ von Terrence McNally und Jake Heggie 177

Markus Hirte

Mordballaden: Vom Schinderhannes zu Rammstein und Nick Cave 193

Martin Paul Waßmer

Vertonte Verbrechen 221

Autorenverzeichnis 235

Dela-Madeleine Halecker, Uwe Scheffler

Einleitung

Tonkunst dich preis' ich vor allen,
Höchstes Los ist dir gefallen,
Aus der Schwesterkünste drei
Du die frei'ste, einzig frei!

Denn das Wort, es läßt sich fangen,
Deuten läßt sich die Gestalt,
Unter Ketten, Riegeln, Stangen
Hält sie menschliche Gewalt.

Aber du sprichst höh're Sprachen,
Die kein Häscherchor versteht;
Ungreifbar durch ihre Wachen
Gehst du, wie ein Cherub geht.

Franz Grillparzer (1791; † 1872)*
In [Ignaz] Moscheles' Stammbuch (1826)

„Kunst und Strafrecht weisen viele interessante Berührungspunkte auf: Kunst kann nämlich, so könnte man sagen, sowohl passiv 'Opfer' als auch aktiv 'Täter' von Straftaten sein", haben wir in der Einleitung zu einem in Kürze erscheinenden Parallelband zu „Kunst und Strafrecht" formuliert.

Das gilt auch, vielleicht weniger vordergründig, für den Teilbereich der „Ton"-Kunst, die Musik. So allgemein lässt sich Grillparzers Urteil, sie sei „die frei'ste" der Künste, „einzig frei", nicht bestätigen. Sie kann – dann ist sie quasi „Opfer", besser Leidtragender – durch „Musikdiebstahl" dem Urheber oder Rechteinhaber „weggenommen" werden. Der vor kurzem bis hoch zum Europäischen Gerichtshof zahlreiche Gerichte beschäftigende „Metall auf Metall"-Fall, in dem es um ein zwei Sekunden langes Sampling aus einem Stück des Elektropop-Pioniers Kraftwerk ging, mag hier als Beispiel dienen. Musik kann aber auch „gefälscht" werden, so etwa, wenn ein Musiker eine Melodie als seine eigene Schöpfung ausgibt, die er jedoch zumindest teilweise plagiiert hat. Der wohl berühmteste Fall hierfür ist George Harrisons Song „My Sweet Lord", den der Beatle (wohl unbeabsichtigt) vom Lied „He's so Fine" der US-amerikanischen Girlgroup The Chiffons weitgehend übernommen hatte. Schließlich kann Musik auch „beschädigt" werden. Man erinnere sich an Jimi Hendrix, wie er 1969 beim Woodstock-Festival die US-amerikanische Nationalhymne zerlegte.

https://doi.org/10.1515/9783110731729-001

Gleichzeitig kann man Hendrix‘ brachiale Interpretation von „Star Spangled Banner“ auch als „Täter“, besser gesagt als „Tatwerkzeug“ in der Hand eines Musikers einordnen, mit dem die Nationalhymne verunglimpft worden ist – in vielen Rechtsordnungen eine Straftat (vgl. § 90a Abs. 1 Nr. 2 StGB).

Aber auch in anderen Varianten kann das (Ab-)Spielen einer bloßen Melodie strafrechtlich relevant werden: Selbst die textlose Wiedergabe des nationalsozialistischen „Horst-Wessel-Liedes“ kann unter § 86a Abs. 1 Nr. 1 StGB, das Verwenden von Kennzeichen verfassungswidriger Organisationen, subsumiert werden (vgl. *OLG Oldenburg*, NStZ 1988, 74; *BayObLG*St 1989, 46). (Nur am Rande: Das Singen des Liedes mit verballhorntem Text [„Die Pfanne hoch …“] konnte im Dritten Reich ins KZ führen.) Und das Abspielen der Erkennungsmelodie der Kinder-Zeichentrickserie „Pink Panther“ auf einer Nazi-Demo führte 2012 zu einer Anklage vor dem Amtsgericht München wegen der Billigung von Straftaten (§ 140 Nr. 2 StGB), weil die terroristische Vereinigung „Nationalsozialistischer Untergrund“ (NSU) „Paulchen Panther“-Szenen auf ihrem Bekenner-Video verwendet hatte.

Relevanter sind aber die Texte von Musikstücken, vor allem aus der Rock- und Popmusik. Das Wort versteht Grillparzers „Häscherchor“; „es läßt sich fangen“. Bei Vokalmusik gibt es unzählige Berührungen mit verschiedenen der sogenannten kunstgeneigten Tatbestände (etwa Staatsverunglimpfung, Volksverhetzung, Gewaltverherrlichung, Pornographie, Blasphemie, Beleidigung). Berühmtheit erlangte hier schon der Fall des judenfeindlichen Borkumliedes („An Borkums Strand nur Deutschtum gilt …“), den (allerdings nur unter polizeirechtlichen Gesichtspunkten) 1925 das Preußische Oberverwaltungsgericht entscheiden musste (*PrOVG*E 80, 176). Vor allem (aber nicht nur) Rechtsrock, Punkrock, Death und Black Metal sowie Gangsta-Rap stehen bei den kunstgeneigten Tatbeständen im Mittelpunkt. Es gibt auch Eigentümlichkeiten, etwa im Bereich des deutschen Funpunks: Lieder der Berliner Band „Die Ärzte“ wurden wegen der eigentlich nur lustig-überdrehten Beschreibung sodomitischen Verhaltens („Claudia hat ‘nen Schäferhund“) oder der Thematisierung eines inzestuösen Begehrens („Geschwisterliebe“) 1987 indiziert. Wegen der Unterstellung eines inzestuösen Verhältnisses einer bekannten Tennisspielerin wurde ein Spaßlied der Osnabrücker Comedy-Gruppe „Die Angefahrenen Schulkinder“ („I Wanna Make Love to Steffi Graf“) ebenfalls indiziert, und die Gruppe 1993 zu einem Schmerzensgeld von 60.000 DM verurteilt.

Ein weiterer Bereich betrifft das Coverartwork von Tonträgern, das ebenfalls die kunstgeneigten Tatbestände berühren kann; weit bekannt sind hier die Diskussionen um die Cover von Kiss wegen ihrer runenähnlichen „SS“ am Namensende, um die Gewaltdarstellungen auf den Plattenhüllen von Cannibal

Corpse sowie um die Abbildung eines nackten Kindes auf dem Cover des Albums „Virgin Killer" der Scorpions.

Ähnliches gilt für Videoclips zu einzelnen Liedern; die Skandale um das Video von Sia zu „Elastic Heart" von 2015, in dem ein 12-jähriges Mädchen mit einem halbnackten Mann in einem Käfig ringt und tanzt, sowie um das von Madonna zu „Like a Prayer" von 1989 wegen vermeintlicher Blasphemie dürften noch erinnerlich sein. Madonna hat übrigens einen solchen Vorwurf auch für die Art ihres Liedvortrages während ihrer Bühnenshow erhalten, als sie 2006 auf ihrer „Confessions Tour" an einem Kreuz hängend „Live to Tell" vortrug – ein Beispiel für viele.

Musiker können mit dem Strafrecht auch anlässlich der Moderationen ihrer Konzerte in Konflikt kommen. Der Frontmann der polnischen Metal-Band Behemoth, Adam Garski, stand wegen Blasphemie vor Gericht, weil er 2007 bei einem Konzert in Gdynia Seiten aus einer Bibel riss. Gegen den US-amerikanischen Rapper Coolio beantragte 1999 die Mainzer Staatsanwaltschaft den Erlass eines Strafbefehls wegen des Tatvorwurfs der Öffentlichen Aufforderung zu Straftaten (§ 111 StGB), weil er sein Publikum ermuntert hatte, bei Geldmangel seine neue Platte zu stehlen (siehe *LG Mainz*, NJW 2000, 2220).

Dass auch der falsche Ort eines Konzerts strafrechtliche Konsequenzen nach sich ziehen kann, haben die Frauen von Pussy Riot anlässlich ihres Auftritts in der Moskauer Christ-Erlöser-Kathedrale erfahren müssen. Und die russische Sängerin Julija Samojlowa konnte nicht beim „Eurovision Song Contests" 2017 in Kiew auftreten, weil ihr in der Ukraine Verhaftung und Strafverfolgung wegen der Teilnahme an einem Gala-Konzert 2015 auf der Krim drohte.

Ferner hat „Musik und Strafrecht" noch einen weiteren Aspekt, der sich der Dichotomie von Opfer- und Täterrolle der Musik entzieht: In so manchen Musikstücken werden Straftaten detailliert beschrieben, gar romantisiert und verherrlicht. Musik ist dort also eher in einer Zeugenrolle. Im deutschen Sprachraum wäre hier vor allem an „Jeanny" zu denken, ein Lied des Österreichers Falco aus dem Jahre 1985, in dem die Entführung und Vergewaltigung eines jungen Mädchens zumindest angedeutet wird. Der Gangsta-Rapper Twain Gotti aus Virginia wurde angeklagt, weil er 2009 in „Ride Out" sogar einen selbst begangenen Mord geschildert haben soll. Schließlich verklären von Räuberballaden und Moritaten über den texanischen Outlaw Country und den russischen Blatnjak bis zum Gangsta-Rap unzählige Lieder das Leben von Straftätern innerhalb und außerhalb von Gefängnissen.

Musik und Strafrecht – ein weitgespanntes Thema!

Joanna Melz, Claudia Zielińska, Alice Anna Bielecki

„Verbotene" Lieder?* Ein Überblick über strafrechtlich kontroverse Musik in Deutschland

I. Einleitung

„Muzyka łagodzi obyczaje"[1], pflegt man in Polen zu sagen. Leider gelingt es der Musik nicht immer, Gemüter zu besänftigen. Sie kann, bedingt durch sprachliche Botschaften im Text oder durch die Melodie im Zusammenhang mit ihrer Entstehungsgeschichte, sehr wohl auch Gemüter erhitzen.

Dieser Aspekt hat seit jeher manche Obrigkeit dazu bewogen, Lieder zu „verbieten"[2]. Während des Dritten Reiches führte die Herkunft oder politische Gesinnung des Künstlers dazu, seine Musik als „entartet" zu bezeichnen und diese deshalb aus dem Alltag zu verbannen[3]. Gleichwohl gerieten diese Werke nicht gänzlich in Vergessenheit, vielmehr erleben sie derzeit eine gewisse Renaissance. So veröffentlichten Die Toten Hosen 2015 das Album „'Entartete Musik': Willkommen in Deutschland – ein Gedenkkonzert". Im Polen der Nachkriegszeit entstand schon 1947 der Film „Zakazane piosenki" (Verbotene Lieder) als eine Hommage an die durch Nationalsozialisten verbotenen, dennoch konspirativ gesungenen Lieder[4].

* Es handelt sich um den überarbeiteten und aktualisierten Aufsatz, den die Autorinnen auf Einladung der Herausgeber anlässlich der Ausstellung „Kunst und Strafrecht / Sztuka a prawo karne" im Rahmen der Tagung „Sztuka – sprawcy i ofiary czynów zabronionych / Kunst – Täter und Opfer von Straftaten" an der Fakultät für Rechtswissenschaften der Universität Białystok verfasst haben. Er wurde erstveröffentlicht in *E. W. Pływaczewski / E. M. Guzik-Makaruk* (Hrsg.), Current problems of the penal law and criminology / Aktuelle Probleme des Strafrechts und der Kriminologie, 7. Bd., 2017, S. 145 ff.

1 „Musik besänftigt die Gemüter".

2 Beispiele bei *Kroll*, VfZ 7 (1959), 310.

3 Vgl. *Schäfer,* Aus heutiger Sicht: Musik und Politik im Dritten Reich, S. 9 f.

4 Siehe näher *Haltof,* Kino polskie, S. 67; *Hendrykowska,* Kronika kinematografii polskiej 1895–1997, S. 172.

https://doi.org/10.1515/9783110731729-002

Waren diese Maßnahmen gegen „entartete Musik“ eher das Instrumentarium eines totalitären Regimes zur Stärkung seines Machtapparats und Ideologisierung der Kultur[5], so ist eine solche Vorgehensweise einem Rechtsstaat fremd.

Heute genießt jede Art von Musik, losgelöst von ihrer Qualität, grundrechtlichen Schutz nach Art. 5 Abs. 3 Satz 1 GG (Kunstfreiheit)[6]. Erst wenn die Kunst mit Rechtsgütern verfassungsrechtlichen Ranges kollidiert, ist ihre Einschränkung möglich (sogenannte verfassungsimmanente Schranken)[7]. Aus diesem Grund sind die Hürden für eine etwaige Strafbarkeit in diesem Bereich hoch anzusiedeln.

Im Folgenden soll ein kleiner Einblick in die möglichen Berührungspunkte von Vokalmusik und Strafrecht gewährt werden. Ausgewählt wurden Lieder, die durch ihre Texte und damit ihre Botschaften in den Verdacht geraten können, Strafnormen wie § 86a Strafgesetzbuch (StGB) (Verwenden von Kennzeichen verfassungswidriger Organisationen), § 90a StGB (Verunglimpfung des Staates und seiner Symbole), § 166 StGB (Beschimpfung von Bekenntnissen, Religionsgesellschaften und Weltanschauungsvereinigungen), § 185 StGB (Beleidigung), § 131 StGB (Gewaltdarstellung) sowie §§ 184, 184a, 184b StGB (Pornographie) zu tangieren. Dabei wird die Strafbarkeit potenzieller Täter jeweils anhand eines Fallbeispiels rechtlich beleuchtet. In den einzelnen Teilabschnitten liegt der Fokus auf der Darstellung der im Vordergrund stehenden Strafnorm.

---

5 Plakativ bezeichnete das *Fred K. Prieberg* mit den Worten: „Musik macht Staat“ (Musik im NS-Staat, 1982, S. 376).

6 Vgl. *BVerfG*E 75, 369 (377) – Strauß-Karikaturen.

7 Die Kunstfreiheit enthält zwar keinen Gesetzesvorbehalt, ist jedoch nicht schrankenlos gewährt. Ihre Grenzen sind nur von der Verfassung selbst zu bestimmen, *BVerfG*E 30, 173 (193) – Mephisto. Die Kunstfreiheit findet ihre Grenzen zum einen in den Grundrechten Dritter, zum anderen in anderen Verfassungsgütern, *BVerfG*E 67, 213 (228) – Anachronistischer Zug.

II. Berührungspunkte von Vokalmusik und Strafrecht anhand von Fallbeispielen

1. § 86a StGB – Verbot des Verwendens von Kennzeichen verfassungswidriger Organisationen: „Horst-Wessel-Lied“

Eine Berliner Musiklehrerin behandelte 2015 das „Horst-Wessel-Lied“[8] im Schulunterricht. Hierbei teilte sie den Liedtext aus, spielte das Lied an und forderte die Schüler dazu auf, die Melodie mitzusummen und mit den Füßen den Rhythmus mitzuklopfen[9]. Diese Begebenheit rief in der öffentlichen Meinung ein negatives Echo hervor[10]. Bei dem „Horst-Wessel-Lied“ handelt es sich im Ursprung um ein Kampflied der SA, das Horst Wessel (* 1907; † 1930) als junges aufstrebendes SA-Mitglied als Ergebnis einer durchwachten Nacht im März 1929 verfasste[11]. Es beinhaltet Durchhalteparolen für die SA-Kämpfer und zeichnet ein Szenario von einem Sieg über die „Rotfront“ und dem Wunsch nach der Übermacht der Nationalsozialisten[12]. Horst Wessels gewaltsamer Tod 1930 wurde durch Joseph Goebbels zu einem heimtückischen Verrat durch eine Kommunistin deklariert, und er selbst kreierte schon in Wessels‘ Nekrolog die Mär vom Märtyrer[13]. Während des Dritten Reiches wurde das Lied zur Parteihymne der NSDAP und zur inoffiziellen Nationalhymne Deutschlands hochstilisiert, indem es im Anschluss an die erste Strophe des Deutschlandliedes gesungen wurde[14]. Nach Ende des Zweiten Weltkrieges verbot es der Alliierte Kontrollrat[15].

Dieses Verbot ist auch heute noch in Kraft und findet seine Ausprägung in § 86a Abs. 1 Nr. 1 StGB: „... wird bestraft, wer ... im Inland Kennzeichen einer der in § 86 Abs. 1

---

8 Siehe dazu *Scheffler*, Das „Horst-Wessel-Lied“ vor Gericht (in diesem Band).

9 *Vogt*, Tagesspiegel.de vom 14.04.2015; *Klesmann*, Berliner-Zeitung.de vom 20.04.2015.

10 *Himmelrath*, Spiegel online vom 21.04.2015; *o.V.*, Welt.de vom 14.04.2015; *Kröger*, Neues-Deutschland.de vom 14.04.2015.

11 *Gailus*, Die Zeit 39/2003.

12 „Die Fahne hoch! Die Reihen dicht geschlossen! / SA marschiert mit ruhig festem Schritt. / Kam'raden, die Rotfront und Reaktion erschossen, / Marschier'n im Geist in unsern Reihen mit. /... / Es schau'n aufs Hakenkreuz voll Hoffnung schon Millionen. / Der Tag für Freiheit und für Brot bricht an.“

13 *Gailus*, Die Zeit 39/2003.

14 *OLG Oldenburg*, NStZ 1988, 74 (74); *BayObLG*St 1962, 159 (160). Heute besteht die Nationalhymne aus der dritten Strophe des Deutschlandliedes und auch nur diese unterliegt dem strafrechtlichen Schutz gem. § 90a StGB, *BVerfG*E 81, 298 (308) – Nationalhymne; *Steinmetz* in Münchener Kommentar, StGB, § 90a Rn. 9.

15 *BayObLG*St, a.a.O.

Nr. 1, 2 und 4 bezeichneten Parteien oder Vereinigungen[16] verbreitet oder öffentlich, in einer Versammlung oder in von ihm verbreiteten Schriften (§ 11 Abs. 3) verwendet".

Strafrechtlich bewehrt ist demnach das Verwenden von Kennzeichen verfassungswidriger Organisationen. Die Vorschrift soll der Wiederbelebung verfassungswidriger Organisationen in zweierlei Weise entgegenwirken: Einerseits soll nicht der Eindruck erweckt werden, dass solche Umtriebe im Gange sind oder geduldet werden, andererseits soll verhindert werden, dass unter dem Eindruck der Allgegenwärtigkeit verbotener Symbole schließlich auch deren Gebrauch durch eine verfassungswidrige Organisation wieder gefahrlos möglich wird[17]. Als Kennzeichen angesehen werden charakteristische Erkennungszeichen in Form sicht- oder hörbarer, verkörperter oder nichtkörperlicher Symbole, die unbefangenen Personen den Eindruck eines Kennzeichens einer Vereinigung vermitteln. § 86a Abs. 2 StGB selbst veranschaulicht den Begriff durch eine nicht abschließende Aufzählung („Fahnen, Abzeichen, Uniformstücke, Parolen und Grußformen")[18]. Auch Lieder können Kennzeichen sein[19]. Von Parteien selbst geschaffene Sinnbilder sind unproblematisch als Kennzeichen zu klassifizieren[20]. Ebenso sind zum Verwechseln ähnliche Kennzeichen von dem Verbot gemäß § 86a Abs. 2 Satz 2 StGB eingeschlossen[21]. Hinsichtlich des „Horst-Wessel-Liedes" bedeutet das, dass es schon aufgrund seiner Hymnenhaftigkeit und der besonderen Bedeutung für die NSDAP kennzeichnenden Charakter besitzt[22]. Die Lehrerin ließ die Melodie von den Schülern lediglich mitsummen, sodass diesbezüglich nur die Melodie hörbar gemacht wurde. Für die strafrechtliche Beurteilung macht dies indessen keinen Unterschied[23]:

---

16 § 86 Abs. 1 StGB: „Wer Propagandamittel 1. einer vom Bundesverfassungsgericht für verfassungswidrig erklärten Partei ..., 2. einer Vereinigung, die unanfechtbar verboten ist, weil sie sich gegen die verfassungsmäßige Ordnung oder gegen den Gedanken der Völkerverständigung richtet ..., 4. Propagandamittel, die nach ihrem Inhalt dazu bestimmt sind, Bestrebungen einer ehemaligen nationalsozialistischen Organisation fortzusetzen, im Inland verbreitet oder zur Verbreitung im Inland oder Ausland herstellt, vorrätig hält, einführt oder ausführt oder in Datenspeichern öffentlich zugänglich macht, ... wird ... bestraft."

17 *Steinmetz* in Münchener Kommentar, StGB, § 86a Rn. 1; *OLG Oldenburg*, NStZ 1988, 74 (74).

18 *Steinmetz*, a.a.O., Rn. 7.

19 *Ellbogen* in BeckOK, StGB, § 86a Rn. 2.

20 *Steinmetz* in Münchener Kommentar, StGB, § 86a Rn. 7.

21 Zum Verwechseln ähnlich ist bspw. das Hakenkreuz mit zu kurzen Querbalken oder die Losung „Unsere Ehre heißt Treue", *Ellbogen* in BeckOK, StGB, § 86a Rn. 17.

22 *BayObLG*St 1962, 159 (160); *Steinmetz* in Münchener Kommentar, StGB, § 86a Rn. 11.

23 *OLG Oldenburg*, NStZ 1988, 74 (74).

> Gerade die Melodie des Liedes ist es, die seine Symbolkraft ausmacht, was sich schon daraus ergibt, dass der Text dann keine Rolle spielen würde, wenn er im Vergleich mit der Melodie nicht mehr deutlich zu verstehen wäre oder wenn die Melodie allein intoniert würde. Nach dem oben dargelegten Schutzzweck des § 86a StGB ist demgemäß ein verfremdeter Text beim Absingen der Melodie nicht geeignet, ihr den assoziativen Bezug zum Nationalsozialismus zu nehmen.

Darüber hinaus bot die Lehrerin das „Horst-Wessel-Lied“ in wesentlichen Teilen zu Gehör dar, als sie es anspielte.

Die Tathandlung verlangt ein Verbreiten oder ein öffentliches Verwenden des Kennzeichens. Verbreitet wird es, wenn es an andere Personen zur Weitergabe an beliebige Dritte überlassen wird[24]. Der Liedtext wurde lediglich an die Schüler verteilt und war nicht zur Verbreitung über den Musikkurs hinaus bestimmt[25]. Das Merkmal des Verbreitens liegt folglich nicht vor. § 86a StGB stellt ebenso das Verwenden, das heißt jeglichen Gebrauch, welcher das Kennzeichen optisch oder akustisch wahrnehmbar macht, unter Strafe[26]. Durch das Mitsummen des „Horst-Wessel-Liedes“ machte die Lehrerin die Melodie akustisch wahrnehmbar, zudem spielte sie das Lied in wesentlichen Teilen an und verwendete damit ein Kennzeichen. Ferner muss es sich aber um ein öffentliches Verwenden handeln, das heißt die Art der Verwendung muss die Wahrnehmbarkeit für einen größeren, durch persönliche, nähere Beziehungen nicht zusammenhängenden Personenkreis ermöglichen[27]. An diesem Merkmal fehlt es bereits aufgrund des individuell bestimmbaren Personenkreises in der Klasse[28]. Nähme man aber rein hypothetisch das Vorliegen der genannten Tatbestandsmerkmale an, müsste man jedoch die Reichweite der Sozialadäquanzklausel aus § 86a Abs. 3 in Verbindung mit § 86 Abs. 3 StGB berücksichtigen:

> Absatz 1 gilt nicht, wenn das Propagandamittel oder die Handlung der staatsbürgerlichen Aufklärung, der Abwehr verfassungswidriger Bestrebungen, der Kunst oder der Wissenschaft, der Forschung oder der Lehre, der Berichterstattung über Vorgänge des Zeitgeschehens oder der Geschichte oder ähnlichen Zwecken dient.

---

24 *Ellbogen* in BeckOK, StGB, § 86a Rn. 22.

25 *Klesmann*, Berliner-Zeitung.de vom 20.04.2015.

26 *Steinmetz* in Münchener Kommentar, StGB, § 86a Rn. 19.

27 *Ellbogen* in BeckOK, StGB, § 86a Rn. 23.

28 *Himmelrath*, Spiegel online vom 21.04.2015; *Klesmann*, Berliner-Zeitung.de vom 20.04.2015.

Die Sozialadäquanzklausel wird heute überwiegend als ein Tatbestandsausschluss angesehen[29]; das Bayerische Oberste Landesgericht hat sie einmal so spezifiziert[30]:

> Die beispielsweise aufgeführten Zwecke, welche die Ausnahme begründen, ergeben zunächst, daß alle Verwendungen in historischen Werken, Abhandlungen, künstlerischen Erzeugnissen usw. ausscheiden, die sich ernsthaft mit Geschichte, Theorie und Praxis der im § 96a StGB verzeichneten Organisationen befassen oder mit den Leiden und Konflikten, denen Völker, Gruppen und einzelne durch sie unterworfen wurden. Nichts anderes gilt für die Veranstaltungen und Darstellungen (Kabarette, Karikaturen usw.), mögen sie künstlerischen Anforderungen genügen oder nicht, die satirisch, in anderer Weise ablehnend oder mindestens kritisch gehalten sind.

Die Lehrerin berief sich auf den Rahmenlehrplan, der eine Auseinandersetzung mit der Funktionalisierung von Musik unter anderem in der Politik verlangte[31]. Dies habe sie durch das Abspielen des Liedes zu tun versucht, danach sollten sich die Schüler in einer Klausur mit dem „Horst-Wessel-Lied“ und Bertolt Brechts „Kälbermarsch“[32] auseinandersetzen. Das Problematisieren dieses nationalsozialistischen Kennzeichens im Unterricht mit der Intention der Verständlichmachung einer Brechtschen Persiflage, die womöglich sonst nicht richtig in den zeitgeschichtlichen Kontext eingeordnet werden könnte, kann nur als staatsbürgerliche Aufklärung verstanden werden. Der Tatbestand ist mangels geeigneter Tathandlung, spätestens aufgrund der Sozialadäquanzklausel nicht gegeben. Deshalb stellte die Staatsanwaltschaft das Verfahren gegen die Lehrerin zu Recht ein[33].

---

29 Siehe etwa *OLG Oldenburg*, NStZ 1988, 74 (74); *Steinmetz* in Münchener Kommentar, StGB, § 86 Rn. 36; *Ellbogen* in BeckOK, StGB, § 86 Rn. 24; *Paeffgen* in Nomos-Kommentar, StGB, § 86 Rn. 38; *Kühl* in Lackner / Kühl, StGB, § 86 Rn. 8.

30 *BayObLG*St 159, 162 (162).

31 *Himmelrath*, Spiegel online vom 21.04.2015; siehe *Senatsverwaltung für Bildung, Jugend und Sport Berlin,* Rahmenlehrplan für die gymnasiale Oberstufe, 2006, S. 16: „Die Schülerinnen und Schüler untersuchen die Rollen aller am Kulturleben Beteiligten und entwickeln ein Verständnis für die Funktionalisierung von Musik im Dienste politischer, religiöser und wirtschaftlicher Interessen.“

32 Den „Kälbermarsch“, eine Parodie des „Horst-Wessel-Liedes“, schrieb *Bertolt Brecht* 1943 im Exil, später übernahm er ihn in sein Stück „Schweyck im Zweiten Weltkrieg“.

33 *Klesmann*, Berliner-Zeitung.de vom 21.04.2015.

2. § 90a StGB – Verunglimpfung des Staates und seiner Symbole: „Das Reich kommt wieder"

Die Rockband Landser[34] (letzte Besetzung: Michael „Lunikoff" Regener, André Möhricke und Christian Wenndorff) wurde 1991 in der rechtsextremistischen Szene Berlins[35] gegründet. Ihr Name wurde aus einer Publikation über Soldaten im 2. Weltkrieg entnommen. Ziel der Band war es, durch rechtsradikale Texte auf Jugendliche in der Szene einzuwirken[36] und die Tätigkeit der Gruppe zum politischen Kampf einzusetzen. 1992 nahmen Landser ihren ersten offiziellen Musikträger, eine Musikkassette mit dem Titel „Das Reich kommt wieder"[37], auf. Auf der Kassette befand sich unter anderem das gleichnamige Lied mit folgender Textpassage[38]:

> Schwarz-Rot-Mostrich, das sind die Farben
> mit denen sie unser Land verdarben.
> Bolschewiken und Demokröten
> soll unser Nationalstolz töten.
> Deutsches Volk, kämpf für deine Rechte
> gegen Verräter und Besatzerknechte.

Ihre CDs[39] nahmen Landser in ausländischen Musikstudios auf, führten sie nach Deutschland ein und vertrieben sie auf inoffiziellem Weg. Die Band erarbeitete sich einen Kultstatus in der rechtsradikalen Szene in ganz Deutschland[40] auch dadurch, dass sie nach einem einzigen öffentlichen Auftritt ausschließlich im

---

34 Ausführlich über die Band mit Angabe der Liedtexte *KG*, Urteil vom 22.12.2003 – (2) 3 StE 2/02-5 (1) (2/02) – bei juris; *BGH*, NStZ 2005, 377.

35 Überblick in der Infobroschüre des Berliner Verfassungsschutzes *Rechtsextremistische Musik*, 3. Aufl. 2012 (https://www.berlin.de/imperia/md/content/seninn/verfassungs schutz/musik_brosch__re_online.pdf?start&ts=1355837361&file=musik_brosch__re_ on line.pdf).

36 „Wir schüren den Haß und die Emotionen" (*Landser* in dem gleichnamigen Opener auf „Republik der Strolche", 1996).

37 Von der Bundesprüfstelle für jugendgefährdende Schriften auf die Liste jugendgefährdender Schriften, sog. Index, eingetragen (Pr 409/93 vom 18.11.1993).

38 Später wurde von der Kassette eine CD hergestellt (Titel: „Berlin bleibt deutsch"), ebenfalls indiziert durch die Bundesprüfstelle für jugendgefährdende Schriften (Pr 26/97 vom 12.03.1997). Das Lied wurde auch auf der CD „Best of Landser" veröffentlicht.

39 „Republik der Strolche", indiziert durch Entscheidung vom 11.09.1996 (Pr 181/96); „Deutsche Wut / Rock gegen oben" und „Ran an den Feind", indiziert durch Entscheidung vom 15.03.2001 (Pr 23/01).

40 Eine andere rechtsextremistische Band, Deutsch, Stolz, Treue, bekannt auch als D.S.T. oder X.x.X., widmete Landser einen Sampler „A Tribute to Landser", der ebenfalls indiziert wurde.

Untergrund agierte. Die Verhaftung der Musiker 2001[41] führte zu ihrer Auflösung. Das Kammergericht verurteilte die Bandmitglieder 2003 wegen Bildung einer kriminellen Vereinigung im Sinne von § 129 Abs. 1 StGB, die das gemeinsame Ziel verfolgte, Straftaten zu begehen[42]. 2005 bestätigte der Bundesgerichtshof weitestgehend die Entscheidung[43]. Gegenstand des Verfahrens war neben anderen Musikstücken das erwähnte Lied „Das Reich kommt wieder".

Im Folgenden wird ausschließlich auf die mögliche Strafbarkeit der Musiker aus § 90a StGB (Verunglimpfung des Staates und seiner Symbole) wegen der oben genannten Textpassage eingegangen[44]. Diese Norm schützt den Bestand, die verfassungsmäßige Ordnung und das Ansehen[45] der Bundesrepublik Deutschland und ihrer Länder als freiheitliche repräsentative Demokratien[46]. Nach § 90a Abs. 1 Nr. 1 StGB macht sich strafbar, wer unter anderem durch Verbreiten von Schriften[47] „die Bundesrepublik Deutschland oder eines ihrer Länder oder ihre verfassungsmäßige Ordnung beschimpft oder böswillig verächtlich macht". Das Merkmal „Beschimpfen" erfordert eine durch Form (Rohheit des Ausdrucks) oder Inhalt (Vorwurf eines besonders schimpflichen Verhaltens oder Zustandes) besonders verletzende Äußerung der Missachtung[48], die die Bundesrepublik Deutschland in ihrer verfassungsmäßigen Ordnung trifft[49]. Der Liedtext hebt hervor, dass die Bundesrepublik von „Bolschewiken", „Demokröten", „Verrätern" und „Besatzerknechten" regiert werde, wodurch eine Missachtung des nach dem 2. Weltkrieg entstandenen demokratischen Rechtsstaates zum Ausdruck kommt.

Verächtlichmachen im Sinne von § 90a Abs. 1 Alt. 2 StGB bedeutet, dass der Staat oder die verfassungsmäßige Ordnung als der Achtung der Bürger unwert oder unwürdig hingestellt wird[50]. Das Kammergericht entschied, dass in dem Lied „Das Reich kommt wieder"

---

41 *Köhn*, Berliner-Zeitung.de vom 08.10.2001.

42 *KG*, Urteil vom 22.12.2003 – (2) 3 StE 2/02-5 (1) (2/02) – bei juris.

43 *BGH*, NStZ 2005, 377 (377).

44 Die Verurteilung erfolgte darüber hinaus u.a. wegen Verstoßes gegen § 130 StGB (Volksverhetzung), § 86a StGB (Verbreiten von Propagandamitteln verfassungswidriger Organisationen) und § 166 StGB (Beschimpfung von Religionsgesellschaften).

45 *Schroeder*, JR 1979, 90; *Würtenberger*, JR 1979, 311; *Fischer*, StGB, § 90a Rn. 2.

46 *BGH*St 6, 324 (325); *Fischer*, a.a.O.

47 Hier: CDs.

48 *BGH*St 7, 110 (110); NStZ 2000, 643 (644); *Fischer*, StGB, § 90a Rn. 4; *Würtenberger*, JR 1979, 311.

49 *OLG Hamm*, Urteil vom 02.02.1977 – 4 Ss 780/76 – bei juris.

50 *Fischer*, StGB, § 90a Rn. 5; vgl. *BGH*St 3, 346 (348); 7, 110 (111).

„die Bundesrepublik Deutschland als ein der Achtung seiner Bürger unwürdiger Staat diffamiert" wird, „da er 'Demokröten, Verräter und Besatzerknechte' als gewählte Repräsentanten und führende Politiker dulde"[51].

Diese Darstellung musste böswillig, also aus einer bewusst feindlichen Gesinnung[52], erfolgen. Landser begreifen sich selbst als Propagandaorgan der rechtsradikalen Szene und lehnen, wie in ihren Liedern stets thematisiert wird[53], die verfassungsmäßig Ordnung ab, was ihre feindliche Einstellung gegenüber der Bundesrepublik Deutschland untermauert.

Weiter bedarf es der Prüfung, ob die Bezeichnung der Farben der Bundesflagge als „Schwarz-Rot-Mostrich"[54] gegen § 90a Abs. 1 Nr. 2 StGB verstößt. Diese Norm stellt das Verunglimpfen unter anderem der Farben der Bundesrepublik Deutschland[55] unter Strafe. Das Kammergericht begründete ein Verunglimpfen (verstanden als eine nach Form, Inhalt, den Begleitumständen oder dem Beweggrund erhebliche Ehrenkränkung in den Erscheinungsformen der §§ 185–187 StGB[56]), kurz mit dem „Zusammenhang mit dem übrigen Text"[57]. Durch die Bezeichnung kommt nicht nur die Missachtung der Band gegenüber den Farben der Bundesflagge, sondern auch gegenüber der verfassungsmäßigen Ordnung zum Tragen. Das Lied selbst war an das rechtsradikale Publikum gerichtet, dem die verwendeten Parolen bzw. Terminologie bekannt waren und das sich mit ihnen auch identifizierte[58]. Es äußert keine Polemik bzw. Systemkritik, sondern postuliert den Kampf gegen das Land mit den verderbenden Farben Schwarz-Rot-Mostrich. In dem Kontext ist diese Bezeichnung geeignet, „die Achtung der

---

51 *KG*, Urteil vom 22.12.2003 – (2) 3 StE 2/02-5 (1) (2/02) – bei juris.

52 Vgl. *RG*St 66, 139 (140).

53 Textbeispiele aus Landser-Stücken: „Das Deutsche Reich wird wieder aufersteh'n." (Landser, Republik der Strolche, 1996); „Die BRD ist ein Irrenhaus und in Bonn da sitzt die Zentrale." (Signal zum Aufstand, Republik der Strolche); „Lieb Vaterland zu dir ich steh. Zum Teufel mit der BRD." (Wacht an der Spree, Ran an den Feind, 2000).

54 Gängige Bezeichnung bei den Gegnern der Weimarer Republik, vgl. *BVerfG (Kammer)*, NJW 2009, 908 (909) – Schwarz-Rot-Senf mit weiteren Nachweisen.

55 Art. 22 GG: „Die Bundesflagge ist schwarz-rot-gold."

56 *BGH*St 12, 364 (365 f.); 16, 338 (339); *OLG Frankfurt/M.*, NJW 1984, 1128 (1129).

57 *KG*, Urteil vom 22.12.2003 – (2) 3 StE 2/02-5 (1) (2/02) – bei juris. Textbeispiele: „Das Reich kommt wieder, schwarz-weiß-rot", „Seht Ihr unsere Fahnen, hört Ihr unsere Lieder? Dieser Staat geht unter und das Reich kommt wieder." *(Landser*, Das Reich kommt wieder [vom gleichnamigen Album], 1992).

58 Vgl. auch *Preisner*, NJW 2009, 898.

Bürger für den Bestand der rechtsstaatlich verfassten Demokratie in der Bundesrepublik", symbolisiert durch die Farben der Bundesflagge, „auszuhöhlen und zu untergraben"[59].

Das Kammergericht bejahte auch die Voraussetzungen des § 90a Abs. 3 StGB, nach dem sich strafbar macht, wer „sich durch die Tat absichtlich für Bestrebungen gegen den Bestand der Bundesrepublik Deutschland oder gegen Verfassungsgrundsätze einsetzt". Das Gericht betonte, dass „im Lied das deutsche Volk zum Kampf aufgerufen und die gewaltsame Ersetzung des bestehenden Staates durch ein ‚Reich' schwarz-weiß-roter Prägung gefordert wird"[60].

Schließlich muss berücksichtigt werden, dass das Lied in den Genuss der Kunstfreiheit[61] aus Art. 5 Abs. 3 Satz 1 GG kommt. Diese ist schrankenlos gewährleistet und muss deshalb gegenüber den kollidierenden Verfassungswerten (Bestand der Bundesrepublik und deren freiheitliche demokratische Ordnung[62] sowie Staatssymbole – hier: die Bundesflagge als Integrationsmittel[63]) abgewogen werden[64]. Dem hohen Rang der durch § 90a StGB geschützten Verfassungswerte kommt nicht per se der Vorrang gegenüber der Kunstfreiheit zu, vielmehr ist die Art und Intensität des Angriffs zu berücksichtigen[65]. Das Kammergericht betonte (auch in Bezug auf andere Lieder), dass Landser ihre Werke zum politischen Kampf einzusetzen gedachten[66]:

> Wer in dem Schutzmantel einer künstlerischen Verpackung tragende Werte der Verfassung … aktiv bekämpft und künstlerische Mittel absichts- und planvoll zu dem Zweck ausnutzt, zu Gewaltmaßnahmen gegen Teile der Bevölkerung aufzurufen, kann sich auf den Schutz der Verfassung nicht berufen.

Dies lässt vorliegend die Kunstfreiheit zurücktreten.

---

59 Diese Kriterien wurden durch die spätere Rechtsprechung des *BVerfG* aufgestellt, vgl. *BVerfG (Kammer)*, NJW 2009, 908 (909) – Schwarz-Rot-Senf.

60 *KG*, Urteil vom 22.12.2003 – (2) 3 StE 2/02-5 (1) (2/02) – bei juris.

61 Für die Abwägung „im Rahmen der Tatbestandsmerkmale" etwa *BVerfG (Kammer)*, NJW 2009, 908 (909) – Schwarz-Rot-Senf; für die Behandlung als Rechtfertigungsgrund *Fischer*, StGB, § 90a Rn. 13 („verfassungsrechtliche Einschränkungen des Tatbestands"); 16; wohl auch *Kühl* in Lackner / Kühl, StGB, § 90a Rn. 10.

62 *BVerfGE* 33, 52 (71).

63 *BVerfGE* 81, 278 (293 f.) – Bundesflagge; *BVerfG (Kammer)*, NJW 2009, 908 (908 f.) – Schwarz-Rot-Senf; *Smend*, Verfassung und Verfassungsrecht, S. 109.

64 *BVerfGE*, a.a.O., S. 298; *BVerfG (Kammer)*, NJW 2001, 596 (596 f.) – Deutschland muss sterben.

65 *BVerfGE*, a.a.O.; *Kühl* in Lackner / Kühl, StGB, § 90a Rn. 10.

66 *KG*, Urteil vom 22.12.2003 – (2) 3 StE 2/02-5 (1) (2/02) – bei juris.

3. § 166 StGB – Beschimpfung von Bekenntnissen, Religionsgesellschaften und Weltanschauungsvereinigungen: „Dunk den Herrn!"

Carolin Kebekus, eine beliebte Kölner Kabarettistin und Sängerin, sorgte 2013 mit ihrem Video[67] „Dunk den Herrn!"[68] für große Aufregung. Das Lied[69], größtenteils im Rap-Jargon[70] gehalten, enthält eine Reihe von musikalischen Zitaten[71]. Es handelt von einer Kirchenbesucherin, auf deren Vorwurf hin „Kirche ist für Ottos, was ist bloß mit Gott los?" eine Ordensfrau, ein Messdiener und ein Priester vermeintliche Überzeugungsarbeit für die Vorzüge der Katholischen Kirche leisten. Der Westdeutsche Rundfunk (WDR), der die „Kebekus"-Show in dem Sender EinsFestival ausstrahlte, verweigerte der Komikerin, den Kurzfilm im Rahmen des Programms am 5. Juni 2013 zu zeigen. Die Verantwortlichen des Senders argumentierten, dass einige Videosequenzen gegen § 5 Abs. 2 Satz 3 WDR-Gesetz (Achtung religiöser Überzeugungen der Bevölkerung) verstießen[72]. Die Kabarettistin veröffentlichte das Video bereits zuvor auf ihrer Homepage sowie auf YouTube[73]. Besondere Empörung riefen die Textpassagen, gesungen von einer Ordensfrau: „Geb' mich nur ihm hin / Weil ich seine

---

67 Gegenstand der Untersuchung ist hier ausschließlich der Text des Liedes (abgedruckt bei *Rehfeldt*, Bamberger Anthologie vom 21.06.2013). Auf das Video wird nur eingegangen, wenn es zum Verständnis unerlässlich ist.

68 Titelwortspiel: „to dunk" wird aus dem Englischen als „(ein)tauchen" übersetzt, „Dunk den Herrn" kann deshalb als „Tauf den Herrn" verstanden werden. Darüber hinaus bedeutet „Dunk" einen Korbwurf im Basketball, bei dem der Spieler den Ball von oben kraftvoll in den Korb stopft. (Siehe *Rehfeldt,* a.a.O.). Denkbar ist aber auch eine kontroversere Interpretation des Titels im Sinne von „Wirf den Herrn in den Korb" (also weg).

69 Mitwirkende: Kebekus! Feat. MC Rene, Sister Mary Minaj (Anspielung auf die Rapperin Nicky Minaj), DJ Mess-Dee-Naa (die letzten beiden Rollen werden von Kebekus aufgeführt) als fiktive Gruppe „Jesus Unit" (Anspielung auf die Hip-Hop-Crew G-Unit).

70 Z.B. „Checker" (hier: Kenner), „spitten" (schneller Sprechgesang), „Rhyme" (Reim), „Bling-Bling" (glänzender Schmuck).

71 Z.B. Sidos „Fuffies im Club" („schmeiß die Fuffies [d.h. 50-Euro-Scheine] durch den Club", hier: „ich schmeiße im Club mit Heiligenschein'"); „Bon Voyage" von Deichkind feat. Nina MC („Nicke mit dem Beat und beweg dein A... / Wenn das Deichkind am Mic ist – Bon Voyage", hier: „Nicke mit dem Beat und beweg die Arche / Wenn der Noah am Mic ist – Bon Voyage"); der Beat wurde dem Lied „Jump around" von House of Pain sowie „Da Rockwilder" von Method Man und Redman entnommen, das Intro des Liedes ist eine Persiflage des Intros Lana del Rays „Video Games" und der Refrain entspringt dem Kirchenlied „Danke für diesen guten Morgen" von Martin Gotthard Schneider.

72 Siehe Antwort des *WDR* an die Piraten-Fraktion im Landtag NRW vom 01.07.2013 (http://www.daniel-schwerd.de/wp-content/uploads/Antwort-Programmdirektor-1-Live-Offener-Brief-Kebekus.pdf).

73 Bis Juli 2013 1,3 Millionen Mal aufgerufen (siehe *Pro-Medienmagazin.de* vom 05.01.2014

Bitch bin“ sowie „Er ist ′ne Bank / Nur für ihn zieh ich blank“ hervor[74]. Allen voran rief die Piusbruderschaft dazu auf, Strafanzeigen bei der Staatsanwaltschaft Köln wegen eines Verstoßes gegen § 166 StGB zu stellen und veröffentlichte auf ihrer Homepage eine Vorlage für eine Strafanzeige[75]. Die Staatsanwaltschaft erhielt daraufhin ca. 100 Strafanzeigen[76] gegen Kebekus[77], lehnte jedoch die Aufnahme von Ermittlungen in Ermangelung eines Anfangsverdachts ab[78].

Nach § 166 Abs. 1 StGB macht sich strafbar, wer „öffentlich oder durch Verbreitung von Schriften (§ 11 Abs. 3) den Inhalt des religiösen … Bekenntnisses anderer in einer Weise beschimpft, die geeignet ist, den öffentlichen Frieden zu stören“. § 166 Abs. 2 StGB ahndet Beschimpfungen unter anderem einer im Inland bestehenden Kirche oder anderer Religionsgemeinschaft, ihrer Einrichtungen oder Gebräuche. Nicht geschützt von dieser Vorschrift sind religiöse Gefühle der Mitglieder von Religionsgesellschaften[79], auch nicht der Name und die Ehre Gottes[80] – dennoch wird § 166 StGB im Volksmund unzutreffend als Gotteslästerung bezeichnet. Alleiniges Schutzobjekt dieser Norm ist der Öffentliche Frieden[81]. Es stellt sich die Frage, ob einzelnen Inhalten des Liedes ein be-

---

[https://www.pro-medienmagazin.de/medien/fernsehen/2014/01/05/kebekus-videozen sur-war-angst-entscheidung/]).

74 Besonders in Verbindung mit den dazugehörenden Videoszenen, in der eine Nonne an dem Kruzifix leckt bzw. andeutet, sich vor dem Kreuz zu entblößen, was die größte Kontroverse hervorrief.

75 Begründung der Strafanzeige: Das Video von Kebekus auf der Internetseite www.carolinkebekus.de bezwecke nicht die satirische Kritik an der katholischen Religion und seinen Kirchenvertretern, sondern Beleidigung, Beschimpfung und Lächerlichmachen des katholischen Glaubens. (Der Text der Strafanzeige ist im Internet noch zu finden unter https://blasphemieblog2.wordpress.com/2013/06/18/straftat-staatsan waltschaft-pruft-kebekus-kirchensatire/).

76 *O.V.*, Welt.de vom 09.07.2013.

77 Auch gegen den Produzenten des Videos sowie gegen den Inhaber der Domäne www.carolinkebekus.de.

78 *Staatsanwaltschaft Köln*, Einstellungsbescheid vom 30.07.2013 – 121 Js 275/13 (unveröffentlicht). Auch § 167 Abs. 1 StGB und § 185 StGB sah die Staatsanwaltschaft nicht als verwirklicht an.

79 *OLG Karlsruhe*, NStZ 1986, 363 (364); *Isensee*, AfP 2013, 193 f.

80 *Isensee*, a.a.O., S. 193; Bericht des *Sonderausschusses für die Strafrechtsreform*, BT-DrS V/4094, S. 28.

81 *Fischer*, StGB, § 166 Rn. 2 mit weiteren Nachweisen; kritisch *Stratenwerth* in Festschrift für Theodor Lenckner, S. 386.

schimpfender Charakter innewohnt. Dieser kennzeichnet sich durch eine besonders verletzende Äußerung der Missachtung durch Form oder Inhalt[82] gegen ein religiöses Bekenntnis (§ 166 Abs. 1 StGB) oder eine Kirche, ihre Einrichtungen oder Gebräuche (§ 166 Abs. 2 StGB). Eine Missachtung des als heilig angesehenen Inhalts des Glaubens[83] der Katholischen Kirche im Sinne eines In-den-Schmutz-Ziehens[84] lässt sich unter keinem Gesichtspunkt aus dem Text herleiten, weil das Lied keine der Dogmen der Katholischen Kirche angreift[85]. Eine Beschimpfung des religiösen Bekenntnisses gemäß § 166 Abs. 1 StGB ist daher nicht ersichtlich.

Weiter bedarf es der Prüfung, ob die Katholische Kirche bzw. ihre Einrichtungen im Sinne von § 166 Abs. 2 StGB (Ordnungen und Formen für die äußere und innere Verfassung der Kirche sowie für die Pflege des Bekenntnisses[86]) durch das Lied beschimpft wurden. Die Katholische Kirche wird dort als eine Organisation dargestellt, die die Homosexualität verpönt[87], von ihren Gläubigen die Ablehnung von Verhütungsmitteln[88] und ein sündenloses Leben[89] verlangt, obwohl gleichzeitig die Regeln des Zölibats[90] von den Amtsträgern selbst nicht immer eingehalten würden[91]. Bedacht auf ihren Wohlstand, vermehre sie ihr Vermögen, etwa durch Erteilung von Ablässen[92]. Durch die ordinäre Selbstbezeichnung einer Ordensschwester als „Bitch" von Jesus, die sich für ihn entblößt, wird ihrer exklusiven Beziehung zu Jesus eine sexuelle Assoziation unterschoben, in der eine besonders verletzende Kundgebung von Missachtung liegen könnte.

---

82 *BGH*St 7, 110 (110); NStZ 2000, 643 (644); *Fischer*, a.a.O., § 90a Rn. 4; *Würtenberger*, JR 1979, 311.

83 *Bosch / Schittenhelm* in Schönke / Schröder, StGB, § 166 Rn. 5; *LG Düsseldorf*, NStZ 1982, 290 (290).

84 *OLG Nürnberg*, NStZ-RR 1999, 238 (239).

85 So im Ergebnis auch die *Staatsanwaltschaft Köln* in ihrem Einstellungsbescheid vom 30.07.2013 – 121 Js 275/13.

86 *Fischer*, StGB, § 166 Rn. 8.

87 „Danke für meine Angst vor Schwulen".

88 „...keiner frisst die Pille"; „danke für das Kondomverbot".

89 „Danke, dass mir für jede Sünde gleich die Hölle droht".

90 „Die Bitches heiß, doch ich schau weg. / Zölibat heißt: ich mach mit mir selbst".

91 „Zölibat 2.0 Alter, frag meine Enkel"; „Jungfrauenbeflecker".

92 „Mein Block ist höher als der Turm zu Babel"; „für eine Provision erteile ich Absolution".

Bei der Beurteilung, ob den Äußerungen ein beschimpfender Charakter innewohnt, muss jedoch berücksichtigt werden, dass das Lied einen satirischen Charakter aufweist und bereits durch seine Zugehörigkeit zu der Gattung Musik in den Genuss der Kunstfreiheit aus Art. 5 Abs. 3 Satz 1 GG kommt, ohne Rücksicht auf das Niveau[93]. In solchen Fällen ist dieses Tatbestandsmerkmal nach herrschender Meinung restriktiv auszulegen[94]. Entscheidend ist, welchen Eindruck das Werk nach seinem objektiven Sinngehalt auf einen künstlerisch aufgeschlossenen oder zumindest um Verständnis bemühten Betrachter macht[95]. Der Aussagekern, der im vorliegenden Fall zunächst zu ermitteln ist[96], betrifft die kritische Auseinandersetzung mit der Katholischen Kirche und ihren Einrichtungen (hier: Ordensregeln[97], Zölibat[98], Ablass[99]). Es handelt sich um eine sachliche, wenn auch scharfe Kritik an der konservativen Lehre der Kirche, auch durch Hinweise auf vermeintliche Missstände. Dieser Aussagekern ist deshalb nicht von beschimpfender Natur. Die genannte Textpassage, in der die Ordensfrau ihre Hingabe zu Jesus besingt, weil sie seine „Bitch“ sei und nur für ihn blankziehe, hat den Aussagekern, dass zum Leben einer Ordensfrau sexuelle Enthaltsamkeit gehört, um das Leben voll und ganz Jesus Christus, auf den sie sich verlässt, zu widmen. Diese Hingebung zu Gott ersetze sexuelle Bedürfnisse[100]. Alternativ könnte die Aussage auch dahingehend verstanden werden, dass sich der Sexualtrieb nicht ohne weiteres durch religiöse Spiritualität substituieren lässt und die Ordensfrauen damit auf eine wie auch immer geartete

---

93 *BVerfGE* 30, 173 (190) – Mephisto; 67, 213 (226 f.) – Anachronistischer Zug; 75, 369 (377) – Strauß-Karikaturen: Die ausgedrückte Meinung nimmt dem Lied nicht die Eigenschaft als Kunstwerk. Maßgebliches Grundrecht bleibt hier Art. 5 Abs. 3 GG als spezielleres gegenüber Art. 5 Abs. 1 S. 1 GG (Meinungsfreiheit), vgl. *BVerfGE* 30, a.a.O., S. 200; 75, a.a.O.

94 Für die Berücksichtigung der Kunstfreiheit bei der restriktiven Auslegung des Tatbestandsmerkmals „Beschimpfen“ etwa *OLG Köln*, NJW 1982, 657 (658); *OLG Karlsruhe*, NStZ 1986, 363 (365); *OVG Koblenz*, NJW 1997, 1174 (1175); *Hörnle* in Münchener Kommentar, StGB, § 166 Rn. 20; für die Behandlung als Rechtfertigungsgrund etwa (*T.*) *Fischer*, StGB, § 166 Rn. 16; (*K. A.*) *Fischer*, Die strafrechtliche Beurteilung von Werken der Kunst, S. 142 f.

95 Vgl. *OLG Köln*, NJW 1982, 657 (658); *OVG Koblenz*, NJW 1997, 1174 (1175).

96 *RG*St 62, 183 (184).

97 Zur Einrichtung des Ordenswesens als eine Einrichtung i.S.v. § 166 Abs. 2 StGB siehe *Fischer*, StGB, § 166 Rn. 9.

98 *Fischer*, a.a.O.

99 *RG*, GA 56 (1909), 68 (68).

100 Vgl. die *Staatsanwaltschaft Köln* ihrem Einstellungsbescheid vom 30.07.2013 – 121 Js 275/13, explizit bezogen auf das Video.

Weise umgehen müssen. Indirekt setzt sich diese Aussage sachlich mit dem zölibatären Leben der Ordensfrauen als kontrovers diskutierter Einrichtung der Katholischen Kirche auseinander[101]; so verstanden, wohnt ihr keine besondere Missachtung bei. Es bedarf einer weiteren Prüfung, ob die Einkleidung dieser Aussagen beschimpfenden Charakter hat. Dabei ist zu berücksichtigen, dass der Satire Übertreibungen, Verzerrungen sowie Verfremdungen wesenseigen sind; dabei gelten für die Beurteilung der Einkleidung weniger strenge Maßstäbe als für die Bewertung des Aussagekerns[102]. Die stichwortartige Kritik der Kirche wurde bewusst in eine übertreibende, Rap-stilisierte Form gekleidet, um die Beanstandungen und Probleme zu verdeutlichen[103]. Das Gleiche gilt für den Text über die Hingabe der Ordensschwester: Der Text ist, wenn auch derb, in seiner Überspitztheit nicht ernst gemeint, zumal das Wort „Bitch" im Rap bzw. in der Jugendsprache nicht mehr vorwiegend in seiner eigentlichen Bedeutung verwendet wird, sondern auch als Synonym einer frechen, emanzipierten, attraktiven Frau[104]. Die Einkleidung der Aussagen ist daher nicht beschimpfend. Wollte man weiter die Kunstfreiheit, die keinem gesetzlichen Vorbehalt unterliegt, gegen andere Rechtsgüter mit Verfassungsrang abwägen[105], stößt man auf folgende Probleme: Der Kunstfreiheit kann man „Belange des § 166 StGB" wegen ihres einfachgesetzlichen Charakters nicht gegenüberstellen[106]. Aber auch das Abstellen auf den Öffentlichen Frieden als Schutzgut des § 166 StGB ist nicht unproblematisch. Dies würde zum einen zur Begriffsvermengung im Rahmen der Auslegung des Tatbestandsmerkmals „Beschimpfen"[107] führen, weiter ist unsicher, welches Verfassungsgut diesem Begriff beiwohnen soll[108]. Darüber hinaus stellt sich das Problem, dass Art. 4 Abs. 1 und Abs. 2 GG (Glaubens- und

---

101 Siehe auch *Staatsanwaltschaft Köln*, a.a.O.

102 *RG*St 62, 183 (183 f.); *BVerfG*E 75, 369 (378) – Strauß-Karikaturen.

103 Zur religiösen Satire siehe auch *Heller / Goldbeck*, ZUM 2007, 630.

104 Vgl. die Beispiele bei *Bukop / Hüpper*, in: Günther / Hüpper / Spieß (Hrsg.), Genderlinguistik, S. 174 f.; *Keller*, 20min.ch vom 07.09.2012.

105 *BVerfG*E 30, 173 (193) – Mephisto; vgl. *OLG Karlsruhe*, NStZ 1986, 363 (365).

106 So aber *OVG Koblenz*, NJW 1997, 1174 (1175) mit Verweis auf *Lenckner* in Schönke / Schröder, StGB, 24. Aufl. 1991, § 166 Rn. 10.

107 Vgl. etwa *Steinke*, KritJ 41 (2008), 253.

108 Nach *Meirowitz*, Gewaltdarstellung auf Videokassetten, S. 389, umfasst der Öffentliche Frieden eine Palette einzelner Rechtsgüter; im Fall von § 131 StGB nennt er als dahinterstehende Verfassungsgüter das Recht auf Leben und körperliche Unversehrtheit, das Eigentumsrecht sowie den Gedanken der Völkerverständigung. Nach *BVerfG*E 124, 300 (335) handelt es sich dabei um einen „vorverlagerten Rechtsgüterschutz".

Religionsausübungsfreiheit) nicht vor Beschimpfungen ihrer Anhänger schützen[109]. Auch bei Konfrontation der Kunstfreiheit mit dem Toleranzgebot als dem vermeintlichen Schutzgut des Art. 4 Abs. 2 GG[110] käme dem Art. 5 Abs. 3 Satz 1 GG dennoch Vorrang zu. Das Lied bezweckt eine sachliche Kritik und ihr satirisches Gewand befindet sich noch in den Grenzen zulässiger Geschmacklosigkeiten. Dem Lied wohnt insgesamt kein beschimpfender Charakter bei. Aus diesem Grund scheidet eine Strafbarkeit aus[111].

4. § 185 StGB – Beleidigung: „Stress ohne Grund"

Aufsehen erregte im Jahr 2013 das Lied „Stress ohne Grund" von Shindy (bürgerlich: Michael Schindler) mit Bushido (bürgerlich: Anis Ferchichi)[112]. In diesem dem Gangsta-Rap zuzuordnenden Lied werden Personen des öffentlichen Lebens „gedisst", also beleidigt.

Inhaltlich stellt „Stress ohne Grund" eine Aneinanderreihung von Beleidigungen unterschiedlicher Personen dar, die sich jedoch vorrangig gegen den Rapper Kay One (bürgerlich: Kenneth Glöckler) richten[113]. Er wird im Lied direkt angesprochen, wohingegen weitere Protagonisten nur in dritter Person Erwähnung finden, wobei sowohl Homosexualität bezogen auf Klaus Wowereit[114] als auch

---

109 *Hörnle* in Münchener Kommentar, StGB, § 166 Rn. 1; *Ott*, NStZ 1986, 366.

110 *Rogall* in Systematischer Kommentar, StGB, § 166 Rn. 1.

111 Nach der Staatsanwaltschaft Köln war die Satire darüber hinaus nicht geeignet, den Öffentlichen Frieden zu stören. Eine Eignung zur Störung des Öffentlichen Friedens soll anzunehmen sein, „wenn Menschen nicht mehr in einer Gesellschaft leben können, ohne befürchten zu müssen, um ihres Glaubens willen diskriminiert zu werden und Schmähungen ausgesetzt zu sein, gegen die man sich nicht wehren kann" (*Bosch / Schittenhelm* in Schönke / Schröder, StGB, § 166 Rn. 12): „Bei dem Video handelt es sich um Darstellungen, die ausschließlich der Unterhaltung dienen. Art und Niveau sind offensichtlich darauf angelegt und auch allenfalls dazu geeignet, ein nicht dem subtilen und tiefsinnigen Humor zugeneigtes Publikum anzusprechen und flüchtig zu erheitern. Die Besorgnis der Diskriminierung um des Glaubens willen vermögen die gezeigten infantil anmutenden Albernheiten nicht zu begründen." (*Staatsanwaltschaft Köln*, Einstellungsbescheid vom 30.07.2013 – 121 Js 275/13). Dem ist trotz lauter Proteste und Drohungen gegenüber der Künstlerin zuzustimmen. Auch wenn man die heftigen Diskussionen, Proteste (auch „Shitstorm") und Drohungen berücksichtigt, so wird dadurch die allgemeine Rechtssicherheit nicht beeinträchtigt. (Vgl. *Terhaag*, Aufrecht.de; a.A. *OLG Nürnberg*, MMR 1998, 535 [536 f.]).

112 Siehe Berichterstattung u.a. *Landsberg*, Spiegel online vom 12.07.2013; *Rustler*, Focus online vom 23.12.2013; *o.V.*, Stern.de vom 15.07.2013.

113 Vgl. *Shindy feat. Bushido,* Stress ohne Grund, NWA, 2013. (Der Text ist zu finden unter http://genius.com/Shindy-stress-ohne-grund-lyrics).

114 Klaus Wowereit (SPD) war von 2001 bis 2014 Regierender Bürgermeister in Berlin. Seit 2001 ist er einem breiten Publikum durch sein Outing auf einem Sonderparteitag mit den

der erwünschte Tod hinsichtlich Serkan Tören[115] und Claudia Roth[116] thematisiert werden[117]. Gegen diesen Affront seitens der Künstler versuchten Betroffene strafrechtlich vorzugehen und stellten Strafantrag[118]. Nachfolgend soll untersucht werden, ob eine Strafbarkeit der Interpreten wegen Beleidigung gemäß § 185 StGB gegeben ist. Das Delikt dient dem Schutze der Ehre[119].

Für die strafrechtliche Bewertung wird eine Textzeile des Liedes, in der sowohl Kay One gedroht als auch Klaus Wowereits angebliche homosexuelle Sexualpraktik angesprochen wird, Untersuchungsgegenstand sein[120].

Klaus Wowereit und Kay One stellen als natürliche Personen geeignete Tatobjekte der Beleidigung dar[121]. Des Weiteren ist die Kundgabe eigener Missachtung oder Nichtachtung, die sich in einem Erklärungswert nach außen manifestiert, erforderlich[122]. Die Äußerung muss ehrverletzenden Charakters sein und durch Auslegung ist der objektive Sinngehalt der Äußerung zu ermitteln, wofür maßgeblich ist, wie ein verständiger Dritter unter Beachtung der Begleitumstände und des Gesamtzusammenhangs sie versteht[123]. Zwar wird der bekennend homosexuelle Klaus Wowereit auf seine Sexualität reduziert, jedoch bleibt zu klären, ob eine solche Aussage ehrenrührig sein kann. Das Amtsgericht Tiergarten stellt richtigerweise klar, dass

---

inzwischen geflügelten Worten: „Ich bin schwul und das ist gut so" bekannt (*Wikipedia*, Stichwort: Klaus Wowereit).

115 Serkan Tören (FDP), von 2009 bis 2013 Mitglied des Bundestages, forderte, dass Bushido der Integrationspreis aberkannt werden solle, siehe *Tören*, Abgeordneten watch.de vom 26.07.2013 (http://www.abgeordnetenwatch.de/serkan_toeren-575-38010.html).

116 Claudia Roth, Mitglied des Bundestages und damals Parteivorsitzende des Bündnisses 90/Die Grünen, heute Vizepräsidentin des Deutschen Bundestages; siehe dazu ihre Website http://claudia-roth.de/person/.

117 *AG Tiergarten*, ZUM 2015, 904 (906).

118 So Klaus Wowereit (*Spiegel online* vom 15.07.2013 [http://www.spiegel.de/ kultur/musik/wowereit-erstattet-anzeige-gegen-bushido-a-911248.html]) und Serkan Tören (*Abgeordnetenwatch.de* vom 26.07 2013 [http://www.abgeordnetenwatch.de/serkan _toeren-575-38010.html]), Kay One hingegen als Adressat des Liedes sah von einem Strafantrag ab, siehe *AG Tiergarten*, ZUM 2015, 904 (904).

119 *Eisele / Schittenhelm* in Schönke / Schröder, StGB, Vor §§ 185 ff. Rn. 1; *Zaczyk* in Nomos-Kommentar, StGB, Vor §§ 185 ff. Rn. 1; *Valerius* in BeckOK, StGB, § 185 vor Rn. 1.

120 „Kay, du Bastard bist jetzt vogelfrei / Du wirst in Berlin in deinen Ar… gef… wie Wowereit."

121 *Regge / Pegel* in Münchener Kommentar, StGB, § 185 Rn. 6.

122 *Regge / Pegel*, a.a.O., Rn. 8.

123 *Regge / Pegel*, a.a.O., Rn. 9.

> Homosexualität eine gesellschaftlich voll anerkannte und absolut gleichwertige Form der Lebensgestaltung darstellt, der aus sich heraus keinerlei ehrenrührige Gesichtspunkte anhaften. Die Reduzierung eines Menschen auf seine Homosexualität kann daher ebenso wenig den Tatbestand der Beleidigung erfüllen, wie dies bei einer wertenden Fokussierung auf die heterosexuelle Lebensweise eines Menschen der Fall wäre, einer Konstellation, in der von vornherein niemand ernsthaft eine strafbare Beleidigung in Erwägung ziehen würde. Gleiches gilt für die sprachlich vulgär ausgestaltete Bezugnahme auf homosexuellen Analverkehr[124].

Eine Beleidigung Wowereits ist in dieser Liedzeile demnach nicht zu erblicken.

Es bleibt noch zu klären, inwiefern diese Textzeile hinsichtlich Kay One eine Strafbarkeit aus § 185 StGB nach sich zieht, und inwieweit den Künstlern hier die Kunstfreiheit zur Seite steht[125].

Jedenfalls stellt „Stress ohne Grund" einen HipHop-typischen „Disstrack" des Gangsta-Rap dar[126]. Das Wort „Diss" stammt vom englischen Wort „disrespect" ab und ein Disstrack hat demzufolge lediglich die Beleidigung eines anderen zum Inhalt. Es wird auch mithilfe von Disstracks „gebattlet", also gekämpft, indem derjenige gewinnt, der seine Beleidigungen möglichst flüssig, kreativ und pointiert darbietet[127]. Für das Vorliegen der Kunsteigenschaft ist unerheblich[128], welcher Qualität ein Werk entspricht, gleichermaßen unmaßgeblich ist, dass Künstler kommerzielle Interessen verfolgen[129].

> Der verfassungsrechtlich verankerte Schutz der Kunstfreiheit im Sinne von Art. 5 Abs. 3 GG gebietet es, ein Lied bzw. den Liedtext unabhängig von dem persönlichen Geschmack des Betrachters neutral zu betrachten und einzelne Elemente nicht von dem Ganzen loszulösen und damit aus dem Zusammenhang zu reißen [130].

---

124 *AG Tiergarten*, ZUM 2015, 904 (906).

125 Grundsätzlich herrscht Uneinigkeit über die Verortung der Kunstfreiheit im Rahmen der Prüfung der Strafbarkeit gem. § 185 StGB. Ob eine potentielle Straflosigkeit letztlich auf einem Tatbestandsausschluss oder auf einer Rechtfertigung aus § 193 StGB (Wahrnehmung berechtigter Interessen) oder direkt auf Art. 5 Abs. 3 Satz 1 GG fußt, ist für das Ergebnis bedeutungslos, vgl. *Joecks / Pegel / Regge* in Münchener Kommentar, StGB § 193 Rn. 58. Daher kann an dieser Stelle offenbleiben, ob der Tatbestand erfüllt ist. Für den Tatbestandsausschluss: *KG*, NStZ 1992, 385 (385); *Oğlakcıoğlu / Rückert*, ZUM 2015, 879; für die Anwendung des § 193 StGB: *Zaczyk* in Nomos-Kommentar, StGB, § 193 Rn. 40; für die direkte Anwendung von Art. 5 Abs. 3 S. 1 GG: *Kühl* in Lackner / Kühl, StGB, § 193 Rn. 14.

126 *AG Tiergarten*, ZUM 2015, 904 (905).

127 *Oğlakcıoğlu / Rückert*, ZUM 2015, 878.

128 *LG Berlin*, ZUM 2015, 903 (904).

129 *AG Tiergarten*, ZUM 2015, 904 (905 f.).

130 *LG Berlin*, ZUM 2015, 903 (904).

Schon allein durch die Zugehörigkeit des Gangsta-Rap zum HipHop-Genre unterfällt er dem Schutzbereich des Art. 5 Abs. 3 Satz 1 GG[131]. Dieser Umstand bedarf einer genaueren Betrachtung, da die Beleidigung in diesem Genre nicht um ihrer selbst willen dargeboten wird, sondern vordergründig des künstlerischen Ausdrucks wegen. Der Gangsta-Rap bedient sich der gleichen Mittel wie die Satire[132], etwa der Übertreibung, Verzerrung und Überspitzung[133]. Vor diesem Hintergrund dürfte der Vorschlag eines Rückgriffs auf die Grundsätze der Satire beim Gangsta-Rap nicht verwundern. So kann auch hier der Sinngehalt aus der Perspektive eines Genrekenners ermittelt werden und die Aussage von der „Gangsta-Rap-Hülle" getrennt werden[134].

> Bei der Auslegung des Sinngehalts des Aussagekerns wird man – aus Sicht des objektiven Genrekenners – häufig zu dem Ergebnis kommen können, dass die Aussage ihrem tatsächlichem Kern nach gar nicht auf eine Ehrverletzung der genannten Person abzielt, sondern vielmehr – insbesondere bei den häufig verwendeten Vergleichen und Metaphern – entweder eine Ehrverletzung eines anderen Rappers, zu dem der Vergleich gezogen wird („Dissen"), eine Überhöhung der eigenen Person des Künstlers im Sinne eines Dominanzgehabes oder aber um die Kennzeichnung einer bestimmten Verhaltensart oder Lebensweise – die mit der bezeichneten Person des öffentlichen Lebens in Verbindung gebracht wird – als „unmännlich" in den Augen des Künstlers. [135]

So stellt auch das Landgericht Berlin fest, dass die Intention der Künstler die Provokation Kay Ones war und eben nicht die Beleidigung[136]. Er war Kontrahent in einem Rap-Duell, kein Opfer übler Beleidigungen.

Verwundern darf es also nicht, dass Kay One seinerseits einen Disstrack als Antwort auf ein anderes Lied Bushidos unter dem Titel „Leben und Tod des Kenneth Glöckler" verfasste. Kay One nannte seinen über 25-minütigen Disstrack „Tag des Jüngsten Gerichts" und rechnet allen voran mit seinem ehemaligen Mentor Bushido ab. Doch nicht der Rapper selbst, sondern die im Lied ebenso besungene Ehefrau Bushidos ging gegen diesen Song mit Erfolg gerichtlich vor[137]. In der beanstandeten Liedzeile besingt Kay One, dass er Bushido erhängen und währenddessen Sexualverkehr mit seiner Frau haben werde, die

---

131 *Oğlakcıoğlu / Rückert*, ZUM 2015, 879.

132 *Valerius* in BeckOK, StGB, § 193 Rn. 42.

133 *Oğlakcıoğlu / Rückert*, ZUM 2015, 880.

134 *Oğlakcıoğlu / Rückert*, a.a.O., S. 880 f.

135 *Oğlakcıoğlu / Rückert*, a.a.O., S. 881.

136 *LG Berlin*, ZUM 2015, 903 (904).

137 *O.V.*, Rollingstone.de vom 08.12.2014.

er schwängern und bezahlen werde[138]. Laut Pressemitteilungen untersagte ihm das Landgericht Berlin die Weiterverbreitung des Liedes und Kay One entfernte den Song aus dem Internet[139], der Rekord für die meisten Klicks innerhalb der ersten 24 Stunden auf YouTube war aber schon aufgestellt[140].

5. § 131 StGB – Gewaltdarstellung: „Anti Zombie"

Die Ärzte, heute bestehend aus Bela B. (bürgerlich Dirk Felsenheimer), Farin Urlaub (bürgerlich Jan Vetter) und Rodrigo González, sind eine 1981 gegründete Punkrock-Band. Ihre kontroversen Texte, für die die Band bekannt ist, führten bereits häufiger dazu, dass ihre Lieder durch die Bundesprüfstelle für jugendgefährdende Schriften (BPjS) (heute: Bundesprüfstelle für jugendgefährdende Medien [BPjM]) indiziert wurden[141]. Das Lied „Anti Zombie" aus dem Album „Geräusch" von 2003 entstand in Anlehnung an den Film „Dawn of the Dead" von 1978[142], der in Deutschland unter dem Namen „Zombie" vertrieben wurde, worauf Anfangs- und Schlusszitat[143] in dem Songtext schließen lassen, welche dem Film selbst entnommen sind[144]. In diesem Lied beschreiben Die Ärzte, welche Maßnahmen im Falle einer Zombieinvasion zu ergreifen sind: „Ziel auf den Kopf, keine Gnade", „Hast du genug Blei? Dann sage ich dir: Feuer frei!".

Im Folgenden wird erörtert, inwieweit die Darstellungen in dem gesamten Liedtext als gewaltverherrlichend anzusehen sind. Gemäß § 131 Abs. 1 StGB ist unter anderem das Verbreiten einer Schrift (§ 11 Abs. 3 StGB) zu ahnden,

> die grausame oder sonst unmenschliche Gewalttätigkeiten gegen Menschen oder menschenähnliche Wesen in einer Art schildert, die eine Verherrlichung oder Ver-

---

138 *Kay One*, Tag des Jüngsten Gerichts, 2014. Der Text ist zu finden unter http://genius.com/Kay-one-tag-des-jungsten-gerichts-lyrics/.

139 *Maier*, Stern.de vom 19.12.2014.

140 *Ligeti*, Musikexpress.de vom 02.12.2014.

141 „Die Ärzte" (BAnz. Nr. 21 vom 31.01.1987); „Ab 18", (BAnz. Nr. 205 vom 31.12.1987).

142 Siehe dazu näher *o. V.*, Schnittberichte.com.

Der Film selbst wurde 1983 in die Liste für jugendgefährdende Schriften aufgenommen und 1991 sogar beschlagnahmt. Eine 2004 produzierte Neuauflage dieses Kultfilms wurde nicht in die Liste für jugendgefährdende Medien aufgenommen.

143 „In der Hölle ist kein Platz mehr, hat früher immer mein Großvater erzählt. Schon mal was von Macumba gehört oder Voodoo? Mein Großvater war ein Priester in Trinidad. Er pflegte zu sagen: ‚Wenn in der Hölle kein Platz mehr ist, kommen die Toten auf die Erde'."

144 *O. V.*, Schnittberichte.com.

harmlosung solcher Gewalttätigkeiten ausdrückt oder das Grausame oder Unmenschliche des Vorgangs in einer die Menschenwürde verletzenden Weise darstellt.

Diese Norm dient in erster Linie dem Öffentlichen Frieden. Durch das Verbot gewaltverherrlichender Schriften soll der Einzelne vor einer aggressionsbedingten Fehlentwicklung geschützt werden[145]. Das Besondere an dieser Vorschrift ist, dass sie durch das SexÄndG[146] vom 27. Dezember 2003 auf „menschenähnliche Wesen" ausgeweitet wurde[147]. Zur Begründung dieser Ausweitung der Strafbarkeit bei Gewalttätigkeiten gegen menschenähnliche Wesen führte der Gesetzgeber an, dass es nicht darauf ankommen kann, ob die Opfer der wiedergegebenen Gewalttätigkeiten als „Androide", „künstliche Menschen", „Außerirdische", „Untote", als Verkörperung übersinnlicher Wesen oder ähnliche Wesen dargestellt werden. Entscheidend ist vielmehr, ob sie nach objektiven Maßstäben ihrer äußeren Gestalt nach Ähnlichkeit mit dem Menschen aufweisen[148].

Die Diskussion um die Erweiterung der Vorschrift um menschenähnliche Handlungsopfer entbrannte im Zuge des Verfahrens um den Film „Tanz der Teufel" (Originaltitel: The Evil Dead)[149]. Die Kritik an diesem Film richtet sich vor allem gegen die detaillierten und in Großaufnahme gezeigten Tötungsszenen, die sowohl an, als auch von den menschenähnlichen Wesen begangenen werden[150]. Obwohl menschenähnliche Wesen in der damaligen Fassung des § 131 StGB nicht in den Schutzbereich fielen, begründete das Landgericht München I die Einziehung des Films in seiner Entscheidung vom 7. Oktober 1985 damit, dass der Film gegen § 131 StGB verstoße, weil er Gewalttätigkeiten verharmlose und diese auch in einer die Menschenwürde verletzenden Weise darstelle[151]. Auf die im weiteren Verlauf des Verfahrens eingelegte Verfassungsbeschwerde entschied das Bundesverfassungsgericht mit Beschluss vom 20. Oktober 1992, dass das Analogieverbot des Art. 103 Abs. 2 GG es nicht zulasse, den Begriff

145 *Schäfer* in Münchener Kommentar, StGB, § 131 Rn. 1 f.

146 Gesetz zur Änderung der Vorschriften über das sexuelle Selbstbestimmungsrecht und zur Änderung anderer Vorschriften, BGBl. 2003 I, 3007.

147 *Ostendorf* in Nomos-Kommentar, StGB, § 131 Rn. 9.

148 Beschlussempfehlung und Bericht des *Rechtsausschusses* (6. Ausschuss), BT-DrS 15/1311, S. 22.

149 Siehe *o. V.*, Schnittberichte.com.

150 *Bundesprüfstelle für jugendgefährdende Schriften*, Entscheidung Nr. 1902 (V) vom 25.04.1984, S. 2 f. (unveröffentlicht).

151 Siehe *BVerfG*E 87, 209 (215) – Tanz der Teufel.

„Mensch“ in § 131 Abs. 1 StGB dahingehend auszulegen, dass er auch menschenähnliche Wesen umfasse, da dieser Begriff hinreichend bestimmt sei und an den biologischen Begriff anknüpfe. Wenn der Gesetzgeber die filmische Darstellung von Gewalt gegen menschenähnliche Wesen (vor allem sogenannter Zombies) hätte unter Strafe stellen wollen, hätte er dies im Wortlaut der Vorschrift zum Ausdruck bringen müssen[152].

Infolgedessen wurde § 131 StGB im Jahre 2003 um das Tatbestandsmerkmal „menschenähnliche Wesen“ ergänzt. Maßgebend für eine Strafbarkeit gemäß § 131 StGB durch Annahme menschenähnlicher Wesen ist, dass diese nach objektiven Maßstäben in ihrer äußeren Gestalt als Menschen erscheinen[153]. Die Wesen werden in dem Lied unter anderem so beschrieben:

> Sie sind nicht mehr am Leben
> Sie sind nicht tot. …
> Sie haben mit unseren lieben Toten nichts gemein
> Du hörst sie schmatzen und hohles Stöhnen
> Sie wandern stumpf durch die Botanik.

Diese Beschreibungen entsprechen der Wortbedeutung „Zombie“ als „Untoter“ oder „wiederbelebter Toter“[154]; somit sind die Anforderungen an die Annahme menschenähnlicher Wesen in dem Lied der Ärzte erfüllt. Das Lied ist Bestandteil der CD „Geräusch“, die als Tonträger eine Schrift im Sinne von § 11 Abs. 3 StGB darstellt[155]. Darüber hinaus werden in dem Lied Vorgänge, die ein aggressives, aktives Tun, durch das unter Einsatz oder Ingangsetzen physischer Kraft unmittelbar oder mittelbar auf den Körper eines Menschen in einer dessen leibliche oder seelische Unversehrtheit beeinträchtigenden oder konkret gefährdenden Weise eingewirkt wird[156], geschildert, wodurch das Tatbestandsmerkmal „Gewalttätigkeit“ ebenfalls erfüllt ist[157]. Das Tatbestandsmerkmal „grausam“ ist nicht gegeben, da in dem Song keine Gewalttätigkeiten unter Zufügung besonderer Schmerzen oder Qualen körperlicher oder seelischer Art aus gefühlloser und unbarmherziger Gesinnung geschildert werden[158]. „Unmenschlich“ sind

---

152 *BVerfGE*, a.a.O.

153 *Schäfer* in Münchener Kommentar, StGB, § 131 Rn. 22; vgl. Beschlussempfehlung und Bericht des *Rechtsausschusses (6. Ausschuss)*, BT-DrS 15/1311, S. 22.

154 Vgl. *Duden*, Stichwort: „Zombie“.

155 *Hecker* in Schönke / Schröder, StGB, § 11 Rn. 75.

156 *Sternberg-Lieben / Schittenhelm* in Schönke / Schröder, StGB, § 131 Rn. 6.

157 „Ziel auf den Kopf, keine Gnade“, „Hast du genug Blei? Dann sage ich dir: Feuer frei!“.

158 Beschlussempfehlung und Bericht des *Ausschusses für Jugend, Familie und Gesundheit (13. Ausschuss)*, BT-DrS 10/2546, S. 22; *Sternberg-Lieben / Schittenhelm* in Schönke / Schröder, StGB, § 131 Rn. 7.

solche Gewalttätigkeiten, die Ausdruck einer menschenverachtenden und rücksichtslosen Gesinnung sind[159]. Ob sich die Art und Weise der Darstellungen in dem Lied nicht durch ein bedenkenloses, kaltblütiges und sinnloses Niederschießen von, in diesem Falle, menschähnlichen Wesen auszeichnet[160], und das Verhalten damit als „unmenschlich“ anzusehen ist, kann hingegen nicht zweifelsfrei geklärt werden[161].

Weitere Bedenken bestehen in Bezug auf das Tatbestandsmerkmal „in einer Art schildern, die eine Verherrlichung oder Verharmlosung solcher Gewalttätigkeiten ausdrückt“. Für die Annahme einer Verherrlichung oder Verharmlosung dieser Gewalttätigkeiten ist allerdings entscheidend, ob die allgemein anerkannten Grenzen eines bestimmten Genres eingehalten werden und sich im Rahmen sozialer Adäquanz bewegen[162]. Die Darstellungen in diesem Lied sind an die Vorgänge in dem Film „Dawn of the Dead“ angelehnt, der dem Genre „Horror“ angehört. Die Elemente des Horrorfilms, Grauen oder Entsetzen beim Zuschauer hervorzurufen, sind ebenfalls in dem Lied „Anti Zombie“ enthalten. Diese Schilderungen stellen jedoch keine unverhohlene, direkte Glorifizierung der einschlägigen Gewalttätigkeiten, die über den Grad hinausgeht, der diesem Werktypus bereits anhängig ist, dar[163], sodass eine Verherrlichung oder Verharmlosung nicht angenommen werden kann. Eine Gewaltverherrlichung ist darüber hinaus bei Schilderungen in Western-, Krimi- und Actionfilmen ebenfalls tatbestandslos[164].

Es gilt jedoch weiterhin zu klären, ob diese geschilderten Gewalttätigkeiten „das Grausame und Unmenschliche des Vorgangs in einer die Menschenwürde verletzenden Weise“ darstellen. Dies wird bei Darstellungen angenommen, die darauf angelegt sind, eine Einstellung zu erzeugen oder zu verstärken, die den fundamentalen Wert- und Achtungsanspruch leugnet, der jedem Menschen zukommt, um dem Betrachter sadistisches Vergnügen zu bereiten, wenn der

---

159 *Beschlussempfehlung und Bericht*, a.a.O., S. 22 f.; *Sternberg-Lieben / Schittenhelm*, a.a.O.

160 „Es muss so sein. Du musst es tun. Dann können sie in Frieden ruhen.“

161 Beschlussempfehlung und Bericht des *Ausschusses für Jugend, Familie und Gesundheit (13. Ausschuss)*, BT-DrS 10/2546, S. 23; *Sternberg-Lieben / Schittenhelm* in Schönke / Schröder, StGB, § 131 Rn. 7.

162 *Erdemir*, ZUM 2000, 702.

163 *Erdemir*, a.a.O., S. 703.

164 *Sternberg-Lieben / Schittenhelm* in Schönke / Schröder, StGB, § 131 Rn. 9 f.; *Schäfer* in Münchener Kommentar, StGB, § 131 Rn. 30.

Mensch als verfügbares Objekt von Gewalt vorgeführt wird[165]. In dem Lied werden die Zombies als aggressive Angreifer, die die Menschen aufessen wollen, beschrieben. Darüber hinaus wird die Gewalt ausschließlich zum Zwecke der Verteidigung der Menschheit bzw. der Erlösung der Zombies von ihrem Schicksal angewandt[166], sodass in diesem Falle nicht angenommen werden kann, dass diese Vorführung von Zombies als verfügbares Objekt von Gewalt dem sadistischen Vergnügen des Zuhörers dienen soll. Eine Strafbarkeit der Bandmitglieder gemäß § 131 Abs. 1 StGB scheidet demnach aus.

Am Rande sei bemerkt, dass die Rockgruppe eine generell friedliebende Einstellung zu Zombies pflegt, die sich darin wiederspiegelt, dass auf demselben Album auch das Lied „Pro Zombie" enthalten ist, in dem Die Ärzte einige Vorzüge des Zombiedaseins aufzeigen[167].

6. §§ 184 ff. StGB – Verbreitung pornographischer Schriften: „Arschficksong"

Der in Ost-Berlin geborene Rapper Sido[168] (bürgerlich Paul Hartmut Würdig) deutsch-sintischer Herkunft, erlangte 2003 mit dem „Arschficksong" große Berühmtheit als Solokünstler[169]. In dem Song beschreibt Sido detailgetreu Anal- und Oralverkehrpraktiken, sowohl mit Frauen wie auch mit Männern[170]. Die Freiwillige Selbstkontrolle der Filmwirtschaft (FSK), die gemäß § 18 Abs. 8 JuSchG bei Filmen, Film- und Spielprogrammen tätig wird, gab das dazugehörige Musikvideo, dessen Inhalt auch der Liedtext ist, bereits für 16-Jährige frei, sodass das Lied von der Bundesprüfstelle für jugendgefährdende Medien nicht auf die Liste für jugendgefährdende Medien eingetragen werden konnte: Es gilt der Grundsatz, dass bei bereits erfolgter Prüfung ein Medium nicht erneut von einer anderen staatlichen Stelle begutachtet wird. Sowohl Urheber, Hersteller

---

165 *Rackow* in BeckOK, StGB, § 131 Rn. 17.

166 „Sie essen alle auf. Sie fressen alle auf. Und hast du keine Knarre, rate ich dir: 'Lauf!' / Es muss so sein. Du musst es tun. Dann können sie in Frieden ruhen. / Vorsicht, sie kommen mit dem Impuls, fressen, um zu fressen, um zu killen."

167 *Die Ärzte,* Pro Zombie, Geräusch, 2003.

168 Die Abkürzung stand früher für „Scheiß in dein Ohr" nunmehr jedoch für „super-intelligentes Drogenopfer" (*Wikipedia*, Stichwort: Sido).

169 Siehe die Biographie „Sido – Kronjuwelen – Bio 2018" auf http://www.universal-music.de/sido/biografie.

170 *Sido,* Arschficksong, Aggro Ansage Nr. 1, 2002.

und Vertreiber müssen darauf vertrauen können, dass inhaltsgleiche Medien nicht unterschiedlich bewertet werden[171].

Im Zuge der nachfolgenden rechtlichen Bewertung soll ermittelt werden, ob der „Arschficksong" eine Strafbarkeit gemäß § 184 ff. StGB wegen der Verbreitung von pornographischen Schriften nach sich zieht. Gemäß § 184 Abs. 1 StGB steht das Anbieten, Verbreiten oder Zugänglichmachen wie auch das Bewerben von pornographischen Schriften (§ 11 Abs. 3 StGB) an Personen unter 18 Jahren unter Strafe.

Der „Arschficksong" ist Bestandteil der CD „Aggro Ansage Nr. 1", die als Tonträger eine Schrift im Sinne von § 11 Abs. 3 StGB darstellt[172]. Als pornographisch ist eine Darstellung anzusehen, die unter Ausklammerung sonstiger menschlicher Bezüge sexuelle Vorgänge in grob aufdringlicher Weise in den Vordergrund rückt und die in ihrer Gesamttendenz ausschließlich oder überwiegend auf sexuelle Stimulation angelegt ist, sowie dabei die im Einklang mit allgemeinen gesellschaftlichen Wertevorstellungen gezogenen Grenzen eindeutig überschreitet[173]. Da § 184 Abs. 1 Nrn. 1–5 und 7 StGB vor allem dem Jugendschutz dient, liegt darüber hinaus Pornographie auch dann vor, wenn durch die Darstellung ein unerwünschtes Sexualverhalten gefördert werden kann. Dies ist etwa bei der Wiedergabe einer entwürdigenden Einstellung zum anderen Geschlecht oder bei Darstellungen, die ein Angst-, Ekel- oder Schamgefühl hinsichtlich der Sexualität hervorrufen können, der Fall[174]. Die Darstellungen in diesem Lied konzentrieren sich in derber Sprache ausschließlich auf die zusammenhanglose Aneinanderreihung und detaillierte Beschreibung des angeblich erlebten Geschlechtsverkehrs und überschreiten damit die Grenzen der allgemein üblichen gesellschaftlichen Wertevorstellungen. Darüber hinaus manifestiert der Song in entwürdigender Weise eine Degradierung des jeweiligen Sexualpartners, ob Frau oder Mann, zum bloßen – auswechselbaren – Sexualobjekt. Das Lied ist vor allem geeignet, beim Empfänger ein Ekel- und Schamgefühl in erheblichem Maße hervorzurufen[175]. Somit ist der „Arschficksong" als pornographisch zu bewerten.

---

171 Siehe *Bundesprüfstelle für jugendgefährdende Medien* (Hrsg.), Jugendmedienschutz, Aufgaben und Arbeitsweise der Bundesprüfstelle für jugendgefährdende Medien, 2014, S. 7.

172 *Hecker* in Schönke / Schröder, StGB, § 11 Rn. 75.

173 *Eisele* in Schönke / Schröder, StGB, § 184 Rn. 8.

174 *Laue* in Dölling / Duttge / König / Rössner, Gesamtes Strafecht, § 184 StGB Rn. 4.

175 „Kathrin hat geschrien vor Schmerz … / ... Mir hat's gefallen. Ich hab experimentiert / Kathrin war schockiert". Weitere Textauszüge aus Sidos Song sollen dem Leser aufgrund

Darüber hinaus liegt es nahe, dass der Song auch gewaltpornographische Elemente aufweisen könnte. Das Verbreiten, Zugänglichmachen, Anbieten und Bewerben gewaltpornographischer Schriften (§ 11 Abs. 3 StGB) wird gemäß § 184a StGB geahndet. Der Begriff der Gewalttätigkeiten im Sinne von § 184a StGB entspricht grundsätzlich dem Gewaltbegriff aus § 131 StGB. Hinzukommen muss, dass die Gewalttätigkeiten sich gerade auf den pornographischen Charakter beziehen, das heißt in Zusammenhang mit den sexuellen Handlungen stehen müssen[176]. Dabei ist das einverständliche Handeln ebenfalls als tatbestandsmäßig anzusehen, insbesondere bei der Darstellung von Verletzungen, die die Grenze des § 228 StGB überschreiten[177]. Die Schilderungen in dem Song belegen, dass die leibliche Unversehrtheit des jeweiligen Sexualpartners zumindest gefährdet, wenn nicht schon beeinträchtigt wird[178]. Diese stehen auch in unmittelbarem Zusammenhang mit der sexuellen Handlung des Analverkehrs, sodass der Inhalt des „Arschficksongs" auch einen gewaltpornographischen Charakter aufweist.

Schlussendlich wirft die Textpassage *„Es fing an mit 13"*, woraufhin der Analverkehr des 13-jährigen Protagonisten[179] mit einer weiblichen Person unbestimmten Alters, genannt Kathrin, in bildhafter Weise beschrieben wird, die Frage auf, inwieweit der Tonträger einen kinderpornographischen Inhalt aufweist. Gemäß § 184b StGB wird das Verbreiten und Zugänglichmachen von kinderpornographischen Schriften (§ 11 Abs. 3 StGB), das heißt solchen, „die sexuelle Handlungen von, an oder vor einer Person unter vierzehn Jahren (Kind)" zum Gegenstand haben, pönalisiert. In dem Lied werden sexuelle Handlungen eines Kindes („von einem Kind") wirklichkeitsnah beschrieben. Es ist dabei unschädlich, dass zum Inhalt des Textes auch Beschreibungen gehören, die nicht darauf hinweisen, dass es sich im Weiteren um den 13-Jährigen handelt. Es reicht, dass die Beschreibung der sexuellen Handlung des Kindes zum

---

der besonders derben Sprache an dieser Stelle erspart bleiben, zum Nachlesen und Hören: https://www.youtube.com/watch?v=tzvuGdvvvkU.

176 *Eisele* in Schönke / Schröder, StGB, § 184a Rn. 3 f.

177 *Eisele*, a.a.O., Rn. 3a; *Hörnle* in Münchener Kommentar, StGB, § 184a Rn. 8; vgl. *BGH*, NStZ 2000, 307 (309).

178 Noch ein Textauszug: „Kathrin hat geschrien vor Schmerz", „Ihr A… hat geblutet …", „Ein bisschen Schmerz muss sein".

179 *Knobbe / Ross*, Stern.de vom 12.06.2005.

Inhalt der Schrift gehört[180]. Eine überwiegend aus einfacher Pornographie bestehende Schrift unterfällt auch dann der Kinderpornographie, wenn sie lediglich eine einschlägige Szene enthält[181].

Bei der Beurteilung der Strafbarkeit muss jedoch der Tatsache Rechnung getragen werden, dass der „Arschficksong" Strukturelemente der Kunst im Sinne von Art. 5 Abs. 3 Satz 1 GG aufweist, da dieser das Ergebnis freier schöpferischer Gestaltung ist, in der Eindrücke, Erfahrungen und Phantasien des Künstlers verarbeitet werden und in diesem zum Ausdruck kommen[182]. Von der Kunstfreiheit wird nicht nur die Herstellung der Kunst (sogenannter Werkbereich), sondern auch die Darbietung und Verbreitung (sogenannter Wirkbereich) geschützt[183]. Schlossen sich nach früherer Ansicht Kunst und Pornographie aus, so gilt heute, dass es in diesen Bereichen durchaus zu Überschneidungen kommen kann[184]. Die Kunstfreiheit enthält jedoch keine ausdrücklichen Gewährleistungsschranken, ihre Grenzen ergeben sich vielmehr aus der Verfassung selbst, sodass im Zuge einer Abwägung auf der Rechtfertigungsebene ermittelt werden muss, welches Rechtsgut als schutzwürdiger anzusehen ist[185]. Hier kommt vor allem der Schutz von Kindern und der Jugend vor sittlicher Gefährdung infrage, der sich aus Art. 6 Abs. 2 Satz 1 GG ableiten lässt[186]. Die Musik von Sido und damit ebenfalls der „Arschficksong" werden vor allem von Jugendlichen gehört. Die Schilderungen in diesem Lied können in hohem Maße als ekelerregend empfunden werden und Jugendliche aufgrund der wirklichkeitsnahen Darstellungen, die als gängige Sexualpraktiken beschrieben werden, zu gewalttätigem Geschlechtsverkehr animieren. Hinzu kommt, dass der Song realitätsnahe Beschreibungen kinderpornographischen Gehalts enthält. Dem Jugendschutz ist gegenüber der Kunstfreiheit generell kein Vorrang einzuräumen[187], jedoch gilt

---

180 *Fischer,* StGB, § 184b Rn. 4.

181 *Hörnle* in Münchener Kommentar, StGB, § 184b Rn. 14.

182 *BVerfG*E 83, 130 (138) – Mutzenbacher.

183 *BVerfG*E 30, 173 (189) – Mephisto; 119, 1 (21) – Esra.

184 *BGH*St 37, 55 (57 ff.) – Opus Pistorum; *Hörnle* in Münchener Kommentar, StGB, § 184 Rn. 27.

185 *Hörnle*, a.a.O., Rn. 30; *Eisele* in Schönke / Schröder, StGB, § 184 Rn. 11 f.; *Laue* in Dölling / Duttge / König / Rössner, Gesamtes Strafrecht, § 184 StGB Rn. 5; *Antoni* in Hömig / Wolff, Grundgesetz, Art. 5 Rn. 35; a.A. *Liesching / v. Münch,* AfP 1999, 38 f.

186 *BVerfG*E 83, 130 (139) – Mutzenbacher.

187 *BGH*St 37, 55 (64) – Opus Pistorum.

insbesondere bei kinderpornographischen Inhalten, dass in der Regel die Kunstfreiheit in solchen Fällen zurückzutreten hat[188]. Darüber hinaus gilt gemäß § 15 Abs. 2 JuSchG, dass Medien, die in den §§ 184, 184a und 184b StGB[189] genannten Inhalte aufweisen, schwer jugendgefährdende Trägermedien darstellen[190]. Dies führt zu dem Ergebnis, dass dem „Arschficksong" aufgrund seines Inhalts nach den genannten Strafnormen strafrechtliche Relevanz zukommt.

Mittlerweile distanziert sich der Rapper selbst von seiner exzentrischen Vergangenheit und kehrt seinem alten Image als „Bad Boy" den Rücken zu und möchte auch nicht, dass seine eigenen Kinder den „Arschficksong" hören. Dabei unterstreicht Sido, dass dieses Lied lediglich aufgrund der Kritik der Medien, er würde sich stets der Fäkalsprache bedienen, entsprungen ist – dies verdeutlicht er in dem Song bereits im Intro – und allein dem Zwecke des Schockierens dienen sollte[191].

III. Fazit

Musik dient in den zuvor beschriebenen Fallbeispielen als Medium, um Botschaften als gesungenes bzw. gesprochenes Wort an ihre Empfänger zu übermitteln. In der Regel wird der Inhalt der Botschaft, durch Melodie und Arrangement emotional verknüpft, einprägsamer gemacht als es bei einer nur schriftlichen Fixierung der Gedanken der Fall wäre. Allein der sprachlich übermittelte Inhalt ist in der Regel ein geeignetes Instrumentarium, um Rechtsgüter zu verletzen. Allerdings gibt es Ausnahmen, wie das „Horst-Wessel-Lied" zeigt, bei denen der Text eines Liedes durch seinen Inhalt und historischen Bezug derart liedprägend und symbolkräftig ist, dass sogar das bloße Intonieren der Melodie Assoziationen an dessen inhaltliche Botschaft weckt.

---

188 *Eisele* in Schönke / Schröder, StGB, § 184 Rn. 12; *Laue* in Dölling / Duttge / König / Rössner, Gesamtes Strafrecht, § 184 StGB Rn. 5; *Hörnle* in Münchener Kommentar, StGB, § 184 Rn. 30; § 184b Rn. 51.

189 Zu den Konkurrenzen vgl. *Fischer,* StGB, § 184a Rn. 13; *Eisele*, a.a.O., § 184b Rn. 49; *Hörnle*, a.a.O., § 184a Rn. 15.

190 In diesem Zusammenhang erscheint die Entscheidung der FSK das Musikvideo, zu dem zweifelsfrei der Liedtext gehört, ab 16 Jahren freizugeben, besonders zweifelhaft.

191 *Ewert*, Welt.de vom 31.05.2010; Siehe auch das bei YouTube veröffentlichte Video von *Aggro.TV,* Sido – über Weihnachtssong, Arschficksong & mein Block, Teil 3, ab Min. 4:50 (https://www.youtube.com/watch?v=HgFt4tOuMp8).– Erwähnenswert ist, dass alle weiteren Aggro Ansage Alben (Nrn. 2–5) von Sido auf der Liste der jugendgefährdenden Trägermedien aufgeführt sind; BAnz. Nr. 98 vom 31.05.2005; BAnz. Nr. 249 vom 31.12.2004; BAnz. Nr. 186 vom 30.09.2005; BAnz. Nr. 101 vom 31.05.2006.

Bei der Auswahl der „Opfer" sind den Tätern kaum Grenzen gesetzt. Es ergeben sich dabei mannigfaltige Angriffsziele, von natürlichen Personen über den Staat bis zu Religionsgesellschaften.

Allen Fallbeispielen war gemein, dass bei der Beurteilung der Strafbarkeit grundsätzlich der Kunstcharakter des Liedes zu berücksichtigen war. Deshalb mussten die in Betracht kommenden Strafnormen, sofern es die konkrete Fallkonstellation gebot, im Lichte des Art. 5 Abs. 3 Satz 1 GG ausgelegt werden. Bei einer Kollision zwischen der Kunstfreiheit und anderen verfassungsrechtlichen Gütern (zum Beispiel Bestand des Staates, Jugendschutz) waren Pauschalurteile zugunsten der Kunstfreiheit nicht zulässig, das Ergebnis hing vielmehr von einer Abwägung im Einzelfall ab.

Genauso wie es der Musik nicht immer gelingt, die Gemüter zu besänftigen, kann auch das Strafrecht nicht jedem Unrechtsgefühl abhelfen. Wie sich anhand der Beispiele zeigt, stellen die einzelnen Straftatbestände selbst hohe Anforderungen an ihre Erfüllung. Damit mögen die Ergebnisse vom Rechtsempfinden einzelner Betroffener teilweise abweichen, wie zum Beispiel an den erfolglosen Strafanzeigen im Zusammenhang mit den Rap-Songs „Stress ohne Grund" und „Dunk den Herrn!" deutlich wird.

Literatur

Beck'scher Online-Kommentar zum Strafgesetzbuch. Stand: 42. Edition 2019.

Bukop, Marie-Louise / Hüpper, Dagmar, Geschlechterkonstruktion im deutschsprachigen Porno-Rap, in: S. Günthner / D. Hüpper / C. Spieß (Hrsg.), Genderlinguistik: Sprachliche Konstruktionen von Geschlechtsidentität, 2012, S. 159 ff.

Dölling, Dieter / Duttge, Gunnar / König, Stefan / Rössner, Dieter, Gesamtes Strafrecht – Kommentar. 4. Auflage 2017.

Erdemir, Murad, Gewaltverherrlichung, Gewaltverharmlosung und Menschenwürde, Zeitschrift für Urheber- und Medienrecht 2000, S. 699 ff.

Ewert, Laura, Sido hat mit dem „Arschficksong" abgeschlossen, Welt.de vom 31.05.2005 (https://www.welt.de/kultur/article7804585/Sido-hat-mit-dem-Arschficksong-abgeschlossen.html).

Fischer, Klaus Andreas, Die strafrechtliche Beurteilung von Werken der Kunst, 1994.

Fischer, Thomas, Strafgesetzbuch – Kommentar. 66. Auflage 2019.

Gailus, Martin, Das Lied, das aus dem Pfarrhaus kam, Die Zeit 39/2003.

HALTOF, MAREK, Kino polskie, 2004.

HELLER, SVEN / GOLDBECK, NINO, Mohammed zu Gast in Popetown, Zeitschrift für Urheber- und Medienrecht 2007, S. 628 ff.

HENDRYKOWSKA, MAŁGORZATA, Kronika kinematografii polskiej 1895–1997, 1999.

HIMMELRATH, ARMIN, Anzeige gegen Musiklehrerin: Horst-Wessel-Lied im Unterricht – Ermittlungen eingestellt, Spiegel online vom 21.04.2015 (http://www.spiegel.de/schulspiegel/horst-wessel-lied-ermittlungen-gegen-lehrerin-eingestellt-a-1029718.html).

HÖMIG, DIETER / WOLF, HEINRICH AMADEUS, Grundgesetz für die Bundesrepublik Deutschland – Handkommentar. 12. Auflage 2018.

ISENSEE, JOSEF, Meinungsfreiheit im Streit mit der Religion – „Gotteslästerung" heute, Zeitschrift für Medien- und Kommunikationsrecht (AfP) 2013, S. 189 ff.

KELLER, ANNE-SOPHIE, Von Schlampen und Emanzen. Die grosse Bitch-Debatte, 20min.ch vom 07.09.2012 (https://www.20min.ch/entertainment /musik/story/Die-grosse-Bitch-Debatte-26081516).

KLESMANN, MARTIN, Horst-Wessel-Lied in Köpenicker Schule. Ermittlungen gegen Lehrerin wegen SA-Hymne im Unterricht eingestellt, Berliner-Zeitung.de vom 20.04.2015 (http://www.berliner-zeitung.de/berlin/horst-wessel-lied-in-koepenicker-schule-ermittlungen-gegen-lehrerin-wegen-sa-hymne-im-unterricht-einge stellt, 10809148,30480312.html).

KNOBBE (KONBBE), MARTIN / ROSS, HANNES, „Das Punkertum, weißt du" – Der Erfolgsrapper Sido über krasse Konflikte mit der Frauenheit, den Unterschied zwischen Kiffen und Jägermeister und seinen Drang zu „Wetten, dass …?", Stern.de vom 12.06.2005 (http://www.stern.de/kultur/musik/ erfolgs-rapper-sido--das-ist-punkertum--weisst-du--3291584.html).

KÖHN, FRANZISKA, Gruppe „Landser" soll zu Gewalt aufgerufen haben. Mitglieder von Skinhead-Band verhaftet, Berliner-Zeitung.de vom 08.10.2001 (http://www.berliner-zeitung.de/archiv/gruppe--landser--soll-zu-gewalt-aufgeru fen-haben-mitglieder-von-skinhead-band-verhaftet,10810590,9941446. html).

KRÖGER, MARTIN, Lehrerin ließ Schüler Horst-Wessel-Lied singen, Neues-Deutschland.de vom 14.04.2015 (http://www.neues-deutschland.de/artikel/ 967901.lehrerin- liess-schueler-horst-wessel-lied-singen.html).

KROLL, ERWIN, Verbotene Musik, Vierteljahrshefte für Zeitgeschichte 7 (1959), S. 310 ff.

LACKNER, KARL / KÜHL, KRISTIAN, Strafgesetzbuch – Kommentar. 29. Auflage 2019.

LANDSBERG, TORSTEN, Neuer Bushido-Skandal: Mord als Marketing, Spiegel online vom 12.07.2013 (http://www.spiegel.de/kultur/musik/stress-ohne-grund-bushido-provoziert-mit-video-a-910911.html).

LIESCHING, MARC / V. MÜNCH, MAXIMILIAN, Die Kunstfreiheit als Rechtfertigung für die Verbreitung pornografischer Schriften, Zeitschrift für Medien- und Kommunikationsrecht (AfP) 1999, S. 37 ff.

LIGETI, IVO, „Tag des Jüngsten Gerichts": Kay Ones Bushido-Disstrack bricht Klickrekord, Musikexpress.de vom 02.12.2014 (http://www.musikexpress.de/tag-des-juengsten-gerichts-kay-ones-bushido-isstrack-bricht-klickrekord-153593/).

MAIER, JENS (MAI), Bushidos Frau lässt Kay-One-Song verbieten, Stern.de vom 19.12.2014 (http://www.stern.de/lifestyle/leute/bushidos-frau-laesst-kay-one-song-verbieten-3473876.html).

MEIROWITZ, KAREL, Gewaltdarstellung auf Videokassetten, 1993.

MÜNCHENER KOMMENTAR zum Strafgesetzbuch. 3. Auflage 2017–2019.

NOMOS-KOMMENTAR zum Strafgesetzbuch. 4. Auflage 2013.

O.V., Zombie (Dawn of the Dead) – Eine Retrospektive, Schnittberichte.com (http://www.schnittberichte.com/artikel.php?ID=46).

O.V., Staatsanwaltschaft stellt Ermittlung gegen Kebekus ein, Welt.de vom 09.07.2013 (http://www.welt.de/regionales/koeln/article117880547/Staatsanwalt-stellt-Ermittlung-gegen-Kebekus-ein.html).

O.V., Hass-Lied „Stress ohne Grund" Wowereit zeigt Bushido an, Stern.de vom 15.07.2013 (http://www.stern.de/kultur/musik/hass-lied--stress-ohne-grund--wowereit-zeigt-bushido-an-3800160.html).

O.V., Kay One nimmt sich die (Presse)Freiheit: Nach Abmahnung ist „Tag des jüngsten Gerichts" wieder online, Rollingstone.de vom 08.12.2014 (http://www.rollingstone.de/kay-one-nimmt-sich-die-pressefreiheit-nach-abmahnung-ist-tag-des-juengsten-gerichts-wieder-online-374573/).

O.V., Lehrerin lässt Elftklässler Horst-Wessel-Lied singen, Welt.de vom 14.04.2015 (http://www.welt.de/politik/deutschland/article139531919/Lehrerin-laesst-Elftklaessler-Horst-Wessel-Lied-singen.html).

Oğlakcioğlu, Mustafa Temmuz / Rückert, Christian, Anklage ohne Grund – Ehrschutz contra Kunstfreiheit am Beispiel des sogenannten Gangsta-Rap, Zeitschrift für Urheber- und Medienrecht 2015, S. 876 ff.

Ott, Sieghart, Anmerkung zu OLG Karlsruhe, Urteil vom 17.10.1985 – 2 Ss 58/85, NStZ 1986, S. 365 f.

Preisner, Mareike, „Schwarz-Rot-Senf" – Aufregung angebracht? Neue Juristische Wochenschrift 2009, S. 897 f.

Prieberg, Fred K., Musik im NS-Staat, 1982.

Rehfeldt, Martin, Skandal im Kirchenschiff. Zu „Dunk den Herrn" von Carolin Kebekus, Bamberger Anthologie vom 21.06.2013 (https://deutsche lieder.wordpress.com/2013/06/21/carolin-kebekus-dunk-den-herrn/).

Rustler, Kinga, Die Top 10 der Skandale und Schlammschlachten. Die zehn besten Eklats 2013: Von Latex-Miley über Nackt-Heidi bis Wut-Lanz, Focus online vom 23.12.2013 (http://www.focus.de/kultur/kino_tv/jahresrueckblick-2013-bushidos-stress-ohne-grund_id_3488741.html).

Schäfer, Jochem, Aus heutiger Sicht: Musik und Politik im Dritten Reich. Die Familie Schäfer im Widerstand, 2005.

Schönke / Schröder, Strafgesetzbuch – Kommentar. 30. Auflage 2019.

Schroeder, Friedrich-Christian, Probleme der Staatsverunglimpfung, Juristische Rundschau 1979, S. 89 ff.

Smend, Rudolf, Verfassung und Verfassungsrecht, 1928.

Steinke, Ronen, „Gotteslästerung" im säkularen Staat. Ein Plädoyer für die Streichung des § 166 StGB, Kritische Justiz 41 (2008), S. 451 ff.

Stratenwerth, Günter, Zum Begriff des Rechtsguts, in: Festschrift für Theodor Lenckner, 1998, S. 377 ff.

Systemtischer Kommentar zum Strafgesetzbuch. 9. Auflage 2015–2018.

Terhaag, Michael, Der Streit um Kebekus' kirchenkritischen Rap, Aufrecht.de (https://www.aufrecht.de/beitraege-unserer-anwaelte/medienrecht/skandal-video-nicht-im-wdr-ausgestrahlt-streit-um-religioese-gefuehle.html).

Vogt, Sylvia, Anzeige in Berlin-Köpenick. Horst-Wessel-Lied im Unterricht, Tagesspiegel.de vom 14.04.2015 (http://www.tagesspiegel.de/berlin/polizei-justiz/anzeige-in-berlin-koepenick-horst-wessel-lied-im-unterricht/ 11634750.html).

Würtenberger, Thomas, Kunst, Kunstfreiheit und Staatsverunglimpfung (§ 90a StGB), Juristische Rundschau 1979, S. 309 ff.

Claudia Zielińska

Madonna – Eine Pop-Ikone zwischen Gotteslästerung und Gottesverehrung*

I. Einleitung

Forschungsgegenstand des nachstehenden Beitrages ist Madonnas Musikvideo zu ihrer Single „Like a Prayer", welches daraufhin untersucht werden soll, ob es einen blasphemischen Charakter aufweist, der von vielen Anhängern (vor allem) der Katholischen Kirche dem Videoclip zugeschrieben wurde, und deswegen von strafrechtlichem Interesse sein könnte. Dabei liegt das Augenmerk der nachfolgenden Ausführungen ausschließlich auf den gegen das Musikvideo erhobenen Vorwürfen ohne Hinzuziehung des Liedtextes. Insbesondere soll innerhalb der Untersuchungen ein anderer Blickwinkel auf das umstrittene Musikvideo aufgezeigt werden, der vor allem von Theologen aufgeworfen wurde.

II. Madonna

Madonna ist eine außergewöhnliche Solokünstlerin, die sich mittlerweile seit über 30 Jahren im Musikgeschäft hält. Nicht zu Unrecht wird sie deswegen auch „Queen of Pop" genannt. Dies erreicht sie vor allem durch eine unglaubliche Wandelbarkeit und die bewusste Steuerung der Medien. 1992 wurde sie einst mit folgenden Worten beschrieben[1]: „Sie schockiert uns. Sie provoziert uns. Sie hypnotisiert uns. Und sie manipuliert uns. Sie ist mehr ein brillantes Marketinggenie denn eine begnadete Performerin."

Auf den ersten Blick könnte deswegen auch angenommen werden, dass es sich bei dem Namen der Künstlerin um einen zufällig gewählten Künstlernamen handeln könnte – in Wahrheit wurde die in den Vereinigten Staaten in Bay City am

* Zu der Thematik hat die Autorin am 06. Mai 2016 in polnischer Sprache unter dem Titel „Madonna – ikona popu między adoracją Boga a bluźnierstwem" anlässlich der Präsentation der Ausstellung „Kunst und Strafrecht / Sztuka a prawo karne" an der Fakultät für Recht und Verwaltung der Universität Gdańsk im Rahmen der Konferenz „Bluźnierstwo w sztuce – z perspektywy polskiego i niemieckiego prawa karnego" („Blasphemie in der Kunst – aus der Perspektive des polnischen und deutschen Strafrechts") sowie in deutscher Sprache bei mehreren Vernissagen der Ausstellung an deutschen Universitäten vorgetragen.

1 *Bego,* Madonna, Who's That Girl, S. 272.

https://doi.org/10.1515/9783110731729-003

16. August 1958 geborene Vokalistin jedoch nach ihrer Mutter benannt, ihr vollständiger Name lautet: Madonna Louise (Veronica)[2] Ciccione. Sie ist das dritte von insgesamt sechs Kindern des Sohnes italienischer Immigranten, Silvio „Tony" Ciccione, und der italienischen Frankokanadierin Madonna Louise Ciccione[3]. Madonna verlor jedoch bereits in früher Kindheit ihre Mutter, die an Brustkrebs verstarb. Dieser Verlust sollte das Leben der Solokünstlerin stets prägen[4].

Ihre Eltern legten viel Wert auf eine katholische Erziehung, im Hause Ciccione war der Katholizismus bestimmend. Madonna wurde auf katholische Schulen geschickt, zeitweise sogar auf eine Klosterschule[5]. Konventionen kümmerten sie jedoch schon in dieser frühen Zeit nicht und so fiel sie in der Schule durch „anstößiges Verhalten" auf, wusste sie schließlich früh um die Wirkung ihrer weiblichen Reize[6]. Es verwundert also nicht, dass Madonnas Ruhm wohl vor allem auf ihrem provokanten Habitus fußt, insbesondere dem Spiel mit ihrer Sexualität[7] – was in Hinblick auf ihren Namen wiederum zu einer Kontroverse führt, immerhin bedeutet der Name „Madonna", wie sie selbst in einem Interview erklärte[8]: „... Jungfrau, Mutter, Mutter Erde, jemand, der sehr rein und unschuldig, gleichzeitig aber auch sehr stark ist."

III. Der Skandal um das Musikvideo zu „Like a Prayer"

Kommen wir aber nun zu dem eigentlichen Fall. 1989, also bereits als erfolgreiche Solokünstlerin, löste Madonna einen weltweiten Skandal mit dem Musikvideo zu ihrer neuen Single „Like a Prayer" aus – was für ihren Erfolg und Bekanntheitsgrad jedoch umso förderlicher war.

---

2 Diesen Namen nahm sie nach ihrer Firmung an. *Taraborrelli*, Madonna: Die Biographie, S. 38.

3 *Bego*, Madonna, Who's That Girl, S. 22 ff.

4 *Bego*, a.a.O., S. 30 ff.; *Taraborrelli*, Madonna: Die Biographie, S. 30.

5 *Taraborrelli*, a.a.O., S. 37 ff. Madonna, anfangs fasziniert von der Erhabenheit der Nonnen, wollte später selbst eine werden. Sie entschied sich jedoch schnell dagegen, vgl. *Bego*, a.a.O., S. 28; 39.

6 *Bego*, a.a.O., S. 40 f.

7 „From when I was very young, I just knew that being a girl and being charming in a feminine sort of way could get me a lot of things, and I milked it for everything I could." (*Ferry*, The Face 58/1985).

8 „It means virgin, mother, mother of earth, someone who is very pure and innocent but someone who's very strong." (Zit. nach *Ferry*, a.a.O.). Ihr Biograph Mark Bego beschreibt die Künstlerin hingegen mit den Worten: „göttliche Hure" (*Bego*, Madonna, Who's That Girl, S. 9).

Wie kam es zu dem Skandal?

1. Hintergrund

Anfang 1989 kündigte Madonna ein neues Album an, welches unter anderem von dem Tod ihrer Mutter, dem Verhältnis zu ihrem Vater und anderen persönlichen Dingen handeln sollte[9].

Kurz darauf gaben Madonna und Pepsi-Cola bekannt, dass sie einen Vertrag abgeschlossen hatten – die Künstlerin wurde für die Werbung des Getränks Pepsi-Cola für ein Jahr verpflichtet. Der Vertragsabschluss war für die Sängerin sehr lukrativ – Madonna erhielt eine Gage von fünf Millionen US-Dollar und die nötige finanzielle Unterstützung für ihre nächste Tournee. Für beide Vertragspartner sollte so eine Win-Win-Situation entstehen: Pepsi-Cola wollte von dem besonderen Image und der Wandelbarkeit Madonnas profitieren, die Künstlerin wiederum von der weltweiten Aufmerksamkeit und der „günstigen" Gelegenheit, ihre neue Single (und damit auch das dazugehörige Album) zu bewerben[10]. Madonna war zwar nicht die erste Künstlerin, die von der Getränkemarke verpflichtet wurde, jedoch war das Vorhaben der beiden Vertragspartner zu dieser Zeit einzigartig: Die Erstausstrahlung des Werbespots sollte nämlich zugleich die Erstveröffentlichung der Single „Like a Prayer" darstellen – damals die erste Markteinführung eines Musikstückes mittels einer Fernsehübertragung überhaupt. Das Besondere dieses Werbeclips war zudem, dass allein schon sein Erscheinen, welches für den 2. März 1989 vorgesehen war, in 40 Ländern beworben wurde[11] – insofern ein Werbespot für einen Werbespot[12].

Am besagten Tage erschien also der knapp zweiminütige Werbespot. In diesem ist eine Pepsi trinkende Madonna zu sehen, die sich alte schwarz-weiß Aufnahmen aus ihrer Kindheit ansieht und sodann mit ihrem achtjährigen Ich die Welten tauscht und nun selbst im schwarz-weiß Format auf dem Bildschirm, umgeben von farblich leuchtenden Reklameschildern der Getränkemarke Pepsi-

---

9 Siehe *Mertin*, Iconoclash; *Bego*, a.a.O., S. 216. Auf dem CD-Booklet zu Madonnas „Like a Prayer" von 1989 kann man lesen: „This album is for my mother who taught me to pray." (S. 3).

10 „The Pepsi spot is a great and different way to expose the record. Record companies just don't have the money to finance that kind of publicity." (*Zehme*, Rolling Stone vom 23. März 1989).

11 Der Werbespot der PepsiCo, welcher den eigentlichen Werbespot der Getränkemarke mit Madonna für den 02.03.1989 ankündigte, findet sich bei YouTube unter https://www.youtube.com/watch?v=jgNgQel97PI.

12 *Bego*, Madonna, Who's That Girl, S. 218 f.; *Taraborrelli*, Madonna: Die Biographie, S. 214 ff.

Cola, „Like a Prayer“ singend und dazu tanzend erscheint. Plötzlich ist die Zeitreise jedoch zu Ende, Madonna wendet sich nochmals an ihr achtjähriges Ich mit den Worten: „Go ahead. Make a wish.“ Woraufhin das Mädchen die Kerzen auf ihrem Geburtstagskuchen auspustet. Am Ende ist das Pepsi-Logo zu sehen, darunter der Werbeslogan: „A generation ahead“[13].

Ein harmloser Werbespot, der wohl kaum dazu geeignet sein könnte, eine Diskussion um gotteslästernde Darstellungen zu entfachen …

2. Das „Skandalvideo“ und seine Folgen

Einen Tag nach der Vorstellung der Pepsi-Werbung erschien auf dem weltweit wohl bekanntesten Musiksender MTV allerdings Madonnas eigener Videoclip zu der neuen Single – ohne Wissen von PepsiCo. Dies lag jedoch kaum an einer schlechten Kommunikation der beiden Vertragspartner, vielmehr kann angenommen werden, dass dies von vornherein von Madonna angestrebt worden ist, da sie ihr künstlerisches Schaffen keinesfalls mit den Produkten von Pepsi-Cola verbinden wollte[14]. Sie soll damals dazu gesagt haben[15]: „Pepsi ist Pepsi und ich bin ich.“

Zum besseren Verständnis soll nachfolgend die Handlung des skandalösen Videoclips beschrieben werden[16]:

Der Clip beginnt mit der Flucht Madonnas in eine Kirche. Sie kniet vor einem Nischenaltar nieder, auf dem eine weinende Statue steht, die einen dunkelhäutigen Heiligen, von vielen als afro-amerikanischer Jesus interpretiert, darstellt. Die Künstlerin legt sich auf eine Kirchenbank und beginnt zu träumen.

Im Traum erscheint ihr die zum Leben erweckte Statue, welche sie auf Wange und Stirn zu küssen beginnt, jedoch sogleich die Kirche wieder verlässt. Die

---

13 *Bego*, a.a.O., S. 220. Der Pepsi-Werbespot von 1989 ist zu finden auf YouTube unter https://www.youtube.com/watch?v=18KOVoXCybs.

14 „The treatment for the video is a lot more controversial. It's probably going to touch a lot of nerves in a lot of people. And the treatment for the commercial is, I mean, it's a commercial. It's very, very sweet. It's very sentimental.“ (*Johnston*, [Andy Warhol's] Interview 5/1989); *Bego*, Madonna, Who's That Girl, S. 219 ff.

15 „Well, I wouldn't put Pepsi in any of my songs. Pepsi is Pepsi, and I'm me.“ (*Zehme*, Rolling Stone vom 23. März 1989).

16 Der gesamte offizielle Videoclip ist auf YouTube zu finden: https://www.youtube.com/watch?v=79fzeNUqQbQ&list=RD79fzeNUqQbQ&t=7. Alle weiteren Ausführungen zur Handlung des Videoclips sind diesem selbst entnommen. Eine detaillierte Beschreibung des Musikvideos ist auch zu finden bei *Schwarze*, Die Religion der Rock- und Popmusik, S. 207 ff.

ratlos zurückgelassene Vokalistin schneidet sich daraufhin an einem Dolch, den sie beim Altar findet – wobei die Verletzungen als Stigma dargestellt sind.

Im nächsten Teil folgt die Initialszene für das gesamte Geschehen. Madonna ist Zeugin eines Verbrechens – eines Überfalls auf eine Frau –, welches von vier hellhäutigen Männern begangen wird. Jedoch wird ein zu Hilfe eilender dunkelhäutiger Mann von der Polizei als Tatverdächtiger verhaftet. Die Sängerin schreitet trotz ihrer Beobachtungen nicht in das Geschehen ein, was unter anderem dem drohenden Blick eines der Täter geschuldet sein dürfte.

Hierauf folgen Szenen einer spärlich bekleideten Madonna, die vor brennenden Kreuzen und in der Kirche gemeinsam mit einem Gospelchor tanzt. Im weiteren Verlauf sieht man die Heiligenstatue blutige Tränen weinen und sogleich den Unschuldigen, wie er von der Polizei abgeführt wird – auffallend ist, dass beide von demselben Schauspieler verkörpert werden. Im weiteren Verlauf ist zu sehen, dass, nachdem der Heilige Madonna „seine Botschaft" überbracht hat, dieser in die Seitenkapelle zurückkehrt und wieder zur Statue erstarrt.

Im letzten Teil des Videoclips erwacht die Künstlerin aus ihrem Traum – die vorangegangenen Szenen waren demnach eine Wiederspiegelung dessen – und nähert sich der Kapelle, wobei sie das Gitter ergreift, hinter dem der Heilige nun wieder eingesperrt ist. Völlig unerwartet ist in der nächsten Szene derselbe Raum als Polizeiwache zu sehen, Madonna macht eine Zeugenaussage, woraufhin der Tatverdächtige freigelassen wird.

In der letzten Szene erweist sich das zuvor Gezeigte als Theaterstück – der Vorhang fällt, die Schauspieler verbeugen sich vor ihrem Publikum, „The End" erscheint.

Nachdem der Leser nun umfassend ins Bild gesetzt wurde, kommen wir zu den Folgen, die das besagte Musikvideo ausgelöst hat. Vor allem in den USA und Italien gingen erzürnte und bestürzte Katholiken auf die Barrikaden. Der Präsident der „American Family Association" (AFA) und der katholische Bischof von Corpus Christi, beide aus den USA, riefen zum Boykott gegen Pepsi-Cola und deren Tochterfirmen auf. Die katholische Organisation in Italien, die „Famiglia Domani", strengte sogar ein Gerichtsverfahren wegen Blasphemie gegen die Sängerin an[17]. Selbst der Papst drängte auf ein Einreiseverbot der Künstlerin, die ein Jahr später in Italien ein Konzert veranstalten sollte[18].

---

17 *Winbush*, Time vom 19.06.1989; *o.V.*, The Washington Post vom 04.04.1989; *Till*, Pop Cult: Religion and Popular Music, S. 29; *Taraborrelli*, Madonna: Die Biographie, S. 217.

18 *Arrington*, Time vom 20.05.1991.

> Ich musste aufgrund des Vatikans zwei meiner Auftritte absagen. In Rom und Florenz. … Im Wesentlichen bezeichneten sie mich als Hure und sagten, dass niemand zu meinen Konzerten gehen sollte und ich die Jugendlichen verspotten würde und sie dazu bringen würde, schlechte Gedanken zu haben und bla, bla, bla.[19]

Die Ereignisse gingen auch an Pepsi-Cola nicht spurlos vorbei. Aufgrund dieses Boykottaufrufs fürchtete das Pepsi Unternehmen nämlich erhebliche Konsequenzen für den Absatz seiner Produkte und entschloss sich deswegen kurzerhand den Vertrag mit Madonna aufzulösen, die Ausstrahlung des Werbespots einzustellen und auch ihre Tournee nicht mehr zu sponsern. Die Gage in Höhe von fünf Millionen US-Dollar durfte die Künstlerin hingegen behalten und auch die Aufregung um den Videoclip steigerte ihre Popularität, sodass Madonna trotz alledem sämtliche Vorteile für sich und ihre Karriere einheimsen konnte[20]. Die Verkaufszahlen des gleichnamigen Albums schossen weltweit in die Höhe. Bei den Video Music Awards von MTV gewann „Like a Prayer“ 1989 den Zuschauerpreis als bestes Musikvideo, die Veranstaltung wurde dabei ironischerweise von Pepsi selbst gesponsert. Dabei wusste Madonna genau, wem sie diesen Erfolg zu verdanken hatte und so schloss sie ihre Danksagung mit den Worten[21]: „Ich möchte Pepsi dafür danken, dass es eine so heftige Kontroverse ausgelöst hat.“

IV. Rechtliche Grenzen

Aber waren der Boykott und die Rufe nach einer rechtlichen Sanktionierung und einem Verbot des Musikvideos wirklich begründet? Fällt der Inhalt des Videoclips zu „Like a Prayer“ unter den Tatbestand der Beschimpfung von Bekenntnissen, Religionsgesellschaften und Weltanschauungsvereinigungen gemäß § 166 StGB[22], den sogenannten Gotteslästerungsparagraphen?

---

19 „I had to cancel two of my shows in Italy because of the Vatican. Rome and Florence. … They were basically saying that I was a whore and no one should go to my shows and that I was taunting the youth and making them have bad thoughts and blah-blah-blah.“ (Zitiert nach *Arrington*, a.a.O.).

20 *Bego*, Madonna, Who's That Girl, S. 223; *Taraborrelli*, Madonna: Die Biographie, S. 217 f.

21 *Taraborrelli*, a.a.O., S. 218.

22 § 166 StGB: „(1) Wer öffentlich oder durch Verbreiten von Schriften (§ 11 Abs. 3) den Inhalt des religiösen oder weltanschaulichen Bekenntnisses anderer in einer Weise beschimpft, die geeignet ist, den öffentlichen Frieden zu stören, wird mit Freiheitsstrafe bis zu drei Jahren oder mit Geldstrafe bestraft. (2) Ebenso wird bestraft, wer öffentlich oder durch Verbreiten von Schriften (§ 11 Abs. 3) eine im Inland bestehende Kirche oder andere Religionsgesellschaft oder Weltanschauungsvereinigung, ihre Einrichtungen oder Gebräuche in einer Weise beschimpft, die geeignet ist, den öffentlichen Frieden zu stören.“ – Nach § 11 Abs. 3 StGB stehen den Schriften „Ton- und Bildträger, Datenspeicher,

Vor der Klärung dieser Fragestellung soll vorab angemerkt werden, dass das Schutzgut des § 166 StGB der „Öffentliche Friede" ist und nicht der Schutz religiöser Gefühle bzw. weltanschaulicher Empfindungen, wie dies früher sogar vorherrschend war[23]. Es handelt sich dabei demnach um ein objektives, weltliches Schutzgut, welches somit nicht die subjektiven Empfindungen von Gläubigen umfasst[24]. Damit muss sich an dieser Stelle jedoch nicht näher auseinandergesetzt werden, da für die rechtliche Bewertung das Tatbestandsmerkmal des Beschimpfens vorrangig zu erläutern ist und erst dessen Erfüllung für die Geeignetheit zur Friedensstörung heranzuziehen ist[25].

Nach ständiger Rechtsprechung ist unter einer „Beschimpfung" allgemein eine „durch ihre Form und ihren Inhalt besonders verletzende, rohe Äußerung der Missachtung" zu verstehen. Eine Bemerkung muss eine demütigende Wirkung entfalten und Verachtung zum Ausdruck bringen. Kritik ist zulässig, es darf jedoch keine Demütigung ausgedrückt werden. Selbst bei beschimpfenden Äußerungen kann der darin enthaltene kritische Kern überwiegen[26].

Wird die Beschimpfung durch das Medium der Kunst transportiert, so gilt es das Tatbestandsmerkmal restriktiv auszulegen und „das Wesen der zeitgenössischen Kunst"[27] zu berücksichtigen[28].

Allen voran muss demnach zunächst ermittelt werden, ob Madonnas Musikvideo „Kunst" im Sinne der vom Bundesverfassungsgericht aufgestellten Grundsätze darstellt. Es lässt sich feststellen, dass dieses unter den materiellen und formalen Kunstbegriff[29] subsumiert werden kann, stellt es doch eine freie schöpferische Gestaltung, in der Eindrücke, Erfahrungen, Erlebnisse des Künstlers durch das Medium einer bestimmten Formensprache zur unmittelbaren Anschauung gebracht werden dar (materieller Kunstbegriff) und erfüllt darüber hinaus Gattungsanforderungen eines bestimmten Werktypus (formaler Kunstbegriff). Das Besondere an dem Musikvideo ist jedoch, dass es zusätzlich im

---

Abbildungen und andere Darstellungen in denjenigen Vorschriften gleich, die auf diesen Absatz verweisen".

23 *Stübinger* in Nomos-Kommentar, StGB, § 166 Rn. 3.

24 *Hörnle* in Münchener Kommentar, StGB, § 166 Rn. 1; *Dippel* in Leipziger Kommentar, StGB, § 166 Rn. 7.

25 *Stübinger* in Nomos-Kommentar, StGB, § 166 Rn. 15.

26 *Stübinger*, a.a.O., Rn. 5.

27 *Stübinger*, a.a.O., Rn. 7.

28 *Stübinger*, a.a.O.; *Hörnle* in Münchener Kommentar, StGB, § 166 Rn. 20.

29 Siehe zu den einzelnen Kunstbegriffen *v. d. Decken* in Schmidt-Bleibtreu / Hofmann / Henneke, Grundgesetz, Art. 5 Rn. 41.

Sinne des formalen Kunstbegriffes in den Werktypus eines Theaterstückes eingebettet ist, wodurch die künstlerische Besonderheit des Videoclips nochmals herausgestellt wird. Zudem würde selbst die Annahme, dass es sich bei dem Musikvideo um Pornographie handle (wie von den christlichen Vereinigungen propagiert), diesem nicht von vornherein die Kunsteigenschaft absprechen[30].

Die Einordnung als Kunstwerk reicht jedoch nicht aus, um einen beschimpfenden Charakter auszuschließen. Dies ist unter Berücksichtigung einer einzelfallbezogenen Auslegung zu ermitteln[31]. Dabei endet der Schutz der Kunstfreiheit nicht schon an der subjektiven Empfindsamkeit von religiösen oder weltanschaulichen Bekenntnisträgern, wie bereits angemerkt, sondern an einer objektiven Interpretation derjenigen Elemente, die die eigentliche Aussage umhüllen[32].

Die entrüsteten Gläubigen boykottierten den Videoclip aufgrund der Verbindung zwischen Erotik und Religion, der brennenden Kreuze, des afroamerikanischen Jesus, den viele meinten in der Heiligenstatue zu erkennen und überhaupt aufgrund des übermäßigen Umgangs mit religiösen Zeichen. Aber reicht das für die Bejahung des von mir zuvor ausgeführten Tatbestandsmerkmals des „Beschimpfens" aus? Kann das von Madonna in ihrem Musikvideo dargestellte Geschehen wirklich als Ausdruck von Verachtung und Demütigung gewertet werden?

1. Mögliche Interpretationsansätze

Um nun das Musikvideo aus seiner Hülle zu entkleiden und eine mögliche Interpretation der verwendeten religiösen Motive vornehmen zu können, ist die Heranziehung theologischer Überlegungen bei der Bewertung, ob das Musikvideo einen beschimpfenden Charakter aufweist, besonders hilfreich. Der Videoclip brachte immerhin zahlreiche Publikationen verschiedener Theologen zu Tage, die Bewertungen fielen dabei jedoch unterschiedlich aus[33]. Vor allem die jüngere Generation von Theologen zog positive Schlüsse aus dem Musikvideo und entnahm diesem sogar Elemente der Gottesverehrung[34].

---

30 Vgl. *BVerfGE* 83, 130 (138) – Mutzenbacher; *BGHSt* 37, 55 (59 ff.) – Opus Pistorum.

31 *Stübinger* in Nomos-Kommentar, StGB, § 166 Rn. 7.

32 *Stübinger*, a.a.O., § 166 Rn. 7; *Hörnle* in Münchener Kommentar, StGB, § 166 Rn. 20.

33 Siehe eine beispielhafte Aufzählung bei *Schwarze*, Die Religion der Rock- und Popmusik, S. 212; 217.

34 Vgl. *Mertin*, Iconoclash.

An dieser Stelle soll jedoch nur ein kleiner Auszug der möglichen Interpretation dargelegt werden, da eine ausführlichere Darstellung den Rahmen des Themas sicherlich übersteigen würde. Vor allem sollen jedoch die beiden meist kritisierten Themen näher beleuchtet werden: Die Verwendung eines afro-amerikanischen Jesus und die Verbindung von Religion und Erotik.

Zunächst ist eine kurze Auseinandersetzung mit der Bibel notwendig. Das Musikvideo wird nämlich teilweise[35] als Adaption von Jesaja und Matthäus als eine Art „zeitgenössisches Bibliodrama" verstanden[36].

> Ich, der Herr, habe dich gerufen in Gerechtigkeit und halte dich bei der Hand … dass du die Augen der Blinden öffnen sollst und die Gefangenen aus dem Gefängnis führen und, die da sitzen in der Finsternis, aus dem Kerker.[37]

Madonna wird in diesem Zusammenhang, nach der Interpretation der Theologen, als Erlöserin verstanden, die sich für die Befreiung des afro-amerikanischen Gefangenen einsetzt[38]. Der Heilige öffnet ihr die Augen für die Gerechtigkeit einzutreten, er ist es, der sie auf den „rechten Weg" bringt[39]. Zudem wird die Kirche im Videoclip, in der traditionell-katholische Zeichen mit afro-amerikanischen-freikirchlichen Elementen gemischt werden, als ein Ort der Geborgenheit und Sicherheit dargestellt, hierhin flüchtet sich die Protagonistin, hier ist ihr „Zuhause"[40].

Entgegen der in Aufruhr versetzen Christen über die Darstellung eines afroamerikanischen Jesus' erklärten sowohl Madonna wie auch ihre Produzentin, dass es sich bei der im Clip gezeigten Heiligenstatue um den hl. Martin von Porres handelt[41]. Der hl. Martin von Porres (* 1579, † 1639) war ein peruanischer Dominikaner, nichtehelicher Sohn eines spanischen Ritters und „eine[r] in Panama

---

35 A.A. *Schwarze*, Die Religion der Rock- und Popmusik, S. 218 (der jedoch ähnliche Schlussfolgerungen zieht).

36 *Mertin*, Iconoclash.

37 Jesaja 42,6–7.

38 So auch (obwohl er eine andere Bibelstelle für einschlägig hält) *Schwarze*, Die Religion der Rock- und Popmusik, S. 218.

39 In Hinblick darauf, dass der Beschuldigte und der Heilige in der Kirche von demselben Schauspieler verkörpert werden, wird Madonna in der Rolle Mutter Gottes als Erlöserin des Erlösers verstanden, siehe *Taylor*, Nots, S. 200, der in der Heiligenstatue die Verkörperung Christi erblickt.

40 *Schwarze*, Die Religion der Rock- und Popmusik, S. 213, 219; *Taylor*, a.a.O.; *Mertin*, Iconoclash.

41 *Schwarze*, a.a.O., S. 213, Fn. 3; a.A. *Taylor*, a.a.O., S. 200 ff.

geborene[n] … Mohrin“[42], die aus der Sklaverei entlassen wurde[43]. So ist es auch der Herkunft der Mutter geschuldet, dass der Heilige aufgrund seiner Hautfarbe im Dominikanerkloster in Lima anfänglich schlecht behandelt wurde. Er setzte sich insbesondere für die schlechter gestellte schwarze Bevölkerung ein und gilt als Patron der sozialen Gerechtigkeit. Aufgrund seiner wundersamen Taten wurde er 1837 von Papst Gregor XVI. selig- und 1962 von Papst Johannes XXIII. heiliggesprochen[44].

Die Wahl des hl. Martin von Porres erscheint überaus nachvollziehbar, wollte die Künstlerin mit dem Musikvideo immerhin auf die Rassenkonflikte aufmerksam machen[45]. Der hl. Martin von Porres steht zweifelsohne als Beispiel dafür, dass die Katholische Kirche nicht frei von Rassismus ist. Auf diesem Hintergrund erscheint die Verwendung von brennenden Kreuzen plausibel, stellen diese schließlich ein Symbol des rassistischen Ku-Klux-Klans dar. Ursprünglich wollte Madonna eine verbotene Liebesgeschichte zwischen einer hellhäutigen Frau und einem dunkelhäutigen Mann in ihrem Musikvideo darstellen, „doch dann wurde daraus eine größere Geschichte, in der es um Rassismus und Bigotterie ging. Ich wollte etwas mit Bezug zum Ku-Klux-Klan einbauen, brennende Kreuze verwenden…“[46]

Schließlich gilt es die Verbindung von Religion und Sexualität bzw. Erotik in dem Musikvideo näher zu betrachten, löste diese schließlich ebenfalls große Empörung aus und könnte deswegen einen beschimpfenden Charakter begründen.

---

42 *Vollständiges Heiligen-Lexikon*, Bd. IV, S. 288, Stichwort: B. Martinus Porres.

43 *Biographisch-Bibliographisches Kirchenlexikon*, Bd. V, Stichwort: Martin von Porres (1569-1639), bearb. von *Ekkart Sauser* (S. 921); *Mertin*, Iconoclash.

44 „Als solches fand er wegen seiner Abkunft von der Freigelassenen eine lieblose Behandlung von Seite seiner Mitbrüder. Sie hielten ihm oft vor, dass er nicht würdig sei, das geistliche Kleid zu ragen, Galeeren-Dienste in Ketten stünden ihm besser und dergleichen.“ (*Biographisch-Bibliographisches Kirchenlexikon*, a.a.O. [S. 921 f.]; siehe auch *Vollständiges Heiligen-Lexikon*, Bd. IV, S. 288, Stichwort: B. Martinus Porres).

45 *Johnston*, [Andy Warhol's] Interview 5/1989.

46 „I kept imagining this story about a girl who was madly in love with a black man, set in the South, with this forbidden interracial love affair. And the guy she's in love with sings in a choir. So she's obsessed with him and goes to church all the time. And then it turned into a bigger story, which was about racism and bigotry. I wanted to put something in about Ku Klux Klan, use burning crosses … “ (Zit. nach *Johnston*, a.a.O.). Siehe auch *Mertin*, Iconoclash.

Als besonders anstößig wurde die intime Szene des Kusses zwischen Madonna und dem Heiligen empfunden. Bei näherer Betrachtung dieser Szene[47] kann der Kuss auf Wange und Stirn zwar als „intimer Moment" bezeichnet, jedoch vielmehr als segnende Geste interpretiert werden. Zudem kann darin auch die Liebe des Heiligen zu Madonna erblickt werden, der sie durch seine (göttliche) Liebe[48] dazu animieren möchte aus der Kirche zu gehen, um für den zu Unrecht Beschuldigten Gerechtigkeit zu üben[49].

2. Fazit

Anhand dieser kurzen Ausführungen zu den beiden größten Kritikpunkten des Musikvideos kann festgestellt werden, dass diese, auf das Tatbestandsmerkmal des Beschimpfens gemäß § 166 StGB zurückkommend, nicht als Ausdruck von Verachtung und Demütigung gewertet werden können[50]. Zwar herrschen intime Blicke zwischen dem Heiligen und Madonna, jedoch nicht in obszön pointierter Weise. Die Verwendung der religiösen Symbole erfüllt zudem einen tieferen Zweck. Madonna setzt sich in ihrem Musikvideo kritisch mit der Katholischen Kirche auseinander und ebenfalls mit der Gesellschaft; dies geschieht jedoch im Bereich des Erlaubten und stellt somit kein Beschimpfen i.S.d. § 166 StGB dar.

Inwieweit der Skandal von Madonna bewusst forciert war, lässt sich heute nicht mehr ermitteln[51]. Sicherlich ist die Debatte um das Musikvideo auch von dem

---

47 Siehe das Musikvideo zu „Like a Prayer" (ab Min. 1:56) auf YouTube, zu finden unter https://www.youtube.com/watch?v=79fzeNUqQbQ&list=RD79fzeNUqQbQ&t=7.

48 Martin von Porres wurde aufgrund seiner aufopfernden Lebensweise auch „Martin von der Liebe" genannt (*Biographisch-Bibliographisches Kirchenlexikon*, Bd. V, Stichwort: Martin von Porres [1569–1639], bearb. von *Ekkart Sauser* [S. 923]).

49 Der Heilige verlässt nach dem Kuss die Kirche, um Madonna den richtigen Weg zu zeigen, s. das Musikvideo zu „Like a Prayer" (bei Min. 2:08), zu finden unter https:// www.youtube. com/ watch?v=79fzeNUqQbQ&list=RD79fzeNUqQbQ&t=7; *Schwarze*, Die Religion der Rock- und Popmusik, S. 220 f.

50 Andrew M. Greeley, Priester der Römisch-Katholischen Kirche, kam zu folgendem Urteil: „This is blasphemy? Only for the prurient and the sick who come to the video determined to read their own twisted sexual hang-ups into it. Only for those who think that it is blasphemous to use religious imagery in popular music. Only for those who think that sexual passion is an inappropriate metaphor for divine passion. ... Only for those whose subconscious racism is offended at the image of a black saint revealing God's love." (*Greeley*, America 18/1989).

51 Madonna selbst hat sich in einem Interview wie folgt dazu geäußert: „... but then Mississippi Burning came out and I realized I was hitting the nail on the head a little too hard. Too obvious. So I thought I should take a slightly different approach." *(Johnston*, [Andy Warhol's] Interview 5/1989); Mississippi Burning ist ein US-amerikanisches Filmdrama (Regie: Alan Parker) von 1988. Der Film basiert auf wahren Begebenheiten,

generellen Image der Solokünstlerin geprägt gewesen, welches wiederum durch den Videoclip zu ihrem 1984 erschienenen Titel „Like a Virgin" beeinflusst wurde[52].

Geschadet hat ihr der Skandal jedoch keineswegs, im Gegenteil – „Like a Prayer" ist als einer ihrer größten Erfolge in die Geschichte eingegangen.

V. „Aktuelle" Kontroversen

So verwundert es nicht, dass sie auch in der jüngeren Vergangenheit aufgrund der Verwendung von kirchlichen Symbolen immer wieder Skandale auslöste:

Im Rahmen ihrer „Confessions"-Welttournee ließ sie sich bei der Performance ihres Songs „Live to Tell"[53] auf einem überdimensionalen Kreuz aus Spiegel auf der Bühne emporziehen, auf ihrem Kopf trug sie einen Dornenkranz – was bereits im Vorfeld weltweit für Wirbel gesorgt hatte[54]. Nach dieser Bühneninszenierung forderten einige Geistliche sogar die Exkommunikation der Künstlerin[55]. Besonders im Vatikan schlug diese Performance hohe Wogen[56]. Das beeindruckte die Künstlerin jedoch herzlich wenig, vielmehr veranlasste sie ihre Pressesprecherin dazu, eine persönliche Einladung zu ihrem Konzert für Papst Benedikt XVI. auszusprechen[57]: „Benedikt sollte mit eigenen Augen die Ausdruckskraft, die Schönheit und die Menschlichkeit Madonnas bei der bewegenden Performance sehen." Auch in Deutschland erzürnte die „Queen of Pop" die Gemüter der Gläubigen; selbst Margot Käßmann, damals noch hannoversche (evangelisch-lutherische) Landesbischöfin, rief zum Boykott des ausverkauften Konzertes auf[58]. Die Düsseldorfer Staatsanwaltschaft prüfte die Inszenierung, kam jedoch zu dem Ergebnis, dass die Darstellung zwar provokativ sei, jedoch stelle sie rechtlich kein Beschimpfen religiöser Symbole im Sinne

---

dabei handelt es sich um den Mord an drei Bürgerrechtlern durch den Ku-Klux-Klan im Jahre 1964; siehe *o. V.*, Der Spiegel 12/1989.

52 „... Madonna, nun im ‚Schlampenlook' und behängt mit Modeschmuck, räkelt sich lasziv in einer Gondel ..." (*Bullerjahn,* in: dies. / Erwe (Hrsg.), Das Populäre in der Musik des 20. Jahrhunderts, S. 229).

53 Auf Deutsch: „Leben, um zu erzählen".

54 Siehe etwa *o. V.*, Spiegel online vom 15.08.2006; *o. V.*, Stern.de vom 13.09.2006; *o. V.*, RP online vom 29.01.2007.

55 *Meier*, Stern.de vom 15.08.2006.

56 „‚Sich aus Spaß kreuzigen zu lassen, und das in der Stadt des Papstes, ist ein Akt offener Feindseligkeit und eine sinnlose Marketing-Operation', erklärte Kardinal Ersilio Tonini." (Zit. nach *o. V.*, Spiegel online vom 05.08.2006).

57 Zit. nach *Spiegel online*, a.a.O.

58 *O. V*, Rhein-Zeitung.de vom 20.08.2006.

des § 166 StGB dar, sodass kein Ermittlungsverfahren gegen Madonna eingeleitet wurde[59].

Auf Nachfrage erklärte Madonna zu ihrer Inszenierung, dass sie mit dieser Darbietung auf das Leid von Millionen Kindern aufmerksam machen wolle, die in Afrika durch AIDS zu Waisen würden. Im Hintergrund lief während dieser Inszenierung auf der Leinwand unter anderem ein Film mit Bildern afrikanischer Waisen und statistische Zahlen zu der AIDS Epidemie in Afrika.

Bereits 1989 ließ Madonna jeder Ausgabe ihres Albums „Like a Prayer" eine Aufklärungsbroschüre zum Thema AIDS beilegen. Der Flyer animierte zur Verwendung von Kondomen und endete mit dem Worten: „AIDS is no party!". Zudem setzte sie sich schon früh mit Wohltätigkeitsveranstaltungen in Zusammenhang mit diesem Thema ein[60].

2009 löste Madonna auch in Polen, allerdings im Rahmen ihrer „Sticky and Sweet"-Welttournee, ebenfalls einen Skandal aus. Auslöser war hier jedoch nicht die Bühneninszenierung, sondern vielmehr das Datum, an dem das Konzert stattfinden sollte. Dies war nämlich für den 15. August, also ausgerechnet an Mariä Himmelfahrt – einem Hochfest der Römisch-Katholischen Kirche, an dem die hl. Maria gepriesen wird – geplant. Die Vertreter der Katholischen Kirche sahen darin die Schmähung der hl. Maria und bezeichneten Madonna unter anderem als „Antimadonna"[61]. Das Konzert fand trotz allem statt.

Dieser Schluss führt mich wiederum zum Anfang meiner Ausführungen, denn der Auftritt Madonnas am Tag von Mariä Himmelfahrt erscheint doch vor allem in Hinblick auf ihren Namen und ihr Geburtsdatum eigentlich nicht ganz so unglaublich.

---

59 *Christiansen*, Stern.de vom 21.08.2006.

60 Der Einsatz der Künstlerin für dieses Thema wird häufig damit in Zusammenhang gebracht, dass Madonna Ende der 1980er Jahre einige Freunde durch die Krankheit verloren hat., vgl. *Bego*, Madonna, Who's That Girl, S. 224 f.; *Bullerjahn*, in: dies. / Erwe (Hrsg.), Das Populäre in der Musik des 20. Jahrhunderts, S. 253 ff.

61 *O.V.*, TVN24.pl vom 10.06.2009. – In dem polnischen Magazin „Machina" wurde Madonna in der Februarausgabe des Jahres 2006 immerhin noch im Stile einer Madonna-Ikone auf dem Titelblatt abgebildet. Statt des Jesuskindes hält Madonna hier zudem ein Mädchen mit den Gesichtszügen ihrer eigenen Tochter auf dem Arm. (Abbildung auf https //allaboutmadonna.com/images/madonna-magazines/2006-madonna-machina-poland-february-cover.jpg). Proteste sind in diesem Zusammenhang nicht bekannt geworden.

Literatur

Arrington, Carl Wayne, Madonna In Bloom: Madonna, Time vom 20.05.1991.

Bego, Mark, Madonna, Who's That Girl. Die Madonna Story, 1992.

Biographisch-Bibliographisches Kirchenlexikon, hrsg. von F. W. Bautz / T. Bautz, seit 1975.

Bullerjahn, Claudia, Populäres und Artifizielles in den Musikvideos von Madonna, in: dies. / H.-J. Erwe (Hrsg.), Das Populäre in der Musik des 20. Jahrhunderts, Wesenszüge und Erscheinungsformen, 2001, S. 203 ff.

Christiansen, Frank, Provokation, aber keine Straftat, Stern.de vom 21.08.2006 (https://www.stern.de/lifestyle/leute/madonna-provokation--aber-keine-straftat-3598748.html).

Ferry, Jeffrey, Madonna: The Glamorous Life, The Face 58/1985.

Greeley, Andrew M., Madonna's Challenge to Her Church, America – The Jesuit Review 18/1989.

Johnston, Becky, Confession of a Catholic Girl, (Andy Warhol's) Interview 5/1989.

Leipziger Kommentar zum Strafgesetzbuch. 12. Auflage 2006 ff.

Meier, Jens, Anklage wegen Gotteslästerung droht, Stern.de vom 15.08.2006 (https://www.stern.de/lifestyle/leute/madonna-anklage-wegen-gotteslaesterung-droht-3601322.html).

Mertin, Andreas, Iconoclash. Der Skandal um Madonnas „Like a prayer" als Streit um Zeichen und Bilder, 2004 (https://www.amertin.de/aufsatz/2004/madonna.htm).

Münchener Kommentar zum Strafgesetzbuch. 3. Auflage 2017–2019.

Nomos-Kommentar zum Strafgesetzbuch. 4. Auflage 2013.

o.V., Pepsi drops Madonna ‚Prayer' ads, The Washington Post vom 04.04.1989.

o.V., „Dem Papst würde die Show gefallen", Spiegel online vom 05.08.2006 (http://www.spiegel.de/panorama/gesellschaft/popstar-madonna-dem-papst-wuerde-die-show-gefallen-a-430298.html).

o.V., Tief im Süden, Der Spiegel 12/1989.

o.V., Staatsanwaltschaft prüft auf Gotteslästerung, Spiegel online vom 15.08.2006 (http://www.spiegel.de/kultur/gesellschaft/madonna-konzert-staatsanwalt schaft-prueft-auf-gotteslaesterung-a-431779.html).

o.V., Bischöfin ruft zu Boykott von Madonna-Konzerten auf, Rhein-Zeitung.de vom 20.08.2006 (http://archiv.rhein-zeitung.de/on/06/08/20/magazin/t/rzo272997.html).

O.V., Madonna betreibt Aufklärung, Stern.de vom 13.09.2006 (https://www.stern.de/kultur/musik/-confessions--tour-madonna-betreibt-aufklaerung-3602700.html).

O.V., Staatsanwaltschaft weist Klage gegen Madonna zurück, RP online vom 29.01.2007 (http://www.rp-online.de/kultur/musik/staatsanwaltschaft-weist-kla ge- gegen-madonna-zurueck-aid-1.2466402).

O.V., Madonna to antychryst, jej koncert jest bluźnierstwem, TVN24.pl vom 10.06.2009 (https://www.tvn24.pl/wiadomosci-z-kraju,3/madonna-to-anty chryst-jej-koncert-jest-bluznierstwem,98863.html).

SCHMIDT-BLEIBTREU, BRUNO / HOFMANN, HANS / HENNECKE, HANS-GÜNTER, Grundgesetz – Kommentar. 14. Auflage 2018.

SCHWARZE, BERND, Die Religion der Rock- und Popmusik, Analysen und Interpretationen, 1992.

TARABORRELLI, J. RANDY, Madonna: Die Biographie, dt. 2001.

TAYLOR, MARK C., Nots. Religion and Postmodernism, 1993.

TILL, RUPERT, Pop Cult: Religion and Popular Music, 2010.

VOLLSTÄNDIGES HEILIGEN-LEXIKON, hrsg. von J. E. Stadler und J. N. Ginal, 1858–1882.

WINBUS, DOH, Interview with Rev. Donald E. Wildmon: Bringing Satan To Heel, Time vom 19.06.1989.

ZEHME, BILL, Madonna: Candid Talk About Music, Movies and Marriage, Rolling Stone vom 23. März 1989.

Uwe Scheffler

Das „Horst-Wessel-Lied" vor Gericht – kein Ruhmesblatt der Justiz*

Kurz für Jüngere: Der Pfarrerssohn Horst Wessel trat 1926, gerade 19-jährig, in Berlin in die SA ein. Im „roten" Friedrichshain entstand unter seiner Führung ein SA-Sturm, der „als brutale Schlägertruppe, als ‚Rollkommando'" galt[1].

Sturmführer Wessel hat sich dann in eine Prostituierte verliebt. Deren Zuhälter, ein Kommunist, gerade aus dem Gefängnis entlassen, jagte ihm im Januar 1930 mit den Worten „Du weißt, wofür" eine Revolverkugel in den Mund. Wessel starb einige Wochen später an den Folgen der Schussverletzung. Wessel wurde als „Blutzeugen der Bewegung" von Joseph Goebbels eine Art „Staatsbegräbnis" bereitet.

Ein Gedicht des jungen Sturmführers Wessel, der den Text zu einem nicht genau geklärten Zeitpunkt zwischen 1927 und 1929 auf eine vermutlich aus dem 19. Jahrhundert stammende Melodie verfasste, fand sich seit 1930 in Liederbüchern der NSDAP[2]. Mit allen propagandistischen Machtmitteln machte man nach dem Tod Wessels aus seinem Lied eine Hymne der Partei. Es wurde 1933 sogar als zweites musikalisches Staatssymbol der deutschen Nationalhymne angefügt.

I. Drittes Reich: RGZ 153, 71

Es wurde von den Nationalsozialisten sogar behauptet, auch die Melodie stamme von Wessel. In einem Urheberrechtsstreit kam das Reichsgericht nicht umhin, die dem entgegenstehenden Feststellungen des Oberlandesgerichts Dresden als Berufungsgericht aufzugreifen[3]:

> Das Oberlandesgericht stellt unter vergleichender Gegenüberstellung fest: Schon vor 1900 wurde in Deutschland ein Lied „Seefahrt nach Afrika, Gefangenschaft und Befreiung" gesungen („Einst lebte ich im deutschen Lande …"), dessen erste Zeilen

* Der Beitrag hat die schriftliche, erheblich erweiterte und mit Fußnoten versehene Fassung eines Kurzbeitrages zum Inhalt, den der Autor anlässlich der Tagung „Musik und Strafrecht" am 25. April 2019 in Frankfurt (Oder) präsentiert hat.

1 *Siemens*, Horst Wessel, S. 94.

2 Siehe dazu auch *Melz / Zielińska / Bielecki*, „Verbotene" Lieder? (in diesem Band).

3 *RGZ* 153, 71.

https://doi.org/10.1515/9783110731729-004

> mit einer ganz geringfügigen Abweichung in der Tonfolge und mit kleinen Abweichungen im Rhythmus genau dieselbe Melodie aufweisen wie die ersten beiden Zeilen des Horst-Wessel-Liedes. Die Singweise der dritten Zeile und des Anfangs der vierten Zeile dieses Liedes findet sich fast ebenso in dem älteren Liede „Der Fischer und sein Liebchen" („Ein armer Fischer bin ich zwar …") …
>
> Aus dieser weitgehenden Übereinstimmung der Singweise des Horst-Wessel-Liedes mit dem vorher schon vorhandenen Melodiengut schließt das Berufungsgericht: Wer das Gedicht „Die Fahne hoch" zum ersten Male sang, der habe mindestens den ersten beiden Zeilen, der dritten und dem Anfange der vierten Zeile des neuen Liedes jene ihm bekannten alten Melodien zugrunde gelegt …
>
> Zu der Behauptung des Klägers, daß Horst Wessel – vielleicht in unbewußter Anlehnung an ähnliche Melodien – den früher einmal vorhandenen Volksliedertypus neu erfunden, die Singweise also selbständig neu geschaffen habe, erwägt das Oberlandesgericht: Ein Künstler mit starkem musikalischen Empfinden möge wohl bei der Vertonung eines Liedes bewußt oder unbewußt einen bestimmten musikalischen Stil, z.B. den des einfachen Volksliedes, wählen. Allein es werde dann kaum vorkommen, daß sein Werk in der Folge der einzelnen Töne eine derartige Übereinstimmung mit früheren Melodien zeige, wie es beim Horst-Wessel-Lied der Fall sei. Vor allem werde sich ein Künstler mit starkem musikalischen Gefühl bei der Vertonung den Worten weit mehr anpassen, als es der Vertoner des Liedes „Die Fahne hoch" getan habe. Schon der Anfang zeige ein auffallendes Auseinandergehen von Wort und Ton: Der Text „Die Fahne hoch" weise auf eine Bewegung nach oben hin, die Melodie jedoch bewege sich (ohne ersichtliche Notwendigkeit) gerade abwärts. Ein Zwiespalt zwischen Text und Weise liege ferner darin, daß in der Zeile „Kam'raden, die Rotfront und Reaktion erschossen" die Weise – sinngemäßem Sprechen zuwider – das „die" durch höheren, überdies auf den schweren, noch verlängerten Taktteil gelegten Ton hervorhebe.
>
> Aus solchen Unstimmigkeiten schließt das Oberlandesgericht: eine selbständig, nur in unbewußter Anlehnung an frühere Volkslieder neu gefundene Singweise liege hier nicht vor; der Sänger habe vielmehr die alten Melodien gekannt und verwendet, weil sie ihm im allgemeinen für das neue Lied geeignet erschienen.

Dennoch gelang es dem RG, entgegen den Vorinstanzen die Klage nicht abschlägig zu bescheiden, sondern an das Berufungsgericht zurückzuverweisen[4]:

> Die vom Oberlandesgericht angewandte rechtliche Würdigung der festgestellten Tatsachen ist insofern nicht zu billigen, als sie der Singweise des Horst-Wessel-Liedes auch die für eine Bearbeitung älterer Melodien erforderlichen Eigenschaften abspricht. … Bei der Würdigung der so entstandenen Singweise des Horst-Wessel-Liedes gibt jedoch – trotz der vom Berufungsgericht zutreffend erwähnten Unebenheiten – den Ausschlag, daß die verhältnismäßig wenigen und (jede für sich betrachtet) nicht bedeutenden Änderungen an den benutzten Weisen dem Ganzen einen anderen Gesamtausduck verliehen und einen stark abweichenden Eindruck ermöglicht haben: Das Weiche, Rührselige, Balladenartige, zum Teil Bänkelsängerhafte,

4 *RGZ*, a.a.O., S. 76 f. – Hervorhebung von dort.

> ist dadurch verschwunden, und entstanden ist ein packendes, fortreißendes, begeisterndes Kampflied.

Auf Veranlassung von Joseph Goebbels wurde das Verfahren dann jedoch leise beendet.

II. Bundesrepublik Deutschland

Genauer betrachten wollen wir im Folgenden neben der Melodie nur den Text der ersten der drei Strophen[5]:

> Die Fahne hoch! Die Reihen dicht geschlossen!
> SA marschiert mit ruhig festem Schritt.
> Kam'raden, die Rotfront und Reaktion erschossen[6],
> Marschier'n im Geist in unsern Reihen mit.

Unmittelbar nach Kriegsende wurde das „Horst-Wessel-Lied“ auf dem gesamten Gebiet des besiegten Deutschen Reiches durch die Alliierten verboten[7]. In der Bundesrepublik Deutschland ist heute § 86a StGB einschlägig. Die Norm, etwas kompliziert infolge von Verweisungen zu lesen, bestraft in Abs. 1 Nr. 1 mit Freiheitsstrafe bis zu drei Jahren oder mit Geldstrafe unter anderem denjenigen, der „im Inland Kennzeichen einer [vom Bundesverfassungsgericht für verfassungswidrig erklärten Partei] … öffentlich … verwendet“.

Das „Horst-Wessel-Lied“ ist, hat der Bundesgerichtshof schon frühzeitig klargestellt[8], als „parteiamtliche Hymne der NSDAP“ ein derartiges Kennzeichen. Dass die Aufzählung solcher Kennzeichen in Abs. 2 Satz 1 der Norm („Fahnen,

---

5 Eigentlich hat das Lied vier Strophen, weil zum Ende die erste Strophe nochmals wiederholt wurde.
Der Text der zweiten und dritten Strophe lautet: „Die Straße frei den braunen Bataillonen, / Die Straße frei dem Sturmabteilungsmann! / Es schau'n aufs Hakenkreuz voll Hoffnung schon Millionen. / Der Tag für Freiheit und für Brot bricht an! // Zum letzten Mal wird zum Appell geblasen! / Zum Kampfe steh'n wir alle schon bereit. / Bald flattern Hitlerfahnen über allen Straßen. / Die Knechtschaft dauert nur noch kurze Zeit!“

6 Am Rande: In dieser dritten Zeile ist nicht nur, wie das OLG Dresden schon bemerkt hatte, „sinngemäßem Sprechen zuwider … das 'die' durch höheren, überdies auf den schweren, noch verlängerten Taktteil gelegten Ton“ hervorgehoben, sondern auch der durch die Auslassung in „Kam'raden“ so gerade in die Textzeile gequetschte Text soll ja offenbar, sprachlich eher ungewöhnlich, mit den „Kam'raden“ als Akkusativobjekt beginnen; gewöhnlich dürfte man in dem Satz vorne eher das Subjekt erwarten mit der Folge, dass jene „Kam'raden“, die politische Gegner erschossen haben, warum auch immer nur noch als Phantasiegestalten mitmarschieren.

7 Siehe Gesetz Nr. 154 der amerikanischen Militärregierung vom 14.07.1945; Anordnung der britischen Militärregierung vom 18.08.1945; Verordnung der Militärregierung vom 15.09.1945; Kontrollratsgesetz Nr. 8 vom 30.11.1945.

8 *BGH*, MDR 1965, 923; siehe auch *BayObLG*St 1962, 159.

Abzeichen, Uniformstücke, Parolen und Grußformen“) Hymnen nicht erwähnt, steht dem, wie das vorangestellte Wörtchen *„namentlich“* klarstellt, nicht entgegen[9].

1. BVerfG (Kammer), NJW 2009, 2805

Beginnen wir unsere Untersuchung des Liedes und der dazugehörigen Rechtsprechung mit einem fiktiven Fall: Jemand läuft mit einem T-Shirt, bedruckt mit „geh raus und heb / die Fahne hoch“ beim Christopher Street Day in der Parade mit. Die Worte stammen aus dem Refrain des Raps „Christophers Straße“[10] von „EQT“, einer schwäbischen HipHop-Crew.

Könnte unser T-Shirt-Träger wegen des Verwendens von Kennzeichen verfassungswidriger Organisationen bestraft werden? Nein? Das wäre schreiender Unfug?

Nun, das Amtsgericht Forchheim hat 2007, bestätigt vom Landgericht wie auch vom Oberlandesgericht Bamberg, den Träger eines solchartigen T-Shirts zu einer Geldstrafe von 70 Tagessätzen verurteilt. Eine Kammer des Bundesverfassungsgerichts billigte dies 2009[11]: „„… die Wortkombination ‚die Fahne hoch‘ [entspricht] dem Titel und dem Textbeginn des Horst-Wessel-Liedes“, meinten die Verfassungshüter. Und: Der Tatbestand des Verwendens eines Kennzeichens einer verfassungswidrigen Organisation verlange „nicht den Abdruck des gesamten Horst-Wessel-Liedes oder erheblicher Teile hiervon …, der Titel sowie der Anfangstext“ reiche aus.

Allerdings unterscheiden sich mein fiktiver und der gerichtlich entschiedene Fall in einem Punkt:

Im „wirklichen Leben“ ging es nicht um einen CSD-Teilnehmer, sondern um den Vorsitzenden eines NPD-Kreisverbandes, der auf einer Parteiversammlung ein T-Shirt getragen hatte, bedruckt mit „die Jugend stolz / die Fahnen hoch“. Das genügte den Gerichten, die sich weder daran störten, dass der erste Teil des Aufdrucks überhaupt nicht, der zweite durch den Gebrauch des Plurals – „die Fahne-n hoch“ – nicht wörtlich mit dem „Horst-Wessel-Lied“ übereinstimmte. Das Bundesverfassungsgericht wies zu Letzterem kurz darauf hin[12], dass den

---

9 *BGH*, a.a.O.

10 Der Refrain: „Willkommen in Christophers Straße. / Die grauen Mauern sind nichts als Fassade. / Und vielleicht ist dein Blick nicht das wahre. / Denn es gibt deine Sicht auch in Farbe. / Also geh raus und heb die Fahne hoch. / Diese Welt ist farbenfroh.“

11 *BVerfG (Kammer)*, NJW 2009, 2805.

12 *BVerfG (Kammer)*, a.a.O.

Kennzeichen verfassungswidriger Organisationen nach § 86a Abs. 2 Satz 2 StGB solche gleichstehen, „die ihnen zum Verwechseln ähnlich sind“: Durch die Verwendung des Plurals besteht eine entsprechende Ähnlichkeit mit Titel und Text des Horst-Wessel-Liedes.

Nun ist all diesen Gerichten, etwas peinlich, ein ganz entscheidender Punkt entgangen[13]: Die monierte Aufschrift „die Jugend stolz / die Fahnen hoch“ hat, wenn überhaupt, nur sehr indirekt etwas mit dem „Horst-Wessel-Lied“ zu tun: Sie gibt eine Textzeile buchstabengetreu – also auch unter Verwendung des Plurals! – aus dem Lied „Wir sind bereit“ der Rechtsrockband „Sleipnir“ wieder[14]. „Wir sind bereit“ kam auf dem Album „Wunderbare Jahre“ 2002 heraus. Das Album – sogar 2012, also Jahre nach dem Beschluss des Bundesverfassungsgerichts wiederveröffentlicht – ist bis heute nicht einmal indiziert worden, darf also frei selbst an Jugendliche verkauft werden. Hier hat sich offenbar niemand an dem Text gestört[15].

2. BayObLGSt 1989, 46

Es war nicht der einzige Fauxpas der Justiz zum „Horst-Wessel-Lied“. Mehr zum Schmunzeln eignet sich zwar, dass 1987 ein Akkordeonspieler strafrechtlichen Ärger bekam, weil er in einem Münchener Lokal für die Gäste Volkslieder

---

13 Und offenbar auch der Verteidigung! Ob der Angeklagte selbst nicht gewusst hatte, woher der Satz auf seinem T-Shirt stammt?

14 Die erste und die letzte – identische – Strophe lauten: „Wir kommen aus den hellen Ecken, / dieser dunklen Zeit. / Das Schlechte hat die Welt belagert, / doch jetzt sind wir bereit. / Die Jugend stolz, die Fahnen hoch, / man hört uns schon marschieren. / Der Sieg, er wird unser sein. / Es wird schon bald passieren, / es wird schon bald passieren.“

15 Allerdings wurde „Wir sind bereit“ von „Sleipnir“ 2006 für das Album „Auslese – 15 Jahre zwischen 6 & 12 Saiten Teil 1“ neu aufgenommen. Diese CD wurde 2012 von der Bundesprüfstelle für jugendgefährdende Medien in Teil A der Liste der jugendgefährdenden Medien eingetragen, darf also insbesondere nicht Jugendlichen angeboten, überlassen oder sonst zugänglich gemacht werden (Entscheidung Nr. 5937 vom 06.12.2012 [Pr. 150/08], BAnz. AT vom 28.12.2012). Begründet wurde dies damit, dass „der Inhalt der CD verrohend wirke, zu Gewalttätigkeit sowie zu Rassenhass anreize und den Nationalsozialismus verherrliche“. Konkret in „Wir sind bereit“ wurden einigen Textpassagen von der Bundesprüfstelle für jugendgefährdende Medien so eingeschätzt, dass sie zu Rassenhass und Gewalt anreizen und verrohend wirken würden. Das Gremium fügte dann noch an: „Ferner ist die Textstelle ‘die Fahnen hoch‘ aus dem verbotenen Horst-Wessel-Lied, das die paramilitärische, nationalsozialistische SA glorifiziert, entlehnt. Darin ist eine Verherrlichung des Nationalsozialismus zu sehen.“ – Also auch hier kein Wort zu einem Verstoß gegen § 86a StGB!

spielte, darunter „in marschmäßigem Tempo das Lied vom Wildschützen Jennerwein", eine Moritat über einen 1877 hinterrücks erschossenen und zum Volkshelden verklärten oberbayerischen Wilderer.

Das Lied entstand am Ende des 19. Jahrhunderts, sein Verfasser ist unbekannt. In den ersten Takten klingt die Melodie des Liedes vom Wildschützen Jennerwein jedoch mit dem „Horst-Wessel-Lied" weitgehend identisch.

Das Amtsgericht München verurteilte den Akkordeonspieler wegen Beihilfe zum Verwenden von Kennzeichen verfassungswidriger Organisationen zu einer Geldstrafe von 20 Tagessätzen, weil einige der Lokalgäste zwei Strophen des „Horst-Wessel-Liedes" zur Darbietung des Liedes vom Wildschützen Jennerwein (mit-)sangen. Das Landgericht München I sprach ihn dann frei, die Staatsanwaltschaft kämpfte für eine Verurteilung weiter vor dem Bayerischen Obersten Landesgericht[16] – letztlich jedoch vergeblich:

Zwar sei auch die bloße Melodie des „Horst-Wessel-Liedes" ein nationalsozialistisches Kennzeichen; „der Textbegleitung bedarf es dazu nicht". Und wie beim Text sei auch „keineswegs die Wiedergabe … der vollständigen Melodiefolge des Liedes erforderlich. Schon der Vortrag markanter Melodieteile" könne ausreichen; das Spielen der „gesamten Melodie des Liedes vom Wildschützen Jennerwein" jedoch nur beim Hinzutreten besonderer Umstände. Die Verurteilung des Akkordeonspielers als Gehilfe der unbekannt gebliebenen Sänger des „Horst-Wessel-Liedes" scheitere aber schon am Fehlen einer Beihilfehandlung, was das Bayerische Oberste Landesgericht mit einem logisch eher fragwürdigen Argument begründete: Weil der Akkordeonspieler

> ausschließlich das Lied vom Jennerwein spielte, läuft sein Handeln, stellt man richtig auf eine Gesamtbetrachtung ab, eher auf eine Störung des Gesangs als auf dessen Unterstützung hinaus[17].

3. OLG Oldenburg, NStZ 1988, 74

Ein dritter Fall, den die Gerichte zu entscheiden hatten, sieht auf den ersten Blick eher unproblematisch aus – aber nur auf den ersten Blick.

---

16 *BayObLG*St 1989, 46.

17 Überzeugender verneinte das BayObLG allerdings darüber hinaus den „für eine Beihilfehandlung erforderlichen subjektiven Tatbestand" (*BayObLG*, Urteil vom 15. März 1989 – RReg 3 St 133/88, Rn. 10 – bei juris [insoweit nicht in *BayObLG*St 1989, 46 abgedruckt]).

Männer hatten nach Alkoholgenuss mittags in einer Gastwirtschaft auf die Melodie des „Horst-Wessel-Liedes“ gesungen – allerdings einen verfremdeten Text[18]: „Die Pfanne hoch, die Bratkartoffeln bruzzeln ...“.

Das Oberlandesgericht Oldenburg[19] hielt das für unerheblich: „Gerade die Melodie des Liedes ist es, die seine Symbolkraft ausmacht ...“.

Dieser Satz, dem man durchaus zustimmen kann, weist – sicherlich unbeabsichtigt – auf die Problematik hin, dass das von den Nationalsozialisten quasi zum „Vorspann“ (*Theodor Heuss*) für das „Horst-Wessel-Lied“ degradierte „Lied der Deutschen“ August Heinrich Hoffmanns von Fallersleben – übrigens von den Alliierten zunächst (mit allen Strophen) verboten[20] – zwar nur in seiner dritten Strophe („Einigkeit und Recht und Freiheit ...“) als Nationalhymne gilt[21], die aber in der Melodie natürlich mit der inkriminierten, im Dritten Reich ausschließlich gesungenen ersten Strophe („Deutschland, Deutschland über alles ...“) übereinstimmt. Insofern wurde nicht nur 1954 bei der Siegerehrung nach dem Gewinn der Fußballweltmeisterschaft von den Schlachtenbummlern im Berner Stadion die erste Strophe „mitgesungen“, sondern noch heute ist niemand davor gefeit, „Deutschland über alles“ unbewusst „mitzuhören“.

Daran ändert sich auch nichts Entscheidendes dadurch, dass das „Lied der Deutschen“ schon 1922 vom Reichspräsidenten Friedrich Ebert (SPD) zum offiziellen Lied bestimmt worden war, und auch nichts infolge des Umstandes, dass es eigentlich sogar das „Lied der Österreicher“ ist: Das Lied, dessen Melodie von dem Österreicher Joseph Haydn stammt, war von 1826 bis 1918 die offizielle Hymne des Kaisertums Österreich (Textbeginn zunächst: „Gott erhalte Franz den Kaiser, / Unsern guten Kaiser Franz“). Von 1929 bis 1938 war die Melodie wiederum österreichische Nationalhymne, nun gesungen auf den Text „Sei gesegnet ohne Ende“, 1920 verfasst von dem österreichischen Dichter Ottokar

---

18 Der gesamte gesungene Text lautet: „Die Pfanne hoch, die Bratkartoffeln bruzzeln / die Kalorien sinken Schritt für Schritt / Es hungern nur die armen Volksgenossen / die Reichen nur im Geiste mit.“ (*OLG Oldenburg*, MDR 1988, 25 – insoweit nicht in NStZ 1988, 74 abgedruckt).

19 *OLG Oldenburg*, NStZ 1988, 74.

20 Gesetz Nr. 154 der amerikanischen Militärregierung vom 14.07.1945: „Das Singen oder Spielen irgendwelcher militärischer oder nationalsozialistischer Lieder oder Musik oder deutscher oder nationalsozialistischer Nationalhymnen ... wird hiermit verboten und für gesetzwidrig erklärt.“; Anordnung der britischen Militärregierung vom 18.08.1945: „Es ist verboten, das Horst-Wessel-Lied und andere nationalsozialistische Lieder zu spielen oder zu singen. Dieses Verbot bezieht sich auch auf das Deutschlandlied.“

21 Siehe *BVerfG*E 81, 298 (309) – Nationalhymne.

Kernstock[22]. Denn die Spielweise der NS-Zeit, als das Lied analog zum Horst-Wessel-Lied in Tempo und Intonierung als (Langsamer) Marsch aufgefasst wurde, bleibt im kollektiven Gedächtnis.

Es ist vielleicht wirklich bedauerlich, dass die Bestrebungen in der Gründungszeit der Bundesrepublik namentlich des damaligen Bundespräsidenten Heuss, eine neue Nationalhymne zu wählen (er schlug Silvester 1950 das Gedicht „Land des Glaubens“ des Dichters Rudolf Alexander Schröder, vertont von Hermann Reutter, als „Hymne an Deutschland“ vor[23]), nicht von Erfolg gekrönt waren.

Auch der Zeitpunkt der Wiedervereinigung 1990, nun zu einem „Lied aller (!) Deutschen“ zu wechseln, etwa, wie vorgeschlagen wurde, Brechts 1950 geschriebenes Gedicht „Anmut sparet nicht noch Mühe” („Kinderhymne“), von Hanns Eisler vertont, zur Nationalhymne zu machen[24], wurde leider nicht genutzt. Das schöne Lied hätte noch einen nicht unwichtigen Vorzug gehabt: Es erscheint nicht möglich, es abermalig als Marsch zu verhunzen, damit es wieder zu einem (wie das Reichsgericht es bewertet hatte) „packenden, fortreißenden, begeisternden Kampflied“ wie dem „Horst-Wessel-Lied“ als „Vorspann“ passt.

Und wenn vor einiger Zeit die kulturelle Barbarei erwogen worden ist, Hoffmanns von Fallersleben alten Text zum „Lied der Deutsch*en“ zu gendern und in der dritten Strophe die Worte „brüderlich“ (dafür „couragiert“) und „Vaterland“ (dafür: „Heimatland“) zu entsorgen, könnte auch das ein Anlass sein, sich von der Hymne ganz zu verabschieden. Die „Kinderhymne“ spricht übrigens von Deutschland nicht als einem „Räuber“, sondern als einer „Räuberin“[25]...

Aber zurück zum Oberlandesgericht Oldenburg. Das Gericht ließ es dahinstehen, ob anders zu entscheiden sei, wenn eine Verfremdung des „Horst-Wessel-Liedes“ „von objektiven Zuhörern nur als Protest oder als sonstiger Ausdruck einer Gegnerschaft zum NS-Regime aufzufassen wäre“, wofür bei der bloßen Veralberung durch „die Pfanne hoch“ jedoch „kein Raum“ sei – fragwürdig,

---

22 Textauszug: „Vaterland, wie bist du herrlich, / Gott mit dir, mein Österreich!“

23 Aus der dritten Strophe: „Land der Liebe, Vaterland, heil'ger Grund / Auf den sich gründet, / Was in Lieb und Leid verbündet / Herz mit Herzen, Hand mit Hand …“

24 Dritte Strophe: „Und nicht über und nicht unter / Andern Völkern wolln wir sein / Von der See bis zu den Alpen / Von der Oder bis zum Rhein.“

25 Textbeginn der zweiten Strophe: „Daß die Völker nicht [vor Deutschland, *USch*] erbleichen / Wie vor einer Räuberin.“

denn für eine Parodie mit diesem Textanfang hatte es im Dritten Reich sogar eine Anklage wegen Hochverrates gegeben[26].

Jedenfalls ist es unvorstellbar, heute das Singen eines verfremdeten Textes zu bestrafen, für den dessen Autoren und Sänger damals vermutlich im KZ gelandet wären[27]. So soll beispielsweise folgende Parodie während der Nazi-Zeit im Berliner Arbeiterbezirk Neukölln heimlich in Betrieben gesungen worden sein, wenn die damals auch als „Horst-Dussel-" oder „Wurst-Kessel-Lied" verballhornte Melodie erklang[28]:

> Die Fahne hoch, das Schmalz ist aufgeschlagen,
> die Margarine kostet schon 'ne Mark und zehn.
> Uns knurrt immer noch der Proletariermagen,
> Vom Sozialismus ist noch nichts zu sehn.

Oder, vielleicht noch drastischer:

---

26 Der gesamte Text, der die Lebensmittelknappheit breiter Bevölkerungsschichten und eine Spendenaktion vom „Winterhilfswerk" anprangerte, lautete: „Die Pfanne hoch, der Fettpreis ist gestiegen; / Der Hunger der SA wird eben noch gestillt. / Schon rappeln Sammelbüchsen über allen Straßen, / Und Hitlers Kampfprogramm ist bald erfüllt. // Die Türe zu den braunen Bataillonen, / Die Taschen zu dem Sammelbüchsenmann. / Das Hakenkreuz hat schon verschlungen Millionen, / Die nun der Arbeitsmann berappen kann. // Wir ziehen nochmals den Hungerriemen enger, / von Margarine sind wir schon befreit. /Und unser Hals wird lang und lang und immer länger. / O Arbeitsvolk, wann wirst du mal gescheit?" (Näher *Probst-Effah*, Festschrift für Günther Noll, S. 360: „Der Akte ist nicht zu entnehmen, welche Strafe über die Angeklagten verhängt wurde. Wahrscheinlich kamen sie in Schutzhaft, d.h. in ein Konzentrationslager.").

27 Siehe dazu *Probst-Effah*, a.a.O., S. 358 ff.

28 Weitere Beispiele:
„Die Fahne ab, das Sturmlokal geschlossen, / SA marschiert nicht mehr im gleichen Tritt. / Kameraden, die am 30. erschossen, / Marschieren im Geist in unseren Reihen mit." / „Die Preise hoch, Kartelle fest geschlossen, / Kapital marschiert mit ruhig festem Schritt. / Kameraden, die SS und Führer selbst erschossen, / Marschier'n im Geist in unsern Reihen mit." Beide Parodien entstanden schon kurz nach der „Nacht der langen Messer" („Röhm-Putsch").
„Die Fahne hoch und feste exerzieren, / SA-SS mit mutig-festem Schritt. / Und solltet ihr vor Kohldampf auch krepieren, / Das alles hilft zum Sozialismus mit!" / „Die Fahne hoch und tüchtig Feste feiern, / SA-SS das lindert Eure Not. / Dabei die Gassenhauer runterleiern, / Dadurch gibt's später: Arbeit-Freiheit-Brot!" / „Die Fahne hoch, die Reihen dicht geschlossen, / SA-SS mit mutig-festem Schritt. / Bald wird im Schützengraben wieder scharf geschossen, / Die Krupp und Thyssen helfen tüchtig mit!" / „Die Preise hoch, die Läden dicht geschlossen, / Die Not marschiert und wir marschieren mit. / Frick, Joseph Goebbels, Schirach, Himmler und Genossen, / Die hungern auch doch nur im Geiste mit." / „Die Preise hoch, die Läden fest geschlossen, / Der Hunger kommt mit ruhig festem Schritt. / Kam'raden der Rotfront von Reaktion erschossen, / Doch wir marschieren ja nur im Geiste mit." / „Die Pfanne hoch, das Fett wird immer teurer. / Der Hunger naht mit furchtbar ernstem Schritt. / Und Hermann Göring, Adolf und Genossen, / Hungern nur im Geiste mit uns mit."

Die Preise hoch, die Schnauze fest geschlossen,
Hunger marschiert in ruhig festem Schritt.
Hitler und Goebbels unsre beiden Volksgenossen,
Hungern im Geist mit uns Proleten mit.

4. BGHSt 51, 244 – Nix Gut: Ein Ruhmesblatt?

Nun sollte diese Gefahr eigentlich gebannt sein, seit 2007 der 3. Strafsenat des Bundesgerichtshofs im sogenannten „Nix Gut"-Urteil den Betreiber eine Punkartikel-Versandes freisprach[29], den das Landgericht Stuttgart noch deshalb verurteilt hatte, weil er unter anderem Aufkleber mit Piktogrammen von Hakenkreuzen, die durch Stiefeltritte zerstört oder als Abfall entsorgt werden, im Angebot hatte[30].

Der Bundesgerichtshof mahnte aber, dass die ausnahmsweise Annahme eines ungeschriebenen Tatbestandsausschlusses „nur gerechtfertigt" erscheine, „wenn die Gegnerschaft sich eindeutig und offenkundig ergibt und ein Beobachter sie somit auf Anhieb zu erkennen vermag"; die Darstellung dürfe nicht „mehrdeutig oder die Gegnerschaft nur undeutlich erkennbar" sein.

Der Textaufdruck „Drecksau" auf einem Plattencover[31] mit dem Bild Adolf Hitlers neben einer verbotenen Hakenkreuzstandarte genügte dem 3. Strafsenat in dieser Entscheidung noch nicht, um dem „durchschnittlichen Beobachter" die erforderliche „deutliche Distanzierung" zu vermitteln[32].

Ob bei dieser strengen Betrachtung das Singen der ersten Strophe der Parodie „Die Fahne hoch" des kommunistischen Schriftstellers Erich Weinert, die er 1942 im Moskauer Exil geschrieben hatte, Gnade vor dem Oberlandesgericht Oldenburg und dem Bundesgerichtshof finden würde?

Die Fahne hoch, die Reihen fest geschlossen!!
SA marschiert nach Rußland mit Siegheil.
Kam'raden, die schon anderswo kaputtgeschossen,
Die nehmen nun am Blitzkrieg nicht mehr teil.

---

29 *BGH*St 51, 244.

30 *BGH*, Urteil vom 15. März 2007 – 3 StR 486/06, Rn. 26; 28 – bei juris (insoweit nicht in *BGH*St 51, 244 abgedruckt): „Nur sehr fern liegende, theoretische Deutungsmöglichkeiten vermögen die sonst gegebene Eindeutigkeit einer Darstellung [eindeutige Aussage, Abfall solle in den Abfallbehälter geworfen werden] nicht in Frage zu stellen."

31 *Schleimkeim*, EP „Drecksau", 1988.

32 *BGH*, Urteil vom 15. März 2007 – 3 StR 486/06, Rn. 29 – bei juris – Nix Gut (insoweit nicht in *BGH*St 51, 244 abgedruckt).

Für so manchen „durchschnittlichen Beobachter“ mag bei dem ironisch gemeinten „... marschiert nach Rußland mit Siegheil“ wohl „die Gegnerschaft nur undeutlich erkennbar“ sein[33] – jedenfalls undeutlicher als bei „Die Pfanne hoch“.

Ganz sicher betrifft das aber den „Kälbermarsch“ Bertolt Brechts.

Das satirische Lied „Kälbermarsch“ hatte Brecht im September 1933 im französischen Exil geschrieben. Später übernahm er es in sein Stück „Schweyk im Zweiten Weltkrieg“, das er zwischen 1941 und 1944 verfasste:

> Der Metzger ruft. Die Augen fest geschlossen
> Das Kalb marschiert mit ruhig festen Tritt.
> Die Kälber, deren Blut im Schlachthof schon geflossen
> Sie ziehn im Geist in seinen Reihen mit.

Hierzu schrieben sowohl Hanns Eisler als auch Paul Dessau[34] Musik mit einer jeweils das „Horst-Wessel-Lied“ nur leicht verändernden Vertonung. Der Kälber-Text, natürlich gegen die Nationalsozialisten gerichtet, mag aber wohl manchen „durchschnittlichen Beobachter“ schlichtweg nur überfordern und verwirren.

5. BVerfGE 30, 173 – Mephisto: Endlich ein Ruhmesblatt

Spätestens scheiterte nun allerdings die Strafbarkeit der Darbietung des Werkes dieser Ikonen sozialistischen Kulturschaffens an der Kunstfreiheit, die die Gerichte bei den Verballhornungen „Horst-Wessel-Liedes“ durch die Volkspoesie nie in Betracht gezogen haben. Und zwar, das will ich hier nicht weiter ausführen, scheitert sie nicht erst an einer Rechtfertigung durch Art. 5 Abs. 3 GG, sondern schon am (weiteren) Tatbestandsauschluss des § 86a Abs. 3 StGB, den ich, verkürzend und seine unübersichtliche Verweisung integrierend, so textlich zusammenfasse: Das Verbot, Kennzeichen einer vom Bundesverfassungsgericht für verfassungswidrig erklärten Partei öffentlich zu verwenden, „gilt nicht, wenn das [Kennzeichen] ... der Kunst ... dient“.

---

33 Weinert hatte übrigens noch einen Text geschrieben, dessen Refrain man zumindest verkürzt zu „Hoch die Fahne / der Solidarität“ vorsichtshalber nicht auf T-Shirts spazierentragen sollte („Lied der Internationalen Brigaden“, 1936).

34 Das „Horst-Dussel-Lied“ für Gesang und Klavier (1943).

Was auch immer über die Bedeutung dieses merkwürdigen „Der-Kunst-Dienen" gesagt werden kann[35]; fest steht im Ergebnis, wie schon das Bundesverwaltungsgericht vor über 50 Jahren formulierte[36], dass eine einfachrechtliche Norm „den Kunstvorbehalt des GG nur wiederholen oder für seine Zwecke erweitern, nicht aber einschränken" kann. Die herrschende Ansicht meint dementsprechend[37], dieser Vorbehalt habe „dieselbe gegenständliche Reichweite" und unterliege „denselben Schranken wie das Grundrecht des Art. 5 Abs. 3 S. 1 GG".

Die Kunstfreiheit des Art. 5 Abs. 3 GG wird zwar vorbehaltslos, jedoch „nicht schrankenlos gewährt": Seit dem „Mephisto"-Beschluss des Bundesverfassungsgerichts von 1971[38] ist fast unumstritten, dass

> ein im Rahmen der Kunstfreiheitsgarantie zu berücksichtigender Konflikt nach Maßgabe der grundgesetzlichen Wertordnung … durch Verfassungsauslegung zu lösen [ist].

Konkret bedeutet das eine Abwägung der Kunstfreiheit mit dem hinter dem Kennzeichenverbot des § 86a StGB stehenden Verfassungswert des Schutzes des demokratischen Rechtsstaates vor einer Wiederbelebung verfassungswidriger Organisationen. Dabei wird es, ohne dass das jetzt hier im Einzelnen ausgeführt werden soll,

> „im Rahmen einer Gesamtabwägung darauf ankommen, ob der künstlerische Aspekt ... oder der werbende Zweck für verfassungsfeindliche Tendenzen im Vordergrund steht"[39], ob eine „erkennbare Distanz" zu den inkriminierten Inhalten deutlich wird[40].

Deshalb sollte es also beim Spielen und Singen des „Kälbermarsch" der Antifaschisten Brecht, Eisler und Dessau sicher keine Probleme geben.

Bevor es jetzt in einzelne Details geht, breche ich aber ab.

---

35 Meint das „Dienen" einschränkend ein „künstlerisches Bemühen …, das ein bestimmtes Maß an künstlerischem Niveau besitzt" (so *BVerwGE* 39, 197 [207] – Die Sünden der Söhne; aufgegeben durch *BVerwGE* 77, 75 – Der stählerne Traum)? Oder genügt es umgekehrt schon, wenn „objektiv die Bezogenheit auf die Kunst vorwiegend ist" (*Stein*, JZ 1959, 723)?

36 *BVerwGE* 23, 104 (104 f.) – Die Rechnung ohne den Wirt.

37 Siehe *BVerwGE* 77, 75 (81) – Der stählerne Traum.

38 *BVerfGE* 30, 173.

39 *Güntge* in Satzger / Schluckebier / Widmaier, StGB, § 86 Rn. 20.

40 Siehe *Rahe*, Die Sozialadäquanzklausel des § 86 Abs. 3 StGB (insbes. S. 233 ff.).

Nunmehr bliebe wohl noch zu untersuchen, wie bei anderen der zwar nicht zahlreichen, aber doch immer wiederkehrenden musikalischen oder textlichen Verarbeitungen des „Horst-Wessel-Liedes“ abzuwägen wäre. – Ein paar Stichpunkte in gedrängter Kürze dazu:

Ähnlich klar wie beim „Kälbermarsch“ wäre die Sachlage, sänge jemand nach der Melodie des „Horst-Wessel-Liedes“ Erich Kästners 1932 entstandenes Gedicht „Der Handstand auf der Loreley“, das sich wegen seiner vielen „fünfhebigen Jamben mit syntaktischer Pause nach dem zweiten Jambus“, und weil „metrische Abweichungen zusätzlich komische Effekte“ erzeugen[41], als Parodie dieses entschiedenen Gegners des Nationalsozialismus auf das SA-Lied verstehen lässt, obwohl textliche Anspielungen fehlen:

Die Loreley, bekannt als Fee und Felsen
ist jener Fleck am Rhein, nicht weit von Bingen,
wo früher Schiffer mit verdrehten Hälsen,
von blonden Haaren schwärmend, untergingen.

Auf Text, Melodie und Versmaß zugeschnittene Umdichtungen wie etwa Robert Gernhardts „Sonett von dem jungen Amerika und den alten Europäern“ von 2003 („Sternbanner hoch! Kampfhelme gut verschlossen! / USA marschiern mit heißem Jünglingstritt …“), der, „ein – ältres – Liedlein“ singend, andere politische Geschehnisse, hier den Irakkrieg, in die NS-Nachbarschaft rücken will, werben nicht für nationalsozialistische „Tendenzen“. Entsprechendes gilt für „auf der Straße“ gereimte Textvarianten, die die Besatzungsmächte nach Kriegsende kritisierten

Die Preise hoch, die Zonen dicht geschlossen,
Die Kalorien fallen Schritt für Schritt.
Es hungern stets die selben Volksgenossen,
Die andern hungern nur im Geiste mit.

– wenn man sie denn unter den Kunstbegriff fallen lässt[42].

Für Umtextungen zu einem kommunistischen Kampflied

Das Banner hoch! Mit Hammer-Sichel-Zeichen,
Das Banner für das kommende Geschlecht,

41 Siehe dazu die *Hölderlin-Gesellschaft Tübingen*, Der Handstand auf der Loreley (https://www.hoelderlin-gesellschaft.de/index.php?id=626).

42 Erstaunlicherweise wird die Kunstfreiheit in den einschlägigen Gerichtsentscheidungen nicht einmal erwähnt. Denn immerhin fällt auch die Gesangeskunst in den Schutzbereich der Kunstfreiheit, und das *BayObLG*St 1994, 20 hat für die (volksverhetzenden) Verse „Der Asylbetrüger in Deutschland“ betont, dass selbst dieses Pamphlet „allein schon wegen seiner Reimform unter den formalen Kunstbegriff fällt“. Strophen in Kreuzreimform wie das „Horst-Wessel-Lied“ sind ein häufiges Schema in der Lyrik.

Geführt von Armen gegen alle Reichen,
Denn es allein erkämpft das Menschenrecht.

kann im Ergebnis nichts anderes gelten, selbst wenn sie „Kennzeichen“ im Sinne des § 86a StGB der 1956 vom Bundesverfassungsgericht für verfassungswidrig erklärten KPD („Hammer-Sichel-Zeichen“) benennen. Hier dürfte ohnehin schon für den „durchschnittlichen Beobachter“ die „Gegnerschaft … auf Anhieb zu erkennen“ sein.

Schwieriger sind Vokalgesänge zu bewerten, die die vom Bundesverfassungsgericht als für die Tatbestandserfüllung ausreichend angesehene Wortkombination „die Fahne … hoch“, also den Titel und den Textbeginn des „Horst-Wessel-Liedes“ enthalten, beispielsweise Erich Weinerts erwähnte Parodie „Die Fahne hoch“. Hier kommt es nun aber unter dem Schutz der Kunstfreiheit nicht mehr auf das Verständnis des „durchschnittlichen Beobachters“ an, sondern auf die tatsächlich gegebene „erkennbare Distanz“ – bei Weinert eindeutig. Dies „rettet“ übrigens auch Brecht, soweit er vor dem „Kälbermarsch“ in seinem Stück „Schweyk im Zweiten Weltkrieg“ Schweyks Freund Baloun die erste Strophe des „Horst-Wessel-Liedes“ singen lässt, wobei nur die 3. Textzeile verändert wird zu „Kameraden, deren Blut vor unserm schon geflossen“.

Auch „ernste“, unpolitische Komponisten, die in ihre Musikstücke die Melodie integriert haben, sind auf der sicheren Seite. Beispielsweise der in Auschwitz-Birkenau ermordete tschechische Komponisten Pavel Haas, der im zweiten Satz seiner 1940/41 entstandenen unvollendeten Sinfonie das „Horst-Wessel-Lied“ ausführlich verarbeitete. Oder Joseph Horovitz, in dessen „String Quartet No. 5“ 1969 ein kurzes Zitat der ersten Takte des Liedes auftaucht. Ferner der deutsche Komponist und Klangkünstler Karlheinz Stockhausen, der 1966/67 in seine „Hymnen (Region II)“ das „Horst-Wessel-Lied“ als Klangschnipsel von zehn Sekunden (eingebettet in die deutsche Nationalhymne!) einmontierte. Nichts anderes kann schließlich für den US-amerikanischen Gitarristen und Komponisten John Fahey gelten, der zeitgleich eine alte Aufnahme des „Horst-Wessel-Liedes“ in sein „Requiem for Molly, Part 2“ als Klangschnipsel einband – auch in Ansehung dessen, dass er kurz davor einen Ausschnitt aus einer Rede Hitlers einfügte.

Weniger einfach ist es schon mit der italienischen Sängerin Milva, die für ihre 1965er und 1975er Alben „Canti della Libertà“ und „Libertà“ das „Horst-Wessel-Lied“ auf italienisch – aber mit deutschem Songtitel – im Stile eines Piaf-Chansons aufnahm

Avanti marsch, a ranghi ben serrati.
Le SS avanzano nel sol.

I camerati, che la morte ha già baciato,
Son sempre qui e marciano con noi.

[Los, Marsch! In dichten Reihen.
Die SS marschiert in der Sonne.
Die Kameraden, die der Tod schon geküsst hat,
Sind stets hier und marschieren mit uns].

Die zweite Strophe ist jedoch eine, wenn auch sehr freie, Adaption des Brechtschen „Kälbermarsch", wie auch die Angabe der Autoren auf dem Album („Anonimo, B. Brecht") belegt

Avanti su, vi guida un macellaio.
E dietro a lui a passo militar
Vitello ariano impaurito dal beccaio,
tu vai così, a farti macellar.

[Los, weiter! Ein Fleischer führt Dich.
Und hinter ihm im Gleichschritt
Ein arisches Kalb, das Angst vorm Metzger hat.
So ziehst Du weiter, um Dich schlachten zu lassen.].

Wie ist es nun aber mit der britischen Musikgruppe „Death in June"? Ihr indiziertes[43] Musikstück „Brown Book" auf dem gleichnamigen Album von 1987 mit einem SS-Totenkopf auf dem Cover enthält eine von Ian Read („Fire & Ice") mit englischem Akzent eingesungene, sehr langsame, einem Trauergesang ähnelnde A-capella-Version des „Horst-Wessel-Liedes", unterlegt mit Sprachfetzen. Kunst, keine Frage. – Aber „erkennbare Distanz"? Die Musik von „Death in June" gilt zwar nicht als rechtsextremistisch, sie zieht mit ihrem sogenannten „Neo Folk" eher die „Gothic"-Szene an. Aber „Death in June" spielt mit Assoziationen an den Nationalsozialismus. Der Bandname soll sich auf den 30. Juni 1934, die „Nacht der langen Messer", als Hitler Ernst Röhm und andere SA-Funktionäre ermorden ließ, beziehen. In „Runes & Men", ebenfalls auf dem Album „Brown Book", ist im Hintergrund eine Rede von Röhms Nachfolger als SA-Stabschef Viktor Lutze eingespielt. Bei mehreren Tonträgern zeigt ihr Artwork Runen, ein stilisiertes Keltenkreuz („Symbols and Clouds") oder gar ein angedeutetes Hakenkreuz („Sun Dogs"); in ihrem Repertoire finden sich Titel wie – das ebenfalls indizierte[44] – „Rose Clouds of Holocaust". – Das Stück „Brown Book" beginnt nun aber vor dem „Horst-Wessel-Lied" mit einem Monolog der Schauspielerin Christiane Carstens („Da war so ein Fluss ...") aus

43 BAnz. Nr. 244 vom 29.12.2006 (Liste B).

44 BAnz. Nr. 248 vom 31.12.2005 (Liste B); BAnz. Nr. 244 vom 29.12.2006 (Liste A).

dem Film „Die Welt in jenem Sommer" von 1980[45] nach dem Roman von Robert Muller, in dem Carstens, eine Jüdin spielend, die damals beklemmende Situation gleichnishaft darstellt[46]. Und mittendrin im Lied „Brown Book" hört man, auch aus „Die Welt in jenem Sommer" entnommen, einen SA-Offizier, der höhnisch schimpft, die Angehörigen der SS seien „alle schwul"; diese beiden Worte werden ständig als Tonfetzen wieder auf den Gesang des „Horst-Wessel-Liedes" gelegt. Der „Macher" von „Death in June", Douglas Pearce, ist übrigens homosexuell – genauso wie es Röhm war … Kurz: Ist das tatsächlich eine romantische Verklärung der NS-Zeit, oder soll hier die Unmenschlichkeit des Regimes ästhetisch vorgeführt werden?

Weniger bekannt ist, dass fast zur gleichen Zeit auf dem Album „Imperium" von „Current 93", der anderen britischen Band der „Ursuppe der düsteren Neofolk-Subkultur" („Die Welt"[47]), im Stück „Or", in dem ausschließlich die Thomas-Apokalypse rezitiert wird, die knapp ersten drei Minuten mit einer zeitgenössischer Aufnahme des „Horst-Wessel-Liedes" unterlegt sind. Nun wird „Current 93" zwar keine Spielerei mit faschistischer Ästhetik, eher mit diversen esoterischen Themen nachgesagt. Allerdings veröffentlichte „Current 93" 1990 ein gemeinsames (Split-)Album mit „Death in June" mit dem Titel „1888" – in der Neonazi-Szene gängige Zahlencodes für die Anfangsbuchstaben von „A-dolf H-itler" und „H-eil H-itler".

Wie dem auch sei. Auch bei diesen Musikstücken sollte noch gelten: „In dubio pro libertate artis"!

Literatur

Probst-Effah, Gisela, „Die Pfanne hoch, der Fettpreis ist gestiegen". Lieder politisch oppositioneller Kreise gegen den Nationalsozialismus, in: Festschrift für Günther Noll, 2002, S. 347 ff.

Peltsch, Fabian / Niemczyk, Ralf, Soundtrack eines rechten Gefühls, Die Welt vom 06.08.2016.

45 „Ein wichtiger Film, der den Konflikt vieler deutscher Juden, die sich als Deutsche fühlten, es aber schließlich nicht mehr sein durften, … einleuchtend beschreibt" (*Anne Frederiksen*, Fernseh-Kritik: Jüdische Kindheit, Die Zeit 05/1980).

46 Im Album „The Cathedral of Tears" von „Death in June" von 1993 hört man diesen Monolog in dem Stück „Brown Book [Re-Read]", dem Opener, sogar in einer knapp 3-minütigen Schleife allein.

47 *Peltsch/Niemczyk*, Die Welt vom 06.08.2016.

RAHE, DIRK, Die Sozialadäquanzklausel des § 86 Abs. 3 StGB und ihre Bedeutung für das politische Kommunikationsstrafrecht, 2002.

SATZGER, HELMUT / SCHLUCKEBIER, WILHELM / WIDMAIER, GUNTER, Strafgesetzbuch – Kommentar. 4. Auflage 2019.

SIEMENS, DANIEL, Horst Wessel. Tod und Verklärung eines Nationalsozialisten, 2009.

STEIN, ERWIN, Anmerkung zu OVG Münster, Bescheid vom 18.11.1958 – VII A 900/57 – Meine 99 Bräute, Juristenzeitung 1959, S. 720 ff.

Claudia Zielińska

„KIᛋᛋ“ – Verstoß gegen § 86a StGB?*

Die Unterzeichnung der absoluten Kapitulation durch die deutschen Offiziere W. Keitel, F. v. Friedeburg und H.-J. Stumpff am 8. Mai 1945 besiegelte das Ende des Dritten Reiches und die Schreckensherrschaft der Nationalsozialisten. Die alliierten Kräfte teilten Deutschland in vier Besatzungszonen ein, wie es bereits auf der Konferenz in Jalta im Februar 1945 von W. Churchill, F. D. Roosevelt und J. Stalin unter Bezugnahme Frankreichs beschlossen wurde. Am 30. November 1945 erließ der Alliierte Kontrollrat als oberste Behörde der vier Besatzungsmächte in Art. IV des Kontrollratsgesetzes Nr. 8 ein umfassendes Kennzeichenverbot[1]. Das Verbot umfasste nicht nur körperliche Gegenstände wie beispielsweise Uniformen, Fahnen oder Orden, sondern ebenfalls jedwede Art von nationalsozialistisch geprägten Gesten, insbesondere Gruß- und Begrüßungsformen. Im Zuge des Sechsten Strafrechtsänderungsgesetzes wurde das Kennzeichenverbot verfassungswidriger Organisationen 1960 auch erstmals in das Strafgesetzbuch eingefügt, damals in § 96a StGB[2]. Später (1968) wurde die-

---

* Zu der Thematik hat die Autorin im Rahmen von Vernissagen der Ausstellung „Kunst und Strafrecht“ am 12. Januar 2017 an der Juristischen Fakultät der Ruhr-Universität Bochum sowie am 16. April 2018 an der Rechtswissenschaftlichen Fakultät der Universität zu Köln vorgetragen.

1 Art. IV Kontrollratsgesetz Nr. 8 bez. der Ausschaltung und Verbot der militärischen Ausbildung: „Das Tragen seitens deutscher Staatsangehöriger von Militär- oder Nazi-Uniformen, Abzeichen, Fahnen Banner oder anderen Symbolen oder von militärischen oder zivilen Orden und Ehrenzeichen sowie der Gebrauch charakteristischer Nazi- oder militärischer Gruß- und Begrüßungsformen sind verboten. Alle anderen symbolischen Gesten, die den Nazigeist zum Ausdruck bringen, sind verboten. Die Verleihung oder Annahme von zivilen oder militärischen Orden, Auszeichnungen oder Ehrenzeichen ist verboten.“ (Amtsblatt des Kontrollrates in Deutschland Nr. 2 vom 30.11.1945, S. 33).

2 § 96a StGB i.d.F. des Sechsten Strafrechtsänderungsgesetzes vom 30.06.1960 (BGBl. I, 478):
„(1) Wer öffentlich, in einer Versammlung oder in von ihm verbreiteten Schriften, Schallaufnahmen, Abbildungen oder Darstellungen Kennzeichen
1. einer Partei, die gemäß Art. 21. Abs. 2 GG vom Bundesverfassungsgericht für verfassungswidrig erklärt ist,
2. einer Vereinigung, die gem. Art. 9 Abs. 2 GG unanfechtbar verboten ist, oder
3. einer ehemaligen nationalsozialistischen Organisation
verwendet, wird mit Freiheitsstrafe bis zu drei Jahren bestraft. Ausgenommen ist eine Verwendung von Kennzeichen im Rahmen der staatsbürgerlichen Aufklärung, der Abwehr verfassungswidriger Bestrebungen und ähnlicher Zwecke.

https://doi.org/10.1515/9783110731729-005

ser durch § 86a StGB ersetzt und in den Kontext von Parteien- und Vereinigungsverboten eingeordnet[3]. Durch das Verbrechensbekämpfungsgesetz von 1994 erfolgte eine besondere Erweiterung des Tatbestandes, dessen Anwendungsbereich nunmehr auf zum Verwechseln ähnliche Kennzeichen ausgedehnt wurde[4].

Dies führt mich auch zu meinem Thema und der damit vorangestellten Fragestellung, ob der Schriftzug der Rockgruppe KISS einen Verstoß gegen § 86a StGB wegen der Verwendung von Kennzeichen verfassungswidriger Organisationen darstellt, der ich im Nachfolgenden nachgehen werde.

Zunächst aber einige Worte zu der Musikgruppe selbst:

KISS ist eine US-amerikanische Hard-Rock-Band, die von Paul Stanley, Gene Simmons, Ace Frehley (gebürtig Paul Frehley[5]) und Peter Criss im Januar 1973 in New York gegründet wurde[6]. Die Bandmitglieder zeichnen sich vor allem durch ihr äußeres Erscheinungsbild aus – sowohl durch ihre ausgefallenen, individuellen Kostüme wie auch durch ihre geschminkten Gesichter. Die Schminkmaske ist für jedes Bandmitglied festgelegt – Paul Stanley als „The Starchild", Peter Criss als „The Catman", Gene Simmons als „The Demon" und Ace Frehley als „The Spaceman"[7]. Dabei kommt der Schminke keine weitere Bedeutung zu[8]; einziges Ziel ist, sich aus der Masse hervorzuheben – gelungen ist es den Musikern allemal.

Weder das ausgefallene Erscheinungsbild der Band noch deren Songtexte sollen jedoch im weiteren Verlauf relevant sein. Das Augenmerk liegt viel mehr auf dem Logo der Band[9]. Der Blick soll sich hier auf die letzten beiden Buchstaben im Namenszug richten – lösten diese immerhin unter anderem eine Diskussion über die Ähnlichkeit zu den nationalsozialistischen SS-Runen, den „Si(e)g-Runen" aus. Bereits an dieser Stelle möchte ich jedoch darauf aufmerksam machen,

---

(2) Kennzeichen im Sinne des Abs. 1 sind insbesondere Fahnen, Abzeichen Uniformstücke, Parolen und Grußformen.
(3) …"

3 *v. Dewitz*, NS-Gedankengut und Strafrecht, S. 89.

4 Gesetz zur Änderung des Strafgesetzbuches, der Strafprozessordnung und anderer Gesetze (Verbrechensbekämpfungsgesetz) vom 28.10.1994 (BGBl. I, 3186).

5 „Ace" wurde Paul Frehley lediglich von seinen Bandkollegen genannt. „Als ich der Band beitrat, kamen wir zu dem Schluss, dass ein Paul [gemeint ist Paul Stanley] genügte." (*Frehley*, Keine Kompromisse, S. 68).

6 *Criss*, Ungeschminkt, S. 2.

7 *Criss*, a.a.O., S. 64.

8 *Criss*, a.a.O.

9 Siehe die Abbildung auf http://www.kissonline.com/.

dass die beiden letzten Buchstaben im Namenszug nicht ganz SS-Runen entsprechen, aber dies stelle ich zunächst hintan und werde im weiteren Verlauf darauf zurückkommen.

Die Frage, die sich hinter der Assoziation der letzten beiden ‚S' im Bandnamen mit SS-Runen verbirgt ist, ob dies rechtlich von Bedeutung ist, und ob diese Betrachtungsweise von KISS tatsächlich gewollt gewesen sein konnte.

Hierzu ist es notwendig, sich zunächst der rechtlichen Seite des Verwendens von SS-Runen im Allgemeinen zuzuwenden und einen Blick auf § 86a Abs. 1 StGB[10] zu werfen.

Hieraus ergibt sich, dass SS-Runen ein Kennzeichen im Sinne dieses Straftatbestandes sind, da sie ein Kennzeichen einer in § 86 Abs. 1 Nr. 4 StGB[11] bezeichneten Partei oder Vereinigung, nämlich einer nationalsozialistischen Organisation, genauer der „Schutzstaffel" – kurz „SS" –, welche bereits durch das Kontrollratsgesetz Nr. 2 vom 10. Oktober 1945[12] verboten wurde, darstellen. Hieraus folgt ferner, dass es gemäß § 86a Abs. 1 Nr. 1 StGB strafbar ist, diese

10 § 86a StGB (Auszug): „(1) Mit Freiheitsstrafe bis zu drei Jahren oder mit Geldstrafe wird bestraft, wer 1. im Inland Kennzeichen einer der in § 86 Abs. 1 Nr. 1, 2 und 4 bezeichneten Parteien oder Vereinigungen verbreitet oder öffentlich, in einer Versammlung oder in von ihm verbreiteten Schriften (§ 11 Abs. 3) verwendet …"

11 § 86 StGB (Auszug): „(1) Wer Propagandamittel 1. einer vom Bundesverfassungsgericht für verfassungswidrig erklärten Partei oder einer Partei oder Vereinigung, von der unanfechtbar festgestellt ist, daß sie Ersatzorganisation einer solchen Partei ist, 2. einer Vereinigung, die unanfechtbar verboten ist, weil sie sich gegen die verfassungsmäßige Ordnung oder gegen den Gedanken der Völkerverständigung richtet, oder von der unanfechtbar festgestellt ist, daß sie Ersatzorganisation einer solchen verbotenen Vereinigung ist, 3. einer Regierung, Vereinigung oder Einrichtung außerhalb des räumlichen Geltungsbereichs dieses Gesetzes, die für die Zwecke einer der in den Nummern 1 und 2 bezeichneten Parteien oder Vereinigungen tätig ist, oder 4. Propagandamittel, die nach ihrem Inhalt dazu bestimmt sind, Bestrebungen einer ehemaligen nationalsozialistischen Organisation fortzusetzen …".

12 Art. I Kontrollratsgesetz Nr. 2 bez. der Auflösung und Liquidierung der Nazi-Organisationen vom 10.10.1945 (Auszug): „1. Die Nationalsozialistische Deutsche Arbeiterpartei, ihre Gliederungen, die ihr angeschlossenen Verbindungen und die von ihr abhängigen Organisationen, einschließlich der halbmilitärischen Organisationen und aller anderen Nazieinrichtungen, die von der Partei als Werkzeuge ihrer Herrschaft geschaffen wurden, sind durch vorliegendes Gesetz abgeschafft und für ungesetzlich erklärt. 2. Diejenigen Naziorganisationen, die auf der Liste im Anhang aufgeführt sind, oder solche, die außerdem zusätzlich bezeichnet werden sollten, sind ausdrücklich aufgelöst." (Amtsblatt des Kontrollrates in Deutschland Nr. 1 vom 29.10.1945, S. 19).
Anhang (Auszug): „55. SS (Schutzstaffeln), einschließlich der Waffen-SS, des SD (Sicherheitsdienst) und aller Dienststellen, die Befehlsgewalt über die Polizei und SS gleichzeitig ausüben." (Amtsblatt des Kontrollrates in Deutschland Nr. 1 vom 29.10.1945, S. 21).

Symbole zu verbreiten oder öffentlich, in einer Versammlung oder in Schriften und anderen Darstellungen – so wie in diesem Falle beispielsweise auf Plattencover – zu verbreiten.

Wie bereits zuvor erwähnt, entspricht das Doppel-„S" im Bandnamen jedoch nicht ganz den von der Schutzstaffel verwendeten SS-Runen.

Ganz im Gegenteil, so kann man es bereits am „Ur-Logo" erkennen[13], dreht sich bei KISS vieles um den „Kuss", was die Gruppe auch deutlich auf ihren Albumcovern zum Ausdruck bringt. Zudem ist der Bandname „KISS" an die ehemalige Band von Peter Criss – „Lips" – angelehnt[14]. Das Band-Logo selbst wurde eigens von Bandmitbegründer Ace Frehley 1973 gestaltet, dabei wurden die beiden ‚S' zu Blitzen stilisiert und über dem ‚I' prangte ein Diamant als Tüpfel, welcher jedoch später wegfiel. Zudem zeichnete Frehley unter dem Bandnamen ein Lippenpaar[15]. Es ist nicht ungewöhnlich für Rockbands, mit Blitzen im Band-Logo zu arbeiten, auch andere bekannte Rockgruppen wie beispielsweise AC/DC verwenden in ihrem Namenszug einen Blitz.

Weder die Motive der Albumcover von KISS noch die Lieder und Texte lassen einen Bezug zur SS oder zur NSDAP erkennen. Die Band selbst widersprach dem auch stets energisch[16]. Ace Frehley äußerte sich als Urheber selbst dazu, dass er „die Zacken [einfach nur] schick"[17] fand und seiner Gestaltung keine weitere Bedeutung beimessen wollte[18]. Wobei allerdings insbesondere eine Episode in der Bandgeschichte in diesem Zusammenhang irritierend wirkt, als nämlich die Bandmitglieder Ace Frehley, Peter Criss und Paul Stanley sich in echten Nazi-Uniformen in Pose brachten. Fotos davon wurden 2006 von Lydia Criss,

---

13 Siehe *Frehley*, Keine Kompromisse, S. 110.

14 Frehley schrieb dazu: „Wollte man es … auf ein Akronym herunterbrechen, träfe ‚Keep It Simple, Stupid' den Nagel auf den Kopf.", *Frehley*, a.a.O., S. 66.

15 *Frehley*, a.a.O., S. 64 f.; *Criss*, Ungeschminkt, S. 62. Das Ur-Band-Logo ist abgebildet bei *Frehley*, a.a.O., S. 110.

16 *Frehley*, a.a.O., S. 65; *Criss*, a.a.O.

17 *Frehley*, a.a.O.

18 „There were so many crazy rumors about us in the early days. Like that KISS stood for Knights in Satan's Service, or that we were Satan worshippers or Nazis. And it all turns out to be completely false. Paul and Gene were Jewish, I was brought up a Lutheran, and Peter Criss was a Roman Catholic." (Frehley in einem Interview mit *Eric Spitznagel* vom 02.11.2011 [http://www.ericspitznagel.com/mtv-hive/ace-frehley/]).

der Ex-Frau von Peter Criss in ihren Lebenserinnerungen veröffentlicht[19]. Ace Frehley antwortete im Interview, auf diesen Vorfall hin angesprochen[20]:

> We had gone to a toy store in Japan and there was all these old Nazi uniforms. We ended up buying a bunch of them as a joke. We had a few drinks and we dressed up in the uniforms, and we were taking a few pictures …

Demnach wäre alles nur ein schlechter Witz gewesen …[21].

Dabei sah sich KISS noch einem ganz anderen Vorwurf ausgesetzt. Peter Criss formulierte dazu[22]:

> Anscheinend hatte jemand bei einem der christlich-fundamentalistischen Fernsehsender entschieden, dass KISS die Abkürzung für „Knights In Satan's Service" („Ritter im Dienste Satans") sei und wir alle Handlanger des Leibhaftigen seien.

Dies wurde jedoch ebenfalls stets von den Bandmitgliedern abgelehnt[23] genauso wie Spekulationen dahingehend, dass der Blitz als das „Satanische S" gilt und im Satanismus das Symbol des Teufels sei[24].

---

19 „One day, Ace found out that there was a store in Tokyo that sold real Nazi uniforms. … He convinced Peter to join him on the hunt for these uniforms. … They both purchased authentic Nazi uniforms with hats, armbands, and even German knives. … We went back to the Keio Plaza Hotel where we were staying and Peter and Ace had to put on their entire Nazi get ups. They were acting as though they were actually in World War II. They called Paul Stanley's room and told him to come over, they had a surprise for him. He was taken aback by what they purchased, but they actually got him to wear one of the uniforms. We now had Ace, Peter, Paul … all reenacting German commands, salutes and even posing for the camera. They were all dressed up and decided to call for Gene. He soon came to our room and knocked on the door. He took one look at what the other … were up to and said he couldn't deal with it, did an about-face and left. He was totally disgusted, especially because his grandmother was killed by the Nazis in a German concentration camp. He was particularly surprised to that Paul, a fellow Jew, was involved in this along with the other two knuckleheads." ([*Lydia*] *Criss*, Sealed with a Kiss, S. 272).

20 *Frehley* in dem Interview mit *Eric Spitznagel* vom 02.11.2011 (http://www.ericspitznagel.com/mtv-hive/ace-frehley/); ähnlich *Criss*, Ungeschminkt, S. 62.

21 Dabei befinden sich KISS damit in wahrlich königlicher Gesellschaft. 2005 erschien der britische Prinz Harry auf einer Kostümparty eines Freundes in einer Nazi-Uniform mit einer Hakenkreuzbinde, siehe *Spiegel online* vom 13.01.2005 (http://www.spiegel.de/panorama/royals-prinz-harry-erschien-im-nazi-kostuem-a-336550.html).

22 *Criss*, Ungeschminkt, S. 165.

23 *Frehley*, Keine Kompromisse, S. 65 f.; *Criss*, a.a.O.; Frehley in einem Interview mit *Eric Spitznagel* vom 02.11.2011 (http://www.ericspitznagel.com/mtv-hive/ace-frehley/).

24 Vgl. Lukas 10,18: „Er sprach aber zu ihnen: Ich sah den Satan vom Himmel fallen wie einen Blitz."

Also alles kein Problem? Die Band hatte bei der Namensschöpfung schließlich keine bösen Absichten, sie wählte lediglich einen Bandnamen in dem am Ende die beiden zu Blitzen stilisierten „S“ zufällig an die „Schutzstaffel“ erinnern. Die Sigrune selbst hatte schließlich vormals eine ganz andere Bedeutung[25] – halb so wild also alles? Nicht ganz – Das Brandenburgische Oberlandesgericht hat in der Vergangenheit zu dem Thema hinsichtlich des Umgangs mit ursprünglich harmlosen Zeichen nämlich klar formuliert[26]:

> Die Sig-Rune in ihrer doppelten Verwendung durch die ‘Schutzstaffel‘ (SS) und die (Waffen-)SS hat zweifelsfrei eine Bedeutung erlangt, die sie ohne Weiteres und insbesondere auch ohne Einbettung in die Form eines originalgetreuen Abzeichens zu einem Kennzeichen verfassungswidriger (nationalsozialistischer) Organisationen macht.

Angesichts dieser also nun nicht fernliegenden Assoziation verwundert es wohl kaum, dass der ab 1980 für den deutschen Vertrieb der KISS Alben verantwortliche Medienkonzern „Phonogram“ in einer Presseerklärung von August 1980 eine Änderung des KISS-Logos für den deutschen Markt bekanntgab[27]. In der Presseerklärung hieß es (Auszug)[28]:

> Der Grund … liegt einzig und allein an der kaum zu bestreitenden Ähnlichkeit der Schreibweise des ‘alten‘ KISS-Logos mit einem NS-Symbol, und als solches ist es trotz des völlig anderen Context von verschiedener Seite aufgefaßt worden. Ganz abgesehen davon, daß das deutsche Recht es verbietet, möchten wir uns entschieden vom dem Verdacht distanzieren, wir würden uns zur Verbreitung von NS-Symbolen hergeben.

Für den deutschen Markt ward also nun ein neues Logo mit spiegelverkehrten „Z“ geboren[29].

Dabei hatte KISS bereits in der Vergangenheit zahlreiche Platten mit dem Originallogo in Deutschland problemlos veröffentlicht. Wobei sich die in Deutschland ständig wechselnden Plattenlabels der Band auch nicht immer ganz sicher hinsichtlich der runenartigen Blitze waren und den Bandnamen mal mit buckli-

---

25 „Das Zeichen (s) hat mit Sieg nichts zu schaffen, sondern lautet sig oder sol, auch sowel. Man könnte aber die sieghafte Sonne … damit bezeichnen.“ (*Weigel*, Germanisches Glaubensgut in Runen und Sinnbildern, S. 65). Es ist vielmehr die Tyr-Rune (↑), auch Taiwaz genannt, die zweimal auf ein Schwert geritzt werden musste, „um Sieg erlangen zu können“ (*Weigel*, a.a.O., S. 66).

26 *OLG Brandenburg*, OLG-NL 2006, 69 (70).

27 Presseerklärung der *Phonogram GmbH* vom August 1980 (http://www.kissfanshop.de/KissinDeutschland/1980Pressetext8ueberLogo.jpg).

28 *Phonogram GmbH*, a.a.O.

29 *Phonogram GmbH*, a.a.O.

gen „S“ verunstalteten, um dann doch wieder zum Originallogo zurückzukehren, sodass heute einige Alben sogar in drei verschiedenen Versionen erhältlich sind.

Wieso also plötzlich dieser drastische Schritt, wenn die Alben doch bereits mit dem Originallogo auf dem deutschen Markt waren? Ein Logo ist schließlich das Erkennungszeichen einer jeden Musikband.

Zur Beantwortung dieser Frage muss das politische Geschehen in Deutschland zu dieser Zeit näher betrachtet werden. 1980 wurde der Bundestagswahlkampf mit harten Bandagen geführt. Der im Juli 1979 zum Kanzlerkandidaten der CDU/CSU gekürte damalige bayerische Ministerpräsident Franz Josef Strauß spaltete das Land. Menschen fanden sich zu zahlreichen Demonstrationen gegen Strauß zusammen. Die Beweggründe für diese massenhafte Ablehnung waren zahlreich, Franz Josef Strauß ist während seiner politischen Laufbahn in mehrere Skandale verwickelt gewesen, in denen Korruption und Schmiergeldzahlungen im Raume standen[30].

Das gesamte „linke Lager“ zog unter dem Motto „Stoppt Strauß“ gegen den CSU Politiker in den Bundestagswahlkampf[31]. Hunderttausende Menschen steckten sich einen Anti-Strauß-Button an ihre Kleidung mit diesem Motto. Grundsätzlich, mit Ausnahme der Vorkommnisse um die damalige Schülerin Christine Schanderl[32], wurde die Gestaltung des Buttons nicht beanstandet. Es gab jedoch eine Version, die bundesweit für Aufsehen sorgte:

Am 3. November 1979 wurde Ulrich Pakleppa an einem Fußgängerüberweg von einer Polizeistreife angehalten. Der Polizei ist ein Button an Pakleppas Pullover aufgefallen, der die Aufschrift trug: „Antifaschistische Aktion – Stoppt Strauß“. Das Besondere an dieser Plakette war, dass die letzten beiden Buchstaben im Namen Strauß / Strauss in SS-Runen ähnlicher Weise geschrieben waren[33]. Das Verfahren wegen der Verwendung von Kennzeichen verfassungswidriger Organisationen zog sich insgesamt über vier Jahre, beschäftigte mehrere Instanzen und endete schlussendlich mit einer Verwarnung mit Strafvorbehalt gemäß § 59 StGB durch das Landgericht Darmstadt[34].

---

30 *Pakleppa*, Majestätsbeleidigung, 1984, S. 17 ff.; *Historisches Lexikon Bayerns*, Stichwort: Kanzlerkandidatur von Franz Josef Strauß, bearb. von *Sakia Richter* (http://www.historisches-lexikon-bayerns.de/Lexikon/Kanzlerkandidatur_von_Franz_Josef_Strauß,_1980); *Funk*, Tagesspiegel.de vom 01.08.2013.

31 *O.V.*, Der Spiegel 26/1980.

32 *Völklein*, Die Zeit 31/1980.

33 *Pakleppa*, Majestätsbeleidigung, S. 15.

34 *Pakleppa*, a.a.O., S. 16; 59 ff.

Pakleppa verwies während des Verfahrens vor Gericht insbesondere auf die NS-Vergangenheit Franz-Josef Strauß', die er als Anlass für das Tragen des mit Sigrunen versehenen Buttons sah[35]. Das Gericht würdigte teilweise die Beweisanträge Pakleppas zu Strauß' Rolle während der Zeit des Nationalsozialismus[36], unterstellte Pakleppa jedoch die „angebliche faschistische Vergangenheit" Strauß' nur aufzubauen, um seine Handlungen zu rechtfertigen[37].

Das Oberlandesgericht Frankfurt/M. führte, gestützt auf einer vorherigen Entscheidung des Bundesgerichtshofs in einem ähnlichen Fall[38], in dem Verfahren gegen Pakleppa aus[39]:

> ... die „SS-Runen" im Namen Strauß [entsprechen] in ihrem Erscheinungsbild den in der NS-Zeit gebräuchlichen Runen. Ihr Symbolwert in Richtung eines in der NS-Zeit häufig verwendeten Zeichens drängt sich auf, was im übrigen vom Angeklagten ... auch beabsichtigt war. Deshalb kann auch derjenige tatbestandsmäßig handeln, der sich als Gegner einer durch das Kennzeichen ausgewiesenen Organisation der NS-Zeit versteht und es nur als Mittel im politischen Kampf verwendet. Andernfalls würde dies zu der unerträglichen Konsequenz führen, daß man sich nur als Antifaschist bezeichnen müßte, um ungestraft NS-Kennzeichen verwenden zu dürfen. Sinn und Zweck der Regelung des § 86a StGB ist der Ausschluß der rechtlich möglichen Folge, daß in politisch unruhiger Zeit die Kennzeichen verbotener Parteien und Vereinigungen wieder zum politischen Alltagsbild gehören würden.

Pakleppa ließ sich derweil, während des noch laufenden Verfahrens, vor dem KISS-Logo ablichten, um so auf die Ähnlichkeiten zu seiner „Stoppt Strauß"

---

35 *Pakleppa*, a.a.O., S. 25.

36 *Pakleppa*, a.a.O., S. 74.

37 Siehe *Pakleppa*, a.a.O., S. 35. *Pakleppa* (a.a.O., S. 31) hob insbesondere eine Aussage Strauß' hervor, welche dieser an die Hilfsgemeinschaft auf Gegenseitigkeit (Hiag), eine Organisation ehemaliger Waffen-SS Angehöriger, getätigt hatte: „Wie ich persönlich über die Leistung an der Front eingesetzten Waffen-SS denke, wird Ihnen bekannt sein. Sie sind selbstverständlich in meine Hochachtung vor dem deutschen Soldaten des letzten Weltkriegs eingeschlossen." (Zit. nach *o. V.*, Der Spiegel 13/1964).

38 *BGH*St 25, 30 (32): „Eine Auslegung in dem Sinne, daß den Tatbestand nur ein solches Verwenden erfülle, das nach den Umständen als ein Bekenntnis zu den Zielen der ‚verbotenen Organisation' aufgefaßt werden kann, befriedigt ebenfalls nicht. ... Sie würde auch ein massives, sich ständig widerholendes und als Mittel des politischen Kampfes sich einbürgerndes Verwenden verbotener Kennzeichen durch solche politische Gruppen erlauben, die Gegner der verbotenen Organisation sind und die anderen politischen Gruppierungen eine (wirkliche oder angebliche) Übereinstimmung mit deren Zielen vorhalten wollen, und zwar mit der dann rechtlich möglichen Folge, daß in politisch unruhiger Zeit die Kennzeichen verbotener Parteien und Vereinigungen wieder zum politischen Alltagsbild gehören würden."

39 *OLG Frankfurt/M.*, NStZ 1982, 333.

Plakette hinzuweisen[40]. Dies ist dann auch vermutlich der Auslöser für die Logoänderung für den deutschen Markt gewesen. Dem Bericht des „Spiegel“ zu Folge drohten die Staatsanwaltschaften Bremen und Stade wegen eines möglichen Verstoßes gegen § 86a StGB mit der Beschlagnahme sämtlicher Alben von KI*SS*, sollten diese nicht aus dem Sortiment genommen werden. Die Ermittlungsverfahren gegen die Plattenfirma wurden jedoch wegen Geringfügigkeit eingestellt[41]. Hinzukommt, dass das Oberlandesgericht Frankfurt/M. in der soeben zitierten Entscheidung[42] feststellte, dass selbst „gute“ Absichten die Verwendung von Kennzeichen verfassungswidriger Organisationen nicht rechtfertigen würden, wie bereits in einer früheren Entscheidung der Bundesgerichtshofs[43], sodass dieser Umstand wohl ebenfalls die Logoänderung beeinflusst haben könnte.

Das neue Logo mit den zwei spiegelverkehrten „Z“, mit dem alle Cover der KI*SS*-Alben nunmehr versehen wurden, lösten das Problem mit § 86a StGB jedoch nicht völlig, da alte Alben bzw. Importe in Deutschland wie auch Merchandising-Artikel mit dem „internationalen“ Logo weiterhin erhältlich waren (und auch weiterhin sind). Dies führte dazu, dass Fans der Gruppe von der Polizei angehalten wurden und T-Shirts und Mützen mit dem aufgedruckten „internationalen“ Logo von den Beamten wegen der Verletzung von § 86a StGB beschlagnahmt wurden[44].

Inwieweit damals eine Strafbarkeit gemäß § 86a StGB angenommen werden konnte, kann an dieser Stelle dahingestellt bleiben. Denn im Zuge des Verbrechensbekämpfungsgesetzes von 1994 hatte der Gesetzgeber § 86a Abs. 2 um einen Satz 2 erweitert[45]. Die Ausweitung des Tatbestandes sollte solche Symbole erfassen,

---

40 *O.V.*, Der Spiegel 20/1980.

41 *Der Spiegel*, a.a.O.

42 *OLG Frankfurt/M.*, NStZ 1982, 333.

43 *BGH*St 25, 30 (33).

44 Siehe beispielsweise Eintrag eines Fans (*Kristin*) vom 25.07.2006, Kissnews.de (https://www.kissnews.de/ArchivNewsGermany/Juli2006.htm).

45 § 86a Abs. 2 StGB lautet nunmehr – Hervorhebung von hier: „Kennzeichen im Sinne des Absatzes 1 sind namentlich Fahnen, Abzeichen, Uniformstücke, Parolen und Grußformen. *Den in Satz 1 genannten Kennzeichen stehen solche gleich, die ihnen zum Verwechseln ähnlich sind.*“

> die nur geringfügig von den üblicherweise von den Originalkennzeichen durch die verfassungswidrigen Organisationen verwendeten Kennzeichen abweichen, zugleich aber nach ihrem Eindruck auf den verständigen Beobachter deutlich an jene Kennzeichen erinnern[46].

Anlass hierzu sah der Gesetzgeber wohl vor allem durch den sogenannten „Widerstandsgruß", fortan auch als „Kühnen-Gruß" bekannt, den der Anführer Michael Kühnen für seine rechte Organisation „Aktionsfront Nationaler Sozialisten / Nationale Aktivisten" (ANS/NA), die 1983 verboten wurde, wiederentdeckte. Der sogenannte Kühnen-Gruß entspringt einer von 1970 bis 1971 bestehenden rechtsradikalen Gruppierung, die sich „Aktion Widerstand"[47] nannte und gegen die Politik Willy Brandts und die neuen Ostverträge Stimmung machte[48]. Beim „Widerstands- bzw. Kühnen-Gruß" werden bei ausgestrecktem Arm und Hand der Daumen, Zeige- und Mittelfinger abgespreizt und die anderen Finger abgewinkelt. Die abgespreizten Finger sollen an den Buchstaben „W" für Widerstand erinnern[49]. Da der „Kühnen-Gruß" somit von einer nicht für verfassungswidrig erklärten Gruppierung übernommen worden war, ergaben sich erhebliche Schwierigkeiten bei der Strafbarkeitsbegründung[50]. Der Gesetzgeber erhoffte sich aufgrund der Ähnlichkeit zum im Volksmund bezeichneten „Hitler-Gruß", eigentlich „Deutscher Gruß", dadurch eine einfachere Handhabe bei der Klassifizierung solcher Handlungen als ähnliche Kennzeichen verfassungswidriger Organisationen[51].

---

46 Siehe den Gesetzentwurf des *Bundesrates*, BT-DrS 12/4825, S. 6; ähnlich der Gesetzentwurf der *Fraktionen der CDU/CSU und FDP*, BT-DrS 12/6853, S. 23.

47 Hierbei handelt es sich um eine rechte Sammelbewegung, die der NPD entsprungen ist. Diese formierte sich nach den Bundestagswahlen 1969, bei denen die NPD den „sicheren" Einzug in den Bundestag verpasste, woraufhin die NPD die Parole „Widerstand leisten" ausgab. Die Bewegung entwickelte sich jedoch zunehmend zu einer militanten, sogar terroristischen Gruppierung. Schließlich stellte die NPD die finanzielle Unterstützung der „Aktion Widerstand" 1971 ein. (*Kopke*, in: Livi / Schmid / Sturm [Hrsg.], Die 1970er Jahre als schwarzes Jahrzehnt, S. 249 ff.).

48 *Steinmetz*, NStZ 2002, 119; *o.V.*, Der Spiegel 52/1992; *Kopke*, a.a.O.

49 *Stegbauer*, JR 2002, 185; *Reuter*, Verbotene Symbole, S. 180; *Kopke*, a.a.O., S. 255.

50 *O.V.*, Der Spiegel 52/1992; Es wurde jedoch auch vertreten, dass es sich unproblematisch um die Verwendung eines Kennzeichens einer verfassungswidrigen Organisation handele, s. dazu *Bonefeld*, DRiZ 1993, 433; *Reuter*, a.a.O., S. 181.

51 Gesetzentwurf der *Fraktionen der CDU/CSU und FDP*, BT-DrS 12/6853, S. 23; *Stegbauer*, JR 2002, 185; *Bonefeld*, a.a.O.; siehe genauer zu der Strafbarkeit des „Deutschen Grußes" *Reuter*, a.a.O., S. 170 f.

Die Rechtsprechung war bis zu dieser Erweiterung des Anwendungsbereiches des § 86a StGB auf Kennzeichen, die dem Original zum Verwechseln ähnlich sahen, nicht ganz einheitlich gewesen und ist es eigentlich auch bis heute nicht[52].

Grundsätzlich gilt als Maßstab der unbefangene, nicht besonders sachkundige und nicht genau prüfende Betrachter, der das Zeichen für ein solches der Organisation halten kann und es den Symbolgehalt eines tatsächlichen Kennzeichens vermittelt[53]. Die blitzartigen Doppel-„S" weichen tatsächlich nur marginal von dem Kennzeichen der „Schutzstaffel" ab. Betrachtet man nun aber wieder das KISS-Logo als Ganzes, so fällt auf, dass für das Logo ein spezieller Schrifttypus, bezeichnet als „DIE NASTY", gewählt wurde. Diesen kann sich jeder auf seinem Computer installieren und verwenden. Es wäre wohl kaum im Sinne des § 86a StGB und der Intention des Gesetzgebers, würde man die Wahl eines Schrifttypus, bei dem ein Buchstabe zufällig Ähnlichkeit mit der Sigrune hat, verbieten. Besonders davon betroffen wären wohl griechische Restaurants. Dabei muss zugegeben werden, dass die „S" in diesen Namenszügen oft sehr der Sigrune „zum Verwechseln ähnlich sehen". Die Strafbarkeit ihrer Verwendung scheitert jedoch daran, dass es sich bei ihnen um keinerlei Kennzeichen handelt, da sie in den Schriftzug eingebettet sind und nicht für sich alleine stehen[54] – nichts anderes kann schlussendlich auch für das KISS-Logo gelten.

Sind die runenähnlichen „S" dagegen hervorgehoben, sollte dies jedoch durchaus strafrechtliche Beachtung finden[55]. Ein schönes Beispiel im Zusammenhang mit KISS ist hier der Auftritt der Band im Jahre 2013 in der Waldbühne als die Bühnenbeleuchtung aufgrund des ständigen Lichtwechsels die letzten beiden Buchstaben im internationalen Logo hervorhob[56].

Am Rande bemerkt – die Buchstabenfolge „SS" ist grundsätzlich nicht verboten. Fahrzeugkennzeichen mit dieser Buchstabenkombination werden von den KfZ-Zulassungsstellen gemäß § 8 Abs. 1 Satz 3 der Fahrzeug-Zulassungsverordnung dennoch nicht vergeben, da „die Zeichenkombination der Erkennungsnummer … nicht gegen die guten Sitten verstoßen" darf. Ebenfalls nicht verboten ist die Verwendung der Zahlen 88, 14, 18 und 28, selbst wenn diese Abkürzungen in

52 Vgl. Beispiele bei *v. Dewitz*, NS-Gedankengut und Strafrecht, S. 253; *Stegbauer*, JZ 2002, 1180.

53 *BGH*St 47, 354 (357); *Fischer*, StGB, § 86a Rn. 8a.

54 Siehe *OLG Hamm*, NStZ-RR 2004, 12 ff.; *Bartels / Kollorz*, NStZ 2002, 300.

55 *OLG Hamm*, a.a.O., S. 13; *Steinmetz*, NStZ 2004, 444.

56 Siehe die Abbildung auf https://kiloblogg.wordpress.com/tag/hack-mack-jackson/.

der rechtsextremistischen Szene weit verbreitet sind[57]. Aber auch Firmen scheuen sich, in ihrer Werbung oder im Logo bestimmte Kürzel zu verwenden.

Nach der neueren Rechtsprechung des Bundesgerichthofs bringt jedoch nun auch die isolierte Verwendung all derjenigen Runen, die als nationalsozialistisches Kennzeichen verwendet worden sind, Probleme mit sich. Dabei war lange Zeit anerkannt, dass bei diesen Runen, wie bei anderen weniger bekannten NS-Kennzeichen[58], eine tatbestandsmäßige Verwendung des jeweiligen Kennzeichens nur dann bejaht werden kann, „wenn dieses durch einen mit ihm verbundenen Hinweis oder durch die Umstände seines Gebrauchs in einen konkreten Bezug zu der verbotenen Organisation gestellt wird“[59].

Zudem könnten Kennzeichen nur solche Symbole sein, deren sich die Organisationen bereits bedient haben, um propagandistisch auf ihre Ziele hinzuweisen. Was wiederum zu dem Schluss führt, dass nur solche Symbole Kennzeichen ehemaliger nationalsozialistischer Organisationen sind, die zu der Zeit von den Nationalsozialisten in dieser bestimmten Form verwendet wurden[60].

Der Bundesgerichtshof entschied sich in der „Keltenkreuz“-Entscheidung jedoch ausdrücklich gegen eine solche Einschränkung und begründete dies mit dem weit gespannten Schutzzweck des § 86a StGB[61]:

> Dass das Kennzeichen auch unverfängliche Verwendung in anderem Zusammenhang findet und von der Organisation lediglich übernommen wurde, ist für den Kennzeichenbegriff nicht von Bedeutung. … Die Vorschrift richtet sich zunächst gegen eine Wiederbelebung verfassungswidriger Organisationen und der von ihnen verfolgten verfassungsfeindlichen Bestrebungen, auf die das Kennzeichen symbolhaft hinweist. Es soll bereits jeder Anschein vermieden werden, in der Bundesrepublik Deutschland gebe es eine rechtsstaatswidrige politische Entwicklung in dem Sinne, dass verfassungsfeindliche Bestrebungen in der durch das Kennzeichen symbolisierten Richtung geduldet würden.

Der Bekanntheitsgrad eines Kennzeichens und die damit verbundene propagandistische Wirkung sei für die verbotene Organisation dabei nicht entscheidend[62].

---

57 Die Zahlen stehen grundsätzlich für den entsprechenden Buchstaben im Alphabet: 18: „Adolf Hitler“; 28: „Blood & Honour“; 88: „Heil Hitler!“. Die Zahl 14 steht für 14 Worte: „Wir müssen das Leben unserer Rasse und eine Zukunft für unsere weißen Kinder sichern“; vgl. *Bartels / Kollorz*, NStZ 2002, 300; *Reuter*, Verbotene Symbole, S. 171.

58 *Reuter*, a.a.O., S. 123 ff.

59 *BGH*St 52, 364 (373) – Keltenkreuz.

60 *Bartels / Kollorz*, NStZ 2002, 300 mit weiteren Nachweisen.

61 *BGH*St 52, 364 (373) – Keltenkreuz; vgl. auch *BGH*St 47, 354 (358).

62 *BGH*St, a.a.O., S. 373 f. (zuvor schon *BVerfG [Kammer]*, NJW, 2006, 3050 ff.; *BGH*St 47, 354, [357 f.]): „Diese Auslegung entspricht dem Wortlaut des Gesetzes. Es enthält

Folgt man dieser Auffassung nun konsequent, so hat dies weitreichende Auswirkungen – selbst auf die Mode. Hersteller, wie auch Träger bestimmter Modeartikel würden mit einigen Modellen ihrer Kollektion immerhin den objektiven Tatbestand des § 86a StGB verwirklichen. Die Assoziation von Knöpfen mit einem Hakenkreuz, die die Esprit-Gruppe in ihrer Kollektion verwendete, veranlasste den Konzern dazu, alle Kataloge zurückzuziehen, nachdem die Staatsanwaltschaft Düsseldorf die Einleitung eines Ermittlungsverfahrens ankündigte[63]. Aber auch die spanische Modekette „Zara" musste ihre Handtaschen vom Markt nehmen, da sich zwischen bedruckten Blümchen auch ein Hakenkreuz befand. Die Modekette rechtfertige diese „Fehlproduktion" damit, dass die Handtaschen in Indien produziert würden, wo das Hakenkreuz eine „andere, religiöse Konnotation" innehabe[64].

Aber kommen wir zurück zu KISS:

Sollten die bisherigen Ausführungen und die angeführten Argumente für eine Ablehnung der Erfüllung schon des objektiven Tatbestandes des § 86a StGB bisher nicht überzeugen, so gilt es schließlich noch einen Blick auf § 86a Abs. 3 StGB zu werfen, welcher wiederum auf § 86 Abs. 3 StGB verweist. § 86 Abs. 3 StGB enthält eine sogenannte Sozialadäquanzformel, welche einen Tatbestandsausschluss begründet. Diese soll eine Absicherung gegen eine ausufernde Anwendung der Vorschrift darstellen[65]. Als sozialadäquat gelten

---

weder in der Definition des Begriffs Kennzeichen (§ 86a Abs. 2 Satz 1 StGB) noch in der Auflistung der verfassungswidrigen Organisationen (§ 86a Abs.1 Nr.1 i.V.m. § 86 Abs. 1 Nr.1, 2 und 4 StGB) Anhaltspunkte für eine Beschränkung des Tatbestands auf Kennzeichen und Organisationen, denen eine gewisse Bekanntheit zukommt." So auch *Reuter*, Verbotene Symbole, S. 179; a.A. zuvor *BGH*, NStZ 1996, 81: „Dabei ist auch in den Blick zu nehmen, daß das Keltenkreuz nur kurze Zeit von einer unbedeutsamen Vereinigung genutzt wurde, die dem Großteil der Bevölkerung nicht oder nicht mehr bekannt ist. Anders als dies etwa bei den geläufigen Kennzeichen der NS-Herrschaft der Fall ist, wurde hierdurch die Bedeutung dieses hervorgebrachten Symbols nicht so nachhaltig geprägt, daß es noch heute auch in verfremdeter Form als Kennzeichen dieser Organisation verstanden würde."

63 Siehe die Meldung auf *Stern.de* vom 19.10.2006 (https://www.stern.de/lifestyle/mode/esprit-knoepfe-mit-hakenkreuz-muster-3325086.html).

64 Siehe *Javier Cacéres*, Anstößiges Accessoire, SZ.de vom 22.05.2010 (http://www.sueddeutsche.de/leben/tasche-mit-hakenkreuz-anstoessiges-accessoire-1.795379#redirectedFromLandingpage); zur Bedeutung in anderen Kulturkreisen s. bspw. *OLG Celle*, JR 1981, 381 (382).

65 *Laufhütte / Kuschel* in Leipziger Kommentar, StGB, § 86a Rn. 26.

> Handlungen, die zwar äußerlich den Tatbestand erfüllen, jedoch sozial üblich oder nützlich sind und eine „historisch überlieferte und sozial-ethisch allseits gebilligte Volksgepflogenheit" darstellen[66].

Solch einen legitimen Zweck erfüllt nach § 86 Abs. 3 StGB die Kunst. Aufgrund der zum Teil schwierigen Begriffsbestimmung der Kunst handelt es sich dabei jedoch stets um eine Einzelfallentscheidung[67]. Dabei gilt es das Grundrecht Kunstfreiheit gegen den Verfassungswert des Schutzes des demokratischen Rechtsstaates vor einer Wiederbelebung verfassungswidriger Organisationen im Wege der Praktischen Konkordanz abzuwägen[68].

Vorangestellt muss also die Frage lauten, ob Plattencover unter den Kunstbegriff zu fassen sind. Dies kann ohne weitere Auslegung der verschiedenen Kunstbegriffe zweifelsfrei bejaht werden[69]. Fraglich bleibt jedoch, ob als Kunst auch ein einfacher Schriftzug, wie es bei KISS der Fall ist, gewertet werden kann.

Der Bundesgerichtshof in Zivilsachen traf dazu folgende Feststellungen[70]:

> … auch Schriften [könne eine] Kunstwerkeigenschaft zukommen. Aber nicht jedes eigentümlich und zweckmäßig gestaltete Schriftbild [sei] ein Kunstwerk. Es [müsse] vielmehr darüber hinaus einen besonderen Gefühlswert, entstanden aus der Darstellung eines eigenständigen künstlerischen Formgedankens, vermitteln.

Zweifelsfrei liegt dem KISS-Logo auch diese besondere Gefühlswelt zugrunde. Eine andere Schrift würde wohl kaum denselben Effekt haben.

Das Logo muss darüber hinaus jedoch auch „der Kunst dienen", anderenfalls könnten sich Gruppen mit verfassungsfeindlichen Tendenzen bei der Gestaltung ihrer Plattencover stets auf die Eigenschaft eines Kunstwerkes berufen. Deswegen muss an dieser Stelle differenziert werden[71]:

> Straflosigkeit tritt nicht bereits dann ein, wenn das Propagandamittel künstlerisch gestaltet wurde. Anderenfalls liefe die Norm bei Verwendung verfassungsfeindlicher Plakate oder Darstellungen zumeist leer. Vielmehr wird es im Rahmen einer Gesamtabwägung darauf ankommen, ob der künstlerische Aspekt ... oder der werbende Zweck für verfassungsfeindliche Tendenzen im Vordergrund steht.

---

66 *Paeffgen* in Nomos-Kommentar, StGB, § 86a Rn. 38.

67 *Laufhütte / Kuschel* in Leipziger Kommentar, StGB, § 86a Rn. 27; *Güntge* in Satzger / Schluckebier / Widmaier, Gesamtes Strafrecht, § 86 StGB Rn. 20.

68 *Güntge*, a.a.O.

69 Siehe die einzelnen Kunstbegriffe: *v. d. Decken* in Schmidt-Bleibtreu / Hofmann / Henneke, Grundgesetz, Art. 5 Rn. 41.

70 *BGHZ* 22, 209 (216).

71 *Güntge* in Satzger/Schluckebier/Widmaier, Gesamtes Strafrecht, § 86 StGB Rn. 20.

Wie bereits zuvor ausgeführt, lässt sich weder den Motiven der Albumcover von KISS noch den Liedern und Texten ein Bezug zur SS oder zur NSDAP entnehmen. Ein werbender Zweck für verfassungsfeindliche Tendenzen lässt sich keinesfalls erkennen. Zudem kann angenommen werden, dass Anhänger rechten Gedankengutes im Rahmen ihrer Ideologie sich wohl kaum mit einer Musikgruppe identifizieren würden, deren Bandmitglieder sich schminken und Plateauschuhe tragen[72].

Der Schriftzug und damit das Logo der Rockgruppe KISS ist demnach nicht nur ein Kunstwerk, sondern auch eines, das „der Kunst … dient" (§ 86a Abs. 3 in Verbindung mit § 86 Abs. 3 StGB). Nach herrschender Meinung ist damit schon der Tatbestand des § 86a Abs. 1 StGB ausgeschlossen[73]. Davon umfasst sind auch Merchandising-Produkte, die zwar streng genommen nicht selbst der Kunst dienen, aber das darauf abgedruckte Logo dafür umso mehr. So formulierte das Bundesverfassungsgericht[74]:

> Die Werbung ist zwar kein Medium, welches das Kunstwerk selber oder seinen Inhalt transportiert. Sie bildet aber ein Kommunikationsmittel, das ebenfalls zum Wirkbereich künstlerischen Schaffens gehört; denn die Kunst ist wie die Schutzgüter der anderen „Kommunikationsgrundrechte" öffentlichkeitsbezogen und daher auf öffentliche Wahrnehmung angewiesen. Aus diesem Grund fällt auch die Werbung für ein Kunstwerk unter den Schutz dieses Grundrechts. Ferner genießen diesen Schutz ebenfalls Hersteller und Vertreiber von Tonträgern[75].

Abschließend kann damit festgestellt werden, dass die Verunstaltung des KISS-Logos überhaupt nicht notwendig gewesen ist.

Literatur:

Bartels, Barbara / Kollorz, Wulf, Rudolf Heß – Kennzeichen einer verfassungswidrigen Organisation? – Zur Reformbedürftigkeit des § 86a StGB, Neue Zeitschrift für Strafrecht 2002, S. 297 ff.

Bonefeld, Michael, Hakenkreuz und „Hitler-Gruß", Deutsche Richterzeitung 1993, S. 430 ff.

Criss, Lydia, Sealed with a Kiss, 1998.

Criss, Peter, Ungeschminkt, Die offizielle Autobiographie, dt. 2013.

---

72 Zur ähnlichen Argumentation des BGH in einem ähnlichen Fall siehe *BGH*St 25, 128 (131); siehe auch *Reuter*, Verbotene Symbole, S. 250.

73 Vgl. *Reuter*, a.a.O., S. 249.

74 *BVerfG*E 77, 240 (251) – Herrnburger Bericht.; ähnlich *BVerfG*E 82, 1 (6) – Hitler-T-Shirt.

75 *BVerfG*E 36, 321 (331) – Schallplatten.

DEWITZ, CLIVIA V., NS-Gedankengut und Strafrecht. Die §§ 86, 86a und § 130 StGB zwischen der Abwehr neonazistischer Gefahren und symbolischem Strafrecht, 2004.

FISCHER, THOMAS, Strafgesetzbuch – Kommentar. 66. Auflage 2019.

FREHLEY, ACE (PAUL), Keine Kompromisse, dt. 2012.

FUNK, ALBERT, Wie ein wilder Stier, Tagesspiegel.de vom 01.08.2013, (http://www.tagesspiegel.de/themen/bundestagswahl-historie/serie-bundestags-wahlen-1980-wie-ein-wilder-stier/8582662.html).

KOPKE, CHRISTOPH, Die Aktion Widerstand 1970/71: Die „nationale Opposition“ zwischen Sammlung und Zersplitterung, in: M. Livi / D. Schmidt / M. Sturm (Hrsg.), Die 1970er Jahre als schwarzes Jahrzehnt. Politisierung und Mobilisierung zwischen christlicher Demokratie und extremer Rechter, 2010.

LEIPZIGER KOMMENTAR zum Strafgesetzbuch. 12. Auflage 2006 ff.

NOMOS-KOMMENTAR zum Strafgesetzbuch. 4. Auflage 2013.

O.V., Waffen-SS. Eine helle Freude, Der Spiegel 13/1964.

O.V., Sieg Helau, Der Spiegel 20/1980.

O.V., Leidvolle Erfahrung, Der Spiegel 26/1980.

O.V., Das Kreuz mit den Haken, Der Spiegel 52/1992.

PAKLEPPA, ULRICH, Majestätsbeleidigung, 1984.

REUTER, DIRK, Verbotene Symbole. Eine strafrechtsdogmatische Untersuchung zum Verbot von Kennzeichen verfassungswidriger Organisationen in § 86a StGB, 2005.

SATZGER, HELMUT / SCHLUCKEBIER, WILHELM / WIDMAIER, GUNTER, Strafgesetzbuch – Kommentar. 4. Auflage 2019.

SCHMIDT-BLEIBTREU, BRUNO / HOFMANN, HANS / HENNECKE, HANS GÜNTER, Grundgesetz – Kommentar. 14. Auflage 2018.

STEGBAUER, ANDREAS, Anmerkung zu BGH, Beschluss vom 31.07.2002 – 3 StR 495/01, Juristenzeitung 2002, S. 1180.

DERS., Rechtsextremistische Propaganda und das Kennzeichenverbot des § 86a StGB, Juristische Rundschau 2002, S. 182 ff.

STEINMETZ, JAN, „Ruhm und Ehre der Waffen-SS” – Verwechselbares Kennzeichen i.S. des § 86a II 2 StGB?, Neue Zeitschrift für Strafrecht 2002, S. 118 ff.

DERS., Anmerkung zu OLG Hamm, Urteil vom 08.10.2003 – 2 Ss 407/03, Neue Zeitschrift für Strafrecht 2004, S. 444 f.

VÖLKLEIN, ULRICH, „Stoppt Strauß“ in Schulen und Betrieben. Der Krieg mit den Knöpfen. Ärger um die politische Meinungsfreiheit, Die Zeit 31/1980.

WEIGEL, KARL THEODOR, Germanisches Glaubensgut in Runen und Sinnbildern, 1939.

Lisa Weyhrich

Pussy Riot – Die Moskauer Furien*

Das künstlerische Schaffen kann danach streben zu gefallen, zugleich dazu instrumentiert werden, durch Provokation breite Aufmerksamkeit zu erhaschen. Kunst, die nicht jedermann gefällt, braucht den Raum, namentlich die Freiheit, sich Gehör zu verschaffen. Denn frei nach Montesquieu sollte man in seinem Schaffen „Zustimmung suchen, aber niemals Beifall". Ein guter Politiker zeichnet sich, wie auch der gute Künstler, dadurch aus, dass dieser den Mut aufbringt, die aufkeimende Unbeliebtheit hinzunehmen und dadurch letztlich ein (Um-)Denken der Menschen zu erreichen.

Kaum eine Form der Kritik erweist sich als geeigneter, heftige Kontroversen hervorzurufen als die an Religion oder Staaten und deren Repräsentanten. So führte 2012 der amerikanische Low-Budget-Film „Innocence of Muslims", der das Leben und Wirken des islamischen Propheten Mohammed in verspottender und abwertender Weise darstellt, zu mehreren gewalttätigen Demonstrationen in einer Vielzahl von arabischen Ländern und zu Anschlägen auf Botschaften und Konsulate der Vereinigten Staaten, bei denen mindestens dreißig Menschen getötet wurden[1]. Für großes Aufsehen und mehrere Gerichtverfahren sorgte auch ein Auftritt eines deutschen satirischen Künstlers, Jan Böhmermann, der in seinem Fernsehmagazin „Neo Magazin Royale" 2016 mit einem „Schmähgedicht" den türkischen Präsidenten mit wüsten obszönen Reimen belegte[2].

---

* Bei dem Beitrag handelt es sich um die mit Fußnoten versehene Fassung eines Vortrages, den die Autorin für ein Symposium am 10. August 2019 im Rahmen des Taubertalfestivals in Rothenburg ob der Tauber verfasst hat. Ein großer Dank sei Katja Scheffler für die Unterstützung bei der Übersetzung einiger Texte vom Russischen ins Deutsche ausgesprochen.

1 Vgl. zum Inhalt des online verfügbaren Filmausschnittes und zu den Anschlägen in den Vereinigten Staaten *o. V.*, Welt.de vom 12.09.2012; näher *Hörnle*, NJW 2012, 3415 ff.

2 Siehe dazu *Fahl*, NStZ 2016, 313 ff.; *Brauneck*, ZUM 2016, 710 ff.; *Ignor*, Tagesspiegel.de vom 20.04.2016; *Faßbender*, NJW 2019, 705 ff. Siehe dazu auch *Zielińska*, Grenzen der zulässigen Satire zur verbotenen Schmähkritik – damals und heute; *Scheffler*, Böhmermanns Gedichtzeilen über Erdoğan – mal ganz anders betrachtet (diese beiden Beiträge werden in einem gesonderten Band über Kunst und Strafrecht erscheinen).

https://doi.org/10.1515/9783110731729-006

I. Auftritt in der Christ-Erlöser-Kirche

Die selbsternannte feministische Punkband „Pussy Riot“ wurde 2011 in Moskau gegründet und ist seitdem auch überwiegend in Russland aktiv. Die Bandmitglieder sind ausschließlich weiblich, die Anzahl der Mitglieder variiert bei jedem Auftritt. Im Mittelpunkt der provokanten Auftritte liegt die Kritik an der Russisch-Orthodoxen Kirche und der politischen Lage in Russland. Das Markenzeichen sind die über den Kopf gezogenen bunten Strumpfmasken und die kostenfreien, stets illegalen Spontanauftritte an öffentlich zugänglichen Orten.

Einer ihrer Auftritte sorgte dabei weltweit für ein mediales Aufsehen. Zuvor war die Band nur Gleichgesinnten, das heißt politisch Aktiven, bekannt. Drei der Mitglieder, namentlich Marija Wladimirowna Aljochina, Nadeschda Andrejewna Tolokonnikowa sowie Jekaterina Stanislawowna Samuzewitsch, führten am 22. Februar 2012 in der Christ-Erlöser-Kathedrale in Moskau ein einundvierzig Sekunden dauerndes „Punkgebet“[3] auf. Für den Auftritt begaben sich die Frauen auf die erhöhte Kanzel, den sogenannten Ambo[4], der Kathedrale, welcher ohne ausdrückliche Erlaubnis nicht betreten werden darf. Von dort aus erfolgte ihr Auftritt, der weniger einem Gebet als einem Tanz glich. Der Performance lag folgender Text zugrunde[5]:

> Mutter Gottes, Jungfrau,
> verjage Putin, verjage Putin, verjage Putin.
> Schwarze Kutte, goldene Epauletten.
> Alle Gemeindemitglieder kriechen zur Verbeugung.
> Das Phantom der Freiheit ist im Himmel.
> Homosexuelle werden in Ketten nach Sibirien geschickt.
> Der KGB-Chef, ihr oberster Heiliger.

---

3 Präziser wäre die Übersetzung als (Punk-)A n d a c h t, denn der von Pussy Riot gewählte Titel („moleben“ [молебен]) entspricht eher der Andacht oder dem Bittgottesdienst). Das Gebet wird im Russischen hingegen als „molítwa“ (молитва) bezeichnet. Aufgrund des Umstandes, dass die Aktion jedoch unter der Bezeichnung „Punkgebet“ in die mediale Aufmerksamkeit gelangte, wird diese Bezeichnung im Folgenden beibehalten.

4 Siehe *Wikipedia*, Stichwort: Ambo: „Die Verwendung eines gesonderten Ortes für die Verlesung der Heiligen Schriften soll [in der Katholischen Kirche] die hohe Bedeutung des Wortes Gottes für die christliche Gemeinde unterstreichen. Hier wird das Evangelium verkündet. Auch der Antwortpsalm und das Osterlob (Exsultet) werden am Ambo vorgetragen. Während für die Priester und die Diakone der Ambo der gewöhnliche Ort für die Predigt (Homilie) ist, haben die Bischöfe die Wahl zwischen der Kathedra und dem Ambo.“

5 Zit. nach *Tagesspiegel.de* vom 17.08.2012 (https://www.tagesspiegel.de/politik/dokumentiert-das-punk-gebet-von-pussy-riot/7013446.html).

Er wirft die Demonstranten in Scharen ins Gefängnis.
Um den Höchsten nicht zu beleidigen, müssen Frauen gebären und lieben.
Scheiße, Scheiße, Gottesscheiße.
Scheiße, Scheiße, Gottesscheiße.

Mutter Gottes, Jungfrau,
werde Feministin, werde Feministin, werde Feministin.
Kirchlicher Lobgesang an die verfaulten Führer.
Der Kreuzzug der schwarzen Limousinen.

In die Schule kommt zu dir der Prediger.
Geh zum Unterricht – bring ihm Geld!
Der Patriarch Gundjajew [weltlicher Name von Patriarch Kyrill] glaubt an Putin.
Besser sollte er, der Hund, an Gott glauben.
Der Gürtel der seligen Jungfrau ersetzt keine Demonstrationen.
Bei den Protesten ist die Jungfrau Maria mit uns!
Mutter Gottes, Jungfrau, verjage Putin, verjage Putin, verjage Putin.

Diese Performance wurde auf der Internetplattform YouTube, erweitert um Aufnahmen aus einer anderen Kirche und mit einer akustisch verbesserten Tonspur, hochgeladen[6]. Die Protestaktion erfolgte in bandtypischer Bekleidung mit bunten Strümpfen, die über den Kopf gezogen wurden. Das Punkgebet adressierte mit seiner beinhalteten Kritik zum einen Wladimir Putin, der sich damals in der Wahlkampfphase befand, sowie den Putin-Unterstützer Kyrill I., seit 2009 Patriarch der Russisch-Orthodoxen Kirche[7]. Dies war sicherlich ein Umstand, der zur Wahl des umstrittenen Auftrittsortes führte.

II. Juristische Folgen

Infolge der Aktion wurden die drei Pussy-Riot-Aktivistinnen in Untersuchungshaft genommen und anschließend, im August 2018, zu zwei Jahren Straflager wegen grober Verletzung der öffentlichen Ordnung (Rowdytum) nach Art. 213 des russischen Strafgesetzbuchs verurteilt.

Im Gegensatz zu den erfolglosen Berufungsverfahren von Aljochina und Tolokonnikowa wurde Samuzewitschs Haftstrafe vom Moskauer Strafgericht am 10. Oktober 2012 in eine zweijährige Bewährungsstrafe umgewandelt, da diese vor der Aufführung des „Punkgebets" von den Sicherheitskräften aus der Kirche entfernt worden sei und damit nicht an den als Rowdytum qualifizierten Handlungen teilgenommen habe.

---

6 Anzusehen auf YouTube unter dem Titel „Pussy Riot gig at Christ the Savior Cathedral (original video)" unter https://www.youtube.com/watch?v=grEBLskpDWQ.

7 *Laarz*, Die Zeit 34/2012.

Die der Verurteilung zugrunde liegende Norm des Art. 213 des russischen Strafgesetzbuches hat den folgenden Wortlaut[8]:

> Art. 213 russ. StGB (Rowdytum) (Auszug):
>
> „1. Rowdytum ist eine grobe Verletzung der öffentlichen Ordnung. Rowdytum äußert eine Respektlosigkeit gegenüber der Gesellschaft. Rowdytum wird begangen:
> a) durch Verwendung von Waffen oder Gegenständen, die als Waffen verwendet werden können;
> b) aus Gründen des politischen, ideologischen, rassischen, nationalen, religiösen Hasses oder Feindschaft; oder aus Gründen des Hasses oder Feindschaft gegenüber jeder sozialen Gruppe,
> wird bestraft mit einer Strafe von 300.000 bis 500.000 Rubel[9], oder mit einer Strafe in der Höhe des Gehalts oder in Höhe des sonstigen Einkommens des Angeklagten im Laufe von 2 bis 3 Jahren oder mit obligatorischer Arbeit[10] für den Zeitraum von 480 Stunden oder mit Besserungsarbeit für den Zeitraum von einem Jahr bis zu 2 Jahren oder mit Zwangsarbeit für den Zeitraum von 5 Jahren oder mit Freiheitsentzug für den gleichen Zeitraum."

Im vorliegenden Fall ist Art. 213 Nr. 1 lit. b das Rowdytums aus politischem oder religiösem Hass einschlägig.

III. Deutsche Rechtslage

Ein Äquivalent zu Art. 213 russ. StGB sucht man im deutschen Strafgesetzbuch vergeblich, man wird jedoch im Strafgesetzbuch der DDR fündig, das die Strafbarkeit wegen Rowdytums ebenfalls vorsah[11]:

---

8 Übersetzung vom Russischen ins Deutsche durch *Katja Scheffler*.

9 Ein Euro entspricht zurzeit etwa 80 Rubel, d.h. der Strafrahmen reicht (ausgehend vom aktuellen Umrechnungskurs) etwa von 3.700 bis 6.200 Euro.

10 Die obligatorische Arbeit (Pflichtarbeit) entspricht der gemeinnützigen Arbeit im deutschen Jugendstrafrecht. Im Gegenzug zum deutschen Strafrecht kennt das russische Strafvollzugsystem eine größere Vielfalt an Sanktionen, die in § 44 des russ. StGB aufgelistet sind. Danach unterscheidet das russische Recht Geldstrafen – Entzug des Rechts zur Ausübung bestimmter Ämter oder zur Ausübung einer bestimmten Tätigkeit – Entzug einer Dienstklasse, eines militärischen Grads oder eines Ehrentitels, eines Dienstrangs und staatlicher Auszeichnungen – Pflichtarbeit – Besserungsarbeit – Militärdienstbeschränkung – Freiheitsbeschränkung – Zwangsarbeit – Arrest – Haft in einer militärischen Disziplinareinheit – Freiheitsentzug für eine bestimmte Dauer – lebenslangem Freiheitsentzug und Todesstrafe. Eine englische Übersetzung des russ. StGB ist im Internet zu finden unter http://www.russian-criminal-code.com/PartI/SectionIII/Chapter9.html.

11 Strafgesetzbuch der Deutschen Demokratischen Republik vom 12.01.1968 in der Fassung des Gesetzes vom 19.12.1974 zur Änderung des Strafgesetzbuches, des Anpassungsgesetzes und des Gesetzes zur Bekämpfung von Ordnungswidrigkeiten (GBl. I Nr. 64, S. 591).

§ 215 Abs. 1 StGB-DDR (Rowdytum):

„Wer sich an einer Gruppe beteiligt, die aus Mißachtung der öffentlichen Ordnung oder der Regeln des sozialistischen Gemeinschaftslebens Gewalttätigkeiten, Drohungen oder grobe Belästigungen gegenüber Personen oder böswillige Beschädigungen von Sachen oder Einrichtungen begeht, wird mit Freiheitsstrafe bis zu fünf Jahren oder mit Haftstrafe bestraft".

Die systematische Verortung des Rowdytums erfolgte in der DDR im Abschnitt „Straftaten gegen die staatliche und öffentliche Ordnung" und im russischen Recht im Abschnitt „Straftaten der gegen öffentliche Sicherheit". Auch der Wortlaut weist große Parallelen auf. Der Schutzbereich des Art. 213 des russischen StGB ist jedoch weiter gefasst und umfasst auch Sachbeschädigungen.

Im (bundes-)deutschen Recht findet sich in § 130 StGB, der die sogenannte Volksverhetzung unter Strafe stellt, ein ähnlich gelagerter Schutzgehalt. Die Norm steht zwar im Siebenten Abschnitt „Straftaten gegen die öffentliche Ordnung" des Besonderen Teil des Strafgesetzbuches; das geschützte Rechtsgut ist jedoch der Öffentliche Frieden.

Die Aktion ließe sich damit – unter der Hypothese, dass deutsches Strafrecht anwendbar wäre – unter verschiedene Straftatbestände subsumieren, unter anderen unter den des § 130 StGB.

Der folgenden Beitrag beschränkt sich auf die Volksverhetzung gemäß § 130 StGB, die „Gotteslästerung", genauer die „Kirchenbeschimpfung" nach § 166 StGB und die Störung der Religionsausübung gemäß § 167 StGB[12].

1. Störung des Öffentlichen Friedens, § 130 Abs. 1 StGB

Durch die Wahl des kontroversen Auftrittsortes einer Russisch-Orthodoxen Kirche und den religiösen Kontext des Punkgebetes ist eine Strafbarkeit aus § 130 StGB wegen der Störung des Öffentlichen Friedens in Betracht zu ziehen. Nach § 130 StGB wird mit Freiheitsstrafe bis zu fünf Jahren bestraft, wer unter anderem gegen eine religiöse Gruppe zum Hass aufstachelt oder zu Gewalt- oder Willkürmaßnahmen auffordert. Die Störung des öffentlichen Friedens muss entsprechend der amtlichen Überschrift des § 130 StGB (Volksverhetzung) jedoch dazu geeignet sein, den Zustand allgemeiner Rechtssicherheit und des befriedeten Zusammenlebens der Bürger sowie das Bewusstsein der Bevölkerung, in Ruhe und Frieden zu leben, zu stören[13]. Da sich in Russland 75% der russischen

12 Außer Acht gelassen werden auch Ordnungswidrigkeitstatbestände wie § 118 OWiG (Belästigung der Allgemeinheit).

13 Vgl. *BGH*, NStZ 2015, 512; *Schäfer* in Münchener Kommentar, StGB, § 130 Rn. 22.

Bevölkerung zum russisch-orthodoxen Glauben bekennen[14], ist von einer zahlenmäßigen Personenmehrheit von einiger Erheblichkeit auszugehen, die sich durch die Aktion in ihrer Rechtssicherheit beeinträchtigt fühlen könnte. Der Auftritt könnte damit abstrakt durchaus zu einer allgemeinen Verunsicherung geführt haben.

Zunächst einmal müssten die Aktivistinnen durch die Wahl ihres Auftrittsortes und/oder den inhaltlichen Kontext ihres Punktgebetes gegen Anhänger der Russisch-Orthodoxen Kirche, gerade aufgrund deren Religionszugehörigkeit, zu Hass, Gewalt- oder Willkürmaßnahmen gegen eben diese aufgefordert haben[15].

Die Bezugnahme auf Maria als „Mutter Gottes, Jungfrau", die Putin verjagen solle, könnte als Adressierung an die Anhänger der Russisch-Orthodoxen Kirche, die Maria als Gottesgebärerin heiligen[16], verstanden werden. Dazu müsste der Passus aber zusätzlich als ein Aufstacheln zum Hass zu werten sein. Dieses definiert sich als ein Verhalten, das auf die Gefühle oder den Intellekt[17] eines anderen einwirkt und objektiv geeignet sowie subjektiv bestimmt ist, eine emotional gesteigerte, über die bloße Ablehnung oder Verachtung hinausgehende, feindselige Haltung gegen den betreffenden Bevölkerungsteil zu erzeugen oder zu verstärken[18]. Es fehlt der Liedzeile aber gerade an einer Bezugnahme auf eine bestimmte Gruppe, selbst wenn man darin einen Bezug zu den Anhängern der Russisch-Orthodoxen Kirche sehen mag. Es mangelt jedenfalls an einer Sprache, die emotional eingefärbt ist und eine feindseligen Haltung zum Ausdruck bringt. Daher ist diese Zeile im Kontext der damals bevorstehenden Wahlen allenfalls als Anti-Propaganda zu Putin, dessen Wiederwahl zum Präsidenten bevorstand, zu werten, nicht hingegen als Aufstachelung gegen die christlichen Kirchenmitglieder im Sinne einer Volksverhetzung.

---

14 *Hartwich*, Bpb.de vom 03.02.2011.

15 *Sternberg-Lieben / Schittenhelm* in Schönke / Schröder, StGB, § 130 Rn. 10.

16 So wird die Geburt der Jungfrau Maria in der Römisch-Katholischen Kirche, den orthodoxen Kirchen und der Anglikanischen Kirche jährlich am 8. September gefeiert (*Ökumenisches Heiligenlexikon*, Stichwort: Maria – Mariä Geburt, bearb. von *Joachim Schäfer* [https://www.heiligenlexikon.de/BiographienM/Maria-Geburt.html]).
Die Geburt Marias wird daher auch auf zahlreichen Fresken dargestellt, so z.B. auf einem Fresko von Domenico Ghirlandaio (* 1448; † 1494), das in der Basilika Santa Maria Novella in Florenz besichtigt werden kann. In Deutschland ist eine um das Jahr 1520 in Augsburg entstandene Skulptur, welche die Geburt Marias darstellt, im Berliner Bode-Museum zu sehen.

17 Vgl. auch *BGHSt* 21, 371 (372); *Kühl* in Lackner / Kühl, StGB, § 130 Rn. 4.

18 *Schäfer* in Münchener Kommentar, StGB, § 130 Rn. 40.

Der provokanten Klimax „Scheiße, Scheiße, Gottesscheiße" mag zwar ein beschimpfender Charakter innewohnen, doch begründet eine beschimpfende Äußerung im Zusammenhang mit der Religion isoliert betrachtet keine Strafbarkeit wegen Volksverhetzung. Zwar kann die Äußerung als umfassende Kirchenkritik gesehen werden, die Wahl des sprachlichen Mittels der provokanten Zuspitzung dient jedoch funktional dazu, gerade durch die drastische Ausdrucksweise aufzurütteln. Der Vers als solcher ist nur im Kontext des gesamten Punkgebetes einer Konkretisierung und Interpretation zugänglich.

Eine deutlichere Bezugnahme auf die Kirchenmitglieder ist hingegen in dem Passus „Alle Gemeindemitglieder kriechen zur Verbeugung" zu sehen. Darin ist sicherlich eine Bezugnahme auf die autoritären Verhältnisse in Kirche und Staat zu sehen, dies wird durch das starke Verb „kriechen", das eine gewisse Unterwürfigkeit zum Ausdruck bringt[19], verstärkt. Die Gläubigen selbst könnten damit insoweit im Fokus stehen, dass ihnen eine naive Frömmigkeit unterstellt wird. Dem wohnt zwar eine Verachtung oder ablehnende Haltung gegenüber der Frömmigkeit einiger orthodoxer Christen inne, jedoch keine darüber hinausreichende Feindseligkeit, die geeignet wäre, den Öffentlichen Frieden nachhaltig zu stören.

Insoweit kann im Ergebnis dem Punkgebet Pussy Riots zumindest nach deutschem Recht kein volkverhetzendes Gedankengut entnommen werden[20].

2. Beschimpfung von Bekenntnissen, Religionsgesellschaften und Weltanschauungsvereinigungen, § 166 StGB

Der Auftrittsort und der inhaltliche Kontext zur Religion könnten hingegen eine Strafbarkeit aus § 166 StGB, dem früher so genannten Gotteslästerungsparaphen, folgen. § 166 StGB schützt nicht bloße subjektiven Empfindungen, sodass

---

19 Vor allem, wenn man sich bei der deutschen Übersetzung, die möglichst bedeutungsähnlich übersetzt wurde, vor Augen führt, dass die althochdeutsche Bezeichnung „*kriochan*" (sich) drehen oder (sich) winden bedeutete. Die Gläubigen winden sich unter dem Einfluss von Kirche und Staat und drehen ihr Leben einer staatlich und kirchlich gewünschten Lebensweise zu.

20 Insbesondere, wenn man die Historie des § 130 StGB blickt. Dieser wurde maßgeblich geschaffen zur verstärkten Bekämpfung von Rassismus und Fremdenfeindlichkeit, vgl. *Schäfer* in Münchener Kommentar, StGB, § 130 Rn. 18. In Russland mögen sicherlich auch linksgerichtete Parolen politisch unerwünscht zu sein, sodass nach russischem Recht auch eine andere rechtliche Einordnung möglich erscheint.

die Verletzung religiöser Gefühle vom Schutzgehalt des § 166 StGB nicht umfasst ist[21]. Vielmehr stellt, wie bei § 130 Abs. 1 StGB, der Öffentliche Frieden das möglicherweise tangierte Schutzgut dar[22]. Dieser könnte abstrakt gefährdet worden sein durch ein Beschimpfen von Bekenntnissen und des Christentums als Religionsgesellschaft. Die ständige Rechtsprechung definiert eine Beschimpfung im Allgemeinen als eine „durch ihre Form oder durch ihren Inhalt besonders verletzende, rohe Äußerung der Missachtung"[23]. Eine Beschimpfung von Bekenntnissen setzt ein besonders rohes Verächtlichmachen von religiösen Gruppierungen und deren Bekenntnissen voraus, das über eine bloße Religionskritik hinausreicht[24]. Mögliche Anhaltspunkte für eine solche Beschimpfung könnten zum einen die Wahl des Ortes und die Form der Performance in Ausgestaltung eines Gebetes sein. Zudem nimmt Pussy Riot inhaltlich Bezug auf die Religion.

Der im Rahmen der Volksverhetzung bereits angesprochene Klimax „Scheiße, Scheiße, Gottesscheiße" erlangt spezifisch im Kontext der Religion die mögliche Auslegung als Hinweis auf die im Christentum geltende Trinitätslehre. Setzt man aber entsprechend „Vater, Sohn und Heiliger Geist" ein, bedarf es bereits einer umfassenden Fantasie, welcher der Akteure unter die entsprechende Rolle zu subsumieren ist. Die Rolle des Vaters könnte möglicherweise Putin als Vater der russischen Nation gerecht werden. Kyrill wiederum könne als dessen Sohn, das autoritäre und nationale Bewusstsein als Botschaft Putins unter das Volk bringen. Der Heilige Geist wiederum ist die Hauchung[25] aus dem Vater und dem Sohn, damit möglicherweise das gemeinsame Gedankengut, das beide, Putin und Kyrill, unter das russische Volk bringen. Da aber jeweils auch eine andere Zuschreibung der jeweiligen Rollen möglich erscheint, ist keine eindeutige Zuschreibung der einzelnen Akteure möglich. Demgemäß mag diese Zeile zwar als umfassende Kirchenkritik und Kritik an der russischen Politik zu werten sein. An einer rohen Verächtlichmachung des christlichen Glaubens, die über eine bloße (allgemeine) Kirchenkritik hinausgeht, mangelt es der Zeile hingegen.

Auch die „schwarze Kutte" und die „goldenen Epauletten" mögen zwar auf eine Dekadenz, die der Führungsriege der Kirchen unterstellt wird, hindeuten. Doch

---

21 So die h.M., siehe etwa *Hörnle* in Münchener Kommentar, StGB, § 166 Rn. 1 mit weiteren Nachweisen auch zur Gegenansicht.

22 *Stübinger* in Nomos-Kommentar, StGB, § 166 Rn. 2.

23 *RG*St 57, 209 (211); 61, 308; vgl. auch *BGH*St 7, 110; NStZ 2000, 643 (644); *OLG Nürnberg*, NStZ-RR 1999, 238 (239*); AG Lüdinghausen,* NStZ-RR 2016, 200.

24 *Hörnle* in Münchener Kommentar, StGB, § 166 Rn.17 f.

25 Die meisten Bibelübersetzungen sprechen (etwa zu Psalm 33,6) von „Hauch".

tragen schwarze Kutten im weiteren Sinne auch Anwälte, Richter, Staatsanwälte. Die goldenen Epauletten hingegen finden sich bei Militärangehörigen und Piloten wieder. Letzteres ist daher als Anspielung an die enge Zusammenarbeit von Kirche und Militär zu werten. Diese Interpretation ist insbesondere im Licht dessen naheliegend, dass der Patriarch Kyrill in der Vergangenheit Agent beim russischen Geheimdienst, dem KGB[26], gewesen sein soll[27]. Demnach ist diese Bezugnahme zwar als Kritik an Kyrill zu werten, jedoch nicht als Kritik am christlichen Bekenntnis als solchen.

Der Verweis auf den Feminismus in der Liedzeile „Mutter Gottes, Jungfrau, werde Feministin, werde Feministin, werde Feministin" könnte ein Seitenhieb auf Putins anti-feministische Haltung darstellen. Zugleich ist diese Aufforderung in diesem Zusammenhang sicherlich auch an die orthodoxen Christen adressiert, Feministen zu werden. Insbesondere ist sie als Aufruf gegen die nach wie vor sehr tradierte Rolle der Frau in der Russisch-Orthodoxen Kirche zu werten. Nach dem levitischen Bluttabu, das in der kirchlichen Tradition übernommen wurde, ist es Mädchen und Frauen bis dato untersagt, während der Menses die Eucharistie zu empfangen, den Kirchenraum zu betreten oder Ikonen zu küssen – alles Handlungen die eine große Rolle in den orthodoxen Kirchen spielen. Sicherlich werden diese Vorschriften nicht allerorts berücksichtigt; dies ändert jedoch nichts an der Aussagekraft deren Fortbestands. Auch ist Frauen nach wie vor der Zugang zum Priesteramt verwehrt, worauf auch die in Deutschland aufsehenerregenden „Maria 2.0"-Proteste aufmerksam machen wollten[28].

Dass Putin nachgesagt wird, er sei Sexist, beruht auf der Einschätzung, dass Putin die Rolle der Frau darin sieht, Russland neue russische Jungen zu gebären, die den weiteren Fortschritt der patriotischen Nation sichern sollen[29]. Ganz unter diesem Stern ist sicherlich auch das Abtreibungsverbot zu verstehen. Bezugnehmend auf den Feminismus gab Tolokonnikowa bereits 2011 auf einer Konferenz der Linken in Moskau ein Feminismusmanifest zum Besten[30]:

> Become a feminist, become a feminist.
> Peace to he world and death to the men.
> Become a feminist, kill the sexist.
> Kill the sexist and wash his blood.

---

26 Heute heißt der Geheimdienst FSB (Federalnaja sluschba besopasnosti Rossijskoi Federazii).

27 *Meek*, The Theguardian.com vom 12.02.1999.

28 *Langer*, Spiegel online vom 22.05.2019.

29 *Herghelegiu*, Rolle der Frau in der Orthodoxen Kirche, S. 4 f.

30 *Moddi*, Verbotene Lieder, S. 204.

Die Liedzeile des Punkgebets richtet sich daher nicht an das Glaubensbekenntnis als solches, vielmehr als Kritik an der konkreten Gestaltung der Religionsausübung und der gesellschaftlichen Rolle der Frau, die bereits Gegenstand des früheren Auftrittes war. Eine rohe Verächtlichmachung ist darin aber sicherlich nicht zu erkennen.

Die Passage „Der Kreuzzug der schwarzen Limousinen“ ist eine Andeutung auf den Auftrag an den Architekten der Christ-Erlöser-Kathedrale an, in den Komplex der Kathedrale eine Autowaschanlage für Luxusfahrzeuge zu installieren[31]. Damit und mit dem Bau eines extra Bankettsaals war das von Millionen von Moskauern gespendete Geld „gut“ angelegt[32]: Die Kathedrale war allein aufgrund der umgerechnet 170 Millionen US-Dollar Spenden von 1995 bis 2000 wieder aufgebaut worden[33]. Insoweit war der Kreuzzug der Kirche sehr erfolgreich. Der Eindruck vieler Moskau-Besucher, der Komplex sei das Moskauer Disneyland, vermag insoweit kaum zu verwundern.

Das Bezugnehmen auf den Gürtel der seligen Jungfrau Maria im Vers „Der Gürtel der seligen Jungfrau ersetzt keine Demonstrationen“ hat seinen Hintergrund in der Zwischenstation, den die heilige Reliquie, der Gürtel der Jungfrau Maria, 2011 in Russland einlegte. Die Reliquie stammt aus dem Kloster Vatopedi und wurde in verschiedenen Städten in Russland öffentlich gezeigt. So kamen über eine Million Pilger allein nach Moskau, um vor dieser Reliquie niederzuknien. Dabei bildeten sich Warteschlangen bis zu sechs Kilometern[34], und trotz eisiger Temperaturen nahmen die Besucher bis zu 26 Stunden Wartezeit in Kauf[35]. Darin ist eine Aufforderung Pussy Riots zu sehen, zu den Demonstrationen gegen die Wahl Putins zu gehen. Der Zeile wohnt sicherlich die Kritik inne, dass Menschen in Namen der Religion mobil werden, hingegen jegliche politische Bewegung scheuen.

Die folgenden Passagen, in denen die kirchlichen Führungspersonen als „verfaulte Führer“ und geldgierige Priester darstellt sind, ist wie das Punk-Gebet als solches als umfassende Kirchenkritik, insbesondere der Führungsebene, einzustufen. Ein Hetzen und Auffordern zu Gewalt-, Hass- oder Willkürmaßnahmen gegen all diejenigen, die christlichen Glaubens sind, kann dem Gebet hingegen

31 *Aranowskaja*, Republic.ru vom 07.06.2012; *Dollbaum*, Dekoder.org vom 04.12.2015.

32 *Moddi*, Verbotene Lieder, S. 206.

33 *Mortsiefer / Pelzer*, Dw.com vom 21.09.2016.

34 Vgl. *Furman / Kaariajnen*, in: dies. (Hrsg.), Novye cerkvi, starye verujuščie – starye cervki, novye verujuščie, S. 22.

35 *O.V.*, Moskau.ru vom 24.11.2011.

nicht entnommen werden. Sodass das Punkgebet im Ergebnis kein „gotteslästerndes“ Gedankengut im Simne des § 166 StGB innewohnt[36].

3. Störung der Religionsausübung, § 167 Abs. 1 Nr. 2 StGB

Es ist weithin bekannt, dass Pussy Riot ein Faible für kuriose Auftrittsorte hat – spätestens seit die Band auf Dächern und Gerüsten des öffentlichen Nahverkehrs[37], der Mauer am Roten Platz[38] und auf einem Öl-Tanker[39] auftrat, um ihren Protesten Ausdruck zu verleihen. So sollte auch das Punkgebet in passender Manier umrahmt werden.

Die Aktivistinnen führten ihre Performance zwar in einer Kathedrale[40] auf, haben dabei jedoch weder einen Gottesdienst noch entsprechende Feiern gestört. Daher ist der Straftatbestand des § 167 Abs. 1 Nr. 1 StGB nicht einschlägig[41]. Jedoch könnte der Auftritt in der Kathedrale von § 167 Abs. 1 Nr. 2 StGB umfasst sein, der das Verüben von beschimpfendem Unfug an einem Ort, der – jedenfalls weit überwiegend – dem Gottesdienst dient, unter Strafe stellt[42]. Vorliegend hat Pussy Riot als Auftrittsort eine christliche Kirche gewählt. Diese war auch entsprechend dem Wortlaut überwiegend dem Gottesdienst oder ähnlichen kirchlichen Aktivitäten gewidmet. Eine ausschließliche Nutzung zu Gottesdiensten ist hingegen nicht erforderlich[43]. Zugleich ist es unerheblich, dass zum Zeitpunkt der Performance kein Gottesdienst stattfand, da dies regelmäßig nicht

---

36 Im Ergebnis ebenfalls ablehnend, jedoch mit der Argumentation der fehlenden Eignung, den Öffentlichen Frieden zu stören *Fahl*, StraFo 2013, 2.

37 So traten sie mit Protestsongs gegen die Wahl Putins u.a. auf einem Gerüst in einer Metrostation und auf einem Busdach auf. Das Video ist auf YouTube abrufbar unter https://www.youtube.com/watch?v=qEiB1RYuYXw.

38 Die Band trat symbolisch genau an der Stelle auf, an der 1968 sieben Dissidenten gegen den Einmarsch der Roten Armee in Prag demonstriert hatten. Ihr Auftritt richtete sich gegen Putin. Mitte Januar erklommen acht Mitglieder von Pussy Riot eine Mauer auf dem Roten Platz, auf der früher der Zar seine Erlasse verkünden ließ, und sangen: „Aufruhr in Russland – Putin pisst sich in die Hose“, vgl. *Laarz*, Die Zeit 34/2012.

39 Der Protest richtete sich gegen die russischen Öl- und Gas-Lobby, namentlich gegen den Konzern Rosneft. – Das Video ist auf YouTube einsehbar unter https://www.youtube.com/watch? v=qOM_3QH3bBw.

40 Die Christ-Erlöser-Kathedrale ist einer der höchsten orthodoxen Sakralbauten weltweit (103 Meter) und zugleich das zentrale Gotteshaus der Russisch-Orthodoxen Kirche. Instruktiv zur Geschichte der Kathedrale (*Schewtschenko*, Rbth.com vom 12.09.2017).

41 *Hörnle* in Münchener Kommentar, StGB, § 167 Rn. 5 ff.

42 *Heger* in Lackner/Kühl, StGB, § 167 Rn. 4 f.; *Valerius* in BeckOK, StGB, § 167 Rn. 8 f.

43 *Bosch / Schittenhelm* in Schönke / Schröder, StGB, § 167 Rn. 12.

Voraussetzung für eine Strafbarkeit nach § 167 Abs. 1 Nr. 2 StGB ist[44]. Auch die Anwesenheit Gläubiger, die sich gestört fühlen könnten, ist nicht vonnöten[45].

Strittig kann hier alleinig das Merkmal des beschimpfenden Unfugs sein. Unter beschimpfendem Unfug versteht man ein grob ungehöriges Verhalten, das die Missachtung der Heiligkeit oder der entsprechenden Bedeutung des Ortes in besonders roher Weise zum Ausdruck bringt[46]. Das Merkmal des beschimpfenden Unfugs findet sich auch in § 168 StGB, der Störung der Totenruhe, in der 2. Alternative von Absatz 2 wieder[47].

Pussy Riot bestieg den sogenannten Ambo (die Kanzel) der Kirche, deren Zutritt Unberechtigten verwehrt ist. Ob darin ein beschimpfender Unfug erkannt werden kann, lässt sich gut durch folgenden ähnlich gelagerten Fall bewerten:

Der Performance-Künstler Alexander Karle betrat mit einer Videokamera die geweihte katholische Basilika St. Johann in Saarbrücken, um auf dem dortigen Altar 28 Liegestütze durchzuführen. Diese Aktion filmte der Künstler und machte das angefertigte Video einer breiten Öffentlichkeit zugänglich. Hintergrund dieser Performance mit dem Titel „pressure to perform“ ist die Kritik an der gesellschaftlichen Haltung zur Leistungsgesellschaft. Unter dem Druck der Leistungsgesellschaft würden Menschen sich unnatürlich verhalten und ihnen sei nichts mehr heilig.

Das Oberlandesgericht Saarbrücken setzte letztlich den Schuldspruch gegen den Künstler in entsprechender Anwendung von § 354 Abs. 1 StPO auf die Verwirklichung der Störung der Religionsausübung nach § 167 Abs. 1 Nr. 2 StGB in Tateinheit mit Hausfriedensbruch nach § 123 StGB fest[48]. Das Landgericht

---

44 So jedenfalls *Hörnle* in Münchener Kommentar, StGB, § 167 Rn. 11. A.A. *Fischer*, StGB, § 167 Rn. 8, der lediglich eine Erkennbarkeit der Handlung nach außen fordert.

45 *Dippel* in Leipziger Kommentar, StGB, § 167 Rn. 22.

46 *RG*St 31, 410 (411 f.); 43, 201 (202 f.); *Dippel*, a.a.O.

47 Im Rahmen des § 168 StGB liegt ein beschimpfender Unfug insbesondere dann vor, wenn der Verstorbenen verspottet, verhöhnt oder herabwürdigt wird; vgl. auch *BGH*St 50, 80 – Kannibale von Rothenburg.

48 *OLG Saarbrücken*, NJW 2018, 3794. Zuvor hatte da*s AG Saarbrücken* den Angekl. durch Urteil vom 17.01.2017 wegen Hausfriedensbruchs in Tateinheit mit Störung der Religionsausübung zu einer Geldstrafe von 70 Tagessätzen verurteilt. Dieses Urteil hatte das *LG Saarbrücken* mit Urteil vom 10.07.2017 auf die Berufung des Angeklagten aufgehoben, den Angekl. nur wegen Hausfriedensbruchs schuldig gesprochen, ihn deshalb verwarnt und die Verurteilung zu einer Geldstrafe von 50 Tagessätzen vorbehalten *(LG Saarbrücken*, Urteil vom 10.07.2017 – 12 Ns 54/17 – bei juris). Maßgebend sei das „dezente, ruhige und zurückhaltende“ Vorgehen des Künstlers gewesen. (Karle hatte nach seinen Liegestützen die Altardecke wieder zurechtgestrichen und sei insgesamt ruhig und bedacht vorgegangen, siehe *o.V.*, FAZ.net vom 10.07.2017).

Saarbrücken, an das die Sache nunmehr nur wegen der Strafhöhe zurückverwiesen wurde, verhängte dementsprechend eine Geldstrafe von 60 Tagessätzen, die rechtskräftig wurde[49].

Bezogen auf den Auftritt Pussy Riots lassen sich folgende Schlüsse ziehen:

Pussy Riot betrat den sogenannten Ambo. Dieses Vorgehen entspricht dem Vorgehen des zuvor genannten Liegestützenkünstlers Karle. Im Gegensatz zu diesem bestiegen die Künstlerinnen jedoch nicht den Altar. Maßgeblich für die zwischenzeitlich abgelehnte Strafbarkeit Karles war jedoch dessen bedächtiges Vorgehen, das Zurechtstreichen der Altardecke vor dem Verlassen der Kirche und dass keiner der anwesenden Gläubigen sich durch seine Performance gestört fühlte. Pussy Riot hingegen trat sehr laut und aufsehenerregend auf. Im Gegensatz zu Karle pervertierte Pussy Riot den Ambo jedoch nicht entgegen seiner Zwecksetzung. Karle machte seine Liegestütze auf einem Symbol des letzten Abendmahls Christi. Der Altar dient auch heute noch im Rahmen der Heiligen Kommunion und des Abendmahls als solcher[50]. Der Ambo hingegen fungiert als Plattform für Bibellesungen und Vorträge. Demgemäß nutzte Pussy Riot den Ambo entsprechend seiner Bestimmung. Auch überschreitet im Vergleich zu Fällen, in denen ein beschimpfender Unfug bejaht wurde, so zum Beispiel beim Singen pornographischer Lieder[51] oder dem Beschmieren der Kirchenwände mit Hakenkreuzen[52] das laute theatralische Singen Pussy Riots nicht die erforderliche Erheblichkeitsschwelle. Nach dem Auftritt hinterließ Pussy Riot die Kirche entsprechend dem Ausgangszustand. Auch waren die gesungenen Zeilen nicht dazu geeignet, die Heiligkeit, die der Kathedrale innewohnt, in roher Weise zu missachten. (Anders wäre dies zu beurteilen, wenn Pussy Riot während eines Gottesdienstes aufgetreten wäre, da dies sicherlich eine grobe Störung eines solchen zur Folge gehabt hätte. In derart gelagerten Fällen kommt eine Strafbarkeit aus dem eingangs erwähnten § 167 Abs. 1 Nr. 1 StGB wegen Störung der Religionsausübung während eines Gottesdienstes in Betracht.) Da der Auftritt Pussy Riots aber außerhalb eines Gottesdienstes stattfand, originär nur wenige Sekun-

49 *LG Saarbrücken*, Urteil vom 23.08.2018 – 11 Ns 12 Js 211/16 (unveröffentlicht; siehe *Becklink* 201076 vom 24.08.2018).

50 Zur Bedeutung des Altars siehe Kaiser, Deutschlandfunkkultur.de vom 01.05.2016.

51 *BGH*St 9, 140.

52 *Stübinger* in Nomos-Kommentar, StGB, § 167 Rn. 11.

den andauerte und die Aktivistinnen die Kirche ohne Beschädigungen zu hinterlassen wieder verließen, kann darin keine Störung der Religionsausübung gesehen werden[53].

Eine Strafbarkeit Pussy Riots aus § 167 StGB ist demnach im Ergebnis zu verneinen.

4. Freiheit der Kunst, Art. 5 Abs. 3 GG

Auch wenn man oben genannter Auffassung nicht folgen möchte und eine Strafbarkeit Pussy Riots erkennen wollte, müsste man sich zumindest mit dem künstlerischen Gehalt der Performance auseinandersetzen. Denn die Kunstfreiheit aus Art. 5 Abs. 3 Satz 1 GG kann als Rechtfertigungsgrund Relevanz erlangen[54]. Geschützt ist dabei nicht nur die Herstellung der Kunst (der sogenannte Werkbereich), vielmehr auch die Darbietung und Verbreitung der Kunst (der sogenannte Wirkbereich)[55].

Nach der Grundsatzentscheidung des Bundesverfassungsgerichts zum formalen Kunstbegriff[56] ist ein Wesensmerkmal eines Kunstwerkes, dass es „bei formaler, typologischer Betrachtung die Gattungsanforderungen eines bestimmten Werktyps erfüllt“[57]. Danach seien Tätigkeiten wie das Malen, Bildhauen und Dichten vom Kunstbegriff umfasst. Die Gestaltung des Textes als gesungenes Punkgebet und die das Gebet untermalenden Tänze lassen sich daher dem formalen Kunstbegriff zuordnen. Auch unter den materialen Kunstbegriff des sogenannten „Mephisto“-Beschlusses[58], der zur Bestimmung eines Werkes als Kunstwerk im Wesentlichen auf

> die freie schöpferische Gestaltung, in der Eindrücke, Erfahrungen, Erlebnisse des Künstlers durch das Medium der Formensprache zu unmittelbarer Anschauung gebracht werden[59],

abstellt, wird man den Auftritt Pussy Riots als Kunstwerk einordnen können, da die Band Pussy Riot durch das Medium des Tanzes und Gesanges ihrem Unmut

---

53 Anders hingegen *Fahl*, StraFo 2013, 3, der zwar dazu tendiert, ein tatbestandsmäßiges Handeln Pussy Riots anzunehmen, jedoch auf der Rechtfertigungsebene die Meinungs- und Kunstfreiheit als Rechtfertigungsgründe durchgreifen lässt.

54 So z.B. *Eisele* in Schönke / Schröder, § 184 Rn. 11.

55 *BVerfGE* 30, 173 (189) – Mephisto; 77, 240 (251) – Herrnburger Bericht; 119, 1 (21) – Esra; *Hentschel,* NJW 1990, 1942.

56 *BVerfGE* 67, 213 ff. – Anachronistischer Zug.

57 *BVerfGE*, a.a.O., S. 226 f.

58 *BVerfGE* 30, 173 ff.– Mephisto.

59 *BVerfGE*, a.a.O., S. 189.

über die religiösen und politische Verhältnisse in Russland in Form eines Punkgebets Ausdruck verleiht. Anhand der vorgestellten Interpretationsmöglichkeiten der Liedpassagen zeigt sich indes, dass das Punkgebet aufgrund seiner Mannigfaltigkeit des Aussagegehaltes einer Interpretation zugänglich ist und so letztlich auch den offenen Kunstbegriff[60] erfüllt. Daher wird man das Punkgebet unter Heranziehung aller Kunstbegriffe als künstlerisches Betätigung im Sinne des Art. 5 Abs. 3 Satz 1 GG ansehen können.

Damit ist freilich noch nicht gesagt, dass Pussy Riot (nach deutschem Recht) auch straffrei blieben. Das Oberlandesgericht Saarbrücken hatte im erwähnten „Liegestütze"-Fall ebenfalls den (materiellen) Kunstbegriff bejaht, dann aber ausgeführt[61]:

> Die Kunstfreiheit ist indes in Art. 5 Abs. 3 Satz 1 GG zwar vorbehaltlos, aber nicht schrankenlos gewährleistet ... Im vorliegenden Fall kollidiert das von dem Angeklagten wahrgenommene Recht der Kunstfreiheit mit dem ebenfalls nicht unter Gesetzesvorbehalt stehenden Recht der katholischen Kirchengemeinde St. Johann, ihrer Mitglieder sowie der ihre Kirche besuchenden Gläubigen auf ungestörte Religionsausübung nach Art. 4 Abs. 1, Abs. 2 GG, dessen Schutz § 167 StGB dient ... Das den Tatbestand des § 167 Abs. 1 Nr. 2 StGB erfüllende Verhalten des Angeklagten wäre daher nur dann durch die Wahrnehmung seines Rechts der Kunstfreiheit gerechtfertigt, wenn diesem aufgrund einer Abwägung der widerstreitenden grundrechtlich geschützten Interessen der Vorrang vor dem Recht auf ungestörte Religionsausübung gebührte

– was das Oberlandesgericht verneinte, weil Karle „in schwerwiegender Weise in das Recht auf ungestörte Religionsausübung eingegriffen" habe. Und: Seiner „kritischen Haltung" hätte Karle „ohne Weiteres auch dann Ausdruck verleihen können, wenn er seine Liegestützenperformance auf dem Altar einer entweihten Kirche oder auf einem nachgebauten Altar ausgeführt hätte". Ein „Selbstläufer" wäre also wohl eine Rechtfertigung Pussy Riots aus Art. 5 Abs. 3 GG vor einem deutschen Gericht sicherlich nicht.

V. Fazit

Dennoch bleibt eines festzustellen: Es ist ein immer größer werdender Austausch über die verschiedenen medialen Kanäle möglich. Die Kunst kann über diese Wege einem breiten Publikum zugänglich gemacht werden. Insbesondere der kritischen, der „engagierten" Kunst muss bei allen Restriktionen genug Raum bleiben, um auf Missstände aufmerksam zu machen. Würde nur Kunst

60 *BVerfG*E 67, 213 (227) – Anachronistischer Zug.

61 *OLG Saarbrücken*, NJW 2018, 3794 (3797).

gezeigt, die gefällig ist, hätte dies eine erhebliche Einschränkung der Meinungsvielfalt zur Folge. Gerade das, was provoziert, wird gehört. In jeder Kritik steckt auch ein wahrer Kern, diesen wahrzunehmen, hat schon manche Revolution bewirkt.

Literatur

Aranowskaja, Margarita (Арановская, Маргарита), „В храме Христа Спасителя нам почистили пиджак“, Republic.ru vom 07.06.2012 (https://republic.ru/posts/l/797206).

Beck'scher Online-Kommentar zum Strafgesetzbuch. Stand: 42. Edition 2019.

Brauneck, Anja, Das Problem einer »adäquaten Rezeption« von Satire mit Anmerkungen zum Beschluss des LG Hamburg vom 17.05.2016 im Fall Böhmermann, Zeitschrift für Urheber- und Medienrecht 2016, S. 710 ff.

Dollbaum, Jan Matti, Christ-Erlöser-Kathedrale, Dekoder.org vom 04.12.2015 (https://www.dekoder.org/de/gnose/christ-erloeser-kathedrale).

Fahl, Christian, Die Strafbarkeit der Punk-Rock-Band „Pussy Riot“ nach deutschem Strafrecht, Strafverteidiger Forum 2013, S. 1 ff.

ders., Böhmermanns Schmähkritik als Beleidigung, Neue Zeitschrift für Strafrecht 2016, S. 313 ff.

Faßbender, Kurt, Was darf die Satire? Bemerkungen aus der Perspektive des deutschen Verfassungsrechts, Neue Juristische Wochenschrift 2019, S. 705 ff.

Fischer, Thomas, Strafgesetzbuch – Kommentar. 66. Auflage 2019.

Furman, Dmitrij / Kaariajnen, Kimmo (Kääriäinen), Religioznost' v Rossi v 90-e gg. XX – načale XXI v., in: dies. (Hrsg.), Novye cerkvi, starye verujuščie – starye cervki, novye verujuščie. Religija v postsovetskoj Rossii, 2007, S. 6 ff.

Gall, Caroline v., Vorerst gescheitert: „Pussy Riot“ und der Rechtsstaat in Russland, in: Russlandanalysen Nr. 246 vom 02.11.2012, S. 2 ff. (http://www.laender-analysen.de/russland/pdf/Russlandanalysen246.pdf).

Hartwich, Inna, Die Rolle der Religion in Russland, Bpb.de vom 03.02.2011 (https://www.bpb.de/internationales/europa/russland/47992/religion?p=all).

Hentschel, Peter, Die Kunstfreiheit in der Rechtsprechung des BVerfG, Neue Juristische Wochenschrift 1990, S. 1837 ff.

Herghelegiu, Monica, Rolle der Frau in der Orthodoxen Kirche, 2008 (https://www.ev-akademie-boll.de/fileadmin/res/otg/470108-Herghelegiu.pdf).

Hörnle, Tatjana, Strafbarkeit anti-islamischer Propaganda als Bekenntnisbeschimpfung, Neue Juristische Wochenschrift 2012, S. 3415 ff.

Ignor, Alexander, In der Strafsache Jan Böhmermann: Der Freispruch / Die Verurteilung, Tagesspiegel.de vom 20.04.2016 (https://www.tagesspiegel.de/kultur/in-der-strafsache-jan-boehmermann-der-freispruch/13470870.html; https://www.tagesspiegel.de/kultur/in-der-strafsache-jan-boehmermann-die-verurteilung/13470868.html).

Kaiser, Peter, Der Altar. Von der Brandopferstätte zum Abendmahlstisch, Deutschlandfunkkultur.de vom 01.05.2016 (https://www.deutschlandfunkkultur.de/der-altar-von-der-brandopferstaette-zum-abendmahlstisch.1278.de.html?dram:article_id=352826).

Kuhn, Johannes, Prozess in Russland gegen Band „Pussy Riot“: Punk gegen Putin, SZ.de vom 23.07.2012 (https://www.sueddeutsche.de/politik/prozess-in-russland-gegen-band-pussy-riot-punk-gegen-putin-1.1417824-0).

Laarz, Diana, Putin und Kyrill: Gefährliche Freunde, Die Zeit 34/2012.

Lackner, Karl / Kühl, Christian, Strafgesetzbuch – Kommentar. 29. Auflage 2019.

Langer, Annette, Wie weiter Maria?, Spiegel online vom 22.05.2019 (https://www.spiegel.de/panorama/gesellschaft/maria-2-0-in-hamburg-katholikinnen-kaempfen-fuer-aemter-und-gleichberechtigung-a-1268707.html).

Leipziger Kommentar zum Strafgesetzbuch. 12. Auflage 2006 ff.

Liedhegener, Antonius / Odermatt, Anastas, Religious Affiliation in Europe. The „Swiss Metadatabase of Religious Affiliation in Europe (SMRE)“, SMRE-generated Data Retrieval for: Religious Affiliation in Period 2006–2015.

Meek, James, Russian Patriarch „was KGB spy“, Theguardian.com vom 12.02.1999 (https://www.theguardian.com/world/1999/feb/12/1).

Moddi, (Pål Moddi Knutsen), Verbotene Lieder – 10 Geschichten von 5 Kontinenten, dt. 2019.

Mortsiefer, Marius / Pelzer, Kerstin, Die Christi-Erlöser-Kathedrale in Moskau: Vom Gotteshaus zum Schwimmbad und zurück, Dw.com vom 21.09.2016 (https://p.dw.com/p/1K4pq).

Münchener Kommentar zum Strafgesetzbuch. 3. Auflage 2017–2019.

Nomos-Kommentar zum Strafgesetzbuch. 4. Auflage 2013.

o.V., 82.000 Moskauer stehen Schlange vor orthodoxer Reliquie, Moskau.ru vom 24.11.2011 (http://www.moskau.ru/moskau/stadtnews/82_000_moskauer_stehen_schlange_vor_orthodoxer_reliquie_1654.html).

o.V., Anti-Islam-Film – kaum erträgliche Billigproduktion, Welt.de vom 12.09.2012 (https://www.welt.de/politik/ausland/article109179232/Anti-Islam-Film-kaum-ertraegliche-Billigproduktion.html).

o.V., Liegestütze auf dem Altar, FAZ.net vom 10.07.2017 (https://www.faz.net/aktuell/gesellschaft/menschen/nach-liegestuetze-auf-dem-altar-freispruch-fuer-videokuenstler-15099972.html).

Schewtschenko, Nikolaj, Christ-Erlöser-Kathedrale: Wie ein Gotteshaus seinen Schöpfer zerstörte und selbst wieder auferstand, Rbth.com vom 12.09.2017 (https://de.rbth.com/geschichte/79190-christ-erloser-kathedrale-geschichte-moskau-deutscher-architekt).

Schönke / Schröder, Strafgesetzbuch – Kommentar. 30. Auflage 2019.

Systematischer Kommentar zum Strafgesetzbuch. 9. Auflage 2015–2018.

Claudia Zielińska

„Die Ärzte" – erst „Ab 18"?*

I. „Die Ärzte"

„Die Ärzte" ist eine deutsche Band, die Ende 1981 von Jan Vetter (* 27.10.1963) und Dirk Felsenheimer (* 14.12.1962) in West-Berlin[1] gegründet wurde, Bassist war damals Hans Runge (* 12.06.1964)[2]. Die beiden Gründer Vetter und Felsenheimer sind wohl besser unter ihren Künstlernamen „Farin Urlaub" und „Bela B." bekannt, die jedoch erst entstanden, als „Die Ärzte" in einem Antragsformular zur Aufnahme in die GEMA[3] auf die Frage nach ihren Künstlernamen stießen[4].

Dabei steht „Farin Urlaub" für ein Wortspiel (Fahr in Urlaub) und ist auf die Reiselust Vetters zurückzuführen[5]. „Bela B." entspringt dagegen der Leidenschaft Felsenheimers für Horrorfilme, insbesondere die schwarz-weißen Klassiker. Aufgrund der Faszination für den ungarischen Dracula-Darsteller Bela Lugosi (* 20.10.1882, † 16.08.1956) nahm Felsenheimer dessen Vornamen an. Die Ergänzung des Namens um ein „B." steht wiederum in Zusammenhang mit seinem aus Kindheitstagen stammenden Spitznamen „Barney"[6]. Der Künstlername Runges („Sahnie") ist hingegen den bereits seit den Anfängen der „Ärzte"

---

* Den Beitrag hat die Autorin im Rahmen der Tagung „Musik und Strafrecht" am 25. April 2019 an der Europa-Universität Viadrina in Frankfurt (Oder) in Form eines „Intermezzo" gehalten und für die schriftliche Fassung überarbeitet.

1 Die Berliner Herkunft der Band „Die Ärzte" ist ein wichtiger Bestandteil ihrer Identität und wird stets auf Konzerten hervorgehoben (*Martin*, Die Ärzte, S. 11).

2 *Karg*, Die Ärzte, S. 13; 70; 80.

3 Gesellschaft für musikalische Aufführungs- und mechanische Vervielfältigungsrechte.

4 *Karg*, Die Ärzte, S. 84, *Üblacker*, Das Buch Ä, S. 77.

5 Vetter hatte zuvor einen anderen Künstlernamen für sich erkoren: „… [ich] wollte … erst lange 'Jan Olé' heißen (beziehungsweise 'Jan Au lait', wegen meines geradezu krankhaften Milchkonsums), fand aber das völlig bekloppte 'Farin Urlaub' noch besser." (*Üblacker*, a.a.O., S. 77).

6 „Barney" steht für „Barney Geröllheimer", den besten Freund Fred Feuersteins aus der Cartoon-Serie „Familie Feuerstein" und beruht auf der Namensähnlichkeit zu „Dirk Felsenheimer". Bei der GEMA ist Bela B. als Bela Barney Felsenheimer gelistet. (*Üblacker*, a.a.O., S. 78). Bela B. führt dazu aus: „Ich habe aber jahrelang etwas anderes erzählt, weil mir das peinlich war. Und B. klingt auch cooler, ist viel geheimnisvoller."

https://doi.org/10.1515/9783110731729-007

bestehenden Differenzen[7] zwischen der ungefähr zur gleichen Zeit gegründeten Punkrock-Band „Die Toten Hosen“[8] geschuldet, deren Frontmann Andreas Frege (* 22.06.1962), genannt „Campino“[9], bei Konzerten mit den namensgleichen Bonbons umherwarf[10]. Als Parodie auf den Punkrock-Sänger wurde Runge deswegen fortan „Sahnie“ genannt und auch er warf tatsächlich auf einigen Konzerten Sahnebonbons in die Menge, was sich jedoch nicht als fester Bestandteil von „‚Ärzte‘-Auftritten“ etablierte[11].

Der Name der Band, obgleich Fans sich eine tiefgründige Bedeutung für dessen Herkunft, ähnlich der Künstlernamen der Bandmitglieder, wünschen, entstand aus einer Laune Vetters und Felsenheimers heraus und hat keine besondere Bedeutung inne[12]. Die Bundesärztekammer empfand den Bandnamen Jahre später jedoch als nicht geeignet und erhob mehrmals Einwände dagegen[13]:

> Die Bundesärztekammer wollte der Band den Namen gleich mehrere Male streitig machen, doch immer ohne Erfolg. Offenbar wollten die nicht, dass ihr Berufsstand in den Dreck gezogen wird. Dabei ging bei näherem Hinsehen von der Band keine Gefahr aus.

Die Musikausrichtung der Band ist vielseitig. Unstreitig haben „Die Ärzte“ ihre Wurzeln im (deutschen) Punk(rock), immerhin sind diese aus der damals von Bela B. mitbegründeten Deutschpunk-Band[14] „Soilent Grün“[15], der Farin Urlaub später beitrat, hervorgegangen. Darüber hinaus pflegten sowohl Bela wie auch

---

(*Karg*, Die Ärzte, S. 85). Dies könnte auch der Grund dafür sein, wieso andere das zusätzliche „B“ mit einem Punkt dahinter auf den ungarischen Komponisten Béla Bartók zurückführen, so bspw. *Martin*, Die Ärzte, S. 21.

7 *Job*, Bis zum bitteren Ende, S. 144.

8 *Job*, a.a.O., S. 25.

9 Diesen Spitznamen gaben ihm seine Mitschüler nach einer Schlacht mit Bonbons (*Job*, a.a.O., S. 237).

10 „Wir fanden es albern, wie Campi immer mit Campino-Bonbons umherwarf und sich alle darüber totfreuten!“ (*Sahnie*, zit. nach *Karg*, Die Ärzte, S. 13).

11 *Üblacker*, Das Buch Ä, S. 83.

12 *Karg*, Die Ärzte, S. 13.

13 So Axel Schwarzberg, Anwalt der Band. (*Üblacker*, Das Buch Ä, S. 56).

14 „Deutschpunk war Anfang der 80er angesagt, neu und bedrohlich und erschien ... als ideales Ausdrucksmittel ihrer Haltung: Wie es sich für einen anständigen Punk gehörte, wurde strikt abgelehnt, was nach Establishment, Gesellschaft und Kommerz roch.“ (*Karg*, Die Ärzte, S. 4).

15 Der Name wurde von Felsenheimer in Anlehnung an den amerikanischen Science-Fiction-Film „Soylent Green“ auserkoren. („Soylent Green“ heißt in dem gleichnamigen Film das Hauptnahrungsmittels der Menschen, welches aus Leichen Verstorbener hergestellt wird.) (*Üblacker*, Das Buch Ä, S. 33 f.).

Farin ein Punkerdasein zu der Zeit der Gründung von „Die Ärzte"[16]. Dabei schwappte die bereits in England Mitte der 70er Jahre entstandene Punkbewegung wenige Jahre später auch nach Deutschland über[17]. Sie entstand aufgrund der damals herrschenden Perspektivlosigkeit der Jugendlichen als Ausdruck des Widerstandes gegen die sich verschärfenden sozialen Gegensätze in der englischen Gesellschaft[18].

Die sogenannte Punx, wie die Anhänger der Punkbewegung genannt werden, zeichneten sich insbesondere durch ihr äußerliches Auftreten aus, welches einen Gegensatz zur bürgerlichen Gesellschaft darstellen sollte. Sie trugen abgetragene und zerrissene Kleidung wie auch Fesseln und Ketten, die die tägliche Unterdrückung symbolisieren sollten. Zudem gehörten zu ihren „Erkennungszeichen" auffallend gestaltete Haare (bunt gefärbt, häufig zu einem „Irokesen" gestylt) wie auch Schmuck aus Müll und Sicherheitsnadeln, die durch Lippe, Nase, Ohren und Wangen gestochen wurden[19]. Die Musik dieser Strömung war geprägt von harten, schnellen Rhythmen und brachialen Texten, die die Sänger zum Teil brüllten und schrien. Besondere gesangliche Fähigkeiten standen dabei nicht im Vordergrund, entscheidend war vielmehr das Gefühl im Inneren, welches es auszudrücken galt[20]. Zu den Punk-Klängen wurde „Pogo" getanzt, bei dem die Tänzer wild und heftig in die Höhe springen[21]. Musikalisch beeinflusst wurde diese Zeit insbesondere durch die englische Punk-Band „Sex Pistols"[22], wobei die Punkmusik immer populärer wurde, sodass sie auch in der Musikindustrie Aufmerksamkeit erregte, die darin profitable Möglichkeiten, welche in völligem Gegensatz zu den Grundsätzen des Punks standen, erkannte[23].

---

16 *Karg*, Die Ärzte, S. 4 f. Dazu Farin Urlaub: „Dann kam ich aus London wieder und lief mit gelb-schwarz gefärbten Haaren, bekrakelter Lederjacke und ziemlich kaputten Klamotten durch die heile Welt des konservativen Frohnau … Ich war tatsächlich der erste Punk in Frohnau!" (Zit. nach *Karg*, a.a.O., S. 5).

17 *Sterneck*, Der Kampf um die Träume, S. 207; *Geiling*, in: Roth / Rucht (Hrsg.), Jugendkulturen, Politik und Protest, S. 168 f.

18 *Sterneck*, a.a.O.

19 *Sterneck*, a.a.O., S. 208; *o.V.*, Der Spiegel 04/1978: „Häßlich geschminkte Jugendliche tragen in Müllklamotten, mit Nazi-Insignien und Hundeketten Protest gegen Arbeitslosigkeit und Langeweile in der Industriegesellschaft zur Schau."

20 *Sonnenschein*, in: Kemper / Langhoff / Sonnenschein (Hrsg.), „Alles so schön bunt hier", S. 160; *Sterneck*, a.a.O., S. 207.

21 *Duden*, Stichwort: „Pogo".

22 Die „Sex Pistols" verstehen sich selbst als Rock'n'Roll Band und lehnen das Etikett als Punk-Band ab. (*Sonnenschein*, in: Kemper / Langhoff / Sonnenschein (Hrsg.), „Alles so schön bunt hier", S. 162; *Skai*, Punk, S. 84 ff.).

23 *Sterneck*, Der Kampf um die Träume, S. 209; *Sonnenschein*, a.a.O., S. 161.

Auch „Die Ärzte“ wurden bereits kurz nach ihrer Gründung mit der Kritik ihrer Fans konfrontiert, ihre Musik zu kommerzialisieren und somit gegen das ungeschriebene „Punk-Gesetz“ zu verstoßen, wodurch sie zumindest in der „echten“ Punkszene an Glaubwürdigkeit einbüßten[24]. 1998 verarbeiten „Die Ärzte“ auf ihrer CD „13“ in dem Lied „Punk ist…“[25] ihre eigene Definition von „Punk“ und erklären darin, dass nicht stereotypische Äußerlichkeiten darüber entscheiden, ob man ein „Punk“ ist und „Punkmusik“ macht, sondern die innere Einstellung[26]. Wenige Jahre später, auf ihrer zweiten „Bullenstaat-CD“ von 2001 „5,6,7,8 – Bullenstaat!“ (Eine Fortsetzung der „1,2,3,4 – Bullenstaat!“-EP), rechneten „Die Ärzte“ zudem in ihrem Lied „Bravopunks“[27] mit ihren Kritikern ab und bezeichneten sich selbst als „Punkverräter“[28].

Zweifelsohne zeichnen sich „Die Ärzte“ durch ihre musikalische Vielseitigkeit aus, sodass sie im Grunde keiner bestimmten Stilrichtung zugeordnet werden können. So verwundert es nicht, dass das musikalische Schaffen der „Ärzte“ zusammenfassend mit den Worten beschrieben wurde[29]:

---

24 *Karg*, Die Ärzte, S. 27.

25 „Du sagst, Punk ist, jeden Tag ultrabesoffen zu sein. / Du sagst, Punk ist dreckig, feige und gemein. / Du sagst, Punk ist Selbstverstümmelung, Gewalt und Hass. / Das klingt nach 'ner ganzen Menge Spaß. / Du sagst, Punk ist politisch unbequem. / Du sagst, Punk ist mit deinem Geist gegen das System. / Du sagst, Punk ist Existenzialismus pur. / Verneinung von Werten und Struktur. / Ich sag dir: Mach dein Ding, steh' dazu, heul nicht rum, wenn andere lachen. / Mach dein Ding, steh dazu, heul nicht rum, wenn andere lachen, so wie ich. / Du sagst, Punk ist coole Klamotten, alles im Lack. / Du sagst, Punk ist ein guter Musikgeschmack. / Du sagst, Punk ist besoffen Lieder grölen am Tresen. / Und nur siebenundsiebzig ist echt gewesen. / Du sagst, Punk ist um 7 Uhr morgens aufzustehen. / Du sagst, Punk ist jeden Tag zur Arbeit zu gehn. / Du sagst, das ist Punk für dich, ich sag von mir aus, mach du nur. / Für mich ist Punk A*lecken und Rasur. / Ich sag dir: Mach dein Ding, steh' dazu. Heul nicht rum, wenn andere lachen. / Mach dein Ding, steh' dazu und heul nicht rum, wenn andere lachen. / Mach dein Ding, steh dazu, heul nicht rum, wenn andere lachen, denn ich tu's nicht! / Ich tu's nicht!“ (*Die Ärzte*, Songbook, S. 238).

26 So beschreibt es auch Bela B.: „Im Punk ging es um Haltung …“ (*Üblacker*, Das Buch Ä, S. 33).

27 „Ihr wollt echte Punker sein, da lacht doch jedermann. / Ihr abgefuckten Bravopunks ihr kotzt uns total an. / Die Punkbewegung braucht so Penner wie euch wirklich nicht. / Kommt her mit eurem Plastikmüll, wir spucken euch ins Gesicht. / Ärzte – Kings of Punkkommerz. / Ärzte – Punkrock ohne Herz. / Punkverräter! / Farin, Bela, ihr seid Schwule: Sahnie ist der einzig Coole. / Scheiß auf Farin und die Bande. / Punkrock ist der Herr im Lande.“ (*Die Ärzte*, Songbook, S. 38).

28 *Üblacker*, Das Buch Ä, S. 484 f.

29 Zit. nach *Siegfried Schmidt-Joos / Wolf Kampmann*, Pop-Lexikon, 2002, S. 37.

Anarchie ist für die Ärzte heute jene Narrenfreiheit, die es ihnen ermöglicht, zwischen Schlager, Country, Swing, Rap, Metal oder – tatsächlich – Punkrock zu tänzeln, ohne daß ein Hardliner tatsächlich daran Anstoß nehmen könnte.

II. Erst „Ab 18"?

Die Band fällt zudem immer wieder durch die Verarbeitung absurder und provokanter Themen in ihren Liedtexten auf. Auf ihrem 1984 erschienenen Album „Debil" veröffentlichten „Die Ärzte" beispielsweise das Lied „Claudia hat 'nen Schäferhund", in dem die Sexualpraktiken Claudias mit einem Schäferhund beschrieben werden, die sie dem Geschlechtsverkehr mit Männern vorzieht[30]. Das Lied entstand auf dem ironisch pointierten Hintergrund der Aufklärung, die „Die Ärzte" mit diesem Lied betreiben wollten, wie Farin Urlaub 1984 auf einem Live-Konzert im Ballhaus Tiergarten in West-Berlin erklärte[31]:

> Da gibt es Leute, die dressieren Schäferhunde für ganz, ganz andere Zwecke. Da hat unser Bassist neulich mal so ein Heftchen in die Hände gekriegt, da war das ziemlich detailliert abfotografiert. Und dann kam er an: „Kommt mal alle her, guckt mal." Da haben wir ihm gesagt, wie das heißt, und dann haben wir ein Lied darüber gemacht.

Inwieweit die Wahl des Namens für das Lied mit dem Vornamen der damaligen Managerin der Band, Claudia Kaloff, zusammenhängt ist unbekannt[32].

Zu dieser Zeit scheinen „Die Ärzte" jedoch noch zu unbekannt gewesen zu sein, um mit ihrem unmoralisch-anrüchigen Text die Gemüter zu erhitzen. Dies änderte sich jedoch schlagartig 1986 mit der Veröffentlichung ihrer CD „Die Ärzte" – damals bestand die Band für eine kurze Zeit, nach einem Zerwürfnis mit „Sahnie", lediglich aus dem Duo Farin und Bela, bis wenig später Hagen

---

30 „Claudia hat 'nen Schäferhund, und den hat sie nicht ohne Grund … / Claudia sieht spitze aus. Auf Claudia sind alle scharf. / Ist es da nicht hundsgemein, dass bei Claudia keiner darf. / Denn Claudia hat 'nen Schäferhund und den hat sie nicht ohne Grund. / Abends springt er in ihr Bett und dann geht es rund. / Claudia mag keine Jungs und sie ist auch nicht lesbisch / Am allerliebsten mag sie es mit ihrem Hündchen auf dem Esstisch. / Denn Claudia hat 'nen Schäferhund, und den hat sie nicht ohne Grund / Abends springt er in ihr Bett und dann geht es rund. / Neulich musste Claudia dringend mal zum Arzt. / Und er riet ihr, aufzuhören, denn sie war total verharzt." (*Die Ärzte*, Songbook, S. 44).

31 *Die Ärzte* live in West-Berlin, Ballhaus Tiergarten am 25.04.1984, mitgeschnitten und als Bootleg „Die Ärzte – Live in Berlin 1984" veröffentlicht; zu finden auf YouTube: https://www.youtube.com/watch?v=AmH7nDj8SR4 (Min. 36:14 Min. bis Min. 37:00).

32 *Karg*, Die Ärzte, S. 39 f.

Liebing („The Incredible Hagen“[33]) (* 18.02.1961) als Bassist dazustieß[34]. Ausgangspunkt war das auf dem Album aufgenommene Lied „Geschwisterliebe“, in dem das Begehren eines jungen Mannes nach dem Geschlechtsverkehr mit seiner 14-jährigen Schwester beschrieben wird, welcher dann auch tatsächlich stattfindet. Der Brief einer besorgten Mutter aus Witten an das Jugendamt Essen, die das Lied aus dem Kinderzimmer ihres Sohnes hörte, brachte den Stein ins Rollen. Das Jugendamt sah sich nach Prüfung des Falles dazu veranlasst, bei der Bundesprüfstelle für jugendgefährdende Schriften (BPjS) – heute Medien (BPjM) – einen Antrag auf Indizierung des gesamten Tonträgers („Die Ärzte“) zu stellen[35]. Bereits kurz nach Antragstellung entschied die Bundesprüfstelle im vereinfachten Verfahren[36] gemäß § 15 des Gesetzes über die Verbreitung jugendgefährdender Schriften (GjS)[37] über die Indizierung der Langspielplatte und attestierte „Geschwisterliebe“ „die Eignung zur Jugendgefährdung“, da das Lied „geeignet (ist), Kinder und Jugendliche sozialethisch zu desorientieren …“[38].

Die Aufregung um „Geschwisterliebe“ führte dazu, dass nunmehr weitere Texte der Band näher auf ihren jugendgefährdenden Inhalt untersucht wurden[39]. Das Stadtjugendamt Mannheim erließ, nachdem sich (erneut) eine besorgte Mutter an dieses wandte[40], einen Antrag auf Indizierung eines weiteren Tonträgers der „Ärzte“. Diesmal wurden Einwände gegen die Lieder „Claudia hat ‘nen Schä-

33 Der Künstlername entstand in Anlehnung an die Comicfigur „The Incredible Hulk” (*Liebing*, The incredible Hagen, S. 17).

34 *Liebing*, a.a.O., S. 10.

35 *Karg*, Die Ärzte, S. 101; 115.

36 Dies ermöglichte eine Neufassung des Gesetzes über die Verbreitung jugendgefährdender Schriften vom 29.04.1961, BGBl. I, 497.

37 § 15 GjS: „(1) Die Bundesprüfstelle kann die Aufnahme einer Schrift in die Liste im vereinfachten Verfahren anordnen, wenn die Voraussetzungen des § 1 offenbar gegeben sind. (2) Die Entscheidung wird von dem Vorsitzenden und zwei weiteren Mitgliedern … einstimmig erlassen …“. Siehe auch § 1 Abs. 1 GjS: „(1) Schriften, die geeignet sind, Kinder oder Jugendliche sittlich zu gefährden, sind in eine Liste aufzunehmen. Dazu zählen vor allem unsittliche, verrohend wirkende, zu Gewalttätigkeit, Verbrechen oder Rassenhaß anreizende sowie den Krieg verherrlichende Schriften. …“

38 Die Entscheidung Nr. 2778 (V) vom 27.01.1987 ist abgedruckt bei *Karg*, Die Ärzte, S. 117.

39 *Karg*, a.a.O., S. 101.

40 *Üblacker*, Das Buch Ä, S. 206 f.

ferhund“ und „Schlaflied“, beide auf der 1984 veröffentlichten CD „Debil“ enthalten, erhoben. Der Antrag des Stadtjugendamtes Mannheim war mit einem Eilvermerk versehen[41]:

> Auf Grund des Bekanntheitsgrades der Gruppe unter Kindern und Jugendlichen und der Tatsache, daß nach unseren Informationen die oben genannte Platte in einer Reihe von Schallplattengeschäften vorrätig gehalten wird, bitten wir um schnelle Bearbeitung.

Dabei verhalf ironischerweise gerade die BPjS den „Ärzten“ durch die vorhergegangene Indizierung von „Geschwisterliebe“ bei der Steigerung ihres Bekanntheitsgrades[42].

Die Bundesprüfstelle entschied auch in diesem Falle zugunsten des Jugendschutzes über die Indizierung der Platte „Debil“. Zu „Claudia hat ‘nen Schäferhund“ traf sie folgende Feststellungen[43]:

> Der Inhalt des Liedes „Claudia hat ´nen Schäferhund“ ist jugendgefährdend, weil Kinder und Jugendliche auf deviante sexuelle Aktivitäten hingewiesen und diese positiv bewertet werden. Hauptfigur ist das Mädchen Claudia. Sie sieht „spitze“ aus, sie ist sexuell attraktiv, denn auf sie sind „alle scharf“. Das körperlich attraktive Mädchen übt keinen heterosexuellen Geschlechtsverkehr aus, sie befriedigt sich geschlechtlich mit einem Schäferhund. Sie ist nicht heterosexuell, abweichend von sexuellen Normalitätskonzepten verkehrt sie sexuell mit einem Tier. Dies verschafft ihr Befriedigung, insbesondere wenn unter dem Eßtisch sexuell agiert wird. Durch die gesamte Art der Darstellung, es macht Claudia großen Spaß, mit dem Tier zu verkehren, wird der Eindruck erweckt, der Koitus mit einem Hund sei besonders befriedigend. Zwar wird in der letzten Strophe auf die Gefahr des „Verharzens“ hingewiesen, dennoch wird der Gesamteindruck vermittelt, geschlechtliche Kontakte mit einem Schäferhund überträfen bei weitem heterosexuelle Befriedigung.

Fortan standen die Konzerte der „Ärzte“ unter polizeilicher Beobachtung[44]. Darüber hinaus wurden minderjährige Lockvögel von der Bundesprüfstelle in Plattenläden geschickt, um zu überprüfen, ob die indizierten Tonträger an diese verkauft würden. In verschiedenen Städten hatte dies zur Folge, dass zahlreiche Filialleiter von großen Plattengeschäften angezeigt wurden[45]. Dies trug zu einer starken Verunsicherung unter den Verkäufern bei und führte sogar dazu, dass

---

41 Text des Antrages des Stadtjugendamtes Mannheim ist abgedruckt bei *Karg*, Die Ärzte, S. 114.

42 *Üblacker*, Das Buch Ä, S. 202.

43 Abgedruckt im Innenbooklet der Mini-LP „Ab 18“.

44 *Üblacker*, Das Buch Ä, S. 203 f.

45 „Ich weiß … von mindestens drei Geschäftsführern von Plattenläden, die angezeigt wurden. Einer ist sogar abgeführt worden. In einer Report-Sendung im TV wurden Jugendliche in Plattenläden geschickt, um Tonträger von uns zu erstehen, die indiziert waren. Da wurden Verkäufer bewusst gefoppt.“ (Zit. nach *Üblacker*, a.a.O., S. 209).

der Karstadt-Konzern das gesamte Programm der „Ärzte“ aus dem Sortiment nahm. Bela und Farin fürchteten derweil um ihre Existenz[46]. Eine Indizierung hat immerhin zur Folge, dass die auf die Liste für jugendgefährdende Schriften (Medien) aufgenommenen Inhalte „Kindern und Jugendlichen nicht angeboten, überlassen oder zugänglich gemacht werden“[47] dürfen, zudem darf „eine Schrift, deren Aufnahme in die Liste bekanntgemacht ist, … nicht öffentlich oder durch Verbreiten von Schriften angeboten, angekündigt oder angepriesen werden“[48].

Um einen Ausweg aus dieser Misere zu finden und aus Frust über die Indizierungen kam Bela 1987 auf die Idee, eine Mini-LP zu veröffentlichten, die alle bisweilen indizierten Lieder enthalten sollte. Die CD erschien unter dem Titel „Ab 18“[49] und enthielt auf dem Cover den Hinweis, dass dieser Tonträger nicht an Jugendliche unter 18 Jahren verkauft werden dürfe[50]. Abgesehen von bereits veröffentlichten Liedern nahmen „Die Ärzte“ unter anderem auch „Claudia II“ für diese besondere Mini-LP auf. „Claudia II sollte nochmal unmissverständlich klarmachen, dass wir nichts bereuen.“[51] Der Song stellt eine musikalische Fortsetzung von „Claudia hat 'nen Schäferhund“ dar, in dem Claudia ihre sodomitischen Gelüste nunmehr mit einem Pferd ausübt[52].

---

46 *Karg*, Die Ärzte, S. 101; *Üblacker*, a.a.O., S. 209 f.

47 § 3 Abs. 1 Nr. 1 GjS in seiner damals geltenden Fassung; heute: § 15 Abs. 1 Nr. 1 JuSchG.

48 § 5 Abs. 2 GjS in seiner damals geltenden Fassung; heute: § 15 Abs. 1 Nr. 6 JuSchG.

49 Der Titel und das Cover waren als „Retourkutsche für die BPjS“ gedacht. (*Üblacker*, Das Buch Ä, S. 213).

50 *Karg*, Die Ärzte, S. 107.

51 *Üblacker*, Das Buch Ä, S. 213.

52 „Claudias Vater wollte nicht, dass sie vom Hund 'nen Welpen kriegt. / Damit sie nicht so an ihm hängt, hat er ihr ein Pferd geschenkt. / Claudia hat jetzt ein Pferd, mit dem sie ziemlich oft verkehrt. / Sie ist bei ihm jede Nacht, Gott weiß, was sie dort macht. / Claudia sagte sofort: 'Ja', der Vater dachte: 'Wunderbar'. / Dabei wusste Claudia längst, es handelt sich um einen Hengst. / Claudia hat jetzt ein Pferd, mit dem sie ziemlich oft verkehrt. / Sie ist bei ihm jede Nacht, Gott weiß, was sie dort macht. / Der Schäferhund ist nichts mehr wert, weil sie nur auf ihr Pferd abfährt. / Doch sie wünscht sich von ihren Tanten, zu Ostern einen Elefanten. / Claudia hat jetzt ein Pferd, mit dem sie ziemlich oft verkehrt. / Sie ist bei ihm jede Nacht, Gott weiß, was sie dort macht. / Claudia hat jetzt ein Pferd, mit dem sie manchmal Auto fährt. / Sie ist bei ihm jede Nacht, Gott weiß, was sie dort macht.“ (*Die Ärzte*, Songbook, S. 45).

Alle Bemühungen, um eine Indizierung der Mini-LP zu verhindern, waren jedoch vergebens. Die Bundesprüfstelle für jugendgefährdende Schriften indizierte mit Entscheidung vom 31. Dezember 1987[53] auch „Ab 18". In der Begründung heißt es zu „Claudia II"[54]:

> Das Lied „Claudia hat 'nen Schäferhund" schildert Geschlechtsverkehr eines Mädchens mit einem Schäferhund und einem Pferd. Solches Sexualverhalten, das der Würde des Menschen zutiefst widerspricht ..., wird darin verherrlicht und verharmlost. In seiner Gesamttendenz erschwert der Text den Jugendlichen die Einordnung ihres noch in der Entwicklung begriffenen Sexualverhaltens in ihre Gesamtpersönlichkeit.

Darüber hinaus wurde wenig später auch das Innencover der Platte indiziert, da dort die Liedtexte der bereits verbotenen Lieder abgedruckt waren[55].

„Die Ärzte" versuchten das Problem mit den indizierten Liedern auch auf ihren Konzerten zu umschiffen, indem sie diese lediglich instrumental anspielten und das Publikum singen ließen[56]. Die Songtexte kannten die „Ärzte"-Fans sehr gut, weckt doch gerade ein verbotenes Lied ganz besonders das Interesse. Zudem stieg die Reputation der „Ärzte" mit jeder weiteren Indizierung, sodass die Anhängerschaft der Band immer größer wurde[57]. Jedoch blieb auch dies, insbesondere nach einem Konzert in Kleve, nicht folgenlos. Das Amtsgericht Kleve verurteilte alle drei Bandmitglieder zu einer Geldstrafe von jeweils 20 Tagessätzen zu je 50,- DM wegen des Verstoßes gegen das GjS[58]. Als Anpreisen des indizierten Liedes „Claudia hat 'nen Schäferhund" wurden unter anderem die Ausführungen Farins zu der vorangegangenen Indizierung der beiden Lieder über „Claudia", die durch einen Vermerk eines Mitarbeiters des Ordnungsamtes Kleve schriftlich festgehalten wurden[59], bewertet[60]:

> ... der Angeklagte Vetter (machte) Ausführungen zu dem indizierten Stück „Claudia hat 'nen Schäferhund". Er erklärte in ironischer Weise, warum das Lied indiziert

---

53 Entscheidung Nr. 3788 vom 10.12.1987, bekanntgemacht im Bundesanzeiger Nr. 244 vom 31.12.1987.

54 Entscheidung Nr. 3788, a.a.O.

55 *Karg*, Die Ärzte, S. 107.

56 „Wenn ihr dieses Lied singt [gemeint ist hier 'Geschwisterliebe'], macht ihr euch strafbar, und das wollen wir nicht, nein. Ihr habt eure Jugend noch vor euch, ihr seid so jung. Macht eine Bankkaufmannslehre oder werdet drogenabhängig, aber singt nicht dieses Lied. ... Mit eurem heiligen Versprechen, dass ihr das Lied nicht singt, spielen wir es jetzt." (Zit. nach *Karg*, a.a.O., S. 109).

57 *Üblacker*, Das Buch Ä, S. 222.

58 Urteil vom 22.12.1989 – 12 Ds 13 Js 1074/88 (bei *Karg*, Die Ärzte, S. 119 f.).

59 *Liebing*, The incredible Hagen, S. 193 ff.

60 Urteil vom 22.12.1989 – 12 Ds 13 Js 1074/88 (bei *Karg*, Die Ärzte, S. 120).

> worden sei. Hierbei wurden insbesondere die Bundesprüfstelle und Personen, die für den Jugendschutz tätig sind, lächerlich gemacht. … Sinn und Zweck des Jugendschutzes sei, dass Claudia nunmehr zu reifen Männern gehe, die ebenfalls einen entsprechenden Hammer hätten. Nach diesen Ausführungen wurde sodann ein Lied „Claudia" mit dem Titel „Claudia hat jetzt 'nen Mann" gespielt. ...

Der letzte Satz des Amtsgerichts Kleve weist darauf hin, dass im abschließenden Teil der „Saga" („Claudia Teil 3") Claudia sich nunmehr mit ihrem Mann „christlichem Verkehr" zuwendet[61]. Was jedoch sittenhaft beginnt, endet mit den Worten:

> Claudia hat jetzt 'nen Mann, doch sie lässt ihn niemals ran. / Denn ihr sexuelles Glück, holt sie bei Moby's Dick.

Das Augenmerk liegt hier insbesondere auf der letzten Zeile und dem damit verbundenen Wortspiel; denn trotz ihres Mannes scheint Claudia weiterhin ihren sodomitischen Gelüsten zu frönen und sich geschlechtliche Befriedigung bei „Mobys Schwanz" („Moby's Dick" aus dem Englischen übersetzt und in Anspielung auf den Wal im Roman von Herman Melville „Moby-Dick") zu verschaffen. Das Lied wurde 1988 auf der Live-CD „Nach uns die Sintflut" veröffentlicht und nicht indiziert. Dem Song geht eine ähnliche Erklärung Belas, wie sie Farin in Kleve abgab, voraus[62]. Das Besondere dieses Albums ist, dass

---

61 „Claudia hat jetzt 'nen Mann. Und fängt ein neues Leben an. / Keine Sauereien mehr, nur christlicher Verkehr / Claudia. Claudia, Claudia, Claudia, Claudia. / Die Mutter sagte: Hör mal zu, jede braucht'n Mann, auch du! / Claudia sagte: Haste recht – ein echter Kerl, das wär nicht schlecht! / Claudia hat jetzt 'nen Mann und fängt ein neues Leben an. / Keine Sauereien mehr, nur christlicher Verkehr. / Claudia machte endlich Schluss, gab ihrem Hengst den Gnadenschuss. / Hasso schläferte sie ein; denn sie will jetzt anders sein. / Claudia hat jetzt 'nen Mann. Und fängt ein neues Leben an. / Keine Sauereien mehr, nur christlicher Verkehr. / Claudia. Claudia, Claudia, Claudia, Claudia. / Claudia, die ist nicht dumm: Man sah sie im Aquarium. / Denn das größte Genital hat immer noch der Buckelwal. / Claudia hat jetzt 'nen Mann. Und fängt ein neues Leben an. / Keine Sauereien mehr, nur christlicher Verkehr. / Claudia hat jetzt 'nen Mann, doch sie lässt ihn niemals ran. / Denn ihr sexuelles Glück holt sie bei Moby's Dick." (*Die Ärzte*, Songbook, S. 46).

62 „Früher, gang, ganz früher, um genau zu sagen, vor vier Jahren. Da verkehrte sie liebend gern in Gesellschaft von ausgewachsenen Schäferhundrüden. Aber irgendwann muss jeder Hund mal sterben. Ihr habt euch ja sicher auch gefragt, warum es Lassie nicht mehr im Fernsehen gibt. Ganz einfach und so erging es auch dem Hund von Claudia. Aber zum Glück gibt's ja noch Pferde. Aber in Zeichen der Rohstoffknappheit sind Pferde in der letzten Zeit als erstklassige Boulettenlieferanten entdeckt worden und so musste Claudias Hengst geschlachtet werden. … Und das war ein trauriges Kapitel im Leben von Claudia. Doch zum Glück ist da noch die Bundesprüfstelle für jugendgefährdende Schriften da. Und die Bundesprüfstelle, die hat sich gedenkt, wir zeigen Claudia einmal wo der Hammer hängt. Und Claudia, die weiß hetero macht mehr Spaß. Und – okay – drei Monate war sie eingesperrt im Bunker mit 30 Mitarbeitern der Bundesprüfstelle für jugendgefährdende Schriften. Eine Orgie nach der ander'n und nach drei Wochen hatten

diesem die Bonus-Single „Der Ritt auf dem Schmetterling“ beigefügt wurde, auf dem zu hören ist, wie „Die Ärzte“ das indizierte Lied „Geschwisterliebe“ instrumental spielen und der Text vom Publikum gesungen wird. Die Idee dahinter war simpel: Sollte die Bundesprüfstelle für jugendgefährdende Schriften auf die Indizierung drängen, so könnte dieser Teil dem Album, weil als zusätzliche dritte CD dort enthalten, einfach herausgenommen werden, ohne dabei Gefahr zu laufen, dass das ganze Album von dem Verbot betroffen wäre. Tatsächlich wurde die BPjS erst ein Jahr nach der Veröffentlichung des Albums darauf aufmerksam und stoppte den Verkauf der Bonus-Single. Fortan war das Album nur noch ohne „Bonus“ erhältlich, wodurch die Erstauflage zu einem begehrten Sammlerstück emporstieg[63]. Eine Indizierung des Liedes „Claudia Teil III“ blieb aus.

Grundsätzlich verlieren Indizierungen 25 Jahre nach Aufnahme in die Liste der jugendgefährdenden Medien ihre Gültigkeit[64]. Die Bundesprüfstelle kann jedoch eine Folgeindizierung aussprechen, wenn sie das Medium weiterhin für jugendgefährdend hält[65]. So sah sie es auch in Hinblick auf das Album „Ab 18“ und veranlasste 2012 eine Folgeindizierung dessen[66]. Das Album „Debil“ wurde hingegen bereits 2004 aus der Liste der jugendgefährdenden Medien gestrichen. Das Gremium der Bundesprüfstelle für jugendgefährdende Medien befand, dass der „Titel Claudia hat 'nen Schäferhund … auf heutige Jugendliche kaum mehr eine beeinträchtigende Wirkung ausübt“ [67]:

> Die Textzeilen sind insbesondere nicht pornographisch, zumal der Geschlechtsverkehr zwischen Claudia und ihrem Hund zu keiner Zeit offen beschrieben wird. Die Textzeilen „Abends springt er in ihr Bett und dann geht es rund“ bzw. „Am allerliebsten mag sie es, mit ihrem Hundchen unterm Esstisch“ erachtete das Gremium auch nicht als unsittlich, da die sodomitische Handlung zwar angedeutet wird, aber aufgrund der getroffenen Formulierung auch viel Raum für andere Interpretationen, auch nicht-sexueller Art, bleibt. Der sexuelle Bezug ergibt sich ausschließlich aus

---

sie Claudia so weit und sie hat gesagt: ‘Nie wieder Verkehr mit Hunden! Nie wieder Verkehr mit Pferden! Nur noch mit echten Männern! Nur noch mit echten Männern!‘“ Danach wird das Lied „Claudia Teil 3“ gespielt.

63 *Karg*, Die Ärzte, S. 128.

64 § 18 Abs. 7 JuSchG: „Medien sind aus der Liste zu streichen, wenn die Voraussetzungen für eine Aufnahme nicht mehr vorliegen. Nach Ablauf von 25 Jahren verliert eine Aufnahme in die Liste ihre Wirkung.“

65 § 21 Abs. 5 Nr. 3 JuSchG: „Die Bundesprüfstelle für jugendgefährdende Medien wird auf Veranlassung der oder des Vorsitzenden von Amts wegen tätig, … wenn die Aufnahme in die Liste nach § 18 Abs. 7 Satz 2 wirkungslos wird und weiterhin die Voraussetzungen für die Aufnahme in die Liste vorliegen.“

66 BAnz. AT 28.09.2012 B4.

67 Zit. nach *Custodis*, in: Helms / Phleps (Hrsg.), No Time for Losers, S. 166 f.

dem Hinweis auf Claudias „nicht-lesbische" Neigung. Hier vertrat das Gremium allerdings die Ansicht, dass der Text, auch wenn man die Zeilen sexuell interpretiere, keinesfalls Sodomie propagiere, sondern vielmehr als eine Satire auf dieses gesellschaftliche Tabu zu werten sei. Auch sei ein Nachahmungseffekt bei Kindern und Jugendlichen nicht zu vermuten.

„Die Ärzte" fallen seit ihrem Comeback 1993, nunmehr mit Rod Gonzales (* 11.08.1968) als Bassisten, anders als in der stürmischen Zeit Ende der 1980er Jahre, nicht mehr mit indizierten Liedern auf.

Literatur

Custodis, Michael, Tadel verpflichtet. Indizierung von Musik und ihre Wirkung, in: D. v. Helms / T. Phleps (Hrsg.), No Time for Losers, Charts, Listen und andere Kanonisierungen in der populären Musik, 2008, S. 161 ff.

Die Ärzte, Songbook, 2012.

Geiling, Heiko, Punk als politische Provokation: Mit den Chaos-Tagen in Hannover zur Politik des ‚gesunden Volksemfindens', in: R. Roth, / D. Rucht (Hrsg.), Jugendkulturen, Politik und Protest. Vom Widerstand zum Kommerz?, 2000, S. 165 ff.

Job, Bertram, Bis zum bitteren Ende ..., Die Toten Hosen erzählen ihre Geschichte, 2006.

Karg, Markus, Die Ärzte, Ein überdimensionales Meerschwein frisst die Erde auf. Die Biografie der besten Band der Welt, 2001.

Liebing, Hagen, The incredible Hagen, Meine Jahre mit „Die Ärzte", 2003.

Martin, Murielle, Die Ärzte. Auf den Spuren der Kult-Band zwischen Charts und Provokation, 2001.

o.V., Punk: Nadel im Ohr, Klinge am Hals, Der Spiegel 04/1978.

Skai, Hollow, Punk, Versuch der künstlerischen Realisierung einer neuen Lebenshaltung, 2008.

Sonnenschein, Ulrich, Dreck schwimmt oben. Punk gegen alles (I hate Pink Floyd), in: P. Kemper / T. Langhoff / U. Sonnenschein (Hrsg.), „Alles so schön bunt hier". Die Geschichte der Popkultur von den Fünfzigern bis heute, 1999, S. 154 ff.

Sterneck, Wolfgang, Der Kampf um die Träume, Musik und Gesellschaft: Von der Widerstandskultur zum Punk, von der Geräuschmusik bis zu Techno, 1998.

ÜBLACKER, STEFAN, Das Buch Ä, Die von die Ärzte autorisierte Biografie, 2016.

Paul Hoffmann

Das Plagiat in der Musik – zwischen Strafrecht und Inspiration*

I. Einleitung

In der Kunst sind Kopien und Verarbeitungen seit jeher ein verbreitetes Stilmittel; vereinzelt wurden Kopien gar so zu eigenen Kunstgattungen emporgehoben (Collage, Parodie, Hommage). Sie fußen auf der Arbeit anderer Künstler, sind durch Bestehendes inspiriert. Kopien können jedoch auch böswillig angefertigt und verbreitet werden, in diesen Fällen geht es nicht um Inspiration der künstlerischen Tätigkeit, sondern um die eigene Bereicherung mit den Arbeiten anderer. Im Folgenden befasst sich dieser Beitrag mit dem Plagiat in der Musik – insbesondere mit der strafrechtlichen Behandlung.

Ein aktueller Fall[1], in welchem sich die zwei gerichtserprobten Parteien Ed Sheeran und die Erben der Soul-Ikone Marvin Gaye gegenüberstehen, zeigt, dass das Thema nicht an Relevanz verloren hat.

II. Musikdiebstahl?

Schon zur Zeit der Reformation wurden regelmäßig Melodien bereits bestehender Werke in neuen Werken zitiert und eingearbeitet[2]. Nicht immer zollt die Namensgebung dem ausreichend Tribut; ein berühmtes – gekennzeichnetes – Plagiat ist das Werk: „Variationen über ein Thema von Haydn“ von Johannes

---

* Der Beitrag entstand aus einer musikalischen Darbietung, die der Autor am 25. April 2019 auf der Tagung „Musik und Strafrecht“ an der Europa-Universität Viadrina in Frankfurt (Oder) präsentiert hat.

1 *O.V.*, BBC.com vom 04.01.2019 (https://www.bbc.com/news/entertainment-arts-46754883).

2 Schon im Mittelalter wurde die Praxis der Umdichtung zunehmend populär. In der Musik spricht man dann von Kontrafaktur – bestehende Lieder wurden schlicht mit neuem Text versehen. Angefangen hat diese Praktik zunächst im Rahmen von Neuinterpretationen von Kirchenliedern, welche mit neuem Text erklingen sollten. So wurden zu Reformationszeiten – auch von Luther – die Kirchenlieder nicht nur ins Deutsche übersetzt, sondern textlich oft stark verändert. In der Wiener Klassik sprach man bei Neuinterpretationen auch oft von Parodie; die Praxis der Kontrafaktur erstreckte sich von Kirchenliedern bis hin zu ganzen gregorianischen Chorälen. (*Wikipedia,* Stichwort: Kontrafaktur).

https://doi.org/10.1515/9783110731729-008

Brahms[3]. In einem anderen Fall musste Vincent Rose für seinen 1920 erschienen Titel „Avalon" 25.000 US-Dollar an den Ricordi-Verlag zahlen, da die Melodie seines Stücks Ähnlichkeiten mit „E Lucevan le stelle" – der Arie aus Giacomo Puccinis Oper Tosca[4] – aufwies[5].

Einer der wohl berühmtesten Lieder der populären Musik – „Stairway to Heaven" von der Band Led Zeppelin – sah sich ebenfalls Plagiatsvorwürfen ausgesetzt. Der Gitarrist der Band Taurus, Randy Wolfe, war der Ansicht, dass das ikonische Intro des Songs ursprünglich aus dem Song „Spirit" der Band Taurus stammt. Die Treuhandgesellschaft, welche den Nachlass des 1997 verstorbenen Randy Wolfe verwaltet, erhob 2014 Klage gegen die Autoren Robert Plant und Jimmy Page[6]. Das Gericht aus Los Angelos wies die Klage mit der Begründung ab, dass keine ausreichende Ähnlichkeit besteht[7]. Damit erging es den beiden Musikern besser als Pharrell Willams und Robin Thicke, welche ein Jahr zuvor 7,4 Millionen US-Dollar Schadensersatz an die Hinterbliebenen von Marvin Gaye zahlen mussten[8]. Letztgenannter Fall liegt zudem besonders, da das streitgegenständliche Plagiat keine Melodie, sondern eine allgemeine Art – man könnte auch von „Feel" sprechen – kopierte[9].

Die vorangegangenen Beispiele zeigen, was der Kern des Themas ist: Diebstahl oder Inspiration. In diesem sensiblen Bereich handelt es sich sowohl in Deutschland als auch in den Vereinigten Staaten um Einzelfalljudikatur. Es gibt keine rechtlichen Kennlinien für die Feststellung einer Urheberrechtsverletzung, was zur Folge hat, dass jeder Künstler sich der Gefahr der Rechtsverletzung aussetzt, sobald er künstlerisch tätig ist. Es ist dem Künstler schwerlich zuzumuten, den unüberschaubaren und weiter anwachsenden Bestand an veröffentlichter Musik auszuwerten, was im Ergebnis eine nicht aus der Welt zu schaffende Rechtsunsicherheit ergibt.

Jeder Künstler wird durch seine Umgebung und seine Erfahrungen inspiriert.

---

3 Auf YouTube zu finden unter https://www.youtube.com/watch?v=BAuqxEMRapg.

4 Auf YouTube zu finden unter https://www.youtube.com/watch?v=4mX7ugJ5NM8.

5 *Bloom*, The American Songbook, S. 77 f.

6 *Carroll*, Theguardian.com vom 23.06.2016.

7 *Carroll*, a.a.O.

8 *Oldenburg*, USAToday.com vom 11.03.2015.

9 Die Richterin Jaqueline Nyugen äußerte sich abweichend: „[The desicsion] allows the Gayes to accomplish what no one has before: copyright a musician style." *Sisario*, NY-Times.com vom 21.03.2018.

1. Strafrechtliche Behandlung

Die Strafvorschriften des Urheberrechts sind – zwangsläufig – zivilrechtsakzessorisch[10]. Das müssen sie deswegen sein, da sie ansonsten unbrauchbar kraft Unverständlichkeit wären: Das Urheberrecht, als Ausfluss der Eigentumsgarantie gemäß Art. 14 GG als geistiges Eigentum[11], ist nur mit Hilfe des zivilrechtlichen Fundaments abgrenz- und bestimmbar[12].

Eine Strafbarkeit gemäß § 106 UrhG setzt zunächst voraus, dass ein Werk und/oder eine Bearbeitung oder Umgestaltung dieses Werkes ohne Einwilligung des Berechtigten vervielfältigt, verbreitet oder öffentlich wiedergegeben wird[13]. Das Tatbestandsmerkmal *„Werk“* soll hier nun im Hinblick auf das Plagiat behandelt werden: Beim Plagiat werden Ausschnitte eines musikalischen Stückes verwendet; der strafrechtliche Werkbegriff ist mit dem zivilrechtlichen gemäß §§ 2 ff. UrhG identisch[14]. Der Werkbegriff im Urheberrecht geht über den Katalog aus § 2 Abs.1 UrhG gemäß Abs. 2 hinaus, sodass mit der überwiegenden Meinung ein Werk im Sinne des 106 UrhG, anknüpfend an § 2 UrhG, eine „persönliche geistige Schöpfung“ ist[15].

Für das Plagiat heißt das, dass der verwendete Ausschnitt isoliert betrachtet eine gewisse „Schöpfungshöhe“ erreicht haben muss, damit ein Eingriff in das Urheberrecht vorliegt[16].

Der strafrechtliche Kanon des Urheberrechts beinhaltet die §§ 106 bis 111a UrhG, wobei jeder Norm ihr eigener Anwendungsbereich zugestanden wird[17]. Einzig für diesen Beitrag relevante urheberrechtliche Strafvorschrift ist der § 106 UrhG. Ob in diesem System der § 106 UrhG als Grundtatbestand verstanden werden kann oder nicht, ist redundant dahingehend, dass er den für diesen Beitrag relevanten originären Werkschutz statuiert[18].

---

10 *Hildebrandt*, Die Strafvorschriften des Urheberrechts, S. 31.

11 *BVerfG*E 31, 229 – Schulbuchprivileg.

12 *Hildebrandt*, Die Strafvorschriften des Urheberrechts, S. 32.

13 *Kudlich* in Schricker / Loewenheim, Urheberrecht, § 106 UrhG Rn. 1.

14 Siehe die Nachweise bei *Hildebrandt*, Die Strafvorschriften des Urheberrechts, S. 33.

15 *Loewenheim* in Schricker / Loewenheim, Urheberrecht, § 2 UrhG Rn. 30.

16 Vgl. *Weber*, Der strafrechtliche Schutz, S. 73.

17 *Hildebrandt*, Die Strafvorschriften des Urheberrechts, S. 31.

18 *Flender*, Zivilrechtliche und strafrechtliche Probleme des Samplings, S. 154.

a) Werkteile

Bei allen bereits genannten Beispielen handelt es sich jeweils um Liedpartien, einzelne Melodien oder um ähnlich arrangierte Kadenzen[19]. Es bedarf somit in diesem Kontext einer Auseinandersetzung mit dem strafrechtlichen Schutz von Werkteilen.

Nach dem Wortlaut des § 106 UrhG sind Werke im urheberrechtlichen Sinne geschützt; dass dies auch für Werkteile gilt, wird zunächst darauf zurückgeführt, dass der Gesetzgeber des UrhG die damals bestehende Rechtslage – welche durch § 41 LUG einen „Werkteil-Schutz“ explizit vorsah – nicht ändern wollte[20]. Die Einbeziehung von Werkteilen in den Schutzbereich des § 106 UrhG kann schon aufgrund des Bestimmtheitsgebots aus Art. 103 GG nicht pauschal gelten, stattdessen müssen gewisse Anforderungen an den Werkteil gestellt werden, damit der strafrechtliche Schutz legitimiert wird[21]. Es kommt also maßgeblich darauf, ob der Werkteil qualitativ ein eigenes Werk im Lichte von § 2 Abs. 2 UrhG ist[22].

In der – überwiegend zivilrechtlichen – Praxis zu musikalischen Plagiaten liegt der Fokus im Rahmen der Erörterung einer möglichen Urheberrechtsverletzung genau an diesem Punkt: Hat der Ähnlichkeiten aufweisende Ausschnitt Werkqualität im Sinne des UrhG?

Bei Bejahung der Frage stellt sich die in der Theorie weitestgehend unbeachtete Frage der Ähnlichkeit des Originalausschnitts und der vermeintlich plagiierenden Version.

b) Verletzungshandlung

In den oben dargestellten Fällen fiel die mediale Aufmerksamkeit in erster Linie auf die Frage, ob Ähnlichkeit zwischen den Musikstücken besteht. Strafrechtlich müssen wir uns an dieser Stelle begrifflich anders nähern. Gemäß § 106 UrhG darf das geschützte Werk nicht „vervielfältigt“, „verbreitet“ oder „öffentlich wiedergegeben“ werden. Kommt man nun zu dem Schluss, dass die Passage

---

19 Bei dem Stück Stairway to Heaven handelt es sich um eine einleitende Gitarrenpassage – eine harmonische Melodie; Ed Sheeran wird vorgeworfen, seinen Titel „Thinking out Loud“ zum Teil auf Grundlage von von Marvin Gaye verwendeten Kadenzen aufgebaut zu haben.

20 Siehe Entwurf der *Bundesregierung* eines Gesetzes über Urheberrecht und verwandte Schutzrechte (Urheberrechtsgesetz), BT-DrS IV/270, S. 270; *Weber*, Der strafrechtliche Schutz, S. 205.

21 *Hildebrandt*, Die Strafvorschriften des Urheberrechts, S. 39; *Weber*, a.a.O., S. 73.

22 *Weber*, a.a.O.

eines Liedes ausreichende Ähnlichkeit mit einer Passage eines bereits veröffentlichten Liedes aufweist, so wird dieses geschützte Werk – oder der Werkteil – durch die erneute Pressung des „neuen" Liedes auf Tonträger grundsätzlich sowohl vervielfältigt, verbreitet, als auch – zu Ende gedacht – öffentlich wiedergegeben.

Im Einzelnen müssen wir uns nun die Tatmodalitäten genauer anschauen. Die juristische Definition des Merkmals „vervielfältigen" geht immer noch auf die Definition des Reichsgerichts zurück[23]: „Der Begriff der Vervielfältigung erfordert die Herstellung eines körperlichen Gegenstandes, der das Werk in sinnlich wahrnehmbarer Weise wiedergibt." An diesem Punkt ist die Tatsache, dass der „gestohlene" Werkteil im Gewand eines neuen Werkes erscheint, nicht ausschlaggebend, da § 106 UrhG auch eine Bearbeitung oder Umgestaltung des geschützten Werkes sanktioniert. Unter der Prämisse, dass eine existierende Melodie, welche einen eigenen, gesondert geregelten Schutz in § 24 Abs. 2 UrhG genießt, in einem neuen Musikstück erkennbar verarbeitet ist, stellt die Herstellung eines Tonträgers mit dem „neuen" Stück eine unzulässige Vervielfältigung dar.

Für den Schöpfer des neuen Werkes stellt die Tatmodalität der „öffentlichen Wiedergabe" einen zusätzlichen Weg in die Strafbarkeit dar: Nach überwiegender Auffassung ist zur strafrechtlichen Bestimmung der „öffentlichen Wiedergabe" § 15 UrhG heranzuziehen[24]. Dieser verweist auf Fälle der §§ 19 f. UrhG; gemäß § 19 Abs. 3 UrhG umfasst das Aufführungs- und Vortragsrecht auch die öffentliche Wahrnehmbarkeitsmachung des Werkes durch technische Mittel aller Art. Darunter müsste somit auch das Hochladen eines Stückes bei der Streaming-Plattform „Youtube", durch den Komponisten des „neuen" Stückes fallen[25].

Zusammenfassend lässt sich sagen, dass im Rahmen des musikalischen Plagiats das plagiierte Werk (bzw. der plagiierte Werkteil) taugliches Tatobjekt des § 106 UrhG ist; ebenfalls stellt das Veröffentlichen des neuen Songs eine taugliche Tathandlung im Sinne des § 106 UrhG dar.

---

23 *RGZ* 107, 277 – Gottfried Keller.

24 *Weber*, Der strafrechtliche Schutz, S. 217; *Hildebrandt*, Die Strafvorschriften des Urheberrechts, S. 117, *Lampe*, UFITA 83 (1978), 34.

25 Die Streaming-Plattform Youtube steht seit geraumer Zeit im Mittelpunkt einer urheberrechtlichen Diskussion. Die Nutzer der Plattform haben in der Vergangenheit immer wieder urheberrechtlich sensibles Material ohne Genehmigung hochgeladen; überwiegend handelt es sich jedoch um digitale Kopien von Werken der populären Musik und Bootlegs von Konzerten – dies lässt im Vergleich zum Plagiat auch einen erheblichen Schaden bei den Rechtsinhabern entstehen (*Wehfing*, Die Zeit 14/2019).

c) Nichtberechtigter und kein „gesetzlich zugelassener Fall“

Des Weiteren gilt es zu prüfen, wer der Nichtberechtigte ist und wann eines der „negativen Tatbestandsmerkmale“[26] durch die gesetzlich vorgesehenen Fälle der Benutzung geistigen Eigentums anderer vorliegt. Die gesetzlich zugelassenen Fälle – somit die Schranken des Urheberrechts – gilt es aus strafrechtlicher Sicht genauer zu beleuchten. *Weber* geht zwar davon aus, dass die Schranken des Urheberrechts strafrechtlich von geringer Bedeutung sind[27] – worin ihm im Grundsatz auch zuzustimmen ist. Er begründet dies damit, dass sich der „typische Täter“[28] nicht in diesem sensiblen Grenzbereich zwischen dem Urheberrecht und seinen Schranken bewegt.[29] In Plagiatsfällen trifft dies jedoch nicht zu, da gerade die Kunstfreiheit als Schranke des Urheberrechts zugunsten des Täters zu berücksichtigen ist.

Für das Plagiat relevant ist das Zitatrecht aus Art. 51 UrhG. Demgemäß ist eine Vervielfältigung, Verbreitung oder öffentliche Wiedergabe des Werkes zulässig, wenn dies zum Zwecke des Zitats geschieht; dies wird vom Gesetzgeber anhand von drei Regelbeispielen konkretisiert. Die Nr. 3 des § 51 UrhG sagt: „dies liegt insbesondere vor, wenn ... einzelne Stellen eines erschienenen Werkes der Musik in einem selbstständigen Werk der Musik angeführt werden.“ Das Zitatrecht stellt freilich keinen Freifahrtschein zur Übernahme und Nutzung geistiger Schöpfungen anderer dar. Vielmehr muss das Zitat mit einem Hintergrund gewählt sein; es muss ein *„Zitatzweck“*[30] gegeben sein. Allgemein lässt sich sagen, dass das Zitatrecht aus § 51 UrhG einen generellen politischen Diskurs begünstigen soll[31]. Dieses Kriterium ist beim Plagiat regelmäßig nicht erfüllt, da es offenkundig schon an einer bewussten Verwendung des Zitats fehlt. Zudem ist äußerst fraglich, ob eine Verwendung nur aufgrund der Eingängigkeit der entnommenen Melodie als Beitrag zu einem Diskurs ausgelegt werden kann. Als Beispiele für die Untauglichkeit des Zitatrechts im Rahmen musikalischer Plagiate sollen an dieser Stelle zwei Fälle gegenübergestellt werden.

Der erste Fall wurde im Jahr 2009 vor einem kalifornischen Gericht verhandelt; der Gitarrist und Songwriter Joe Satriani verklagte die Popgruppe „Coldplay“ aufgrund einer Urheberrechtsverletzung. Der Titel „Viva la Vida“ der Gruppe

---

26 *Heinrich* in Münchener Kommentar, StGB, §106 UrhG Rn. 78.

27 *Weber*, Der strafrechtliche Schutz, S. 230; *Hildebrandt*, Die Strafvorschriften des Urheberrechts, S. 123.

28 *Hildebrandt*, a.a.O., S. 130.

29 *Weber*, Der strafrechtliche Schutz, S. 230.

30 *BGHZ* 185, 294 – Vorschaubilder I.

31 *Spindler* in Schricker/Loewenheim, Urheberrecht, § 51 UrhG Rn. 6.

habe umfassende Ähnlichkeiten mit dem Instrumentaltitel des Gitarristen Satriani: „If I Could Fly“[32]. Hört man sich die beiden Titel an, so ist für ein – meine ich – ungeschultes Ohr die Ähnlichkeit nicht leicht wahrnehmbar. Die Melodie des Themas von Satrianis Titel – gespielt mit einer elektrischen Gitarre – stimmt mit der Gesangsmelodie der Strophe des Titels „Viva la Vida“ fast in Gänze überein. Darüber hinaus basiert der streitige Teil des Titels auf, wenn auch transponierten, ähnlichen Harmonien, die jedoch auch musiktheoretisch als konzeptgleich betrachtet werden können. Chris Martin, der Sänger und Songwriter von „Coldplay“, gab an, dass er den Titel von Satriani nicht kannte und dass es sich um einen unglücklichen Zufall handelte[33]. Ähnliche Aussagen traf auch George Harrison im Rahmen eines Prozesses[34]. Ohne bewerten zu müssen, ob diese Aussagen glaubhaft sind oder nicht, lässt sich daraus jedoch destillieren, dass keine offenkundige „Anspielung“ oder eine klare Bezugnahme auf das zuerst erschienene Werk stattfinden sollte; ein Zitatweck im weitesten Sinne ist nicht gegeben.

Als Gegenbeispiel lässt sich jedoch ein Fall aus dem Jahre 1993 anführen.[35] In diesem Fall ging es um eine Verwendung des Stücks „Oh, Pretty Woman“ des Musikers Roy Orbison; die „2LiveCrew“ entnahm für ihren gleichnamigen Titel sowohl die ikonische Gitarrenmelodie als auch Textpassagen. Hört man sich diesen Titel an, so wird deutlich, dass es den Komponisten um das Hervorrufen einer Assoziation zum Originaltitel ging. Auch der Supreme Court ging von einer Parodie aus und wies die Klage dahingehend ab, dass die Benutzung durch die „2LiveCrew“ unter die „fair-use-doctrine“ fällt[36].

---

32 *Micheals*, Theguardian.com vom 16.09.2009.

33 *Micheals*, a.a.O.

34 *NDR.de* vom 24.04.2013.

35 *U.S. Supreme Court*, Urteil vom 07.03.1994, Campbell v. Acuff-Rose Music, Inc., 510 U.S. 569 (im Internet zu finden unter https://supreme.justia.com/cases/federal/us/510/569/case.pdf).

36 *U.S. Supreme Court*, a.a.O., S. 578; 585.

Die Fair-use-doctrine bezeichnet das zumutbare Benutzen eines Werkes durch andere im Bereich der Kunst, Presse und Wissenschaft; näheres zur praktisches Ausgestaltung findet sich auch auf der offiziellen Internetseite des U.S. Copyright Office unter: https://www.copyright.gov/fair-use/more-info.html.

d) Musikplagiate in der Praxis

Rechtstatsächlich spielt das Plagiat in der strafrechtlichen Praxis keine Rolle[37]. Auch heute sind, wie auch alle in diesem Beitrag genannten Beispiele, nur Fälle aus der zivilrechtlichen Praxis bekannt.

Dies könnte zweierlei Gründe haben: Zunächst einmal ist die Feststellung des Vorsatzes – insbesondere der Nachweis über die Kenntnis des Originals – schwierig, da wenig Indizien dazu geeignet sind, auf eine Kenntnis schließen zu lassen. Viel wahrscheinlicher, warum keine Plagiatsfälle in der strafrechtlichen Praxis vorkommen, ist jedoch, dass der § 109 UrhG für die Fälle der §§ 106 bis 108, 108b UrhG ein relatives Strafantragserfordernis stellt. Es ist davon auszugehen, dass sich die Betroffenen regelmäßig auf den zivilrechtlichen Weg beschränken.

e) Die Kunstfreiheit aus Art. 5 Abs. 3 GG als Schranke des Urheberrechts

In Betracht kommt in Plagiatsfällen die Kunstfreiheit aus Art. 5 Abs. 3 GG als möglicher „anderer gesetzlich zugelassener Fall" im Sinne von § 108 Abs. 1 UrhG. Die fehlende Beachtung der Kunstfreiheit als originäre Schranke des Urheberrechts im Zusammenhang mit den Strafnormen der §§ 106 bis 108b UrhG bedarf einer Vorbemerkung, welche sich zugleich auch in Gänze auf das Thema dieses Beitrags bezieht. Die §§ 106 ff. UrhG sind Bestandteil des am 1. Januar 1966 in Kraft getretenen Urhebergesetzes[38]. Diese Reform diente vornehmlich der Vereinheitlichung des deutschen Urheberrechts[39]; vorher bestand es aus dem Dreiklang von LUG, KUG und VerlG[40]. Die Kunstfreiheit im Allgemeinen soll sich durch die Einführung des § 24 UrhG niederschlagen[41]. Grundsätzlich ist dagegen nichts einzuwenden, da die Voraussetzungen einer künstlerischen Rezeption bestehender Werke durch den Künstler geschaffen wurden. In unserem Fall bereitet der Absatz 2 des § 24 UrhG jedoch Probleme: Die Freie Benutzung gilt hiernach nicht für Werke der Musik, wenn eine erkennbare Melodie ent-

---

37 *Hildebrandt*, Die Strafvorschriften des Urheberrechts, S. 447; wobei dieser sich auf eine Ausführung von *Günter Gravenreuth* aus seinem Buch „Das Plagiat aus strafrechtlicher Sicht" von 1986 (S. 217) bezieht, die mittlerweile veraltet sein dürfte.

38 BGBl. 1965 I, 1273.

39 Entwurf der *Bundesregierung* eines Gesetzes über Urheberrecht und verwandte Schutzrechte (Urheberrechtsgesetz), BT-DrS IV/270.

40 Das LUG regelte dabei das Urheberrecht betreffend die Literatur und Tonkunst; das KUG betreffend die Bildende Kunst und Photographie; das VerlG betreffend das Verlagsrecht.

41 *Loewenheim* in Schricker / Loewenheim, Urheberrecht, § 24 UrhG Rn. 2.

nommen wurde. § 24 Abs. 2 UrhG normiert den sogenannten starren Melodieschutz, die den Schutzumfang im musikalischen Bereich erweitert[42]. Somit scheidet in den meisten unserer Fälle das Vorliegen des negativen Merkmals „in einem gesetzlich zugelassenen Falle“ aus.

Jetzt kommt die Kunstfreiheit ins Spiel. Es scheint geboten, den § 24 UrhG im Lichte der Kunstfreiheit verfassungskonform auszulegen. Vorliegend hat die starre Regelung des § 24 Abs. 2 UrhG zur Folge, dass eine genehmigungslose Entnahme von Melodien nicht möglich ist. Dies stellt zweifelsfrei einen Eingriff in den Werkbereich des ausübenden Künstlers dar; die Kunstfreiheit kann unserem Grundgesetz nach nicht durch einfaches Gesetz beschränkt werden – es handelt sich um ein schrankenlos gewährtes Grundrecht[43]. Nur kollidierende Rechte oder Interessen von Verfassungsrang dürfen in der Lage sein, die Kunstfreiheit zu beschneiden. Somit kann der § 24 UrhG nicht pauschal gelten. Es kann an dieser Stelle dahinstehen, ob der § 24 UrhG in Gänze verfassungswidrig ist, weil er bei verfassungskonformer Auslegung nicht mehr hinreichend bestimmt ist[44].

Zunächst zur Klarstellung: Das Plagiat – in Form der Entnahme einer Melodie eines bereits existierenden Werkes – stellt tatbestandlich eine Urheberrechtsverletzung gemäß § 106 UrhG dar. Ein gesetzlich vorgesehener Fall im Sinne des § 106 UrhG ergibt sich aus dem Gesetz nicht. Dieser könnte jedoch bei einer verfassungsrechtlich gebotenen Anwendung des § 24 UrhG vorliegen. Der § 24 UrhG steht in unmittelbarem Zusammenhang mit dem § 23 UrhG, wonach die Veröffentlichung von Umgestaltungen und Bearbeitungen des Werkes – was vorliegend, wie festgestellt, auf das Plagiat zutrifft – einzig dem Rechteinhaber obliegt. Das Bundesverfassungsgericht stellt in seiner Entscheidung zum Sampling[45] klar, dass Telos des § 24 UrhG ist, einen angemessenen Ausgleich zwischen den Verwertungsinteressen des Urhebers und der künstlerischen Freiheit des einzelnen zu schaffen[46]. Mit der Kunstfreiheit im Hinterkopf bedarf es somit Einzelfall tatsächlich bestehende Interesse des Urhebers, welche in der Lage sind, eine uneingeschränkte Anwendung des § 24 UrhG zu rechtfertigen.

An dieser Stelle ist zu erinnern, dass wir uns im strafrechtlich sensiblen Bereich bewegen, womit ein gewichtiges Interesse an der Pönalisierung eines Verhaltens

42 *Loewenheim*, a.a.O.

43 *Pernice* in Dreier, Grundgesetz, Art. 5 III Rn. 31.

44 *Bullinger* in Wandtke / Bullinger, Urheberrecht, § 24 UrhG Rn. 16; in *BVerfG*E 142, 74 stellt das Bundesverfassungsgericht klar, dass § 24 UrhG grundsätzlich mit der Kunstfreiheit aus Art. 5 Abs. 3 GG vereinbar ist.

45 *BVerfG*E 142, 74 – Metall auf Metall.

46 *BVerfG*E, a.a.O., S. 78.

vorliegen muss; dies soll Basis der folgenden Argumentation sein: Das sanktionierte Verhalten muss eine notwendige sittliche Verwerflichkeit aufweisen, damit das Strafrecht das Mittel der Wahl ist; dies beinhaltet, dass die oben angesprochenen von § 24 UrhG geschützten Rechte auch tatsächlich verletzt sind. Es bietet sich somit zunächst eine wirtschaftliche Betrachtung dahingehend an, dass die Verwertungsrechte auch tatsächlich – im Sinne eines Vermögensschadens? – beeinträchtigt wurden. Dies halte ich in einem Plagiatsfall nicht für grundsätzlich zu vermuten. Das neue Werk wird regelmäßig einem anderen Musikgenre zugehörig sein, dem folgt auch eine überwiegend andere Hörerschaft; ob eine wirtschaftliche Beeinträchtigung des Urhebers tatsächlich vorliegt, scheint nach alledem nicht indiziert[47]. Ist dies nicht im Einzelfall erwiesen, darf das Strafrecht als Ultima Ratio nicht eingreifen.

Folgt man dem bereits gesagtem, folgt das unbequeme Ergebnis, dass im strafrechtlichen Kontext bei nicht erwiesenem wirtschaftlichen Schaden des Rechtsinhabers eine Anwendung des § 24 UrhG in verfassungskonformer Auslegung bei Plagiatsfällen eine Strafbarkeit schon auf tatbestandlicher Ebene entfallen lässt.

2. *Folgen für das Zivilrecht*

Das oben Gesagte gilt nicht zwingendermaßen für den zivilrechtlichen Kontext. Fundament dargestellter Argumentation ist der Ultima-Ratio-Gedanke, welcher im Zivilrecht selbstverständlich keine Geltung für sich beanspruchen kann; vielmehr scheint das Zivilrecht mit den zugehörigen Rechtsfolgen (vorliegend Vergütungsanspruch in Kombination mit einer Unterlassungserklärung) der gangbare Weg. Diese Divergenz ist zweifelsfrei der Rechtsicherheit nicht dienlich.

Stattdessen könnte man die Lösung auf Rechtfertigungsebene mit der Kunstfreiheit als Rechtfertigungsgrund suchen. Dies würde die widersprüchliche Stellung des § 24 UrhG auflösen.

III. Fazit

Die strafrechtliche Behandlung von Plagiaten in der Musik wirft einige unerwartete Probleme auf. Diese Probleme haben bisher – glücklicherweise – zu keinen praktischen „Ungerechtigkeiten" geführt und werden es wahrscheinlich

---

47 Einen ähnlichen Ansatz verfolgt *Ohly*, GRUR 2017, 964 ff. Er plädiert für eine rein wirtschaftliche, bzw. wettbewerbsorientiert Betrachtungsweise („marktfunktionale Mindestschwelle"), nach der eine Wettbewerbseinschränkung notwendige Voraussetzung für eine Rechtsverletzung sein soll.

auch nicht. Dies liegt aber in erster Linie daran, dass die „Geschädigten“ sich auf den zivilrechtlichen Weg beschränken. In jedem Fall erscheint eine Strafbarkeit nach § 106 UrhG im Einzelfall durch eine verfassungskonforme Anwendung des § 24 UrhG im Hinblick auf die Kunstfreiheit ausgeschlossen. Vergleicht man darüber hinaus das Tatunrecht mit anderen Varianten des „Musikdiebstahls“: Raubpressungen, widerrechtliche Angebote zum Download (die Liste ließe sich mit Finesse weiterführen), so muss man zu dem Ergebnis kommen, dass die Äquivalenz im Unrecht nicht im Ansatz zu finden ist. Nicht einmal die sprachliche Bezeichnung „Musikdiebstahl“ erscheint adäquat.

Literatur:

BLOOM, KEN, The American Songbook – The Singers, The Songwriters and the Songs – 100 Years of American Popular Music – The Stories of the Creators and Performers, 2005.

CARROLL, RORY, Led Zeppelin cleared for stealing riff for Stairway to Heaven, Theguardian.com vom 23.06.2016 (https://www.theguardian.com/music/2016/jun/23/led-zeppelin-cleared-stairway-to-heaven-lawsuit-spirit).

DREIER, HORST, Grundgesetz – Kommentar. 3. Auflage 2013–2018.

FLENDER, ULRIKE ELISABETH, Zivilrechtliche und strafrechtliche Probleme des Samplings, 2018.

GRAVENREUTH, GÜNTER, Das Plagiat aus strafrechtlicher Sicht, 1986.

HILDEBRANDT, ULRICH, Die Strafvorschriften des Urheberrechts, 2001.

LAMPE, ERNST-JOACHIM, Der strafrechtliche Schutz der Geisteswerke, Archiv für Medienrecht und Medienwissenschaft (UFITA) 76 (1976), S. 141 ff.; 83 (1978), S. 15 ff.; 87 (1980) S. 107 ff.

MICHEALS, SEAN, Coldplay plagiarism lawsuit dismissed by judge, Theguardian.com vom 16.09.2009 (https://www.theguardian.com/music/2009/sep/16/coldplay-joe-satriani-lawsuit-dismissed).

MÜNCHENER KOMMENTAR zum Strafgesetzbuch. 3. Auflage 2017–2019.

O.V., George Harrison – „My Sweet Lord“, NDR.de vom 24.04.2013 (https://www.ndr.de/ndr1niedersachsen/George-Harrison-My-Sweet-Lord,harrison125.html);

o.V., US jury to decide if Ed Sheeran copied Marvin Gaye's Let's Get It On, BBC.com vom 04.01.2019 (https://www. bbc.com/news/entertainment-arts-46754883).

Ohly, Ansgar, HipHop und die Zukunft der „freien Benutzung“ im EU-Urheberrecht, Gewerblicher Rechtsschutz und Urheberrecht 2017, S. 964 ff.

Oldenburg, Ann, „Blurred Lines“ jury finds for Marvin Gaye, USAToday.com vom 11.03.2015 (https://eu.usatoday.com/story/ life/music/2015/03/10/blurred-lines-trial-verdict/24492431/).

Schricker, Gerhard / Loewenheim, Ulrich, Urheberrecht – Kommentar. 5. Auflage 2017.

Sisario, Ben, Blurred Lines Verdict Upheld by Appeals Court, NYTimes.com vom 21.03.2018 (https://www.nytimes.com/2018/03/21/business/media/blurred-lines-marvin-gaye-copyright.html).

Wandtke, Artur-Axel / Bullinger, Winfried, Praxiskommentar Urheberrecht. 5. Auflage 2019.

Weber, Ulrich, Der strafrechtliche Schutz des Urheberrechts. 1976.

Wehfing, Heinrich, YouTube, aber fair, Die Zeit 14/2019.

Paul Hoffmann

Metall auf Metall – 20 Jahre Rechtsstreit um zwei Sekunden*

I. Einleitung

Sampling? Was versteht man darunter? Handelt es sich dabei um eine andere Bezeichnung für das Plagiat? Ja und nein. Das Sampling ist eine zunächst überwiegend in der HipHop- und Rap-Musik verwendete Technik. Der berühmte Titel „Hung Up“ von der Popsängerin Madonna, in welchem die charakteristische Melodie des Songs „Gimme, Gimme, Gimme“ der schwedischen Popgruppe ABBA ebenfalls zum melodischen Thema erhoben wurde[1], zeigt, dass das Sampling schon lange zum Handwerkszeug der Popmusik geworden ist[2].

Der Unterschied zum Plagiat liegt in der technischen Bewerkstelligung: Beim Sampling wird mittels technischer Geräte (Sampler[3] früher, heute mittels einer Sampling-Software) eine digitale Kopie des Werkes bzw. eines Audiofragments erstellt und dieses in ein neues Werk integriert[4]. Zum einen kann dies eine Urheberrechtsverletzung darstellen, zum anderen kann das Kopieren eines Audiofragments eine Verletzung des Tonträgerherstellerrechts gemäß § 85 UrhG darstellen[5]. Dem Tonträgerhersteller steht danach das alleinige Recht zur Verbreitung und Vervielfältigung seiner Tonträger zu[6]. Ein ohne Einwilligung des Rechtsinhabers erfolgter Eingriff in dieses Recht ist gemäß 108 Abs. 1 Nr. 5 UrhG unter Strafe gestellt. Es stellt sich nun die Frage, wie sich das Verhältnis

* Es handelt sich um die erweiterte und mit Fußnoten versehene schriftliche Fassung eines Kurzbeitrags, den der Autor anlässlich der Tagung „Musik und Strafrecht“ am 25. April 2019 in Frankfurt (Oder) präsentiert hat.

1 *Nürnberger,* Abendblatt.de vom 20.10.2005.

2 Es gibt zahlreiche Beispiele aus der populären Musik, die Samples aller Art aufweisen: Die Palette reicht von Schlagzeugbeats („Metall auf Metall“, *BVerfG*E 142, 74 ff.) zu Gitarrenmelodien („Every Breath You Take“, dazu siehe *Scheytt*, Jochenscheytt.de).

3 Das Mellotron MKI kam 1963 auf den Markt. Es war das erste weltweit vertriebene Sampling-Keyboard; die einzelnen Drucktasten setzten jeweils ein zuvor bespieltes Tonband in Gang und spielten so das „Sample“ ab. (*Wikipedia,* Stichwort: Sampling).

4 *BVerfG*E 142, 74 (84) – Metall auf Metall.

5 *EuGH*, GRUR 2019, 929 ff. – Metall auf Metall.

6 *BVerfG*E 142, 74 – Metall auf Metall.

https://doi.org/10.1515/9783110731729-009

dieses „verwandten Schutzrechts“ zur Kunstfreiheit aus Art. 5 Abs. 3 GG – insbesondere seiner speziellen Ausformung aus § 24 UrhG – verhält.

II. „Sympathy for the Devil“

Im Zusammenhang mit dem Sampling erging bereits im Jahre 1991 eine wenig beachtete Entscheidung des Oberlandesgerichts Hamburg[7]. Der Sachverhalt lag dem Oberlandesgericht folgendermaßen zugrunde: Bei einem Konzert der Band The Rolling Stones wurden Videomitschnitte von einem Fan angefertigt. Diese wurden dann ohne Genehmigung der Rechteinhaber vertrieben. Das Gericht sah zunächst den urheberrechtlichen Schutzbereich zugunsten der ausübenden Künstler für nicht eröffnet an, da das Konzert in Basel aufgezeichnet wurde[8]. Darüber hinaus wurde geltend gemacht, dass ein Vertriebsverbot auch auf die Samples, welche auf den Mitschnitten zu hören sind, gestützt werden kann. Die Rolling Stones benutzten für ihr Darbietung einen „Sampler“, auf dem die Samples der „Cowbells“ und die auf der Studioversion enthaltenen Gesangssequenzen („WooWoo“) des Titels „Sympathy for the Devil“ enthalten waren. Diese Samples fanden sich nunmehr auf den vertriebenen Mitschnitten wieder, womit ein Eingriff in das Tonträgerherstellerrecht geltend gemacht wurde. Das Gericht schloss sich einer damaligen Literaturmeinung an[9], wonach eine teleologische Reduktion des § 85 UrhG geboten erscheint, wenn die Tonfragmente von sehr geringem Umfang entnommen werden und dadurch nicht von der Vervielfältigung eines Tonträgers gesprochen werden kann[10]. Dies folge zudem aus dem Gesetzeszweck, der mit § 85 UrhG die wirtschaftliche und organisatorische Leistung des Tonträgerherstellers schützen möchte; dem erkennenden Gericht nach wurde eine messbare Beeinträchtigung dieses Rechts nicht dargelegt[11].

---

7 *OLG Hamburg*, NJW-RR 1992, 746 – Konzertmitschnitt.

8 Die Schweiz war zu diesem Zeitpunkt keine Vertragspartei des Rom-Abkommens (BGBl. 1965 II, 1245); da das Konzert durch die Künstler nicht auf Tonträgern festgehalten wurde, billigte das Gericht ihnen nur den Mindestschutz für ausländische Künstler nach § 125 Abs. 5 UrhG zu.

9 *Hoeren*, GRUR 1989, 12. Schon damals wurde auch in der Literatur vertreten, dass der Schutz des § 85 UrhG selbst für kurze Klangfragmente gelten soll. *Hertin* (GRUR 1889, 578 f.) und *Schorn* (GRUR 1989, 579 f.) gingen in ihren Beiträgen – die als Erwiderung auf den Beitrag von Hoeren verstanden werden müssen – übereinstimmend davon aus, dass das Tonträgerherstellerrecht sowohl die organisatorische als auch die wirtschaftliche Leistung des Tonträgerherstellers schützt. Dieses könne gegen „Klang-Diebe“ nur durch ein umfassendes Verständnis des Leistungsschutzrechts zugunsten der Tonträger realisiert werden. Demnach müssen selbst kleinste Fetzen geschützt sein.

10 *OLG Hamburg*, NJW-RR 1992, 746 (748) – Konzertmitschnitt.

11 *OLG Hamburg*, a.a.O.

III. Metall auf Metall

Die Frage der rechtlichen Beurteilung des Samplings beschäftigt nun schon seit mehr als 20 Jahren die Rechtsprechung; der Streit um eine Sequenz von zwei Sekunden hat seinen Weg zweimal zum Bundesgerichtshof und einmal zum Bundesverfassungsgericht gefunden[12] und wurde nun nach Vorlage vom Europäischen Gerichtshof entschieden[13]. Ausgangspunkt des Rechtsstreits ist eine Sequenz des Titels „Metall auf Metall“ der Band Kraftwerk. Diese wurde vom Produzenten Moses Pelham in dem von Sabrina Setlur gesungen Titel „Nur mir“ eingearbeitet[14].

Es handelt sich vorliegend um eine genau zweisekündige Sequenz des Schlagzeugs. Die Kläger sahen sich in erster Linie in ihrem Recht auf Verbreitung und Vervielfältigung (Tonträgerherstellerrecht) aus § 85 UrhG verletzt. Der Bundesgerichtshof betonte, dass das Sampling neben den Rechten des Urhebers auch die Rechte des Tonträgerherstellers berührt: Das Tonträgerherstellerrecht schützt die finanziellen Investitionen und den organisatorischen Aufwand des Tonträgerherstellers[15]. Ein Eingriff in dieses Recht ist gemäß § 108 UrhG strafbar. Im Rahmen einer Urheberrechtsverletzung ist zwar eine Anwendung des § 24 Abs. 1 UrhG möglich, da im vorliegenden Fall aber nur ein sehr kleines Audiofragment entnommen wurde, scheidet eine direkte Anwendung des § 24 Abs. 1 UrhG dann aus, wenn das entnommene Fragment kein Werk im urheberrechtlichen Sinne darstellt und somit schon gar keine Urheberrechtsverletzung gegeben ist[16].

Die Frage, mit der sich der Bundesgerichtshof beschäftigte, war, ob eine analoge Anwendung des § 24 Abs. 1 UrhG bei einem Eingriff in das Tonträgerherstellerrecht zulässig ist. In seiner ersten Entscheidung vertrat der Bundesgerichtshof die Ansicht, dass eine analoge Anwendung des § 24 Abs. 1 UrhG dann zulässig

---

12 *BVerfGE* 142, 74 – Metall auf Metall.

13 Schlussantrag des Generalanwalts beim EuGH Szpunar zum Verfahren C-476/17 (Schlussanträge des *Generalanwalts* vom 10.01.2019, C-516/17, Celex-Nr. 62017CC0516 – bei juris). Der Generalanwalt vertritt dort den Standpunkt, dass die Kriterien zurecht losgelöst vom Urheberrecht entwickelt werden müssen, da es sich beim Sampling um ein anderes Schutzgut handelt. So erteilt er auch dem Ansatz der amerikanischen Gerichtsbarkeit dahingehend eine Absage, dass im amerikanischen Recht auch der Tonträger durch das Urheberrecht geschützt wird. Somit ist es im europäischen Recht gerade nicht nicht notwendig, dass die entnommene Sequenz eine gewisse „schöpferische Höhe“ erlangt hat.

14 *BGH*, GRUR 2009, 403 – Metall auf Metall I.

15 *BVerfGE* 142, 74 (85) – Metall auf Metall.

16 Vgl. *Hildebrandt*, Die Strafvorschriften des Urheberrechts, S. 271.

ist, wenn die entnommene Sequenz für das Sample nicht von einem durchschnittlichen Musikproduzenten reproduzierbar ist[17]. Dies führt zu dem widersinnigen Ergebnis, dass musikalisch komplexere Passagen, welche der Produzent nicht im Stande ist nachzuspielen, zur freien Benutzung im Wege des Samplings stehen und weniger komplexe Fragmente – die regelmäßig aufgrund ihrer „Schaffenshöhe“ keinen urheberrechtlichen Schutz genießen – nicht ohne Einwilligung gesampelt werden dürfen.

Nachdem der Bundesgerichtshof in seiner zweiten Entscheidung in dieser Sache dieses Kriterium bestätigte, legten die Kläger Verfassungsbeschwerde ein. Das Bundesverfassungsgericht sah einerseits die Kunstfreiheit des Beschwerdeführers betroffen und anderseits das Eigentum der Tonträgerhersteller[18]. Diese Praktische Konkordanz war für das Bundesverfassungsgericht durch das angegriffene Urteil nicht verfassungskonform in Ausgleich gebracht worden.

Zum Ansatz des Bundesgerichtshof führt das Bundesverfassungsgericht aus[19]:

> Die Annahme des Bundesgerichtshofs, die Übernahme selbst kleinster Tonsequenzen stelle einen unzulässigen Eingriff in das Tonträgerherstellerrecht der Kläger dar, soweit der übernommene Ausschnitt gleichwertig nachspielbar sei, trägt der Kunstfreiheit nicht hinreichend Rechnung. Wenn der Musikschaffende, der unter Einsatz von Samples ein neues Werk schaffen will, nicht völlig auf die Einbeziehung des Sample in das neue Musikstück verzichten will, stellt ihn die enge Auslegung der freien Benutzung durch den Bundesgerichtshof vor die Alternative, sich entweder um eine Samplelizenzierung durch den Tonträgerhersteller zu bemühen oder das Sample selbst nachzuspielen. In beiden Fällen würden jedoch die künstlerische Betätigungsfreiheit und damit auch die kulturelle Fortentwicklung eingeschränkt.

Dem ist uneingeschränkt zuzustimmen, da das Kopieren des Originals fundamentales Charakteristikum des Samplings ist. Im Ergebnis sah das Bundesverfassungsgericht die Kunstfreiheit im angegriffenen Urteil nicht ausreichend gewürdigt. Die Lizensierungsmöglichkeit stelle unter Berücksichtigung der künstlerischen Betätigungsfreiheit keine adäquate Alternative dar und die Sequenz selbst einzuspielen ist ebenfalls mit Komplikationen verbunden, welche dem Künstler nicht aufzubürden sind. Die Kunstfreiheit in der Form der freien künstlerischen Betätigung werde durch das Urteil eingeschränkt, da das Sampling für die HipHop-Musik stilprägend ist. Demgegenüber wurden keine tatsächlichen – insbesondere finanziellen – Auswirkungen bei dem Tonträgerhersteller festgestellt.

---

17 *BGH*, GRUR 2009, 403 – Metall auf Metall I.

18 *BVerfG*E 142, 74 (80) – Metall auf Metall.

19 *BVerfG*E, a.a.O., S. 104.

Aufgrund dieser Erwägungen kam das Bundesverfassungsgericht zu seinem Schluss, dass die Kunstfreiheit im vorliegenden Fall – im Rahmen des § 24 UrhG – vom Bundesgerichtshof nur unzureichend gewürdigt worden war.

IV. VMG Salsoul, LLC v. Ciccone

Diese Diskussion beschäftigte auch die amerikanische Justiz[20]. Die Popikone Madonna – noch bei ihrem Titel „Hung Up" gänzlich legal vorgegangen[21] – übernahm in ihrem Song „Vogue" eine Sequenz aus dem Song „Ooh, I love it" der Band Salsoul Orchestra[22]. Es handelt sich vorliegend um eine Sequenz von 0,23 Sekunden. Ein Akkord, eine Achtelnote. Bei einmaligem Hören der Lieder, ist es so gut wie ausgeschlossen, dass die verwendete Sequenz auffällt. Der 9th Court of Appeals löste sich von der Rechtsprechung eines anderen Bundesgerichts, welches in einem früheren Fall die Einstellung vertrat: „get a license or do not sample"[23]. Im vorliegenden Fall statuierte das erkennenden Gericht, dass der „de-minimis"-Grundsatz auch für Tonträgerrechte gilt[24]. Entgegen der vorangegangenen Entscheidung hielt der 9th Court of Appeal die urheberrechtliche Schöpfungshöhe des entnommenen Fragments auch beim Sampling für maßgeblich. Somit statuierte es einen gewissen Gleichlauf zu Plagiaten und anderen Urheberrechtsverletzungen, da es das Recht des Tonträgerherstellers als Bestandteil des Urheberrechts dahingehend verstand, dass es keinen eigentümlichen rechtlichen Charakter hat[25].

---

20 *VMG Salsoul, LLC v. Ciccone*, No. 13-57104 (9th Cir. 2016) (https://law.justia.com/cases/federal/appellate-courts/ca9/13-57104/13-57104-2016-06-02.html).

21 *Nürnberger*, Abendblatt.de vom 20.10.2005.

22 *VMG Salsoul, LLC v. Ciccone*, No. 13-57104 (9th Cir. 2016) (https://law.justia.com/cases/federal/appellate-courts/ca9/13-57104/13-57104-2016-06-02.html).

23 In diesem Fall ging es um die Musikgruppe N.W.A., welche in ihrem Song „100 Miles and Runnin'" einen zweisekündigen Ausschnitt des Titels „Get Off Your Ass and Jam" der Funkband Funkedelic als Loop programmierte. Das erkennende Gericht vertrat den Standpunkt, dass auch die Entnahme kleinster Tonfetzen im Wege des Samplings eine Urheberrechtsverletzung darstellt. (Bridgeport Music, Inc., et al. v. Dimension Films, 230 F. Supp. 2d 830 [M.D. Tenn. 2002] [https://law.justia.com/cases/federal/district-courts/FSupp2/230/830/2425964/]).

24 *VMG Salsoul, LLC v. Ciccone*, No. 13-57104 (9th Cir. 2016) (https://law.justia.com/cases/federal/appellate-courts/ca9/13-57104/13-57104-2016-06-02.html).

25 *VMG Salsoul, LLC v. Ciccone*, a.a.O.

V. Entscheidung des Europäischen Gerichtshofs

Im Anschluss an die Vorlage des Bundesgerichtshofs im Fall „Metall auf Metall III“[26] hat der Europäische Gerichtshof nun über die Auslegung der Richtlinie 2001/29/EG im Bezug auf das Sampling entschieden[27]. Entscheidende Frage dieses Vorlagebeschlusses ist, ob das Samplen, selbst eines kleinen Audiofragments, bereits ein unzulässiger Eingriff in das Tonträgerherstellerrecht aus Art. 2 lit. c der Richtlinie 2001/29 darstellt[28]. Der Europäische Gerichtshof hat angenommen, dass sich aus dem Wortlaut der Richtlinie ein Eingriff auch bei der Entnahme kleinster Fragmente ergibt; anschließend hat er unter Berücksichtigung der Kunstfreiheit jedoch eine Eingrenzung vorgenommen: Entnimmt der Künstler ein Audiofragment im Wege des Sampling und verarbeitet es „in geänderter und beim Hören in nicht wiedererkennbarer Form in seinem neuen Werk“, so stellt dies keine „Vervielfältigung“ im Sinne der Richtlinie 2001/29 dar[29]. Im Folgenden begründete der Europäische Gerichtshof sein Ergebnis dahingehend, dass das Sampling eine anerkannte Form der künstlerischen Gestaltung ist und somit eine Abwägung der Grundrechte vorzunehmen ist, die bei fehlender Wiedererkennbarkeit des Samples im neuen Werk zugunsten der Kunstfreiheit zu entscheiden ist[30]. Im Ergebnis knüpfte der Gerichtshof seine Subsumtion unter das Merkmal „Vervielfältigen“ maßgeblich an die Wiedererkennbarkeit des verwendeten Samples; damit stellte der Europäische Gerichtshof klar, dass jede Entnahme von Tonfragmenten ein Eingriff in die Rechte aus Art. 2 lit. c der Richtlinie 2001/29 ist. Wird das entnommene Fragment zur Schaffung eines Werkes der Kunst verwendet, so ist eine eingeschränkte Auslegung der Richtlinie dahingehend geboten, dass ein Eingriff erst dann vorliegt, wenn das entnommene Fragment wiedererkennbar verarbeitet wurde.

Der Bundesgerichtshof wollte in seiner dritten Vorlagefrage wissen, ob eine grundsätzliche Beschränkung des Tonträgerherstellerrechts durch eine entsprechende Anwendung des § 24 UrhG zulässig ist[31]. Der Europäische Gerichtshof stellte zunächst klar, dass das „Recht zur freien Benutzung“ eine immanente Schranke des Urheberrechts darstellt, welche bei gegebenen Voraussetzungen eingreift. Darüber hinaus erkannte der Gerichtshof keine zulässige pauschale Einschränkung des Tonträgerherstellerrechts; die in Art. 5 der Richtlinie

26 *BGH*, GRUR 2017, 895 – Metall auf Metall III.

27 *EuGH*, GRUR 2019, 929 – Metall auf Metall.

28 *EuGH*, a.a.O., S. 930.

29 *EuGH*, a.a.O., S. 931.

30 *EuGH*, a.a.O.

31 *BGH*, GRUR 2017, 895 – Metall auf Metall III.

2001/29 genannten Einschränkungen des Tonträgerherstellerrechts sind durch den Gerichtshof für abschließend erklärt. Des Weiteren war zu klären, ob das Zitatrecht aus Art. 5 Abs. 3 lit. d der Richtlinie 2001/29 auch Situationen erfasst, in welchen das ursprüngliche Werk nicht wiederzuerkennen ist[32]. Die am Wortlaut orientierte Auslegung des Gerichtshofs legt ihren Fokus auf die Anregung der „geistigen Auseinandersetzung“ mit dem zitierten Werk durch das Zitat[33]. Zuletzt statuierte der Gerichthof, dass der Art. 2 lit. c der Richtlinie 2001/29 eine vollständige Maßnahme zur Harmonisierung des rechtlichen Gehalts darstellt.

VI. Bewertung

Entscheidungserheblich ist in erster Linie die Antwort des Europäischen Gerichtshofs auf die Fragen 2 und 4, ob das Sampling eines sehr kurzen Audiofragments eine Vervielfältigungshandlung im Sinne des Art. 2 lit. c der Richtlinie 2001/29 darstellt. Der Ansatz des Europäischen Gerichtshofs ist an dieser Stelle bemerkenswert, da nicht das entnommene Fragment fokussiert wird, sondern dessen Wiederkennbarkeit im Gewand des neuen Werkes maßgeblich sein soll[34]. Im Umkehrschluss ist anzunehmen, dass die Entnahme eines kurzen Audiofragments, welches wiedererkennbar im neuen Werk erscheint, eine unzulässige Vervielfältigung im Sinne des Europarechts darstellt. Zudem stellt der Europäische Gerichtshof klar, dass die freie Benutzung eines Werkes eine dem Urheberrecht immanente Schranke ist; dadurch entsteht zumindest dogmatisch eine Harmonisierung mit dem deutschen Recht dahingehend, dass bei Vorliegen einer „freien Benutzung“ schon keine unzulässige Vervielfältigung eines Tonträgers vorliegt. Auch das deutsche Recht sucht die Lösung auf tatbestandlicher Ebene[35] – wenn auch verklausuliert. Demzufolge stellen die in Art. 5 der Richtlinie 2001/29 aufgezählten Fälle originäre Schranken des Urheberrechts dar, welche der Europäische Gerichtshof für abschließend erklärt hat. Für die Entscheidungspraxis zur „freie Benutzung“ ändert sich somit grundsätzlich nichts, da auch die Rechtsprechung eine notwendige Distanz des neuen Werkes zum verarbeiteten Werk fordert[36]. Fraglich ist, wie weit das Kriterium der Wiedererkennbarkeit des verwendeten Werkteils – im vorliegenden Fall des Audiofragments – zu verallgemeinern ist. Zu Recht formuliert der Europäische

---

32 *BGH*, a.a.O.

33 *EuGH*, GRUR 2019, 933 – Metall auf Metall.

34 *EuGH*, a.a.O., S. 931.

35 *BVerfG*E 142, 87 – Metall auf Metall; *Bullinger* in Wandtke / Bullinger, Urheberrecht, § 24 UrhG Rn. 1.

36 *OLG Düsseldorf*, ZUM 2004, 71 (72 f.).

Gerichtshof die „freie Benutzung" als immanente Schranke, er arbeitet jedoch ausschließlich das Kriterium der Wiedererkennbarkeit heraus, welches er im Falle des Samplings für maßgeblich erachtet; ob in anderen Fallkonstellationen darüber hinaus weitere Parameter hinzukommen, bleibt abzuwarten. Im Ergebnis beschritt der Europäische Gerichtshof einen gangbaren Weg, um einen Ausgleich zwischen den Grundrechten des Eigentums und der Kunstfreiheit herzustellen. Der Europäische Gerichtshof hätte jedoch im Zuge dieser Entscheidung weiterhin klarstellen können, wie es sich mit dem von den amerikanischen Gerichten angewandten „de-minimes"[37]-Grundsatz verhält; an diesem Punkt liest sich das Urteil widersprüchlich, da der Europäische Gerichtshof zunächst angenommen hat, dass selbst kleinste Entnahmen das Tonträgerherstellerrecht verletzen, für das Vorliegen einer Kopie im Sinne der Richtlinie jedoch gefordert hat, dass das Werk in wesentlichen Teilen übernommen wird. Offen bleibt somit, ob bereits das Verwenden eines sehr kurzen Audiofragments, welchem nach deutschem Recht keine ausreichende Schöpfungshöhe zugestanden wird, das jedoch wiedererkennbar in einem neuen Werk integriert wird, ein unzulässiges Vervielfältigen im Sinne der EU-Rechts darstellt[38]. Aufgrund der Tatsache, dass der Europäische Gerichtshof die Rechte des Tonträgerherstellers als urheberrechtlich versteht, könnte man jedoch folgern, dass das entnommene Fragment Werkqualität aufweisen muss. Nach alledem wird der Widerspruch, dass das entnommene Fragment eines Tonträgers selbst keine Werkqualität aufweisen muss, und das Tonträgerherstellerrecht insoweit einen weiteren Schutzbereich besitzt als das Urheberrecht, nicht abschließend aufgelöst[39].

VII. Folgen für die Entscheidung des Bundesgerichtshofs

Dogmatisch ist das Urteil des Europäischen Gerichtshofs so zu verstehen, dass eine entsprechende Anwendung des § 24 UrhG überflüssig ist, da sich das Recht zur freien Benutzung als dem Urheberrecht immanent ergibt. Vielmehr ist das Augenmerk auf den Umgang des Bundesgerichtshof mit dem Merkmal der Wie-

37 *VMG Salsoul, LLC v. Ciccone*, No. 13-57104 (9th Cir. 2016) (https://law.justia.com/cases/federal/appellate-courts/ca9/13-57104/13-57104-2016-06-02.html).

38 Trotz der Annahme, dass der Werkbegriff in seinen verschiedenen Ausprägungen noch nicht vollständig harmonisiert ist, vertritt auch der BGH zunehmen den „offenen Werkbegriff". Dieser setzt voraus, das Werk „eine Gestaltungshöhe erreicht, die es nach Auffassung der für Kunst empfänglichen und mit der Kunstanschauung einigermaßen vertrauten Kreise rechtfertigt, von einer künstlerischen Leistung zu sprechen." (*BGHZ* 199, 52 [58] – Geburtstagszug).

39 *Flender*, Die zivilrechtlichen und strafrechtlichen Probleme, S. 109 mit weiteren Nachweisen.

dererkennbarkeit zu legen. Geboten erscheint hier eine Gesamtbetrachtung beider Werke[40]. Der Formulierung des Europäischen Gerichtshofs nach zu urteilen, will dieser jedoch nur auf die auditive Erkennbarkeit abstellen; dies hat zur Folge, dass der im deutschen Recht praktizierte Ansatz[41] des Abstellens auf den inneren Abstand der Werke nur eingeschränkt Geltung entfaltet. Selbstverständlich ist auch im nationalen Recht anerkannt, dass bei einem Werke der Tonkunst in erster Linie die hörbare Wiedererkennbarkeit den Ausschlag geben muss[42]. Der Bundesgerichtshof benutzt in ständiger Rechtsprechung die sogenannte Verblassenformel[43], demnach ist eine freie Benutzung gegeben, wenn die dem Stück entnommenen eigentümlichen Züge gegenüber der Eigenart des neuen Werkes in den Hintergrund geraten (verblassen)[44]. Dies konkretisiert der Bundesgerichtshof in einer Entscheidung[45] insoweit, dass auch bei einer klaren Wiedererkennbarkeit des entlehnten Werkes eine freie Benutzung im Sinne des § 24 UrhG gegeben sein kann; dies aber nur, wenn die Wiedererkennbarkeit notwendiger Bestandteil der angestrebten geistigen Auseinandersetzung der Werke ist[46]. Letzteres erscheint dahingehend fraglich, da das in § 51 UrhG normierte Zitatrecht genau diese Fälle – auch der Bundesgerichtshof führt als Beispiel seiner Ausführungen die Parodie an – erfassen soll[47]. Im Ergebnis verdichtet sich die Prüfung somit auf die akustische Wiedererkennbarkeit.

Im vorliegenden Fall ist das entnommene Fragment in unbearbeiteter Form in das neue Werk integriert worden. Hört man sich beide Titel nacheinander an, so ist die Schlagzeugsequenz aus dem Stück „Metall auf Metall" im Lied „Nur Mir" klar zu identifizieren; eine hörbare Wiederkennbarkeit muss an dieser Stelle angenommen werden. Geht man nun im Einklang mit der Antwort des Europäischen Gerichtshofs auf die erste Frage[48] von einer auditiven Bewertung

---

40 *Flender,* a.a.O., S. 69.

41 *Haberstrumpf,* Handbuch des Urheberrechts, S. 171; *Peukert / Rehbinder*, Urheberrecht, S. 144.

42 *Peukert / Rehbinder*, a.a.O., S. 145.

43 *BGH*, GRUR 1958, 402 – Lili Marleen; GRUR 1959, 379 (381) – Gasparone; GRUR 1994, 191 (193) – Asterix-Persiflagen; GRUR 2009, 403 – Metall auf Metall I.

44 *BGH*, GRUR 2009, a.a.O.

45 *BGH*, GRUR 1994, 191 (193) – Asterix-Persiflagen.

46 *BGH*, a.a.O.

47 *Bullinger* in Wandtke / Bullinger, Urheberrecht, § 51 Rn. 1.

48 „Nach alledem ist auf die erste und die sechste Frage zu antworten, dass Art. 2 Buchst. c der Richtlinie 2001/29 unter Berücksichtigung der Charta dahin auszulegen ist, dass das ausschließliche Recht des Tonträgerherstellers aus dieser Bestimmung, die Vervielfältigung seines Tonträgers zu erlauben oder zu verbieten, ihm gestattet, sich dagegen zu wehren, dass ein Dritter ein – auch nur sehr kurzes – Audiofragment seines Tonträgers

aus, muss man zu dem Schluss kommen, dass ein unzulässiger Eingriff in das Tonträgerherstellerrecht vorliegt. Hier zeigt sich nun die mangelnde Klarheit im Urteil des Europäischen Gerichtshofs: Grundsätzlich geht der Europäische Gerichtshof davon aus, dass sich der Tonträgerhersteller auch gegen kleinste Kopieren wehren kann[49], statuiert jedoch zugleich, dass eine analoge Anwendung des § 24 UrhG im deutschen Recht überflüssig ist, da das Recht der „freien Benutzung" dem Urheberrecht immanent sei[50]. Nimmt man damit an, dass der Europäische Gerichtshof einen Gleichlauf zwischen Eingriffen in das Urheberrecht und Eingriffen in das Tonträgerherstellerrecht als verwandtes Schutzrecht formuliert, so ist daraus der Schluss zu ziehen, dass in beiden Fällen ein Werk im urheberrechtlichen Sinne vorliegen muss. Konkret: Der Bundesgerichtshof hat bei seinem Vorlagegesuch angenommen, dass nach der nationalen Rechtslage ein Eingriff in das Tonträgerherstellerrecht schon dann vorliegt, wenn die entnommene Sequenz kein Werk im Sinne des § 2 UrhG darstellt[51]. Die Bezugnahme des Europäischen Gerichtshofs auf die im Urheberrecht verankerte „freie Benutzung" beim Sampling lässt jedoch genau darauf schließen[52]. Ob der Bundesgerichtshof ein solche Prüfung im Zuge der Entscheidung vornimmt, ist zweifelhaft, da auch in der deutschen Literatur vielfach für einen umfassenden Schutz des Tonträgerherstellerrechts geworben wird[53].

---

nutzt, um es in einen anderen Tonträger einzufügen, es sei denn, dass dieses Fragment in den anderen Tonträger in geänderter und beim Hören nicht wiedererkennbarer Form eingefügt wird". (*EuGH*, GRUR 2019, 929 [931] – Metall auf Metall).

49 *EuGH*, a.a.O.

50 *EuGH*, a.a.O., S. 932.

51 *BGH*, GRUR 2017, 895 – Metall auf Metall III.

52 *EuGH*, GRUR 2019, 929 (931); der EuGH spricht an dieser Stelle von den Rechten des Tonträgerherstellers aus seinem geistigen Eigentum – nimmt man jedoch an, dass die Tonsequenz mangels Werkqualität überhaupt nicht vom Schutz des geistigen Eigentums erfasst ist, so muss ein Eingriff ausscheiden. Mit dieser Frage hat sich der BGH bis jetzt nicht auseinandergesetzt (Vgl. *BGH*, GRUR 2017, 895 – Metall auf Metall III).

53 Vgl. *Peukert / Rehbinder*, Urheberrecht, S. 235; *Flender*, Die zivilrechtlichen und strafrechtlichen Probleme, S. 108 mit weiteren Nachweisen.

VIII. Fazit

Das Urteil des Europäischen Gerichtshofs ist insoweit begrüßenswert, so es die Stellung der Kunstfreiheit zu Recht hervorhebt. Nicht zuletzt aufgrund der ungenauen Formulierung der Vorlagefragen[54] bleiben weiter Zweifel für alle Beteiligten. Unzureichend ist darüber hinaus die Auseinandersetzung des Europäischen Gerichtshofs mit den tatsächlichen Folgen des Samplings für die Tonträgerhersteller. Sein Kriterium der hörbaren Wiedererkennbarkeit verwickelt sich zudem in systematische Widersprüche mit dem Zitatrecht, welches auch im Gemeinschaftsrecht normiert ist[55]. Darüber hinaus bedürfen die Anforderungen dieses Kriteriums weiterer Konkretisierung; eine pauschale auditive Bewertung scheint der Kunstfreiheit nicht ausreichend Rechnung zu tragen, da die Pauschalisierung eine Abwägung der sich gegenüberstehenden Grundrechte im Einzelfall ausschließt. Vielmehr muss die auch schon bereits in Literatur und Rechtsprechung praktiziert Gesamtbetrachtung der Werke und auch eine mögliche innere geistige Auseinandersetzung ausreichend Berücksichtigung finden.

Auch die ausübenden Künstler haben durch das diskutierte Urteil wenig an Rechtsicherheit gewonnen. Die moderne Samplingsoftware bietet zahlreiche Möglichkeiten zur klanglichen Veränderung von Samples. Ab welchem Umfang und welcher Art der klanglichen Veränderung eine Wiedererkennbarkeit ausscheidet – Feststellung der Wiedererkennbarkeit durch wen? –, ist nicht klar.

Nun obliegt es dem Bundesgerichtshof, die vom Europäischen Gerichtshof erklärten Grundsätze auf den konkreten Fall anzuwenden; die Odyssee geht nunmehr weiter, eine möglicherweise erneute Vorlage vor den Europäischen Gerichtshof inbegriffen.

---

54 Vgl. die erste Vorlagefrage des BGH in *BGH*, GRUR 2017, 895 – Metall auf Metall III: „Liegt ein Eingriff in das ausschließliche Recht des Tonträgerherstellers zur Vervielfältigung seines Tonträgers aus Art. 2 Buchst. c der Richtlinie 2001/29 vor, wenn seinem Tonträger kleinste Tonfetzen entnommen und auf einen anderen Tonträger übertragen werden?“ Der BGH hätte zur finalen Klärung ergänzen müssen, dass die entnommenen Tonfetzen für sich gesehen keine Werkqualität besitzen und somit keinen urheberrechtlichen Schutz genießen.

55 Art. 5 lit. d der Richtlinie 2001/29 normiert das Zitatrecht: „... für Zitate zu Zwecken wie Kritik oder Rezensionen, sofern sie ein Werk oder einen sonstigen Schutzgegenstand betreffen, das bzw. der der Öffentlichkeit bereits rechtmäßig zugänglich gemacht wurde, sofern – außer in Fällen, in denen sich dies als unmöglich erweist – die Quelle, einschließlich des Namens des Urhebers, angegeben wird und sofern die Nutzung den anständigen Gepflogenheiten entspricht und in ihrem Umfang durch den besonderen Zweck gerechtfertigt ist ...“

Literatur

Flender, Ulrike, Die zivilrechtlichen und strafrechtlichen Probleme des Samplings, 2018.

Haberstrumpf, Helmut, Handbuch des Urheberrechts. 2. Auflage 2001.

Hertin, Paul W., Sounds von der Datenbank – Eine Erwiderung auf Hoeren, GRUR 1989, 11 ff., Gewerblicher Rechtsschutz und Urheberrecht 1989, S. 578 f.

Hildebrandt, Ulrich, Die Strafvorschriften des Urheberrechts. 2001.

Hoeren, Thomas, Sounds von der Datenbank, Gewerblicher Rechtsschutz und Urheberrecht 1989, S. 11 ff.

Leistner, Matthias, Die „Metall auf Metall"-Entscheidung des BVerfG, Gewerblicher Rechtsschutz und Urheberrecht 2016, S. 772 ff.

Nürnberger, Katrin, Madonna singt ABBA, Abendblatt.de vom 20.10.2005 (https://www.abendblatt.de/vermischtes/article107049639/Madon na-singt-ABBA.html).

Peukert, Alexander / Rehbinder, Manfred, Urheberrecht und verwandte Schutzrechte. 18. Auflage 2018.

Schorn, Franz, Sounds von der Datenbank – Eine Erwiderung auf Hoeren, GRUR 1989, 11 ff., Gewerblicher Rechtsschutz und Urheberrecht 1989, S. 579 f.

Scheytt, Jochen, Puff Daddy: I'll Be Missing You, Jochenscheytt.de (https://www.jochenscheytt.de/popsongs/missing.html).

Wandtke, Artur-Axel / Bullinger, Winfried, Praxiskommentar Urheberrecht. 5. Auflage 2019.

Uwe Scheffler

Russischer Blatnjak*,**
Gulag-Schansons statt Gangsta-Rap

Als ich so um die Jahrtausendwende erstmalig näher mit Russen und Ukrainern privat zu tun hatte, schwirrten mir bald die Namen zweier russischer Musiker in den Ohren:

Da war zum einen die Moskauerin Alla Pugatschjowa (Алла Пугачёва). Nette Musik, fand ich, etwas bombastisch, aber trotzdem mit sentimentaler „russischer Seele". Heute weiß ich: Sie ist seit Mitte der 1970er Jahre die Ikone der russischen Popmusik, *„Estrada"* (Эстрада, wörtlich übersetzt: „Bühne") genannt. Erfolgreich wie Madonna, stilistisch manche ein wenig an Liza Minelli, Barbara Streisand oder Bette Midler erinnernd. Man juxte schon in der Sowjetunion, es würde später heißen, ein gewisser Leonid Breshnew sei ein Politiker in der Epoche von Alla Pugatschjowa gewesen.

Der zweite Musiker – ein Sänger schlicht mit Gitarre – sprach mich aber noch mehr an: Aleksandr Rosenbaum (Александр Розенбаум), geboren in Leningrad, der „russische Bob Dylan". Eher meine Welt, vor allem, nachdem ich 2004 ein phantastisches Konzert mit ihm in der Berliner „Urania" gefühlt als einziger Deutscher erlebt hatte.

I. Blatnjak/Schanson

Ich lernte schnell, dass Rosenbaum „russkij schansona" (русский шансона) singt. Das russische Schanson ist ein eigenständiger Liedzweig innerhalb der russischen Popmusik. Es ist stark geprägt vom kriminellen Halb- und Unterwelt-Milieu seit den 1920er Jahren, als die Gulags entstanden.

Die Lieder erzählen vom Leben im Gefängnis, im Arbeitslager, von der Einsamkeit, dem Heimweh, von verlorener Liebe. Die Worte sind weich und sentimental, gesungen oft mit rauer Stimme und angereichert mit dem jahrzehntelang gewachsenen harten Slang der Gefängnisse.

Diese Schansons, vor den 1990er Jahren weniger euphemistisch als Blatnjak-Lieder (blatnye pesni [блатные песни]) bezeichnet, was man mit „(Berufs-)-Verbrecher-Lieder" übersetzen könnte, wurden zu Sowjetzeiten zu Hause oder

https://doi.org/10.1515/9783110731729-010

in geschlossenen Konzerten gesungen und im „samisdat" (самиздат)[1] verbreitet, das heißt mittels des Abschreibens oder Fotokopierens der Texte; irgendwann kamen die aufkommenden Tonbandmaschinen, auf denen sogar noch kaum mehr verständliche Kopien von Kopien gezogen wurden, dazu. Blatnjak-Lieder waren Teil einer Gegenkultur, die sich vom staatlich anerkannten Mainstream-Stil einer Alla Pugatschjowa unterschieden. Der Sänger Sergej Schnurow (Сергей Шнуров) der auch in Deutschland bekannten Gruppe „Leningrad" (Ленинград) hat das später so erklärt[2]:

> Im Grunde war das unser Rock 'n' Roll. Nicht im Sinne von Mode oder Stil, sondern im Sinne eines Protests, einer Ablehnung des „normalen" Lebensstils.

Nach dem Auseinanderbrechen der Sowjetunion veränderte sich die Lage. Die Lieder krochen nun aus dem Untergrund hervor. Das Repertoire vieler Jahrzehnte erschien nach und nach auf CD. Heute erfreut sich der Blatnjak (блатняк) in Russland und anderen ehemaligen Sowjetrepubliken ganz offen breiter Beliebtheit, auch wenn die großen Radio- und Fernsehanstalten die Blatnjak-Lieder meiden.

Man hört sie jedoch auf „Radio Schanson" (Радио Шансон) – einer Station, die fast acht Millionen Hörer haben soll. Im Jahr 2002 bildeten Erwachsene und Jugendliche jeweils die Hälfte der Zuhörer des Senders. 33 % der erwachsenen Hörer waren Akademiker oder in leitenden Positionen tätig, 17 % Angestellte und Beamte[3]. Blatnjak wird in Russland zwar nicht von jedem, wohl aber in jeder Gesellschaftsschicht gehört. Ob das so bleibt, erscheint nicht sicher. Die

---

* Es handelt sich um die schriftliche Fassung eines Kurzbeitrages, den der Autor anlässlich der Tagung „Musik und Strafrecht" am 25. April 2019 in Frankfurt (Oder) präsentiert hat. Von einer durchgängig nachweisreichen Verfußnotung wurde abgesehen, weil der Autor die einzelnen Informationen auf zahlreichen, zumeist russischen Internetseiten zusammengesucht hat, sie vor allem aber auch auf eigenem Erlebten und Gesprächen mit in der Sowjetunion geborenen Personen aus dem privaten Umkreis beruhen. Hervorzuheben ist Eugen Stan, der den Autor an seinem detaillierten Wissen teilhaben ließ. Großer Dank gebührt Katja Scheffler für die Unterstützung bei der möglichst treffenden Übersetzung von Liedtexten ins Deutsche.

** Ich widme diesen Beitrag dem Gedenken meines angeheirateten Verwandten und Freundes Ruslan (*9. Mai 1974; †15. Juli 2016), der sich als unermüdlicher Taxifahrer in Kiew für seine Frau und seine beiden Töchter aufrieb und die Warnzeichen seines Herzens beiseiteschob. Er liebte diese Musik (besonders die Lieder von Wladimir Wysozkij, wie er nur 42 Jahre alt geworden), die wir so oft zusammen gehört haben. USch.

1 Abgeleitet von „samoisdatelstwo" (самоиздательство): Selbstverlag.

2 Zit. nach *Hufen*, Norient vom 02.01.2014.

3 *Klause*, in: Burlon / Frieß / Gradinari / Różańska / Salden (Hrsg.), Verbrechen – Fiktion – Vermarktung, S. 352.

heranwachsende Generation schätzt vermehrt an die westliche Musikmode angenäherten Diskothekenmusik, „Popsa" (Попза) genannt. Das Duo „t.A.T.u." (Тату) wurde nach der Jahrtausendwende auch außerhalb Osteuropas bekannt.

Jedenfalls merkt man noch heute auch als Reisender in russischsprachigen Gebieten der ehemaligen Sowjetunion schnell, dass sich der Blatnjak weit über das Unterweltmillieu hinaus nach wie vor größter Beliebtheit erfreut. Fast jedermann auf der Straße kennt die Lieder, singt sie mit (oftmals sind sie durch viele Musiker über Jahrzehnte immer wieder interpretiert worden), man hört sie in Bars und Kneipen, in Taxis sind sie offenbar Pflichtprogramm[4] – sie sind allgegenwärtig. „Wenn wir zum Mittagessen in die Parlamentskantine runtergehen, werden wir selbst da mit dem Lied über die Räuberprinzessin Murka empfangen", soll vor ein paar ein Jahren Duma-Abgeordneter (Andrej Sawelew [Андрей Савельев], damals Delegierter der nationalkonservativen Partei Rodina) geklagt haben[5].

Auch wenn besonders ältere Leute vor allem die schönen Melodien lieben, so sind doch die Texte ein selbstverständlicher Bestandteil. Das lässt einen zunächst einmal erstaunen: Texte, die von Straftätern handeln, vom Eingesperrtsein, mit Gaunersprache versetzt, als Musik des Volkes, während unsere deutsche Volksmusik, die unsere „anständigen" Leute so anzieht, eigentlich nur von guten Menschen, reiner Liebe und friedlicher Idylle in einer heilen Welt erzählt?

Vielleicht könnte man auf der Suche nach Parallelen an den Outlaw Country denken, der Ende der 1960er Jahre in den USA entstand, an Johnny Cashs

---

4 In Kiew soll den Fahrern der städtischen Sammeltaxis das Beschallen der Fahrgäste per behördlichem Erlass verboten sein (*Packeiser*, Russland-Aktuell vom 25.01.2005).

5 *Packeiser*, a.a.O. „Murka" (Мурка) stammt aus den 1920er Jahren und ist heute noch eines der bekanntesten und beliebtesten Lieder. Es gibt ungezählte Aufnahmen. – Auch dieses Lied setzte sich damals sofort in meinen Ohren fest. Siehe näher *Oschlies*, Zukunft-braucht-erinnerung.de vom 05.04.2009.

„Folsom Prison Blues“[6] etwa oder an Willie Nelsons „Black Jack County Chain“[7].

Ich glaube jedoch, man sollte hier noch eine andere Parallele ziehen, nämlich vom russischen Blatnjak zum Gangsta-Rap, vor allem zum Hardcore der amerikanischen East Coast: Wenn namentlich die Gefangenenzahlen zur Sowjetzeit vergleichbar hoch denen der schwarzen Subkultur etwa in der Bronx oder in Harlem gewesen sein sollten, mag sich in beiden Gesellschaften das gleiche Phänomen gezeigt haben: Der Weggesperrte wird nicht als schlimmer, zu verachtender Außenseiter gesehen, sondern als jemand, der Pech gehabt hat, den es „erwischt“ hat[8]. „Gegen Elend und Gefängnis ist niemand gefeit“, besagt, frei

---

6 Textauszug: „I hear the train a comin', / It's rollin' 'round the bend. / And I ain't seen the sunshine, / Since, I don't know when. / I'm stuck in Folsom Prison, / And time keeps draggin' on, / But that train keeps a-rollin', / On down to San Antone.“
Auch auf die Texte der beiden anderen Lieder, die Cash 1968 auf dem legendären Konzert im Folsom State Prison spielte (siehe dazu *Wohlrab*, Spiegel online vom 10.01.2018), und für deren Songwriting er alleine zeichnete, kann man in diesem Zusammenhang hinweisen: „Send a Picture of Mother“ (Textauszug: „After seven years behind these bars together, / I'll miss you more than a brother when you go. / … / Won't you tell the folks back home I'll soon be coming, / And don't let them know I never will be free be free. / Sometimes write and tell me how they're doing / And send a picture of mother back to me.“) und „Give My Love to Rose“ (Textauszug: „For ten long years I've paid for what I've done. / I was trying to get back to Louisiana, / To see my Rose and get to know my son. / Give my love to Rose please won't you, Mister.“).

7 Textauszug, zweite Strophe: „All we had to eat was bread and water. / Each day we had to build that road a mile and a quarter, / Black sneak whip would cut our backs when some poor fool complained. / But we couldn't fight back wearin' 35 pounds of Blackjack County chain.“
Der Song, der weiter von der Ermordung des Distrikt-Sheriffs durch eine Chain Gang handelt, wurde, als er 1967 veröffentlicht wurde, von zahlreichen Radiostationen nicht gespielt. 1983 spielte ihn Nelson nochmals zusammen mit Waylon Jennings, einer weiteren Größe des Outlaw Country, neu ein.

8 Siehe *Klause,* in: Burlon / Frieß / Gradinari / Różańska / Salden (Hrsg.), Verbrechen – Fiktion – Vermarktung, S. 353: „'Russkij šanson' stellt aus der Sicht seiner Rezipienten Lieder des Protests gegen soziale Klassen und gegen Willkür dar, insbesondere die der Miliz. Die Fans sehen darin Lieder über die Freiheit der Person, über echte Ehre und Freundschaft sowie über die Unabhängigkeit von Regeln und 'idiotischen Gesetzen' …“.

übersetzt, ein russisches Sprichwort[9]. Der Soziologe Heinrich Popitz hat das einmal so formuliert[10]:

> Wenn auch der Nachbar zur Rechten und zur Linken bestraft wird, verliert die Strafe ihr moralisches Gewicht. Etwas, das beinahe jedem reihum passiert, gilt nicht mehr als diskriminierend ... Werden allzu viele an den Pranger gestellt, verliert nicht nur der Pranger seine Schrecken, sondern auch der Normbruch seinen Ausnahmecharakter und damit den Charakter einer Tat, in der etwas „gebrochen", zerbrochen wird.

Nun ist der Chefarztsohn und studierte Mediziner Aleksandr Rosenbaum nicht das allerbeste Beispiel für einen Blatnjak-Sänger. Andere (etwa Iwan Kutschin [Иван Кучин], Michail Swesdinskij [Михаил Звездинский] oder Kátja Ogonjok [Кáтя Огонёк]) hatten Knasterfahrung – zumindest behaupteten sie es.

II. Michail Krug

Ich bekam alsbald eine CD mit Liedern von Michail Krug (Михаил Круг) geschenkt, einer anderen Legende des russischen Schanson. So eine traurige, sentimentale, aber doch kraftstrotzende, optimistische Musik! Ich begann mich etwas mehr für ihn zu interessieren.

Michail Krug wurde 1962 in Twer, dem damaligen Kalinin geboren, einer Stadt an der Wolga unweit des Massakerortes Katyń, etwa so groß wie Zürich oder Szczecin. Sein Vater war Ingenieur, seine Mutter Buchhalterin. Michail Krug selbst lernte Schlosser. Nach seiner Militärzeit fing er an zu musizieren. Sein Idol war der früh verstorbene Wladimir Wysozkij (Владимир Высоцкий), der alkoholkranke „Vater" des jüngeren russischen Schanson.

Krugs erstes Musikalbum „Twerskie ulizy" (Тверские улицы), was „Die Straßen von Twer" heißt, ließ er 1989 in einem Tonstudio in Twer aufzeichnen. Dort

---

9 „Ot sumy da ot tjurmy sarekatsja nelsja" (От сумы да от тюрьмы зарекаться нельзя). Dazu der Blatnjak-Sänger *Gennadij Sharow (Геннадий Жаров)*: „Bei uns bist Du vor zwei Sachen nie sicher: Vor Armut und dem Bau. Dabei spielt es oft keine Rolle, ob Du was verbrochen hast oder nicht. … Das geht noch hundert Jahre so weiter. Unser Strafgesetzbuch ist voller Gummiparagraphen. Wenn Dich einer einbuchten will, dann geht das im Handumdrehen. Und normalsterbliche Leute haben gegen den Justizapparat keine Chance." (Zit. nach *Wanner* [„Das Gefängnis hängt wie ein Damoklesschwert über nahezu allen Russen, egal ob sie Gesetze brechen oder nicht."], BR.de vom 19.04.2015).

10 *Popitz*, Über die Präventivwirkung des Nichtwissens, S. 17 f.

wurden auch noch zwei weitere Alben aufgenommen. Sie alle wurden nicht veröffentlicht, es heißt, die Bänder seien gestohlen worden; jedenfalls fanden sie aber irgendwie vervielfältigt ihren Weg in die Öffentlichkeit[11].

Krug schrieb vor allem Lieder, in denen die erwähnte Knastromantik ihren Ausdruck fand. Seine Lieder beschreiben zumeist die emotionale Leere und die Verzweiflung der Gefangenen, die von ihren Familien und Angehörigen getrennt sind. Krug gebrauchte ausgiebig den in Russland sehr geläufigen Knastjargon, die „fenja" (феня), den er lediglich aus einem Wörterbuch kannte.

Krug selbst hatte nämlich keine Vorstrafen, wie Rosenbaum fehlten ihm persönliche Erfahrungen mit dem, von dem er sang. Dennoch gibt es einen Unterschied: Prägend für seine Musik war die Freundschaft mit einem „König der Diebe" („korol worow" [король воров]): Aleksandr Sewerow (Александр Северов), kurz genannt Sascha Sewer (Саша Север), geboren 1951 in Kasachstan, aber ebenfalls in Twer lebend.

Sewerow war schon im Gefängnis geboren worden[12]. Er verbrachte seit seinem 17. Lebensjahr fast 30 Jahre hinter Gittern, oder, um die „fenja" zu verwenden, im „kitschman" (кичман), dem „Kittchen" des Rotwelsch, wegen Raubüberfällen, Diebstählen, Schlägereien und Rowdytum. – Und Sewerow war nicht irgendwer:

In der internen Gefangenenhierarchie sowjetischer Lager und Gefängnisse waren verurteilte Diebe im Allgemeinen die angesehenste Häftlingsgruppe. Sie repräsentierten eine gemeinsame Subkultur, die hierarchische Organisationsstrukturen, eigene Kommunikationsformen und Verhaltenskodizes entwickelt hatte, was nicht mit dem Zusammenbruch der Sowjetunion endete. Die sich „Diebe im Gesetz" („wory w sakone" [воры в законе])[13] nennende, vielleicht mit „edle Diebe" zu umschreibende Struktur kümmerte sich auch um die Angehörigen von Inhaftierten und die Bewohner ihrer Heimatorte. Da sie – zumindest angeblich – bevorzugt die „Reichen" bestahlen, hatten sie ein gewisses Robin-Hood-Image[14]. Parallelen zur sizilianischen Mafia mögen hier bestehen.

---

11 „Twerskie ulizy" wurde als MusiCassette unter dem Titel „Lisok" (Лизок), dem Namen des ersten Tracks – bekannter als „Krasnye karmany" (Красные карманы), dem Namen des ersten Tracks jenes Raubdrucks – verbreitet.

12 Seine Mutter verbrachte insgesamt 44 Jahre, sein Vater 27 Jahre, seine Schwester 22 Jahre hinter Gittern. Auch seine beiden Söhne wurden mehrmals inhaftiert.

13 Andere Bezeichnung für „Dieb im Gesetz": „sakonnik" (законник), also „Anwalt".

14 Siehe *Klause*, in: Burlon / Frieß / Gradinari / Różańska / Salden (Hrsg.), Verbrechen – Fiktion – Vermarktung, S. 354.

Alexandr Sewerow wurde schon erstaunlich jung 1993 im Gefängnis[15] nach tradierten Regeln zum „König" der „Diebe im Gesetz" gekrönt. Früher noch hätte er fast sein Leben damit verbringen müssen, das Privileg dieses Titels zu verdienen. Ihm ging es hinter Gittern gut, nicht zuletzt, weil er ein komfortables Einkommen aus dem illegalen Glücksspielgeschäft „draußen", der „katala" (катала), hatte.

Krug lernte Sewerow kennen, als er dessen Frau Galina, eine Bekannte aus Twer, aus Neugierde zu einem Haftbesuch ihres Mannes in die Stadt Wladimir begleitete. Die beiden Männer verstanden sich sofort gut, und daraus entwickelte sich eine langjährige Freundschaft. Auch Sewerow schrieb Gedichte über den „kitschman"; Krugs erste Verse fand er „kindisch" („детскими"), er solle sein Repertoire „ernster" („более серьёзным") ausrichten. Sewerow unterstützte Krug; einigen Liedern Krugs liegen sogar Gedichte Sewerows zugrunde[16]. So soll der wahre Autor des Textes eines wunderschönen frühen Liedes Krugs, „Herbstwind" (Osennij doshd [Осенний дождь])[17], Sewerow gewesen sein[18]; Krug habe ihm zusagen müssen, dies nicht zu erwähnen.

Auch bei seinem größten Hit, dem Lied „Wladimirskij zentral" (Владимирский централ), 1998 erstveröffentlicht (besungen wird die Untersuchungshaftanstalt in Wladimir unter ihrem im Volksmund gebräuchlichen Namen), soll Gerüchten zufolge Sewerow, der dort einsaß, am Text dieses Liedes zumindest mitgeschrieben haben. Jedenfalls widmete Krug Sewerow das Lied. Er besang ihn darin sogar namentlich, bis Sewerow ihn um eine Textänderung bat[19].

Krug hatte schon in seiner Anfangszeit wie viele Blatnjak-Sänger kostenlose Konzerte in Gefängnissen gegeben, im Laufe der Zeit rund 80 Stück. Eine Anekdote besagt, vor einem (sicherlich frühen) Konzert hätten ihn die zuhörenden

---

15 Im „Wladimirskij zentral".

16 Sewerow soll auch Lieder für Stas Michajlow (Стас Михайлов), einem weiteren Sänger des russischen Schansons, geschrieben haben.

17 Auf dem Album „Shigan-limon" von 1994.

18 Aus Sewerows Feder sollen auch stammen: „Я прошёл Сибирь" (Ja proschjol Sibir'), zuerst erstschienen 1996 auf „Shiwaja Struna" (Живая Струна); „Здравствуй, мама" (Sdrawstwuj, mama), zuerst erschienen 1999 auf „Perekrestok" (Перекресток); „По-щенячьи и по-волчьи" (Po-schtschenjatschi i po-woltschi) und „Клава-сирень" (Klawa-siren), beides zuerst erschienen 2000 auf „Myschka" (Мышка). Als Autor der letztgenannten beiden Lieder wird Александр Белолебединский (Aleksandr Belolebedinskij) aufgeführt, wobei es sich um ein Pseudonym von Aleksandr Sewerow handeln soll.

19 Krug ersetzte Sascha Sewernyj (Саша Северный) durch Sanja (Саня) Sewernyi.

Gefangenen verspottet und beschimpft, wie er es wagen könnte, über Gefängnisse zu singen, wenn er nie „gesessen“ habe. Ein „Dieb im Gesetz“[20] habe dem Einhalt geboten und Krug aufgefordert zu beginnen: „Давай[21]! Sei nicht ängstlich, verschwende keine Zeit. Sing!“ Nachdem Krug dann gesungen hatte, habe dieser Gefangene laut angefangen zu klatschen, die Musik sei großartig, sie treffe auf den Punkt, und Krug möge sie doch auch „draußen“ verbreiten, damit jeder dort von der Lebenssituation im *„kitschman“* erfahren könnte. Und er soll ihm, so weiter die Legende, einen diamantbesetzten Ring gegeben haben, der ihm als Kennzeichen Respekt und Zuneigung der Insassen anderer Gefängnisse sichern würde, wenn er dort spielte. Aber, wie gesagt, das ist eine Anekdote[22], zu sehen in der 3. Folge der erstmals 2013 im „Ersten Kanal“ („Perwyj kanal“ [Первый канал]) des russischen Fernsehens ausgestrahlten Miniserie „Legende des Krug“ („Legendy o Kruge“ [Легенды о Круге])[23]. Jedenfalls trug Krug immer einen mit drei Brillanten geschmückten goldenen Ring.

Zwischen 1994 und 2002 veröffentlichte Krug so um die zehn Alben[24]. Dann endete seine Karriere, gerade 40-jährig, jäh:

In der Nacht vom 30. Juni auf den 1. Juli 2002 wurde Krug in seinem Haus in Twer von zwei Tätern überfallen und mit mehreren Kugeln niedergeschossen. Er starb kurze Zeit darauf im Krankenhaus. Als Hintergrund der Straftat wird ein Raub vermutet, bei dem sich der Sänger zur Wehr gesetzt haben soll. Es gibt hier bis heute unterschiedliche Spekulationen. Die Leiche des mutmaßlichen Mörders Dmitrij Weselow (Дмитрий Веселов) wurde im Jahr 2012, zehn Jahre

---

20 Es soll sich hierbei um den in Russland bekannten hochstehenden „Dieb im Gesetz“ Andrej Beljaew (Андрей Беляев), auch „Chobot“ (Хобот) oder „Nos“ (Нос) genannt, gehandelt haben. Es gibt auch (später entstandene) Fotos von ihm und Krug.

21 „Dawaj!“: etwa „na los!“, „komm schon!“.

22 Eine Ergänzung der Anekdote besagt, Krug, der bürgerlich Michail Worobjow (Воробьёв – „Spatz“, „Sperling“) hieß, habe sich daraufhin den Namen „Krug“ zugelegt; „krug“ (круг), das ist das russische Wort für „Ring“. Die Fernsehserie greift diese schwer zu glaubende Legende nicht auf. Er selbst soll dazu schlicht erklärt haben, er möge den Kreis, der auch auf Russisch „krug“ heißt, als geometrische Figur; man sei in der Kreismitte von jedem Punkt gleichermaßen entfernt und bei Problemen geschützt in Sicherheit.

23 Krug wird von dem damals relativ unbekannten Schauspieler Jurij Kusnezow-Tajoshn (Юрий Кузнецов-Таёжный) dargestellt, der dort in Aussehen, Statur und Habitus Krug verblüffend ähnelt. Er nahm für die Rolle 16 kg zu.

24 Die genaue Zählung ist wegen zahlreicher Kompilationen schwierig. Nummerierte Alben sind: 1994 „Shigan-limon“ (Жиган-лимон), 1995 „Seljonyj prokuror“ (Зелёный прокурор) – ursprünglich „Swetotschka“ (Светочка); 1996 „Shiwaja struna“ (Живая струна); 1998 „Madam“ (Мадам); 1999 „Rosa“ (Роза); 2000 „Myschka“ (Мышка); 2002 „Poswjaschtschenie“ (Посвящение); posthum 2003 „Ispowed'“ (Исповедь).

nach dessen eigener Ermordung, skelettiert gefunden. Möglicherweise war seine eigene Bande, die „Twerwölfe" („Twerskie wolki" [Тверские волки]), die Twer schon lange terrorisierte[25], hinter den Tätern her gewesen, um sich selbst vor Entdeckung zu schützen, nachdem der Mord viel Staub aufgewirbelt hatte. Krugs Freund Sewerow deutete an, seine Hände bei der Abstrafung der Täter im Spiel gehabt zu haben, und dass jeder, der daran beteiligt gewesen sei, nunmehr „am rechten Ort" („на своем месте") sei[26].

Krug wurde in seiner Heimatstadt Twer begaben; noch heute wird sein Grab ständig von Fans mit Blumen geschmückt. Seit 2007 befindet sich auch ein Denkmal für Krug im Stadtzentrum, gestiftet von seiner Familie und von Freunden.

III. Kolschtschik

Seine erste offizielle Veröffentlichung – zunächst noch auf MusiCassette[27] – war 1994 „Shigan-limon" (Жиган-лимон)[28], der einen seiner größten Hits, „Kolschtschik"[29] (Кольщик), enthielt[30]. Drei Jahre hatte Krug an diesem Lied

---

25 Sie haben es sogar zu einem Eintrag in der russischen „Wikipedia" gebracht, Stichwort: „Тверские волки" (https://ru.wikipedia.org/wiki/Тверские волки).

26 Monate, nachdem der Vortrag gehalten wurde, kam vielleicht etwas Dunkel in die Angelegenheit: Aleksandr Ageew (Александр Агеев), ein Mitglied der „Twerwölfe", wegen anderer Sachen in lebenslanger Haft, schrieb ein Geständnis, nach dem er an der Ermordung Krugs teilgenommen hatte. Sein Mittäter sei tatsächlich Weselow gewesen, der auch, wie schon vermutet, von den „Twerwölfen", und zwar von dem zweiten Bandenführer Aleksandr Osipow (Александр Осипов), getötet worden sei. Hintergrund des Einbruchs bei Krug sei gewesen, dass zu der Zeit zwischen dem obersten Führer der „Twerwölfe", Aleksandr Kostenko (Александр Костенко), eigentlich ein Bewunderer und guter Bekannter von Krug, und diesem „eine Katze rannte" („между ними пробежала кошка"), also Misshelligkeiten bestanden: Kostenko war den Sänger vergeblich um eine Beteiligung an dessen Einnahmen angegangen. Es sei nun der Plan gewesen, wertvolle Dinge aus dem Haus des Sängers zu holen, um dann Krug vorzuspielen, man habe die Wertgegenstände ihm wiederbeschafft; Krug würde dann dankbar sein und sich kooperativ zeigen. Diese Aktion sei aus dem Ruder gelaufen. (*Scharapow*, Lenta.ru vom 08.08.2019).

27 Für die Veröffentlichung der Audiokassetten erhielt Krug keine einzige Kopeke.

28 Die wörtliche Übersetzung „Zigeuner-Zitrone" hilft nicht weiter. In der „fenja" wird als „shigan" ein noch ziemlich junger und verwegener, aber doch schon erfahrener und erfolgreicher Dieb bezeichnet; ein „limon" ist jemand, der Spielschulden hat. Der Text von Krugs Lied erzählt, wie ein inzwischen gesetzter Mann („солидный мужчина") auf seine Zeit als junger, „süßer" („сиипатичный") Dieb, der die „Gören" („девчонки") „verrückt machte" („без ума страдали"), zurückblickt.

29 Häufig werden stattdessen die Transkriptionen „Kolschik" oder „Kolshik" verwendet.

30 Genau dieses Lied ist es, das auch in der erwähnten „Ring-Szene" in der Fernsehserie „Legendy o Kruge" als die die Gefangenen begeisternde Musik von Krug (als Playback) gespielt wird.

geschrieben, es gibt weitere Versionen[31].

Zu diesem Lied[32] gibt es ein wunderschönes Video[33]. Angemerkt sei, dass Krug damals keine Videoclips machte; das Video entstand erst 2005 als Teil des Mu-

---

31 2003 und 2009 erschien posthum auf „10 лет спустя“ („10 Jahre später“) und „Кольщик“ weitere Versionen; 2000, 2001 und 2002 wurden auf Alben mit Liedern von Krug mit den Titeln „После третьей ходки“ („Nach dem dritten Gang“ [ins Gefängnis]), „Водочку пьём“ („Wodka-Drink“) und „Мой Бог“ („Mein Gott“) Liveaufnahmen veröffentlicht.
Es gibt auch zahlreiche Cover-Versionen, etwa von „Butyrka“ (Бутырка) sowie ihrem früheren Sänger Wladimir Shdamirow (Владимир Ждамиров) – beide sehr eindrucksvoll aufgrund der Stimme Shdamirows –, Roman Simchae (Роман Симхаев), Giannis Alexiadis (Гианнис Алехиадис), Tema Jushnyj (Тема Южный), „Nagora“ (Нагора) oder „Moj Dwor“ (Мой Двор). Eine besonders beeindruckende Version sang der stimmgewaltige Grigorij Leps (Григорий Лепс) – der eigentlich inzwischen mehr Pop als Schansons singt – auf dem Gedächtniskonzert anlässlich des 55. Geburtstages von Krug in der Crocus City Hall (Крокус Сити Холл) in der Nähe von Moskau. Bei dem ruhigeren Teil in der zweiten Hälfte des Liedes hörte Leps auf zu singen, spielte die originale Musik von Krug ein und zeigte auf der Videowand ein großes Porträt von Krug.
Sergej Schnurow schrieb für seine Band „Leningrad“ (Ленинград) 2016 den Song „Kol'schtschik“ (das Video dazu entstand übrigens wie Krugs Lied in Twer), dessen Refrain („Кольщик, наколи мне брови“ [„Kol'schtschik, stich mir Augenbrauen“]) als eine Hommage an Krug interpretiert werden kann.

32 Mihail Krug, „Kolschtschik“ – Übersetzung von hier:
„Stecher, stich mir Kirchenkuppeln / Daneben ein wundertätiges Kreuz mit Ikonen / Damit dort die Glocken spielen / mit Schwingen und Geläut.
Stich mir ein Häuschen an einem Bach / Lass ihn als dünnes Rinnsal in Freiheit fließen / Damit der alles zuschneidernde Richter* / mich von ihm nicht durch ein Gitter trennen kann.
Male einen purpurroten Sonnenuntergang / Eine Rose hinter rostigem Stacheldraht / Stich die Zeile: ‘Mama, ich bin nicht schuldig‘ / Sollen sie nur versuchen, es abzuscheuern.
Falls der Platz noch reicht, male / ein Schiff mit Segeln voll Wind / Ich segle weg, ihr Wölfe**, das habt ihr davon / Damit ihr mich immer in Erinnerung behaltet.
Ruhe macht sich in meiner Seele breit / Mutter zu treffen ist mein einziger Wunsch / Stich mir ein Kreuz, damit ich es mit mir nehme / Erlösung, aber keinesfalls Reue.
Verurteile mich nicht, Mama / Ich habe mich am Leben gehalten / Weil ich wusste, du wartest auf mich.
Ich weiß, du weinst abends / und träumst von der Zeit / als ich, noch ganz klein / mich an dich heranschleiche und dir die Augen mit meinen Händen zuhalte / Du sagst absichtlich: ‘Vater? Tatjanka?‘ / Ich lache: ‘Nein, nein nicht erraten!‘
Grüße Vater und Tanjuha*** / Schick keine Umschläge voll Geld / Die Hurensöhne**** nehmen alles raus / Aber ich trotze ihnen. Ich komme zurück / Weil du auf mich wartest …“.
*„Портной судья“ heißt wörtlich „Schneider-Richter“. Der Begriff meint einen Richter, der sein Urteil zu Lasten des Angeklagten „zusammenzimmert“, ihm etwas „andichtet“.
**„Волки“ (wolki), Wölfe, steht hier für das Wachpersonal bzw. die Polizei.
***„Tanjuha“ ist wie „Tatjanka“ ein Diminutiv von „Tatjana“, offenbar die Schwester des Lyrischen Ichs.

sikfilms „Wladimirskij zentral". Der verstorbene Krug wird dort von dem russischen Schauspieler Andrej Nedbajlow (Андрей Недбайлов) gedoubelt; die Location ist echt.

Kurz zum Inhalt des Liedes: Ein *„kolschtschik"*, wörtlich „Stecher", ist im Knastjargon ein Tätowierer. Und das Tätowieren im *„kitschman"* hatte jedenfalls früher eine viel wichtigere und tiefere Bedeutung, als bloß als Körperschmuck zu dienen.

Besonders zu Sowjetzeiten hatten die Tätowierungen eine ähnliche Funktion wie eine Uniform mit Auszeichnungen und Rangabzeichen. Die „Diebe im Gesetz" nannten die Tätowierungen „Frack mit Orden" („frak s ordenami" [фрак с орденами]). Die Symbole sehen auf den ersten Blick bekannt aus – nackte Frauen, Teufel, brennende Kerzen und so weiter –, enthielten aber geheime Informationen. Ihre wahren Bedeutungen sind in der Gefängnis- und Verbrechertradition verwurzelt.

Die Bilder standen für alles, was der Dieb je getan hatte, sie waren seine komplette Biographie. Sie zeigten seine Errungenschaften und sein Versagen, seine Beförderungen und Degradierungen. Sie waren sein Ausweis und seine Führungsakte, sein Schlüssel zum Überleben. Eine Person, die keine Tätowierungen in der Welt der Diebe hat, besaß keinerlei sozialen Status, so, als gäbe es sie überhaupt nicht. In der „Fenja"-Sprache ist er ein „petuschok" (петушок), ein (junger) Hahn. Gemalte Lügen, quasi Falschbeurkundungen, wurden von den „Dieben im Gesetz" hart bestraft.

Die in dem Liedtext erwähnten Tätowierungen kann man wohl entschlüsseln:

Kirchen, Kruzifixe haben nichts mit Religion und Glauben zu tun. Sie entstammen dem Wunsch, sich als Außenseiter darzustellen – als jemand, der missverstanden wurde und nun zum Leiden verdammt ist.

In russischen Gefängnissen werden zudem tätowierte Kirchen oder Klöster als Zeichen der Diebe gesehen. Damit soll die Verbundenheit zu den Diebes-Tradi-

---

****„Сука" (suka) heißt genau übersetzt „Hündin", aber auch „Schlampe", „Hure". In der „fenja" u.a. auch eine Bezeichnung für die Gefängnisaufseher, manchmal auch mit „Schweinehunde" oder „Bastarde" übersetzt.

33 Das Video findet sich mehrfach auf YouTube, etwa unter https://www.youtube.com/watch?v=XJv6uzcCfs0 oder https://www.youtube.com/watch?v=W2fQC1 L0k4U oder https://www.youtube.com/watch?v=H7qyHkGD8iY.
Wir haben auf der Tagung das Video mit der von uns mit deutschen Untertitel gefertigten Übersetzung, die dem Liedtext der vorigen Fußnote entspricht, abgespielt; wir haben aus urheberrechtlicher Vorsicht davon abgesehen, es auf YouTube einzustellen.

tionen gezeigt werden. Die Anzahl der Kirchenkuppeln steht dabei für die Anzahl der Verurteilungen. Auch jegliches Kruzifix ist ein Anzeichen dafür, dass der Träger zur Gruppe der Diebe gehört. Es wird im Normalfall auf den wichtigsten Teil des Körpers tätowiert, nämlich die Brust.

Ein Segelschiff bedeutet, dass der Tätowierte gerne Fluchtversuche unternimmt. Eine Rose auf der Brust besagt, dass der Mann an seinem 18. Geburtstag im Gefängnis war, an den Spitzen eines Stacheldrahtes kann man seine Gefängnisjahre abzählen.

Der zweite Teil des „Kolschtschik"-Videos handelt von der Mutter des Inhaftierten[34]. Jeder Blatnjak-Sänger, der etwas auf sich hält, singt ganze Lieder über die Mutter[35]. Von Krug gibt es den Song „Hallo, Mama" („Sdrawstwuj, mama" [Здравствуй, мама])[36]. Die Bedeutung der Texte läuft letztlich zumeist auf das Gleiche hinaus: „Verzeih mir, Mama". Die Mutter ist im russischen Schanson zum Kult erhoben. Interessanterweise findet der Vater in den Liedern kaum jemals Erwähnung. – Noch eine gewisse Parallele zum Gangsta-Rap: Auch dort kommen (nur) Mütter ständig vor, zeigen „die härtesten Rapper Gefühle … für die wichtigste Frau der Welt"[37]: Tupac Shakur etwa sang „Dear Mama"[38], Kanye West „Hey Mama"[39], in Deutschland kann man zum Beispiel auf Sido („Mama ist stolz")[40] oder MoTrip und Haftbefehl hinweisen, die 2015 „Mama" auf MoTrips gleichnamigem Album sangen.

Kleiner Unterschied zum russischen Schanson: In vielen anderen Raps, im „Hip-Hop-Battle" beim „Boasten" und „Dissen" kommen statt der eigenen „Mamas" die „Mothas" anderer als Objekt zumeist sexualgefärbter Beleidigungen vor[41] – undenkbar im Blatnjak.

---

34 Gespielt von Walentina Beresuzkaja (Валентина Березуцкая).

35 Beispielsweise „Mutter" („Mat" [Мать]) von *Aleksej Djumin* (Алексей Дюмин) und „Mama" („Мама") von Wiktor Petljura (Виктор Петлюра).

36 Auch in Krugs „Herbstwind", vom „harten" „König der Diebe" Sewerow geschrieben, kommt die „мама" entsprechend ausführlich vor.

37 *Büchler*, Hiphop.de vom 14.05.2017.

38 Auf dem Album „Me Against the World" von 1995.

39 Auf dem Album „Late Registration" von 2005.

40 Auf dem Album „Maske" von 2004.

41 Zum Deutschrap: „Der 'Musikexpress' hat jetzt … die Songtexte von 32 Deutschrappern untersucht. … Insgesamt beleidigen Rapper 1265 Mal irgendjemands Mutter in ihren Texten – im Schnitt 39,5 Beleidigungen pro Rapper." (*Bento* vom 14.10.2016 [https://www.bento.de/musik/welche-deutschrapper-am-haeufigsten-fick-deine-mutter-sagen-a-0 0 000000-0003-0001-0000-000000920312]).

Deshalb sind mir die Russen mit ihren „*mamostschki*“ (мамосчки) doch sympathischer.

Literatur:

Büchler, David, Wenn die härtesten Rapper Gefühle zeigen: 8 Songs für die wichtigste Frau der Welt, Hiphop.de vom 14.05.2017 (https://hiphop.de/magazin/hintergrund/5-rap-tracks-zum-muttertag-302767?nopaging=1).

Hufen, Uli, Gangsterlieder aus Russland, Norient vom 02.01.2014 (https://norient.com/stories/russische-gangsterlieder/).

Klause, Irina, Vermarktung von Gewaltdarstellungen im russkij šanson im Vergleich zu den blatnye-Liedern, in: L. Burlon / N. Frieß / I. Gradinari / K. Różańska / P. Salden (Hrsg.), Verbrechen – Fiktion – Vermarktung. Gewalt in den zeitgenössischen slavischen Literaturen, 2013, S. 351 ff.

Oschlies, Wolf, „Murka“ – Geschichte eines Liedes aus dem sowjetischen Untergrund, Zukunft-braucht-erinnerung.de vom 05.04.2009 (https://www.zukunft-braucht-erinnerung.de/murka-geschichte-eines-liedes-aus-dem-sowjetischen-untergrund/).

Packeiser, Karsten, Halb Russland hört Ganovenlieder, Russland-Aktuell vom 25.01.2005 (l).

Popitz, Heinrich, Über die Präventivwirkung des Nichtwissens, 1968.

Scharapow, Wladimir (Шарапов, Владимир), Круг замкнулся, Lenta.ru vom 08.08.2019 (https://lenta.ru/articles/2019/08/08/sled/).

Wanner, Christoph, Gefängnismusik erobert die Alltagswelt, BR.de vom 19.04.2015 (https://www.br.de/br-fernsehen/sendungen/euroblick/russland-musik-100.html).

Wohlrab, Matthias, Sternstunde im Speisesaal. Legendäres Knastkonzert von Johnny Cash, Spiegel online vom 10.01.2018 (http://www.spiegel.de/einestages/johnny-cash-das-legendaere-knast-konzert-im-folsom-prison-a-1186187.html).

GASTVORTRÄGE AUF UNSERER TAGUNG
AM 24. APRIL 2019

Brian Valerius

Musik und Blasphemie.* Vom Maria-Syndrom über Black Metal zu Pussy Riot

I. Einleitung

Dem interdisziplinären Tagungsthema „Musik und Strafrecht“ kann man sich von verschiedener Weise nähern. Dies von der Seite der Musik aus zu versuchen, kommt für mich leider nicht in Betracht. Mich in irgendeiner Weise selbst als Musiker zu betätigen, scheidet mangels Talents schlicht aus und wollte ich auf der Tagung daher sämtlichen Anwesenden ersparen; für beste Unterhaltung durch musikalische Live-Elemente sorgten aber nicht zuletzt die Veranstalter selbst. Und für die nähere Betrachtung eines Themas aus der – meiner beruflichen Tätigkeit eher entsprechenden – theoretischen Perspektive eines Musikwissenschaftlers oder auch nur ausgewiesenen Musikkenners fehlt mir das notwendige Wissen. Allenfalls in meiner späten Jugend wäre es mir möglich gewesen, bei bestimmten Genres und Stilrichtungen halbwegs mitzureden; diese Zeit gehört aber bereits lange der Vergangenheit an.

Als einzige Herangehensweise bleibt für mich somit nur die Untersuchung eines mit Musik zusammenhängenden (straf-)rechtlichen Themas. Insoweit sind – wie ebenso weitere Vorträge bei der Tagung gezeigt haben – verschiedene Anknüpfungspunkte denkbar. Da ich mich schon zuvor mehrmals mit dieser Materie auseinandergesetzt habe[1] und mir hierbei auch Beispiele aus der Musik begegnet sind, fiel meine Wahl auf die Blasphemie und deren Relevanz sowohl in der Musik als auch im Strafrecht.

---

* Es handelt sich um die überarbeitete Fassung des Vortrags. Für die Unterstützung bei den Recherchen und für sonstige wertvolle Anregungen gebührt *Philipp Waltke*, Doktorand an der Universität Bayreuth zum Thema „Kunst und öffentlicher Frieden – Strafbefreiung durch Grundrechte?“, herzlicher Dank.

1 Die rechtlichen Ausführungen dieses Beitrags knüpfen insbesondere an Teile meiner Habilitationsschrift über „Kultur und Strafrecht. Die Berücksichtigung kultureller Wertvorstellungen in der deutschen Strafrechtsdogmatik“ (2011) sowie an meinen Beitrag über „Tatbestände zum Schutz religiöser Einrichtungen“ in ZStW 129 (2017), 529 an.

https://doi.org/10.1515/9783110731729-011

II. Rechtliche Grundlagen

Der einschlägige Straftatbestand für Blasphemie ist § 166 StGB, der nach seiner amtlichen Überschrift die Beschimpfung von Bekenntnissen, Religionsgesellschaften und Weltanschauungsvereinigungen unter Strafe stellt. Tathandlung der Vorschrift ist das – öffentliche oder durch Verbreiten von Schriften erfolgende – Beschimpfen. Hierfür bedarf es einer Kundgabe von Missachtung, die sich nach Form oder Inhalt als besonders verletzend erweist.[2] Diese Äußerungen müssen sich entweder auf den Inhalt eines religiösen oder weltanschaulichen Bekenntnisses (Absatz 1) oder auf eine Religionsgesellschaft oder eine Weltanschauungsvereinigung selbst, deren Einrichtungen oder Gebräuche (Absatz 2) beziehen.

Die blasphemische Äußerung als solche ist allerdings – anders als die amtliche Überschrift es vermuten lässt – nicht (mehr) unter Strafe gestellt. Vielmehr muss das Beschimpfen jeweils außerdem geeignet sein, den öffentlichen Frieden zu stören. Diese Umgestaltung durch das Erste Gesetz zur Reform des Strafrechts (1. StrRG) vom 25. Juni 1969[3] war zentral, brachte sie doch zum Ausdruck, dass die Norm nicht mehr das religiöse Empfinden des Einzelnen schützt, sondern ein Gefühl der Rechtssicherheit und des Rechtsfriedens – in seiner Ausprägung durch den Toleranzgedanken – gewährleisten will.[4] Seitdem soll gewissermaßen nur der grobe Missbrauch der geistigen Auseinandersetzung verhindert werden, ohne insbesondere die sachliche Diskussion über religiöse oder weltanschauliche Fragen zu erfassen.[5]

III. Blasphemie in der Musik

Diesen vorgegebenen zulässigen Rahmen der Diskussion drohen einige Beispiele aus der Musik indessen zu verlassen. Es kann insoweit zum einen auf die

---

2 *OLG Karlsruhe* NStZ 1986, 363, 364; *OLG Köln* NJW 1982, 657, 657 f.; *OLG Nürnberg* NStZ-RR 1999, 238, 239; LK / *Dippel*, StGB. 12. Aufl. 2010, § 166 Rn. 26.

3 BGBl. I, S. 645. In seiner ursprünglichen Fassung vom 1. Januar 1872 lautete – der bis 1969 nahezu unveränderte – § 166 StGB noch: „Wer dadurch, daß er öffentlich in beschimpfenden Aeußerungen Gott lästert, ein Aergerniß gibt, oder wer öffentlich eine der christlichen Kirchen oder eine andere mit Korporationsrechten innerhalb des Bundesgebietes bestehende Religionsgesellschaft oder ihre Einrichtungen oder Gebräuche beschimpft, ingleichen wer in einer Kirche oder in einem anderen zu religiösen Versammlungen bestimmten Orte beschimpfenden Unfug verübt, wird mit Gefängniß bis zu drei Jahren bestraft."; ausführlich zur Gesetzgebungsgeschichte *Valerius*, Kultur und Strafrecht, 2011, S. 340 ff.

4 *Valerius,* Kultur und Strafrecht, 2011, S. 343.

5 BT-Drucks. V/4094, S. 29.

Inhalte musikalischer Werke, sei es auf einzelne Liedtexte oder auch auf Kernaussagen gesamter Musikstücke verwiesen werden. Zum anderen kann den äußeren Umständen einer musikalischen Darbietung ein blasphemischer Gehalt zu entnehmen sein.

1. Blasphemische Texte

a) Pussy Riot

Um bei dem Untertitel des Vortrags von hinten und somit mit der russischen Punkrock-Band „Pussy Riot" zu beginnen: Die Band sieht sich selbst als Teil der Anfang der 1990er in den USA entstandenen sog. Riot Grrrl-Bewegung, die sich durch feministische Texte für die Gleichberechtigung einsetzt, und wurde 2011 auch wegen der als frauenfeindlich empfundenen Politik der russischen Regierung gegründet. Als der Patriarch der Russisch-Orthodoxen Kirche den damaligen Ministerpräsidenten Russlands und früheren (wie späteren) Präsidenten der Russischen Föderation, Wladimir Putin, vor den Präsidentschaftswahlen 2012 unterstützte und dessen Herrschaft ein „Geschenk Gottes" nannte, richtete sich die Kritik aber auch gegen die enge Verbindung von Staat und Kirche.[6] So enthielt das weltweit bekannte Lied „A Punk Prayer" (Original „Pokazatelnyy protsess", auf Deutsch „Ein Punk-Gebet") Zeilen, die sich mit „Göttlicher Dreck, Dreck, Dreck" übersetzen lassen und in denen das Oberhaupt der russisch-orthodoxen Kirche als „Hund" bezeichnet wird.[7]

b) Black Metal

Diese Passagen können aber nur als harmlos erachtet werden, wenn sie mit Liedtexten verglichen werden, die dem „Black Metal" zuzurechnen sind. Dass vor allem diese Musikrichtung nicht mit gottes- oder religionskritischen Äußerungen spart, vermag den Kenner freilich nicht völlig zu überraschen. Schließlich wird der Begriff „Black Metal" eigens für einen Anfang der 1980er Jahre entstandenen Substil des „(Heavy) Metal" verwendet, der sich gerade durch satanische Texte auszeichnet. Die Gotteslästerung gehört somit gewissermaßen zum

---

6 https://www.sueddeutsche.de/politik/prozess-in-russland-gegen-band-pussy-riot-punk-gegen-putin-1.1417824; diese und alle weiteren zitierten Webseiten wurden zuletzt am 30. Juli 2019 abgerufen.

7 Eine vollständige Übersetzung des Liedtextes findet sich bei *Fahl*, StraFo 2013, 1, 1. Siehe hierzu auch *Weyhrich*, Pussy Riot – Die Moskauer Furien (in diesem Band).

guten Ton dieser Lieder und stellt eine notwendige, wenngleich nicht hinreichende Voraussetzung für die Einordnung eines Musikstücks als „Black Metal" dar.

Um einige Beispiele anzuführen, sei etwa auf die 1993 gegründete schwedische Band „Dark Funeral" als die nach eigenen Angaben unbeschreiblichen Könige des Black Metal[8] verwiesen. Der schon nach seinem Titel aufschlussreiche Song „Godhate", veröffentlicht auf dem 2005 erschienenen Album „Attera Totus Sanctus", enthält etwa folgende Zeilen:

> … Still blinded by stupidity, believing you are Christ
> Walking down the streets of Jerusalem
> Covered in spit, from the people you loved.
>
> Guilty or not, you're full of shit.
> Spreading your lies that too many believes.
> You are a fake, and I know the truth.
> I know your name and your god I do hate.
>
> Guilty, guilty!! You will die upon your cross, amongst the other thieves …"

Ein weiterer Vertreter des Black Metal ist die – ebenfalls schwedische – Band „Marduk". Sie wurde wohl nach dem babylonischen Hauptgott benannt und 1990 mit dem Ziel gegründet, die brutalste und blasphemischste Metal Band aller Zeiten zu werden.[9] Dementsprechend findet sich beispielsweise in dem Lied „Jesus Christ … sodomized", erschienen 2001 auf dem Album „La grande Danse macabre", die Aufforderung: „Piss on christ and kill the priest, follow nature – praise the beast."

Jesus selbst wird zudem als „king of perversions and flies" und als „filthy scum" bezeichnet. Seine Mutter Maria sei zudem eine „stinking whore", deren „pathetic tries to shit forth a king" gescheitert seien.

c) Das Maria-Syndrom

Apropos Maria. Über die Gottesmutter wurden bei weitem nicht nur einzelne Verse in Liedern geschrieben. Vielmehr wurde ihr – und somit sei als letztes Beispiel aus der Musik das zu Beginn des Untertitels genannte Werk aufgegriffen – die zweifelhafte Ehre zuteil, dass ein komplettes sog. Rock-Comical nach ihr benannt wurde: „Das Maria-Syndrom", im Wesentlichen verfasst von Michael Schmidt-Salomon und gewidmet „to the balls of Frank Zappa".[10] Schmidt-

8 https://www.darkfuneral.se/band.php.

9 http://marduk.nu/band/.

10 http://www.maria-syndrom.de/kamp1.htm.

Salomon ist unter anderem bekannt als Mitbegründer und Vorstandssprecher der Giordano-Bruno-Stiftung, die bekanntlich eine dezidiert religionskritische Position vertritt. Mit dem Stück „Das Maria-Syndrom" sollte etwa Kritik an der (christlichen) Religion geübt, für Toleranz plädiert und jeder religiöse Dogmatismus bekämpft werden.[11]

Zu diesem Zweck erzählt „Das Maria-Syndrom" in insgesamt drei Akten von der jungfräulichen Novizin Ann-Marie, die auf der Toilette schwanger wird, weil sich Spermareste ihres masturbierenden, nur mit wenig Intelligenz bescherten Cousins John auf der Toilettenbrille befinden.[12] Ihren daraus hervorgegangenen Sohn Me-Ti erzieht sie in dem Bewusstsein, von Gott bestimmt zu sein, die Menschheit von ihren Leiden zu erlösen. Als sich die wahre Herkunft aufklärt, bricht Ann-Marie zusammen und wird wahnsinnig, während sich Me-Ti in den Himalaja zurückzieht, wo ihm nach einem Gebet Gott in Gestalt einer geheimnisvoll illuminierten Toilettenbrille erscheint. Me-Ti kehrt daraufhin aus seiner Emigration zurück und gründet eine Sanitärfirma, wobei er bei Fertigstellung einer neuen öffentlichen Damentoilette sich dort stets für eine Stunde zu einer merkwürdigen Zeremonie einschließt.

2. Blasphemische Aufführungen

Musiker wirken aber selbstredend nicht nur durch ihre Texte als solche, sondern auch durch deren Darbietung. Jeder Konzertbesucher weiß, dass die Aufführung selbst unvergessliche Erinnerungen schaffen und die Aussage einzelner Lieder entsprechend verstärken kann. Es ist daher nicht verwunderlich, dass etwa einige Black-Metal-Bands in ihren Konzerten nicht hinter ihren religionskritischen Texten zurückbleiben. Adam „Nergal" Darski, Sänger der 1991 gegründeten polnischen Band „Behemoth", benannt nach einem Ungeheuer der jüdisch-christlichen Mythologie, zerriss beispielsweise 2007 bei einem Auftritt im polnischen Gdynia eine Bibel, die er „a book of lies" nannte, und bezeichnete die katholische Kirche als „the most murderous cult on the planet".[13] Die 1992 gegründete norwegische Black-Metal-Band „Gorgoroth" – zur Abwechslung nicht nach irgendwelchen Geschöpfen einer religiösen Mythologie benannt, sondern nach einer dunklen Einöde im Land Mordor in J.R.R. Tolkiens Buch „Der Herr der Ringe" – präsentierte ihre mehr oder minder antichristlichen

11 Siehe die Darstellung bei *OVG Koblenz* NJW 1997, 1174, 1175.

12 Eine Kurzzusammenfassung der Handlung des Stücks findet sich auf http://www.maria-syndrom.de/kamp1.htm.

13 http://www.blabbermouth.net/news/court-rules-against-behemoth-frontman-in-bible-tearing-case/.

Texte bei einem – auf der DVD „Black Mass Krakow 2004" erhältlichen – Konzert 2004 im polnischen Kraków mit einer Bühnenshow, in der nackte Menschen an Kreuzen aufgehängt, abgetrennte Schafsköpfe aufgespießt und 100 Liter Schafsblut verwendet wurden.[14]

Der Vorwurf der Religionsfeindlichkeit kann aber durchaus auch Aufführungen bekannter und schon unzählige Male dargebotener Opern treffen. So wurde 2006 die Inszenierung von Wolfgang Amadeus Mozarts Oper „Idomeneo" an der Deutschen Oper Berlin wegen der Darstellung der abgetrennten Köpfe von unter anderem Jesus und Mohammed vorübergehend abgesetzt, weil Polizei und Intendanz islamistische Terroranschläge befürchteten.[15]

Mitunter muss auch nicht einmal auf die Aufführung als solche, sondern kann allein auf den Ort der Aufführung verwiesen werden, um einen gottes- oder religionskritischen Bezug herzustellen. Dies gilt etwa dann, wenn ein gesamtes Konzert oder auch nur einzelne einschlägige Lieder in einer Kirche abgespielt werden. So wurde das bereits erwähnte Stück „A Punk Prayer" von „Pussy Riot" am 21. Februar 2012 in der Erlöserkathedrale in Moskau, dem zentralen Gotteshaus der Russisch-Orthodoxen Kirche aufgeführt. Dies geschah zwar außerhalb der Gottesdienstzeiten, aber ohne Genehmigung auf der Kanzel der Kathedrale, wodurch die kirchenkritische Aussage des Liedes unterstrichen wurde.[16]

IV. Rechtliche Würdigung

Ohne die vorgestellten Texte und Aufführungen im Detail zu würdigen, dürfte sich kaum bestreiten lassen, dass zumindest bei einigen der aufgeführten Beispiele eine strafrechtliche Relevanz gemäß § 166 StGB nicht völlig fern liegt. Ob die einzelnen Verhaltensweisen tatsächlich strafbar sind, dürfte im Wesentlichen von drei Punkten abhängen, namentlich von der Tathandlung des Beschimpfens, von der Auslegung des Merkmals der Störung des öffentlichen Friedens und von der Berücksichtigung der Meinungs- und Kunstfreiheit. Die

---

14 https://web.archive.org/web/20090309110157/http://www.aftenposten.no/english/ local/article723414.ece.

15 Hierzu etwa https://www.faz.net/aktuell/feuilleton/debatten/idomeneo-opern-absetzung-kritik-an-berlins-innensenator-1357773.html.

16 Zum Sachverhalt sowie zu dessen strafrechtlicher Würdigung *Fahl*, StraFo 2013, 1, 1 ff. Wegen des Auftritts wurden drei Bandmitglieder festgenommen und wegen „Rowdytums" zu zwei Jahren Lagerhaft verurteilt. Die letzte der drei Musikerinnen wurde im Dezember 2013 freigelassen; http://www.spiegel.de/politik/ausland/letzte-pussy-riot-musikerin-tolokonnikowa-aus-haft-entlassen-a-940651.html.

folgenden Ausführungen beschränken sich auf die ersten beiden, ausdrücklich in § 166 StGB genannten Voraussetzungen[17].

1. Beschimpfen

Bei der Tathandlung des Beschimpfens ist zunächst nochmals darauf zu verweisen, dass sie lediglich der Form oder dem Inhalt nach besonders verletzende Kundgaben der Missachtung erfasst (siehe schon oben unter II.). Einer kritischen Äußerung wird daher nicht sogleich bei jedem Religionsbezug ein beschimpfender Charakter zuteil; selbst eine scharfe und deutliche Kritik ist allein aus diesem Grund noch nicht tatbestandsgemäß. Vielmehr ist bei der Auslegung einer Äußerung oder eines sonstigen Verhaltens stets nicht nur deren unmittelbarer Kontext zu beachten, sondern sind auch sämtliche erkennbaren Begleitumstände des konkreten Einzelfalls zu würdigen.[18]

Abzustellen ist bei der Auslegung zudem auf den unbefangenen und auf religiöse und weltanschauliche Toleranz bedachten Dritten.[19] Hieraus ist zum einen zu folgern, dass die Anschauungen der Tatrichter belanglos sind. Deren persönliche Meinung kann mit der Beurteilung des objektiven Dritten zwar durchaus zusammenfallen, muss dies aber nicht. Zum anderen ist für die Beurteilung eines beschimpfenden Charakters ebenso wenig die Perspektive des „Opfers", d.h. der Angehörigen der betroffenen Religionsgesellschaft etc. erheblich. Dann erscheint es aber nicht als unbedenklich, ohne Weiteres etwa auf den Stellenwert eines bestimmten Inhalts, einer Einrichtung oder eines Brauchs einer Religionsgesellschaft nach der Ansicht deren eigener Angehörigen zu verweisen.[20]

2. Eignung, den öffentlichen Frieden zu stören

Um tatbestandlich von § 166 StGB erfasst zu werden, muss das Beschimpfen schließlich geeignet sein, den öffentlichen Frieden zu stören. Beschrieben wird

---

17 Bzgl. der Bedeutung der Meinungs- und Kunstfreiheit siehe *Oğlakcıoğlu/Rückert*, ZUM 2015, 876, 878 ff.

18 *OLG Karlsruhe* NStZ 1986, 363, 364.

19 *OLG Karlsruhe* NStZ 1986, 363, 364; *OLG Köln* NJW 1982, 657, 658; *OLG Nürnberg* NStZ-RR 1999, 238, 239; Schönke / Schröder / *Bosch / Schittenhelm*, StGB, 30. Aufl. 2019, § 166 Rn. 9.

20 So indessen erst vor kurzem wohl *OLG Saarbrücken* NJW 2018, 3794, 3795 mit kritischer Anmerkung *Valerius*. Das Gericht leitete bei Liegestützen eines Kunststudenten auf dem Altar einer geweihten Kirche zur Vorbereitung einer Videoinstallation wohl schlicht aus der Bedeutung des Altars als „Inbegriff christlicher Glaubensvorstellungen" ein Beschimpfen im Sinne des insoweit vergleichbaren § 167 StGB ab, ohne die weiteren Umstände des Gesamtgeschehens näher in den Blick zu nehmen.

damit nach herrschender Meinung ein Zustand, in dem – objektiv – Rechtssicherheit herrscht und die Bevölkerung frei von Furcht gemeinsam leben kann sowie – subjektiv – die Bürger auch das Bewusstsein haben, sich in einem solchen rechtssicheren Zustand zu befinden und auf dessen Bestand vertrauen zu können.[21] Diese sog. Friedensschutzklausel ist freilich nicht unumstritten.[22] Insbesondere die subjektive Komponente erweist sich als äußerst fraglich, werden dadurch doch Vertrauen, Empfindungen und somit letztendlich Gefühle geschützt. Gefühle eignen sich aber nach inzwischen nahezu einhelliger Ansicht nicht als strafrechtliches Schutzgut.[23]

Unabhängig von solchen Kritikpunkten erscheint nicht zuletzt die Handhabung dieses Merkmals in der Praxis mitunter durchaus fragwürdig. Auch wenn bei der Auslegung von Äußerungen an sich Einigkeit darüber besteht, auf die Sicht eines auf religiöse und weltanschauliche Toleranz bedachten Dritten abstellen zu müssen (siehe soeben unter IV.1.), ziehen die Gerichte bei der anschließenden Frage, ob die Äußerung den öffentlichen Frieden zu stören geeignet ist, mitunter die Zusammensetzung des Empfängerkreises als maßgebliches Kriterium heran.[24] Beispielsweise sah das OLG Nürnberg den Online-Verkauf von T-Shirts, deren Motiv ein an ein Kreuz genageltes Schwein bildete, als potentiell friedensstörend an, weil er sich an Anhänger einer Punk-Rock-Band richtete, bei denen die Intoleranz gegenüber katholischen Glaubensangehörigen gefördert werden könne.[25]

Dieser Perspektivwechsel ermöglicht indessen, eine subjektive Sicht, etwa der betroffenen Religions- oder Weltanschauungsangehörigen selbst (und somit z.B. auch deren Empfindlichkeit, Kritikfähigkeit und Gewaltbereitschaft) als ausschlaggebend zu erachten.[26] Des Weiteren legt eine solche Auslegung der Friedensschutzklausel nahe, ein quantitatives Element zu berücksichtigen. Schließlich ist für das Konfliktpotential, das eine Äußerung in sich birgt, nicht

---

21 Siehe etwa LK / *Dippel,* 12. Aufl. 2010, § 166 Rn. 59; BeckOK-StGB / *Valerius*, 42. Edition 2019, § 166 Rn. 12; hierzu auch *Valerius*, ZStW 129 (2017), 529, 531.

22 Zur Kritik statt vieler NK-StGB / *Stübinger*. 5. Aufl. 2017, § 166 Rn. 2; *Fischer*, GA 1989, 445, 451 f.; zusammenfassend *Valerius*, ZStW 129 (2017), 529, 531 f. Zur Diskussion um das von § 166 StGB geschützte Rechtsgut *Valerius*, Kultur und Strafrecht, 2011, S. 353 ff.; *Fischer*, GA 1989, 445, 456 ff.

23 Siehe nur MüKo-StGB / *Hörnle*. 3. Aufl. 2017, § 166 Rn. 1; zu diesbezüglichen Bedenken auch *Valerius*, Kultur und Strafrecht, 2011, S. 355 ff.; *ders.*, ZStW 129 (2017), 529, 531 f.

24 *Valerius*, Kultur und Strafrecht, 2011, S. 359; *ders.*, ZStW 129 (2017), 529, 533.

25 *OLG Nürnberg* NStZ-RR 1999, 238, 241; ähnlich *LG Göttingen* NJW 1985, 1652, 1653.

26 *Valerius*, Kultur und Strafrecht, 2011, S. 359 f.; *ders.*, ZStW 129 (2017), 529, 534.

zuletzt die Anzahl der Angehörigen einer Religionsgesellschaft oder Weltanschauungsvereinigung maßgeblich. Denn wie soll der öffentliche Frieden gefährdet werden können, wenn von einer Beschimpfung nur wenige betroffen sind?[27] Mit den Worten des bekannten ehemaligen Bundesrichters und nach wie vor aktiven Kommentators und Kolumnists *Thomas Fischer* ist daher zu konstatieren, dass „§ 166 [StGB] in der Praxis *seit jeher* nicht dem *Schutz der Minderheiten* vor der Mehrheit gedient hat, sondern dem Schutz der Mehrheit *vor ihnen*".[28]

V. Schluss

Musik und Strafrecht können auf verschiedene Weise in Konflikt geraten. Dies gilt auch für religionskritische oder sogar blasphemische Liedtexte, Musikstücke und deren Aufführungen. In Betracht kommt hier nicht zuletzt eine Strafbarkeit nach § 166 StGB. Nicht wenige sind dieser Norm gegenüber kritisch eingestellt und plädieren für deren Abschaffung.[29] In der Tat erscheint in einem freiheitlich-demokratischen Staat als gebotene Antwort auf Kritik an Religionen und Weltanschauungen nicht der Rückgriff auf Strafnormen, sondern – so schwer diese fallen mag – die kommunikative Auseinandersetzung in der Gesellschaft.[30] Diese Bedenken sind aber zugegeben allgemeiner Natur und beschränken sich nicht auf das Thema „Musik und Strafrecht". Insoweit liegt es auch fern, Musik eine Sonderrolle zuzugestehen. Sicherlich bleiben hierbei Meinungs- und Kunstfreiheit hinreichend zu berücksichtigen. Gleichwohl dürfte aber nach geltendem Recht § 166 StGB im Zusammenhang mit Liedtexten und musikalischen Aufführungen nicht von vornherein als unanwendbar angesehen, mag über den jeweiligen Einzelfall freilich vortrefflich gestritten werden können.

Weder zu verschweigen noch zu unterschätzen ist in diesem Zusammenhang, dass Musik nicht immer ausschließlich um ihrer selbst, um eines rein künstleri-

---

27 Hierauf bereits verweisend *Valerius*, Kultur und Strafrecht, 2011, S. 360; *ders.*, ZStW 129 (2017), 529, 534. Nach Schönke / Schröder / *Bosch / Schittenhelm*, StGB. 30. Aufl. 2019, § 166 Rn. 12, LK / *Dippel*, 12. Aufl. 2010, § 166 Rn. 24 und MüKo-StGB / *Hörnle*. 3. Aufl. 2017, § 166 Rn. 24 ist eine Eignung zur Friedensstörung jedenfalls in der Regel zu verneinen, wenn das individuelle Bekenntnis lediglich eines Einzelnen oder einiger weniger beschimpft wird.

28 *Fischer*, StGB. 66. Aufl. 2019, § 166 Rn. 2b (Hervorhebungen im Original).

29 Siehe nur *Hörnle*, ZRP 2015, 62; *dies.*, JZ 2015, 293, 297; *Valerius*, ZStW 129 (2017), 529, 539 f.

30 So schon *Valerius*, ZStW 129 (2017), 529, 539.

schen Wirkens willen betrieben wird. Vielmehr kann Musik auch als Kommunikations- und sogar als Agitationsmedium herangezogen werden. Man denke etwa an CDs mit rechtsextremistischen Liedern, die kostenlos auf Schulhöfen verteilt werden. Auch der Black-Metal-Szene wird nachgesagt, viele rassistische und nationalsozialistische Mitglieder in ihren Reihen zu haben und sich von diesen nicht (ausreichend) zu distanzieren. Mit dem National Socialist Black Metal (NSBM) existiert sogar eine Untermusikrichtung, die einschlägige Ideologien verbreitet.

Dass § 166 StGB gleichwohl – generell und auch im Zusammenhang mit Werken der Musik – nur mit äußerster Zurückhaltung angewendet werden sollte, sei abschließend an einem letzten Beispiel illustriert, das viele Leser vielleicht schon vermisst und als erstes mit dem Vortragsthema „Musik und Blasphemie“ assoziiert haben dürften: dem Lied „Always look on the bright side of life“ aus dem 1979 erschienenen Film „Das Leben des Brian“. Der Film stammt aus der Feder der britischen Komikergruppe Monty Python und handelt von dem gleichnamigen Protagonisten, der – im Stall neben Jesus zur gleichen Zeit geboren – aufgrund von Missverständnissen für den Messias gehalten und am Ende des Films gekreuzigt wird. In dieser Schlussszene wird von einem anderen Verurteilten das besagte Lied angestimmt. Sicherlich setzt sich der Film satirisch mit Religionen, nicht zuletzt mit dem Dogmatismus des Christentums auseinander. Es liegt aber fern, dem Film einen beschimpfenden Charakter zuzusprechen. Gleichwohl rief die Uraufführung in New York wütende Proteste und Aufführungsverbote etwa in Norwegen, Irland und Italien nach sich.[31] Noch heute ist es etwa in Nordrhein-Westfalen untersagt, den Film am Karfreitag vorzuführen.[32] Die Gelassenheit, zu der mit dem Lied „Always look on the bright side of life“ aufgerufen wird, zeigte hingegen in der Tat den angemessenen Umfang mit religionskritischen und selbst mit blasphemischen Liedern und Aufführungen. Man muss weder Inhalte noch Art und Weise deren Darbietung teilen oder auch nur im Ansatz gutheißen, man muss hiergegen aber ebenso wenig stets und sogleich mit den Mitteln des Strafrechts vorgehen.

---

31 Siehe hierzu etwa https://www.sueddeutsche.de/leben/das-leben-des-brian-monty-phyton-osterkomoedie-1.4413949.

32 *OLG Hamm* BeckRS 2016, 10258 Rn. 12.

Wolfgang Schild

Musikalische Hinrichtung.* Zur Oper „Dead Man Walking“ von Terrence McNally und Jake Heggie

Am 5. April 1984, um 0.15 Uhr, wurde der 34jährige Weiße Elmo Patrick Sonnier im Staatsgefängnis Angola im amerikanischen Bundesstaat Louisiana am Elektrischen Stuhl – genannt „grausame Gertie“ – hingerichtet. Er war wegen der am 4. Dezember 1977 gemeinsam mit seinem jüngeren Bruder Eddie durchgeführten Ermordung eines 17jährigen und der Vergewaltigung und anschließenden Ermordung von dessen 18jähriger Freundin zum Tode verurteilt worden. Neun Monate später, am 28. Dezember 1984, um 0.07 Uhr, wurde der 26jährige weiße Robert Lee Willie im Staatsgefängnis Death Row, ebenfalls in Louisiana, am Elektrischen Stuhl hingerichtet. Er war wegen einer am 28. Mai 1980 mit einem älteren Partner gemeinsam begangenen Vergewaltigung und anschließenden Ermordung einer 18jährigen Frau sowie wegen der am 31. Mai 1980 verübten gemeinsamen Vergewaltigung einer 16jährigen und der versuchten Tötung ihres 20jährigen Freundes, der durch die Tat gelähmt wurde, zum Tode verurteilt worden; er hatte bereits 1978 gemeinsam mit seinem Cousin einen Mann wegen Marihuana im Wert von 10.000 Dollar überfallen, beraubt und getötet, wofür er später sechsmal Lebenslänglich erhielt. Beide Todeskandidaten wurden von der 1939 geborenen Helen Prejean, die also in diesem Jahre (1984) der Hinrichtung 45 Jahre alt war, als sog. „geistlicher Beistand“ („spiritual adviser“) bis zur Hinrichtung begleitet. Sie war seit 1957 (also ab ihrem 18. Lebensjahr) Nonne in dem katholischen, ursprünglich in Frankreich im 17. Jahrhundert gegründeten und im 19. Jahrhundert auch in den Vereinigten Staaten (Louisiana und Mississippi) aktiven Orden der Sisters of Saint Joseph of Medaille, hatte Englisch und Religion im Lehramt studiert und arbeitete in sozialen Projekten. Seit 1981 betreute sie, anfangs mittels Brieffreundschaft, dann auch durch persönlichen Kontakt die beiden Todeskandidaten. Berühmt wurde sie (und auch die beiden Hingerichteten) dadurch, dass Sister Helen 1993 das Buch „Dead Man Walking“ veröffentlichte[1], in dem sie ihre Geschichte mit Sonnier und Willie berichtete.

* Es handelt sich um die um Nachweise ergänzte schriftliche Fassung des Vortrages.

1 *Helen Prejean*, Dead Man Walking. Random House Inc. New York 1993. Die deutsche Übersetzung von Susanne Walter erschien 1996 unter dem Titel „Dead Man Walking. Sein letzter Gang“ im Goldmann Verlag München, spielt also auf den Filmtitel an.

https://doi.org/10.1515/9783110731729-012

Noch berühmter wurde der gleichnamige Film[2], der auf Anregung von Susan Sarandon – die die Autorin bei Dreharbeiten kennengelernt hatte und den Stoff ihrem Mann Tim Robbins empfahl, der dann das Drehbuch schrieb und den Film als Regisseur drehte, zur Filmmusik seines Bruders David Robbins – im Jahre 1995 entstand. Sarandon spielte Sister Helen; sie bekam dafür u.a. den Oscar als beste Hauptdarstellerin. Sean Penn, nominiert für den Oscar als bester Hauptdarsteller, dann ausgezeichnet mit dem Golden Globe Award für den besten Darsteller und dem Silbernen Bären in Berlin, stellte den Todeskandidaten dar, der – Matthew Poncelet genannt – aus den beiden Buchfiguren Sonnier und Willie zusammengesetzt wurde. Vom Aussehen und Auftreten ähnelte Poncelet Willie, die abgeurteilten Taten entsprachen denen von Sonnier. Als Hinrichtungsart wurde der elektrische Stuhl durch die Todesspritze ersetzt.

Im Jahr 2000 verfasste der 1939 geborene, bereits durch einige Werke erfolgreiche US-amerikanische Dramatiker Terrence McNally ein Textbuch, das im Wesentlichem dem Filmdrehbuch folgte, den Todeskandidaten aber als Joseph de Rocher bezeichnet und auch sonst den Stoff noch mehr verdichtete; und das der 1961 geborene, ebenfalls US-amerikanische Komponist und Pianist Jake Heggie als Auftragsarbeit für die San Francisco Opera vertonte; sie war die erste Oper Heggies, der zuvor mit Liedkompositionen und Orchesterwerken aufgefallen war. Sie wurde am 7. Oktober 2000 in San Francisco mit großem Erfolg uraufgeführt[3]. Seitdem ging der Siegeszug der Oper durch die Welt; sie entwickelte sich zu einer der meistgespielten neueren amerikanischen Opern. 2006 wurde sie in Dresden erstmals in Deutschland aufgeführt, danach in Hagen,

---

2 Die deutsche Fassung trägt (ebenfalls) den Titel „Dead Man Walking. Sein letzter Gang". – Dazu vgl. die Besprechungen des Films durch einen *Anonymus* in Der Spiegel 14/1996; von *Christiane Peitz* in der Zeit 16/1996 (12.4.1996) (Titel: „Es war Mord"); von *Christian Rebmann* und *Patrik Metzger* in: www.artechock.de/film/text/kritik/d/ demawa.htm; *Evelyn Schneider*, „Schuld – was ist das?" Eine Unterrichtseinheit für den RU an BBS zum Thema Schuld – Strafe – Versöhnung; Rita Schwarzer, „Dead Man Walking": eine Nonne kämpft gegen die Todesstrafe (aktualisiert 11.10.2013) (www.srf.ch/kultur/gesellschaft-religion/dead-man); *Matthias Wörther*, Dead Man Walking (file///C|/info/enzyklopädie/00%20Wörther/06%20a%20Homepage/arbeits hilfen/DEADMAN.HTM [22.08.2012]). – Der Film ist als DVD erhältlich. Es gibt auch eine CD mit der Filmmusik von David Robbins („Dead Man Walking. The Score") sowie eine CD mit Songs „From and inspired by the Motion Picture Dead Man Walking".

3 Dazu vgl. die Rezension der CD von *Stefan Schmöe* im Online Musik Magazin (der von einer „romantischen Oper" spricht) und von *Fred Cohn* in Opera New November 2012; die Rezension der CD aus 2012 von *David Patrick Stearns* in Gramophone Mai 2012 und *Tim Ashley* in Gramophone 9.5.2012. Zur Aufführung in Dresden vgl. *Manuel Brug* (der von „Stimmungsmusik", die das Gesagte unterstreicht und verstärkt, aber selten sich ins Opernhafte weitet, spricht: „selbst der Pathos ist begrenzt, alles bleibt geschickt manipulierende Oberfläche, dringt selten tief").

Schwerin und Bielefeld, wobei meist eine 2002 und dann nochmals 2008 von Heggie überarbeitete Fassung gespielt wird. Es gibt zwei CD-Aufnahmen aus 2000 (Uraufführung San Francisco Opera)[4] und 2011 (Houston Grand Opera) und einen Live-Video-Mitschnitt aus 2015 (Aufführung Indiana University Bloomington), der im Internet abrufbar ist. Eine Dokumentation über die Oper mit dem Titel „And Then One Night. The Making of Dead Man Walking“ wurde im Jahre 2002 veröffentlicht.

2012 schrieb der 1944 geborene und bis 2000 als Professor für Germanistik in Münster tätige Martin Jürgens eine deutsche Bühnenbearbeitung des Buches von Sister Helen, die am 27. März 2012 an der Vaganten Bühne uraufgeführt und später auch im Hamburger Theater Kontraste gespielt wurde. Angekündigt wurde „ein Stück über den staatlich organisierten Tod, sehr emotional, sehr feinfühlig und sehr nachdenklich“; der Todeskandidat heißt in diesem Stück offensichtlich Jake.

Im Folgenden steht die Oper „Dead Man Walking“ im Zentrum meiner Ausführungen[5]. Nur zur Ergänzung wird auch auf das Buch und den Film hingewiesen.

1. Zum Hintergrund

Der Titel „Dead Man Walking“ (wohl nicht zu übersetzen) spielt auf die traditionelle Sprechweise der Strafanstaltsbediensteten an, die mit diesen Worten den letzten Gang des Hinzurichtenden zum Vollzugsort begleiten; wie dies auch Sister Helen als „spiritual advisor“ („geistlicher Beistand“) tun durfte und sollte, denn ihre Aufgabe bestand eben in dieser Betreuung eines Todeskandidaten einschließlich seiner Begleitung bis zur Hinrichtung. Die Autorin entwickelte sich zunehmend zu einer auch politisch aktiven und sehr bekannten Gegnerin der Todesstrafe[6], vor allem als sie erkennen musste, dass zwei von ihr später begleitete Männer (Joseph Roger O´Dell im Jahre 1997; Dobie Gillis Williams im

4 Diese CD enthält auch das Textbuch der Oper (in englischer Sprache), aus der die verwendeten Zitate stammen.

5 Eine ausführliche (deutsche) Inhaltsangabe findet sich in dem Wikipedia-Artikel „Dead Man Walking (Oper)“.

6 Im Oktober 2019 soll eine DVD unter dem Titel „Sister“ erscheinen, die in zwei Stunden das Leben und Werk von Helen Prejean darstellen wird. Wie bekannt Sister Helen in den Vereinigten Staaten ist, zeigt sich auch darin, dass es eine „Sister Helen´s Justice Train Playlist“ gibt, die Musikstücke angibt, die die HörerInnen zu gerechter Haltung führen sollen. Zu Helen Prejean vgl. *Andreas Barthel*, Die Haltung der Katholischen Kirche zur Todesstrafe in Helen Prejeans „Dead Man Walking“ und „The Death of Innocents“ „Son of God“ oder „God’s Error“? Hausarbeit Bamberg 2012 (GRIN Verlag München); *Jürgen Martschukat*, Die Geschichte der Todesstrafe in Nordamerika. München 2002, 183

Jahre 1999) offensichtlich unschuldig hingerichtet wurden, worüber sie 2005 das Buch „The Death of Innocents. An Eyewitness Account of Wrongful Executions“ schrieb. Sister Helen wurde zu einer vehementen Kritikerin des US-amerikanischen Justizsystems, das sie auch schon in dem 1993 veröffentlichten Buch „Dead Man Walking“ – das auch umfangreiche juristisch-theoretische Abschnitte enthielt[7] – als Willkürjustiz anprangerte[8]. In der Frage der Todesstrafe bemühte sich das Buch „Dead Man Walking“ noch deutlich um eine Offenheit, da es auch auf Gespräche mit den Angehörigen der ermordeten Opfer einging und Verständnis für deren Rache- und Vergeltungsgedanken angab. Ähnliches versuchten auch der Film und die Oper, die erschütternde Szenen der klagenden Eltern enthielten.

Die Oper geht in dieser Beziehung am weitesten. Denn sie beginnt für die ZuschauerInnen in dem Prolog mit einem Schock. Zunächst wird – nach einer fast drei Minuten dauernden klassisch-romantischen Musik – ein junges Liebespaar gezeigt, das in einem Waldstück nahe einem See in dunkler Nacht neben ihrem Auto seine Zweisamkeit bei Rock-'n'-Roll-Musik und dann bei kitschig-romantischer Musik aus dem Autoradio genießt, eine heitere und einehmende Szene. Dann verändert sich die Musik zu wilden und rauen, unharmonischen Klängen, bei denen die Vergewaltigung des Mädchens und die Ermordung der beiden durch die beiden Brüder Joseph und Anthony de Rocher auf der Bühne gezeigt werden. Deutlich wird dabei, dass Joseph – als das Mädchen zu schreien beginnt – zum Messer greift und sie erdolcht. Den ZuschauerInnen wird so die brutale Tat des männlichen Helden in Bild und Ton sinnlich wahrnehmbar gemacht; es kann keinen Zweifel über seine Verbrechen geben (und damit auch keine Zweifel über die Gesetzmäßigkeit der Verurteilung zum Tod nach dem geltenden Strafrecht in Louisiana, was der Oper jeden justizkritischen Charakter nimmt, abgesehen vielleicht von den Szenen, die die Kälte und Gewalthaftigkeit des

---

f. Zu nennen sind auch zwei englischsprachige Referate, die im GRIN Verlag veröffentlicht sind: *Caroline Kleemann*, Prejean, Sister Helen – Dead Man Walking (2000); *Martin Miesler*, The death penalty and Dead Man Walking (1999).

7 Vgl. in der deutschen Ausgabe: zum schlechten Strafrechtssystem in den USA (75), zur Entwicklung der Rechtsprechung zur Todesstrafe (76 ff., 180 ff.), zu den Theorien über die Todesstrafe (203 ff., 303 f.), zu Justizirrtümern (337), zum Beruf des Henkers (165, 332 ff.), zum Problem der göttlichen Rache (195), zum Prinzip Auge um Auge (298 ff., 329, 360), zur Haltung der amerikanischen Katholiken (90), zu Albert Camus (40, 61, 143, 331).

8 Der offensichtlich rassistische Charakter der US-Justiz konnte in dem Buch „Dead Man Walking“ noch nicht angemessen berücksichtigt werden, da beide Todeskandidaten weiß waren (wie auch einer der beiden unschuldig Hingerichteten).

Hinrichtungstraktes im Staatsgefängnis zeigen). Von daher muss Joseph bei seinem ersten Auftritt negativ erscheinen: denn er leugnet lauthals jede Schuld an diesen Taten – die sein Bruder begangen habe –, will auch von Sister Helen zunächst nur, dass sie ihm bei den Rechtsmitteln gegen seine Verurteilung hilft. Für die Angehörigen, deutlich in einem klaren Statement des Vaters des Mädchens, ist Joseph eine Bestie, wilder als ein Tier, ja ein „Irrtum Gottes“[9]. Daher treibt sie das Verlangen, dass Joseph ebenfalls den Tod finden muss; damit orientieren sie sich an dem Racheschema „Auge um Auge“, das im Übrigen nur den „Erfolg“ (also den Schaden) berücksichtigt und nicht die Handlung und ihre Hintergründe im Leben des Täters, was seine archaische Herkunft zeigt. Im Buch „Dead Man Walking“ geht die Autorin in einigen Einschüben auf die oft mit diesem Rachebedürfnis verbundenen Hinweise auf das Alte Testament ein, in dem für Mord die Todesstrafe gefordert wurde. Aber dies hat mit „Auge um Auge“ nicht viel zu tun, weil die Todesstrafe auch für andere Taten vorgesehen war, wie etwa das Betreten von heiligem Boden (Exodus 19,12-13), Zauberei (Exodus 22,17), Sodomie (Exodus 22,18), Entweihung des Sabbat (Exodus 31,14), Ehebruch, Inzest und Homosexualität (Leviticus 20,10-13)[10]. Ferner denke man an das Schicksal des Brudermörders Kain, der von Gott gezeichnet wurde, damit niemand an ihm auf Erden Vergeltung übe; so heißt es auch im 5. Buch Mose 32, 35: „Die Rache ist mein; ich will vergelten“. Zudem sind gerade für Christen diese Zitate das „Alte“ Testament, das durch das Neue – die Frohbotschaft der Evangelien – aufgehoben wurde. Jesus äußerte sich in den Evangelien zum Problem der Todesstrafe nicht. Er selbst trat für Vergebung ein und für ein Liebesgebot, das selbst den Feinden galt. Freilich findet derjenige, der für die Todesstrafe eintreten will, auch Stellen, die für eine Trennung von Staat und Religion eintreten („Gebt dem Kaiser, was des Kaisers ist und Gott, was Gottes ist“ [Matthäus 22,21]; in ähnlichem Sinne auch der Römerbrief des Paulus). Deshalb anerkannte die katholische Kirche auch durch viele Jahrhunderte hindurch die Legitimität der Todesstrafe für schwerste Verbrechen; die letzten

---

9 Zu diesem Zitat aus dem Film vgl. *Wörther*, Dead Man Walking; auch die Hausarbeit von *Andreas Barthel*, die den Untertitel trägt: „‚Son of God‘ oder ‚God’s Error‘“. Im Buch meint der Vater des Opfers, dass Willie schlimmer als ein Tier sei, ein „Fehler Gottes“, der auch in der Hölle brennen werde (218).

10 Vgl. die Aufzählung bei *Wörther*, Dead Man Walking. Zum Problem vgl. *Andreas Rohrmoser*, Gerechter Tod? Die Todesstrafe: Analyse der Todesstrafe anhand ihrer Durchführung, ihres biblischen Hintergrunds und Versuchen der Rechtfertigung. Studienarbeit Passau. München 2011; *Till Magnus Steiner*, Weil Gott es so will? Die Todesstrafe im Alten Testament (7.8.2018) (www.katholisch.de/aktuelles/aktuelle-artikel/weil-gott-es-so-will).

Päpste traten zunehmend gegen diese Auffassung ein[11], seit August 2018 ist der Katechismus geändert[12]. Nun lehnt die katholische Kirche – die darin nur eine konsequente Weiterentwicklung ihrer Lehre sieht – jede Todesstrafe als die Würde des Menschen als des Ebenbildes Gottes missachtend ab, was für Sister Helen Prejean – die diese Entscheidung begeistert im amerikanischen Fernsehen kommentierte – das endgültige Ende der Todesstrafe in den Vereinigten Staaten bedeuten müsste[13]. Doch wurde diese Veränderung von vielen Christen in Amerika als nicht bindend abgelehnt[14].

Schon im Buch 1993 war für Sister Helen klar, dass auch ein Mörder seine Qualität als Kind Gottes nicht verliert, dass daher zwischen einer bestialischen Tat

---

11 Nach der 1977 überarbeiteten Fassung des Katechismus sollte die Todesstrafe nur dann nicht ausgeschlossen sein, „wenn dies der einzig gangbare Weg wäre, um das Leben von Menschen wirksam gegen einen ungerechten Angreifer zu verteidigen", was bedeutete, dass es praktisch so gut wie keinen Fall mehr gab, in dem die Todesstrafe zulässig wäre.

12 Dazu das Schreiben der Konkregation für die Glaubenslehre an die Bischöfe über die neue Formulierung der Nr. 2267 des Katechismus der Katholischen Kirche bezüglich der Todesstrafe vom 1. August 2018 (Internet). Nr. 2267 hat nun den Wortlaut: „Lange Zeit wurde der Rückgriff auf die Todesstrafe durch die rechtmäßige Autorität – nach einem ordentlichen Gerichtsverfahren – als eine angemessene Antwort auf die Schwere einiger Verbrechen und als ein annehmbares, wenn auch extremes Mittel zur Wahrung des Gemeinwohls angesehen. Heute gibt es ein wachsendes Bewusstsein dafür, dass die Würde der Person auch dann nicht verloren geht, wenn jemand schwerste Verbrechen begangen hat. Hinzu kommt, dass sich ein neues Verständnis vom Sinn der Strafsanktionen durch den Staat verbreitet hat. Schließlich wurden wirksamere Haftsysteme entwickelt, welche die pflichtgemäße Verteidigung der Bürger garantieren, zugleich aber dem Täter nicht endgültig die Möglichkeit der Besserung nehmen. Deshalb lehrt die Kirche im Licht des Evangeliums, dass die Todesstrafe unzulässig ist, weil sie gegen die Unantastbarkeit und Würde der Person verstößt, und setzt sich mit Entschiedenheit für deren Abschaffung in der ganzen Welt ein". Dazu vgl. auch den anonymen Artikel in ZeitOnline 2.8.2018 (www.zeit.de/gesellschaft/zeitgeschehen/2018-08) und den Artikel von *Angela Ambrogetti* („Der Katechismus und das Nein zur Todesstrafe") (https://de.catholicnewsagency.com/story/der-katechismus-des-lebens).

13 Freilich ist die einfache Gleichsetzung durch *Christiane Peitz* in ihrer Besprechung des Films zu einfach: sie spricht von dem „doppelten Mord", setzt also die legale Exekution von Poncelet im Staatsgefängnis und die Rückblende auf das illegale, grausame Gemetzel im Wald gleich. Sie folgt darin den Abschiedsworten, die Sister Helen in ihrem Buch dem Todeskandidaten Willie in den Mund legt (und die auch im Film aufgenommen sind): „Es ist falsch, Menschen zu töten. Deshalb töten sie mich. Es macht aber keinen Unterschied, ob es Bürger oder der Staat machen. Töten ist immer falsch" (324). Interessant ist ihre weitere Erkenntnis: „Als wir Matthew Poncelet endlich als Mensch wahrnehmen, sehen wir erstmals seine unmenschliche Tat." Im Film wird dieser Zusammenhang durch die Überblendung der Hinrichtung mit der Tötungstat hergestellt.

14 Vgl. den Artikel von *Bernd Tenhage*, Das Verbot der Todesstrafe fordert Katholiken heraus (12.8.2018) (www.katholisch.de/aktuelles/aktuelle-artikel); *ders.*, Moralische, ethische und religiöse Bedenken (14.3.2019) (www.domradio.de/themen/ menschenrechte/2019-03-14).

und dem Menschen, der sie begangen hat, zu unterscheiden ist. Doch anerkannte sie angesichts der leidvollen Erzählungen der Angehörigen deren alttestamentliche Rachebedürfnisse, weshalb sie im Ergebnis keine eindeutige Stellung bezog[15]. Jedenfalls wurde und ist deutlich, dass das Problem der Todesstrafe in dem Buch, aber auch im Film und in der Oper, auf einer religiösen Ebene diskutiert wird, was offensichtlich heute in den Vereinigten Staaten geschieht.

2. Das Problem des „geistlichen Beistands“

Religiöse Bedeutung hat von vornherein die Aufgabe, die Sister Helen als katholische Nonne übernimmt: „geistlicher Beistand“ und damit Betreuung eines Todeskandidaten bis zur letzten Stunde[16]. Von daher ist auf den ersten Blick klar, dass die Anerkennung einer solchen Institution im amerikanischen Recht im Ansatz ausschließt, in einem zum Tode Verurteilten eine Bestie zu sehen (weshalb die auf das Alte Testament Abstellenden so einen „geistlichen Beistand“ ablehnen müssten, was sich auch in Bezug auf Sister Helen zeigte)[17].

Für Helen ist und bleibt auch Joseph trotz seiner bestialischen Tat Mensch und damit Kind Gottes, das von der göttlichen Liebe umfangen ist und dem daher Vergebung geschenkt werden kann. Darin liegt aber das eigentliche Problem der Oper, aber auch des Buches und des Films. Denn diese Vergebung kann einem

---

15 Zur Diskussion um die Legitimität der Todesstrafe vgl. den exzellenten Wikipedia-Artikel „Todesstrafe“, der auch zahlreiche Literaturhinweise enthält. Zur Diskussion in Deutschland vgl. Große Strafrechtsreform, Beratungen über die Todesstrafe, Stellungnahmen von *Dahs, Jescheck, Lange, Mezger, Sieverts, Eb. Schmidt, Welzel.* Niederschriften Band XI, 1959; *Yvonne Hötzel*, Debatten um die Todesstrafe in der Bundesrepublik Deutschland von 1949 bis 1990. Berlin, New York 2010. Vergleichend: *Armin Heinen*, Das „Neue Europa“ und das „Alte Amerika“. Die Geschichte der Todesstrafe in Deutschland, Frankreich und den USA und die Erfindung der zivilisatorischen Tradition Europas, in: Themenportal Europäische Geschichte, 2006, (www.europa.clio-online.de/essay/id/fdae-1383).

16 In ähnlicher Weise begleitete die Deutsche Gabi Uhl mehrere Todeskandidaten in Texas. Vgl. ihre „Erfahrungsberichte rund um Besuche im texanischen Todestrakt“ (Untertitel), die als Buch mit dem Titel „Die Todesstrafe in Texas“ 2015 erschienen sind.

17 Zu fragen ist (und war in dem Fall in Alabama, über den die FAZ am 9.2.2019 berichtete), ob dieses Recht auf einen geistlichen Beistand auch einem Muslim zusteht (in dem angesprochenen Fall abgelehnt, weil aus Sicherheitsgründen lediglich Angestellte der Justizbehörden [zu denen auch der christliche Gefängniskaplan gehört] Zugang zu den Hinrichtungszimmern hätten [was für Louisiana – wie das Beispiel von Sister Helen zeigt – nicht gelten kann]). Darüber hinaus stellt sich die Frage für einen religionslosen Todeskandidaten ebenfalls, was meint: ob diese Gewährung eines Beistandes für jeden Menschen – sozusagen als Menschenrecht – aufzufassen ist.

Sünder nur gewährt werden, wenn dieser seine Schuld bekennt und in aufrichtiger Reue um Vergebung bittet.

Sister Helen versucht, dem göttlichen Vorbild der Vergebung nachzuleben. Doch kann sie Joseph nur vergeben, wenn er seine Taten gesteht und bereut. Zwar akzeptiert sie das christliche Liebesgebot, das sogar die Feinde umfasst und damit jedenfalls auch gegenüber einem Mörder gilt. Doch stellt sie dieser leugnende und aggressive Mann vor das Problem, diese Liebe zu leben. Sie erkennt schließlich, dass sie ihrer Aufgabe – ihn geistlich zu betreuen – nur gerecht werden kann, wenn sie selbst ihm ihre Vergebung gewährt und gewähren kann. Was bedeutet: wenn sie ihn von seinen Taten trennt und in ihm den Menschen sieht und sehen kann, der – wie alle Menschen in ihrem Verhältnis zu Jesus Christus – „Bruder" ist, dem sie also in wahrem Sinne „Schwester" ist und sein kann.

Von daher handelt die Oper (wie auch das Buch und der Film) von der Herausbildung eines Liebesverhältnisses zwischen Sister Helen und Joseph[18]; freilich nicht im Sinne einer romantischen Geschichte, in der zwei Menschen füreinander in Liebe entbrennen. Offensichtlich gehen manche Inszenierungen in diese Falle: eine alleinstehende Frau und ein starker gewalttätiger Macho, mit athletischem Oberkörper – der in sportlicher Aktion (Liegestütze in der Zelle) gezeigt wird –; was liegt da näher, die Gitterstäbe – die noch im Buch die beiden stets voneinander körperlich trennen – wegzulassen und körperliche Nähe (und Leidenschaft) zu inszenieren. Es ist auch schwer, hier der in vielem romantischen Musik zu widerstehen. Es geht um Liebe, aber – wie Sister Helen ausdrücklich

18 Sister Helen stellt ihre eigene seelische Entwicklung in den Vordergrund. Sie spricht von ihrer „Reise" auf einem „Weg", den sie zu gehen hatte: „und dieser Weg führt durch die heilsten und die dunkelsten Aspekte unseres Menschseins. Ich weiß, es ist ein schwieriger Weg, und es gibt unterwegs Augenblicke des Unbehagens, der seelischen Qual, Gewalttätigkeit und Empörung" (so in: Houston Grand Opera. Programmheft 2011, 31). Ähnlich auch *Stefan Schmöe* in seiner Besprechung der Oper: „die Oper verschiebt den Schwerpunkt stärker zu einer allgemeineren Betrachtung über Schuld und Verantwortung hin. Erst in der Bereitschaft zur Anerkenntnis persönlicher Schuld – und in der Fähigkeit, Schuld zu vergeben – gelangt der Mensch zur Freiheit, so könnte man verkürzt formulieren. Darum machen alle Charaktere, nicht nur der Verurteilte, in der Oper einen Lernprozess durch". – Anders *Wörther*: er charakterisiert den Film als ein „Melodram" und verweist auf die „im Grunde ungebrochene Gestalt [der Sister Helen, WS], deren innere Kämpfe und etwaige Schattenseiten allenfalls angedeutet werden. Es würde nicht schwer fallen, sie zur Heiligen weiterzustilisieren". Vergleichbares dürfte für die Oper gelten. Ähnlich bezeichnet *Patrik Mezger* die Filmgestalt als „de[n] gute[n] Mensch[en] von New Orleans" und spricht von ihrer platonischen Liebe.

klargestellt hat (auch gegenüber Joseph, der sie frech und zynisch auf ihre Sexualität hin anspricht) – um eine schwesterliche Liebe[19], die in jedem anderen Menschen – ob männlich oder weiblich – das Geschwister und Kind Gottes anerkennt, besser: annimmt. Es kann durchaus Zärtlichkeit aufkommen (wie etwa das Auflegen der Hand auf die Schulter zur Unterstützung); es entstehen auch freundschaftliche Beziehungen, eine gewisse Vertrautheit und Lebendigkeit. Christliche Liebe bedeutet nicht unkörperliche, irgendwie bloß „geistige" Liebe, sondern bezieht auch die Begeisterung für Elvis Presley ein, die einen gemeinsame Lebensinhalt bildet und so Vertrautheit entstehen lässt[20]. Ein schmaler Grad für unsere heutige Zeit, die unter „Liebe" gerne nur erotische oder gar sexuelle Beziehungen versteht und dabei auf die vielfältigen anderen Formen – wie wir sie in der Tradition seit dem Platonischen „Symposium" her kennen – zu vergessen neigt.

Zurück zum eigentlichen Problem! Sister Helen kann ihre schwesterliche Liebe zu Joseph nur ausleben, wenn sie ihm vergeben kann, was wieder voraussetzt, dass er seine Taten gestehen und bereuen muss. Denn nur dann wird er auch von Gott die Vergebung erhalten, wie es verheißen ist (wobei nicht auszuschließen ist, dass die göttliche Gnade weitergehen kann). Und die göttliche Vergebung der Schuld bedeutet das Ewige Leben und die Heiligkeit.

Von der religiösen Dimension der Diskussion um die Todesstrafe darf nicht vergessen werden, dass für die Christen der Tod nicht das Ende darstellt, sondern nur einen Übergang eröffnet: hinein in die Ewigkeit, also in ein Ewiges Leben. Albert Camus – den Sister Helen in ihrem Buch mehrere Male zitiert – hat das Entscheidende festgehalten: „Aus dieser Sicht [also der christlichen Lehre von

---

19 Vgl. den Hinweis im Buch: „Ich habe Pat geliebt wie eine Schwester ihren Bruder; wie Jesus uns gelehrt hat, einander zu lieben; es war keine romantische Beziehung" (158). Für *Christiane Peitz* zeigt der Film die „Geschichte einer Liebe aus Worten, einer Liebe am falschen Ort", daher auch missverständlich ihre Bemerkung: „Intim, erklärt die Nonne, könne man auch ohne Sex sein, etwa bei einem guten Gespräch. Dann sind wir jetzt intim, kontert Poncelet" (in: Die Zeit 16/1996).

20 Vor seiner Hinrichtung kommt es in der Zelle zu folgendem Gespräch, wobei anzumerken ist, dass die Musik die angesprochenen Songs von Elvis musikalisch zitiert: *Helen*: I saw Elvis Presley. *Joseph*: Elvis? No. Really? You saw the King? I can´t believe it. *Helen*: He was in his „Zarathustra" phase. *Joseph*: What´d he look like? *Helen*: The white jumpsuit, tinted aviator shades. Overweight. It was one of the greatest Moments of my life. It still is. *Joseph*: You saw the King? I never met anyone who saw the King before. *Helen*: So you liked Elvis, too? *Joseph*: More than liked. I wanted to be him. I wouldn´t have wound up like this, that´s for sure. „Blue Suede Shoes". *Helen*: „Heartbreak Hotel" *Joseph*: „That´s Alright, Mama" *Helen*: „You Ain´t Nothin´ But a Hound Dog", Joseph! *Helen und Joseph*: And „The Jailhouse Rock"! *Joseph*: No Sir, I wouldn´t be on Death Row talkin´ ton o rock-n-roll nun. Hey, what time is it?

der Unsterblichkeit der Seele und der leiblichen Auferstehung der Verstorbenen, WS] bleibt für die Gläubigen die Todesstrafe eine vorläufige Strafe, die das endgültige Urteil in der Schwebe belässt, eine Verfügung, die nur in der irdischen Ordnung nötig ist, eine Verwaltungsmaßnahme, die die Schuldigen nicht auf ewig verdammt, sondern im Gegenteil seine Erlösung begünstigen kann"[21]. Eigentlich müssten die Christen einen weiteren Schritt gehen und glauben, dass der Hingerichtete – der seine Schuld bekannt und bereut hat und im Sakrament der Beichte[22] von seiner Schuld losgesprochen wurde, welcher Spruch – „was ihr auf Erden lösen werdet, soll auch im Himmel los sein" (Matth. 18,18) – auch für die Ewigkeit Geltung beanspruchen kann – somit heilig wird und das Ewige Leben erwirbt, nach dem Vorbild des neben Jesus gekreuzigten Räubers Dismas, dem nach Lukas 23,32-43 der Heiland versprach: „Heute noch wirst du bei mir im Paradiese sein!"[23]

Von daher wird der tiefste Grund für den „geistlichen Beistand" erkennbar und deutlich. Der Betreuer soll in christlicher Nächstenliebe mit allen Mitteln versuchen, den Todeskandidaten zu diesem Schuldbekenntnis und zur Reue zu bringen und ihm so der ewigen Erlösung zuzuführen. Im Übrigen eine Vorstellung, die für die Enthauptungen in der Frühen Neuzeit für die Menschen, die in Scharen am Richtplatz versammelt waren und für den Verurteilten beteten, eine beruhigende und Lebensmut gebende Wirkung hatte: wenn sogar Mörder für das ewige Leben gerettet werden konnten, dann umso mehr war ihnen in ihren kleine(re)n Sünden die Erlösung möglich und zugesagt[24].

---

21 So *Albert Camus*, zitiert in: Dead Man Walking, Stadttheater Bielefeld 2019, Programmheft.

22 Es ist bemerkenswert, dass im Buch, im Film und auch in der Oper der Gefängnispfarrer negativ dargestellt wird. Für *Wörther* soll er eine „Kirche [repräsentieren], die in Formalismus zu erstarren droht", und dies deshalb, weil er die Rettung des Hinzurichtenden in einem Sakramentenvollzug sieht, „der fast magisch ist und in dem das zu bekehrende Subjekt nicht wirklich eine Rolle spielt". Dabei wird übersehen, dass auch für die katholische Sicht (und wohl auch für die Sicht des allerdings in vielen Fällen enttäuschten Pfarrers) das Sakrament der Beichte nur die Heilswirkung haben kann, wenn sie von der Reue des Beichtenden getragen ist.

23 Zu diesem Hintergrund bei den Hinrichtungen durch Enthauptung in der Frühen Neuzeit vgl. *Wolfgang Schild*, Töten als Rechtsakt. Zur Geschichte der Hinrichtung, in: Paragrana 20, 2011, 32-50, 38.

24 Dazu vgl. *Schild*, Töten, 37 ff.

3. Zum Verständnis der Oper

Dieser Hintergrund macht vieles in der Oper (wie auch im Buch und im Film) verständlich. Vor allem verstehen wir das fortwährende Drängen von Sister Helen gegenüber Joseph, doch die Wahrheit zu sagen und seine Schuld einzugestehen: „Forgiviness begins with the truth. The truth, Joe. The Bible says, ‚the truth will set you free'" und: „take me to the truth, Joe"; und dann ihre existentielle Erleichterung, als er zögerlich angesichts der unmittelbar bevorstehenden Hinrichtung seine Taten bekennt[25] und dieses Böse, was er getan hat, bereut. Für Sister Helen bedeutet dieser Moment: „God is here, Joe. God is here right now"; wie sollte sie ihn denn nun hassen können? Im Gegenteil soll er seinen letzten

---

25 Vgl. die Szene im Wortlaut: *Helen*: Joseph! There isn´t much time. Please tell me. Tell me what happened that night. *Joseph*: I told you! I already told everyone and you a hundred times. My brother killed ´em. I was just there. Stoned and wrecked, but I didn´t do it. That´s all there is to tell. *Helen*: The truth will set you free, Joe. *Joseph*: I told the truth and all it´s gotten me is a one-way ticket to the death house. *Helen*: I went there, Joseph. Joseph: Went where? *Helen*: I´ve been to the spot. The first time in daylight, but the next time at night. *Joseph*: You went there? *Helen*: I saw the lake and the spot where they parked the car. Where they spred the blanket. Where they both died. *Joseph*: Why? Why would you do that? Why would you go und do a thing like that? *Helen*: I wanted to see what had happened through your eyes. I couldn´t do it. I couldn´t. I need you to take me there. Take me there with you. *Joseph*: Please, take me there. Don´t you see it´s your last chance? (A long pause) *Joseph*: We´d been drinkin´ and smokin´ weed at the road house. *Helen*: Go on. *Joseph*: There was a woman eggin´ me on and actin´ like she wanted me … like I wanted her … like … She gave me somethin´. Somethin´ that made me crazier than the booze and the grass had. And when I asked her to go to the lake with me, she laughed. Oh, I was crazy and ready to explode. That´s how mad I was now. My brother said that the kids from the high school went out to the lake just to make out. And maybe, maybe we could find someone out there to … I can´t. Not when you´re looking at me like that. *Helen*: Go on. I´m right here with you. Take me to the truth, Joe. *Joseph*: There was one car. We could hear laughing. A girl and a boy. They were swimmin´ and we watched and waited. *Helen*: (to herself) Gather us around. *Joseph*: The girl was pretty and I wanted her. Wanted her bad. But she wouldn´t stop screamin´. And my head! *Helen*: (to herself) Oh, God. Dear God. My Jesus, what has he done? *Joseph*: I had to make her quiet. I had to make her stop. *Helen*: Ah! And the truth. The truth! *Joseph*: STOP! (he bursts in tears) I killed her. Sister, I killed her with my own two hands. *Helen*: And the boy? *Joseph*: Yes. *Helen*: You did a terrible thing, Joe. You did a terrible, terrible thing, Joe. But you are still a son of God. *Joseph*: A son of God? Don´t you hate me now, too? *Helen*: No, no, I don´t hate you. *Joseph*: But could anyone forgive me? *Helen*: God is here, Joe. God is here right now. *Joseph*: I did such a bad thing, sister. Maybe my dyin´ will give them folks some relief. *Helen*: Joseph, when they do this thing to you … *Joseph*: Sister, I´m gonna die! *Helen*: I want to look at me. Look at me, Joe. I want the last thing you see in this world to be a face of love. Look at me, Joe. I will be the face of Christ for you. I will be the face of love for you. *Joseph*: I´ve never known love, except for my Mama. *Helen*: She loves you. *Joseph*: But I feel yours. Thank you for loving me, Sister Helen.

Blick auf sie richten: „Look at me, Joe. I will be the face of Christ for you. I will be the face of love for you.“

Man kann durchaus von einem „Durchbruch“ sprechen, der das Verhältnis der beiden Christenmenschen – denn auch Joseph ist Christ, besitzt eine Bibel, hat nach eigenem Bekunden in der Nacht für seine Opfer gebetet – zu diesem nun auch Wirklichkeit gewordenen Liebesverhältnis macht. Ihr gegenseitiges „*I love you*“, zugleich auch seine letzten Worten an sie, öffnet eine neue Dimension in ihnen. Man kann von daher durchaus sagen, dass diese Liebe Menschen verändert, ihre Beziehungen verändert[26].

Für Joseph bedeutet dies die Kraft, seine Hinrichtung zu akzeptieren, ihr einen Sinn zu geben, den er auch selbst in seinen Abschiedsworten an die Angehörigen – die als Zeugen in einem Nebenraum anwesend sind – zum Ausdruck bringen kann. Er stirbt friedlich, mit dem letzten Blick auf Sister Helen in dem Zeugenraum. Noch mehr: schon der Film, dann aber auch die Oper (und hier viele Inszenierungen) ziehen eine Parallele zum Kreuzestod Jesu Christi. Hier liegt die Falle auch in der Veränderung der Art der Hinrichtung. Im Buch wird der elektrische Stuhl eingesetzt; der Film und die Oper greifen auf die Todesspritze zurück. Der 1889 als „sicher, sanft und schmerzlos“, sogar als „Sterbehilfe“ charakterisierte elektrische Stuhl , der 1968 und dann 1972 (wie auch die Gaskammer) als verfassungswidrig, weil grausam und ungewöhnlich, bezeichnet, 1976 gerichtlich wieder zugelassen worden war, war 1982 durch die an einen medizinische Eingriff erinnernde Injektionsspritze ersetzt worden[27]. Im Film und in einigen Inszenierungen der Oper wird diese Hinrichtungsmethode als Bühne für die Inszenierung eines Sühnetodes in Parallele zu Jesus Christus genutzt: sie ermöglicht es, den an die Bahre gebundenen Joseph in Kreuzeshaltung aufzurichten[28].

---

26 Vgl. *Jake Heggie:* „Dead Man Walking schien mir alles zu bieten, was eine Oper braucht – eine dramatische Geschichte, eine riesige emotionale Landschaft mit einer intimen Liebesgeschichte im Innersten. Es ist keine romantische Liebesgeschichte, sondern eine Geschichte darüber, wie Liebe unsere Leben verwandelt und erlöst“; abgedruckt in: Anne Christinne Oppermann, Reise zu sich selbst, in: Dead Man Walking. Stadttheater Bielefeld. Programmheft 2019.

27 Zum Problem vgl. *Jürgen Martschukat*, „The Art of Killing By Electricity“: Das Erhabene und der ElektrischeStuhl, in: Amerikastudien/American Studies 45, 2000, 325-47; *ders.*, „It would be just like going in, laying down and going to sleep.“ Über die Bedeutung von Geschwindigkeit und Verlässlichkeit in modernen Hinrichtungsverfahren, in: Reiner Schulze (Hg.), Strafzwecke und Strafformen zwischen religiöser und weltlicher Wertevermittlung. Münster 2008, 211-232.

28 *Wörther*, Dead Man Walking, weist auch auf eine Szene im Film hin, in der Poncelet sich mit Christus vergleichen zu können glaubt, da beide Rebellen gegen die Gesellschaft (gewesen) seien und daher hingerichtet worden seien bzw. würden. – Allerdings muss

Betrachten wir zum Abschluss diese Hinrichtungsszene, die in manchen, fast hymnischen Momenten Assoziationen an einen Opfertod, zumindest an ein Vorbild der ars moriendi (der Kunst des guten Sterbens) wecken kann. Die Szene beginnt – nach dem Ruf, der der Oper den Titel gab (*Warden*: Let´s go. Dead Man Walking) – mit einem imposanten Vater-Unser, das von dem Anstaltsgeistlichen, den als Zeugen anwesenden Eltern der Mordopfer, den Wachen, den Frauen der Gebetswache und den Insassen des Todestrakts – nicht von Helen und Joseph – gesungen wird. Dann:

> Joseph:
> You OK, Sister Helen?
>
> Helen:
> I´m OK. Christ is here, Joe. Remember to look at me.
>
> Joseph:
> *(to the Warden)* Can Sister Helen touch me?
>
> Helen:
> I´m right behind you.
>
> *(The Warden nods his OK. Sister Helen puts her hand on Joseph´s shoulder and reads from her Bible.)*
>
> Warden:
> Dead Man Walking.
>
> Helen:
> *(reading from Isaiah 43/2)* Do not be afraid, I have called you by your name. You are mine. Should you pass through the sea, I will be with you.
>
> (The death chamber itself comes into view. Joseph´s knees buckle at the sight o fit. They do not let him fall.)
>
> Warden:
> That´s as far as you go, Sister.
>
> Joseph:
> Goodbye, Sister Helen. Thank you.
>
> Helen:
> Goodbye, Joe. I love you.

---

auch gesehen werden, dass der Film in die Szene der Hinrichtung die Begehung der grausamen und brutalen Taten einblendet und schließlich auch die beiden jungen Opfer in Kreuzeshaltung am Boden liegend zeigt. Dazu *Wörther*: er spricht von der symbolischen „Parallelisierung" der Morde und der Hinrichtung im Film, „indem die Kamera den toten Poncelet wie die Opfer von oben und in identischer Körperhaltung zeigt: sie liegen mit ausgebreiteten Armen da, wie gekreuzigt". *Wörther* stellt die Frage: „Könnte der gemeinsame Bezug von Täter und Opfer auf den gekreuzigten Christus nicht mißverständlich sein?"

Joseph:
I love you, too.

Helen:
Look for me. I´ll be there.

Warden:
That´s enough now. This way, Sister.

(The Warden leads Sister Helen to the Viewing Room as Joseph is led to the gurney. His shakles are removed and he is stragged to the gurney. After he ist secure, the guards raise the gurney perpendicula: Joseph, arms outstretched, is facing us and the witnesses in the Viewing Room.)

Warden:
Have any last words, Da Rocher?

Joseph:
Yes, sir, I do. I wanna ask the parent´s forgiveness for what I did. I did a terrible thing takin´ your children from you. And I would just like to say that I hope you get some relief from my death.

(A pause)

Warden:
Proceed.

(The gurney is laid flat again. An IV nurse enters the death chamber. She swabs Joseph`s arm, then puts the IV needle in and exits. The guards exit, too. Joseph looks at Sister Helen.)

Joseph:
I love you.

(Sister Helen stratches her hand to Joseph. Her face ist illuminated so that he can see her clearly. We hear the mechanical sounds of the death machinery as it goes into its inevitabel action. The sound of the heart monitor continues as we hear the lethal injection machine dispense the three countainers of fluids. The heart monitor flatlines and fades out. The Viewing Room and the people within it fade from view. ...)

4. Die Ambivalenz der Geschichte

Damit haben wir auch das angesprochene Problem begriffen, zumindest können wir es in Sicht bringen (und der Diskussion überlassen). Gibt diese Geschichte – die uns in dem Buch, im Film, in der Oper erzählt wird und die uns emotional tief bewegt und rührt – nicht der Todesstrafe einen Sinn, den Sinn eines Sühnetodes, der sie legitimieren kann[29], obwohl die in ihr liegende Tötung doch zugleich ein Gegenargument begründet und begründen muss? Liegt der eigentliche

29 Vgl. *Patrik Metzger* zum Film: „Unverzeihlich. Im Zustand vollkommener Rührseligkeit übersieht man die gefährliche Botschaft hinter der frohen: mußte Poncelet sterben, um

Grund für diese Ambivalenz, ja Widersprüchlichkeit nicht vielleicht in der religiösen Sphäre, auf der die Todesstrafe hier behandelt wird und wodurch der Tod seinen Stachel verliert, auch wenn er vom irdischen, säkularen Staat als totale Vernichtung der Existenz zugefügt wird?

Oder kann man zum Schluss sagen, dass die von den Kritikern so oft angesprochene Offenheit des Buches, des Films und der Oper darin begründet liegt, dass dieser Stoff gerade nicht die Todesstrafe (also eine staatliche Strafe) thematisiert, sondern eine tiefere bzw. höhere Dimension[30]; in den Worten von Sister Helen, die sie der Vertonung den Autoren Terrance McNally und Jake Heggie auf den Weg gab: „ich sagte ihnen gleich, ich wäre erst zufrieden, wenn das

---

bereuen zu können? Oder aber: durch was wird seine Reue besser konserviert, als durch die unmittelbar darauffolgende Hinrichtung, der man zusammen mit den Angehörigen der Betroffenen, mit dem ach so idealtypisch herzensguten Anwalt und Schwester Helen beiwohnt, die ihm im Bewußtsein seines unmittelbaren Todes noch ‚I love you' zuflüstern darf, ohne sich selbst oder ihrem Gelöbnis untreu zu werden? … Die im Film strapazierte Parallele zu Jesus gewinnt hier neuen Sinn: Poncelet stirbt für alle. Für seine Tat, für den inneren Frieden der Angehörigen der Opfer, aber auch für eine wunderbar platonische Liebe, für das System und für das politisch korrekte Publikum. Gegen guten Willen scheint der Kopf machtlos". Vgl. auch *Stefan Schmöe* zur Oper: „Die Oper verschiebt den Schwerpunkt stärker zu einer allgemeinen Betrachtung über Schuld und Verantwortung. Erst in der Bereitschaft zur Anerkenntnis persönlicher Schuld – und in der Fähigkeit, Schuld zu vergeben – gelangt der Mensch zur Freiheit, so könnte man stark verkürzt formulieren. Darum machen alle Charaktere, nicht nur der Verurteilte, in der Oper einen Lernprozess durch. Bedenklich schlägt aber an dieser Stelle die traditionelle Operndramaturgie, der McNally und Heggie sich unterworfen haben, durch: Durch die Schuldanerkenntnis und Bitte um Vergebung des Mörders erst im Angesicht der Hinrichtungsmaschinerie erscheint die Exution selbst als reinigender Prozess von höherer Bedeutung …. – der Tod als Voraussetzung zur Erlösung, wie es in der Operngeschichte ja seit je beliebt war. Ungewollt liefert Dead Man Walking dadurch auch Argumente für die Todesstrafe". Dabei übersieht der Autor, dass dieser Schluss bereits im Buch und im Film vorgegeben war, weshalb es nicht nur um eine Konsequenz des Opernhaften ging. – Vgl. auch *Martschukat*, Geschichte, 188: „Die politische Botschaft von ‚Dead Man Walking' [des Films, WS] erscheint also bestenfalls ambivalent, denn die Symbolik des Sühnetodes in der Hinrichtungskammer ist beinahe perfekt Und diese Repräsentation von Schuld, Verantwortung, Reue und Tod bettet sich in den USA in einen Diskurs ein, in dem es seit zwei Jahrzehnten wieder salonfähig ist, die Todesstrafe als Sühne von Schuld zu postulieren". – Anders *Christiane Peitz* in ihrer Besprechung des Films: „Ecce homo! Man mag sich an dieser Christus-Metapher stören. Mich hat das Bild an die Paradoxie eines Christentums erinnert, in dessen Namen Völkermorde begangen wurden und das dabei ein Mordopfer zum Wahrzeichen hat".

30 Vgl. *Wörther*, Dead Man Walking: „Thema ist nicht nur die Todesstrafe, sondern die Frage nach der Gerechtigkeit und dem angemessenen Umgang mit der Tatsache des Bösen in der menschlichen Gesellschaft". Auch der Filmregisseur Tim Robbins lehnte die Ausgestaltung als eine Romanze ab: „Das geht tiefer als ein Ding zwischen einem Häftling und einer Nonne" (zitiert in: *Schwarzer*, Dead Man Walking).

Thema der Erlösung angesprochen würde. Am Schluss war ich mehr als zufrieden“[31]. Und darin trifft sie sich offensichtlich mit der Sister Helen in der Oper. Denn diese singt – wie es heißt: „her voice is clear and strong“ – unmittelbar nach der Hinrichtung, meist am noch festgebundenen Leichnam von Joseph inszeniert, den an Ezechiel 37,21 orientierten Gospel, mit dem die Oper auch beginnt:

> He will gather us around, all around.
> He will gather us around.
> By and by, you and I.
> All around Him, gather us around.

31 So *Sr. Helen Prejean*, Immer noch unterwegs, in: Houston Grand Opera (Hg.), Dead Man Walking. Programmheft 2011, 31-33, 31.

Markus Hirte

Mordballaden: Vom Schinderhannes zu Rammstein und Nick Cave*

A) Der Bänkelsang als Kunstform

Wenig reizt den Menschen mehr als das Verbrechen.[1] Mit Interesse betrachtet er das Geschehen. Die dahinterstehenden Triebe und Motive sind – abstrakt betrachtet – wohl niemandem fern. Aber auch die im Geschehen wurzelnde Spannung, der Ruch des Verbotenen, vermittelt einen fast magischen Reiz. Es verwundert daher wenig, dass sich auch die Kunst, die Musik, bereits früh besonders spektakulärer Verbrechen annahm. Ortsansässige Liedersänger oder fahrende Dichter dürften das ganze Mittelalter hindurch die Bevölkerung mit Liedern unterhalten haben, die auch Gewalttaten zum Gegenstand hatten. Die Reichweite dieser Lieder war indes – bis auf wenige Ausnahmen – recht begrenzt. Dies sollte sich mit dem 15. Jahrhundert ändern im Kontext einer Medienrevolution.[2]

Im Zuge der Medienrevolution des Buchdrucks etablierte sich ein regelrechter Buchmarkt. Die neuen Vervielfältigungstechniken beschränkten sich nicht nur auf das geschriebene Wort. Auch Bilder ließen sich mit Druckmaschinen vervielfältigen, etwa in Form von Holzschnitten oder Kupferstichen. Musste das Mittelalter noch mit verhältnismäßig wenig Büchern und Bildern auskommen, bricht sich mit dem 16. Jahrhundert eine wahre Buch- und Bilderflut Bahn. Zehntausende Werke entstanden. Diese wurden begierig erworben und waren ein lukratives Geschäft. Gleichwohl konnten bis zum Jahr 1600 nicht einmal

---

* Der Beitrag wurde bereits erstveröffentlicht in: Markus Hirte (Hrsg.), Rock, Rap, Recht. Beiträge zu Musik, Recht und Geschichte, Darmstadt 2019, S. 16 ff.

1 Vgl. *Jacobs, Rainer*, Das Verbrechen im Film, in: Becker, Jürgen / Lerche, Peter / Mestmäcker, Ernst-Joachim (Hrsg.), Wanderer zwischen Musik, Politik und Recht. Festschrift für Reinhold Kreile zu seinem 65. Geburtstag. Baden-Baden 1994, S. 307.

2 Vgl. *Müller-Waldeck, Gunnar,* Unter Reu' und bitterm Schmerz. Bänkelsang aus vier Jahrhunderten. Rostock 1977, S. 265; *Riedel, Karl Veit*, Der Bänkelsang. Wesen und Funktion einer volkstümlichen Kunst. Hamburg 1963, S. 18.

https://doi.org/10.1515/9783110731729-013

drei Prozent der Bevölkerung lesen.[3] Was die drei Prozent der Alphabeten jedoch mit den 97 Prozent der Analphabeten teilten, war ein evolutionärer Urtrieb, der allen eingeprägt ist – die Neugier.[4] Die Gier nach Neuem, oder wissenschaftlich ausgedrückt: „Das als ein Reiz auftretende Verlangen, Neues zu erfahren und insbesondere Verborgenes kennenzulernen."[5] Des Lesens nicht Mächtige waren zum Stillen der Neugier auf Kommunikation angewiesen. Kommunikationszentren waren seit jeher Wirtshäuser und Märkte. Hier unterhielten (fahrende) Sänger die Besucher. Als Bühne dienten häufig Tische oder Bänke, *Bänkel*; weshalb sich die Bezeichnung Bänkelsänger lexikalisierte.[6] Die Bänkelsänger machten sich die neuen Massenmedien des 16. Jahrhunderts zu Nutze, die Flugblätter. Zunehmend besangen sie Geschichten, die bereits auf Flugblättern gedruckt waren. Durch den Verkauf dieser Blätter erschlossen sie sich eine zweite Einnahmequelle. Häufig führten sie bebilderte Tafeln mit sich. Während des Vortrags wiesen sie mit einem Stab kommentierend auf das jeweilige Bild und zeichneten so den Verlauf des Geschehens nach. Der Bänkelsänger bot also *public viewing* in Reinform – ein kollektives (Fern-) Seherlebnis. Leseunkundigen dienten die während des Vortrags feilgebotenen bebilderten Flugblätter überdies als Gedächtnisstütze. So machte die leseunkundige – oft weibliche – Bevölkerung einen großen Teil der Zuschauer und Käufer aus.[7]

Der Bänkelsang lässt sich als eine populäre Kunstform des Jahrmarkts einordnen.[8] Als audiovisuelles Medium vereinte er die Kunstgattungen Literatur, Musik und bildende Kunst in sich[9] – ein volksnahes Gesamtkunstwerk in Form der Reportage. Bänkelsänger waren bedeutende Nachrichtenüberbringer der prätelegraphischen Epoche und damit wichtig für die öffentliche Meinungsbildung. Sie operierten in einem Grenzbereich zwischen mündlicher und schriftlicher

3 Vgl. *Mortzfeld, Benjamin*, Der unstillbare Hunger nach Bildnachrichten, in: Koschnick, Leonore / Mortzfeld, Benjamin (Hrsg.), Gier nach neuen Bildern. Flugblatt, Bilderbogen, Comicstrip. Darmstadt 2017, S.12 (14).

4 Ebd., S.12 (12).

5 Hoffmeister, Johannes, Wörterbuch der philosophischen Begriffe. Hamburg 1955, Lemma Neugier.

6 Mit Hinweis auf die religiösen Wurzeln des Bänkelsangs vgl. *Brednich, Rolf Wilhelm*, Liedkolportage und geistlicher Bänkelsang. Neue Funde zur Ikonographie der Liedpublizistik, in: Jahrbuch für Volksliedforschung. 22. Jahrgang Berlin 1977, S.71 (76 f.) m.w.N.

7 Vgl. *Cheesman, Tom*, The Shocking Ballad Picture Show. German Popular Literature and Cultural History. Oxford/Providence USA 1994, S. 18.

8 Vgl. *Weimar, Klaus* (Hrsg.), Reallexikon der Deutschen Literaturwissenschaft. Band 1. Berlin 3. Auflage 1997, *Lemma* Bänkelsang.

9 Vgl. *Eichler, Ulrike*, Einführung. Bänkelsang und Moritat, in: Staatsgalerie Stuttgart (Hrsg.), Bänkelsang und Moritat. Stuttgart 1975, S. 11 (11).

Tradition. Die Stücke, Blätter und Lieder der Bänkelsänger entsprangen jedoch keinem *Furor poeticus* und keinem künstlerischen Plan – es ging den Bänkelsängern ausschließlich um den Gelderwerb.[10]

B) Die Moritat

Mit dem Durchbruch der Zeitungen im 17. Jahrhundert änderte sich die Situation des Bänkelsangs.[11] Die Printmedien informierten umfassender und schneller über aktuelle Ereignisse. Mit dieser Geschwindigkeit konnten fahrende Sänger nicht mithalten. Sie mussten auf echte Aktualität verzichten, womit sich ihr Nachrichtenstoff verengte.[12] In den Mittelpunkt rückten nun Skandale und Verbrechen, das Grauenerregende und Rührselige.[13] Nur die geschäftstüchtigsten Bänkelsänger überlebten. Die Schilder wurden greller und bunter; die Gesänge lauter und die Geschichten spektakulärer: schreckliche Gewalttaten, garstige Räuberstücke, blutige Hinrichtungen, tragische Liebesgeschichten, entfesselte Naturgewalten. Der Abstieg des Sängers vom wichtigen Nachrichtenübermittler zum Schausteller begann. Mord und Totschlag bestimmten immer stärker den Bänkelsang. Der Siegeszug der Moritat nahm seinen Lauf.[14] Die sprachwissenschaftliche Herleitung (Etymologie) des Begriffs Moritat ist umstritten.[15] Einige leiten ihn von Mordtat ab; andere vom lateinischen *mors/mori* (Tod/sterben), vom französischen *la moralité* (Moral/Sittlichkeit) oder gar aus einer geheimen Gaunersprache, dem Rotwelsch. Dort stand *more* für Händel oder Lärm.

Neben der Verknappung des Informationsmarktes machte den Bänkelsängern die große Konkurrenz von Händlern, Bettlern und Jahrmarktartisten das Leben schwer. Haupterwerbsquelle wurden zunehmend die das Lied bebildernden

---

10 Vgl. *Schenda, Rudolf*, Volk ohne Buch. Studien zur Sozialgeschichte der populären Lesestoffe 1770–1910. Frankfurt/M. 3. Auflage 1988, S. 155 f.

11 Vgl. *Müller-Waldeck*, Unter Reu' (wie Anm. 2), S. 274.

12 Vgl. *Petzoldt, Leander*, Bänkelsang. Vom historischen Bänkelsang zum literarischen Chanson. Stuttgart 1974, S. 11.

13 Vgl. *Bänsch, Gabriele*, Bänkelsang. Kulturanthropologische Aspekte. Norderstedt 2013, S. 6.

14 Dem Bänkelsang wird auch die Moritat zugerechnet, vgl. *Riedel*, Bänkelsang (wie Anm. 2), S. 7.

15 Vgl. dazu und folgend: *Lemma*, Moritat in Burdorf, Dieter / Fasbender, Christoph / Moenninghoff, Burkhard (Hrsg.), Metzler Literatur Lexikon. Stuttgart 3. Auflage 2007, S. 513.

Flugblätter,[16] weshalb es die Zurschaustellung der Ware zu attraktivieren galt. Es sind mehrere bildliche Darstellungen überliefert, auf denen die Kolporteure zum Teil über und über mit Druckerzeugnissen behängt sind, sich diese gar an den Hut stecken.[17] Das Sprichwort, „sich etwas an den Hut stecken können", rührt daher. In anderen Fällen ließen die Bänkelsänger ihre Kinder oder Frauen während des Vortrags die Flugblätter verkaufen.

I. Zensur im Bänkelsang

Die Obrigkeit beargwöhnte die Rolle der Bänkelsänger als Nachrichtenvermittler und ungebetene Berichterstatter.[18] Zensur, Überwachung und Verbote waren deshalb – vor allem im 18./19. Jahrhundert – allgegenwärtig; teilweise herrschte gar Konzessionspflicht.[19] So wundert es nicht, dass die Moritaten der jeweiligen Ideologie genügen wollten und die Gerichte priesen.[20] Viele Moritate zeichnen sich durch einen moralischen Rigorismus aus, ein unreflektiertes Gerechtigkeitsgefühl, das der volkstümlichen Rechtsauffassung recht nah kam.[21] Man zielte sie auf bestimmte moralische Lehren, ermahnte und belehrte. Dies trug dem Bänkelsänger rasch das Verdikt eines Sittenrichters ein. Die Moral ermöglichte zwar das öffentliche Auftreten. Aber nur ein besonderes Spektakel versprach einen merkantilen Mehrwert. Dies zeigt sich neben der Themenwahl auch in der Sprachverwendung. So zeichnen sich Bänkellieder durch einen signifikant hohen Anteil an Eigenschaftswörtern und drastische Übertreibungen aus.[22] Eine Kindsmörderin wird als liederlich, unnatürlich, gefühllos und töricht apostrophiert; ein Hauseinsturz hinterlässt „über 40 Leichen [...], zum Theil jämmerlich gequetscht und verstümmelt, mit zermalmten Schädeln und blutig zerfetzten Leibern". Die Anhäufung drastischer Epitheta und Hypertrophierung weiterer sprachlicher Elemente erhöhte jedoch weniger die Anschaulichkeit, als

16 *Riha, Karl*, Moritat, Bänkelsong, Protestballade. Zur Geschichte des engagierten Liedes in Deutschland. Frankfurt/M. 1975, S. 19 ff.

17 Vgl. dazu und zum ganzen Absatz *Brednich*, Liedkolportage (wie Anm. 6), S. 71 (75 m.w.N.).

18 Vgl. *Hirschberg*, Ludwig, Moritat und Justiz, in: Staatsgalerie, Bänkelsang (wie Anm. 9), S. 28 (28).

19 Vgl. *Riedel*, Bänkelsang (wie Anm. 2), S. 19 ff. m.w.N; *Petzoldt*, Bänkelsang (wie Anm. 12), S. 21 f. m.w.N. sowie *Thiel, Paul*, „Dies Gewerbe ist aber eigentlich nichts anders, als eine Bettelei ...", in: Staatliche Museen zu Berlin (Hrsg.), Schilder, Bilder, Moritaten. Sonderschau des Museums für Volkskunde im Pergamonmuseum 25.9.1987–3.1.1988. Rostock 1987, S. 5 (8 f. m.w.N.).

20 Vgl. *Hirschberg*, Moritat (wie Anm. 18), S. 28 (30).

21 Vgl. *Petzoldt*, Bänkelsang (wie Anm. 12), S. 68.

22 Vgl. dazu und folgend: ebd., S. 89 f.

dass es die Aussagen standardisierte und damit trivialisierte. Oft überzeichneten die Vortragenden derart, dass die Moritat zur Parodie avancierte. Dass sich die Bänkelsänger um hochgestochene Reflexionen und eine gewählte Sprache bemühten, mit pseudopoetischen Bildern um sich warfen, machte es nicht besser.[23]

II. Kunstgehalt der Moritat

Um die Mitte des 18. Jahrhunderts kam es zu einer folgenreichen Verbindung des Bänkelsangs mit der Literatur.[24] Der Bänkelsang übernahm zeittypische literarische Motive (die hartherzigen Eltern, die Kindsmörderin, der kühne Räuber), nachdem er selbst beträchtlichen Einfluss auf die Romanzen- und Balladendichtung der Vorklassik genommen hatte. Gleichwohl galten Moritaten als etwas anrüchiges, unseriöses.[25] Der Bänkelsänger als schlechter Dichter, der ein Geschäft daraus macht, gemeine Gegenstände auf gemeine Art zu besingen.[26] Auch dem Dichterfürsten Goethe galt Moritatenhaftes als Synonym für heuchlerisch und niedrig.[27] Vor allem die Attitüde des Sittenrichters entlarvte den Bänkelsang als verlogen.

Moritaten lassen sich als einfache Jahrmarkt-Bänkellieder über Tragisches und Mordtaten resümieren. Hinzu kamen Moralisierungen und das Bemühen um hochgestochene Reflexionen. Damit rückten die Moritaten unfreiwillig ein Stück weit ins Parodistische und Sarkastische. Hintergrund von Zensur und Verbot war ein befürchteter schädlicher Einfluss dieser volkstümlichen Kunst. Volkskundliche Untersuchungen ergaben jedoch, dass diese Befürchtungen bereits seinerzeit nicht gerechtfertigt waren und die allgemeine Meinung in dieser Hinsicht sehr übertrieb.[28]

III. Räuber im Bänkelsang – Der Schinderhannes

Das 19. Jahrhundert gilt als Blütezeit des Bänkelsangs und der Moritaten. Die Lieder wurden begeistert aufgenommen und gesungen, die Drucke vielfach verkauft. Die mit der französischen Revolution einsetzenden gesellschaftlichen

---

23 Vgl. *Müller-Waldeck*, Unter Reu' (wie Anm. 2), S. 277.

24 Vgl. dazu und zum ganzen Absatz: *Riedel*, Bänkelsang (wie Anm. 2), S 20.

25 Vgl. *Petzoldt*, Bänkelsang (wie Anm. 12), S. 4 ff.

26 Vgl. *Müller-Waldeck*, Unter Reu' (wie Anm. 2), S. 264 m.w.N.

27 Vgl. *Braungart*, Wolfgang (Hrsg.), Bänkelsang. Texte – Bilder – Kommentare. Stuttgart 1985, S. 389.

28 Vgl. dazu und folgend *Riedel*, Bänkelsang (wie Anm. 2), S. 67 ff. m.w.N.

Umwälzungen spiegelten sich auch in dieser Kunstform wider. Vermehrt erschienen nun auch politische Motive. Sie verbanden sich rasch mit literarischen Motiven und kristallisierten besonders in den Räubergeschichten.[29]

Räuber beherrschten lange Zeit die Straße, die Lieder über sie nicht weniger.[30] Die Sympathie, die feigen Mördern versagt war, genossen die Räuber und Wildschützen. Sie waren die Helden ihrer Zeit – wurden heroisiert und romantisiert. Johannes Bückler – der Schinderhannes – galt in des Volkes Augen als Rebell gegen Fremdherrschaft und Fürstenwillkür. Diesen Ruhm konnte selbst der Mainzer Prozess gegen ihn nicht zerstören.[31] Hier hielten es die Bänkelsänger wie Friedrich Schiller in „Die Räuber“. Schinderhannes war bei den Bänkelsängern so beliebt, weil seine Herzenskönigin ihren Kreisen entstammte. Julchen Bläsius hatte, als sie 17-jährig ihm in die Welt folgte, schon eine Karriere als Geigerin und Kassiererin bei einem Jahrmarktsänger hinter sich. Nach der Hinrichtung des Schinderhannes ehelichte sie allerdings einen hessischen Gendarmen mit Pensionsberechtigung. Von der Geliebten des Räuberhauptmanns zur Ehefrau eines Polizisten – ein Abstieg, den ihr die Welt und vor allem die Unterwelt nie verzieh. Dem Renommee des Schinderhannes tat dieser Skandal jedoch keinen Abbruch. Bereits 1802 – noch zu seinen Lebzeiten – erschien das erste Bänkellied unter dem Titel „Ächte und wahrhafte Beschreibung von der Verhaftung des längst berüchtigten Anführers einer großen Räuberbande, genannt Schinderhannes, nebst einem Anhang von seinem Leben und Thaten.“ Folgend ein Auszug:

Hier kann man von dem Schinderhanns
Und seinen Thaten lesen,
Der ein verruchter Teufelspflanz
Von Jugend auf gewesen.
Ein Spitzbub war er frühe schon
Und eines reichen Bauern Sohn,
Am Niederrhein gebürtig.
[…]
Groß sind die Schrecken auf dem Land,
Erschrecklich die Geschichten,
Wovon die Bauern allerhand
Mit Angst und Furcht berichten;
Denn es behauptet jedermann:

29 Vgl. ebd., S. 21, 48.

30 Vgl. dazu und zum ganzen Absatz *Janda, Elsbeth / Nötzoldt, Fritz*, Die Moritat vom Bänkelsang. Oder das Lied der Straße. München 1959, S. 27 ff.

31 Vgl. zum Strafverfahren auch *Scheibe, Mark*, Die Strafjustiz in Mainz und Frankfurt/M. 1796–1803. Unter besonderer Berücksichtigung des Verfahrens gegen den Serienstraftäter Johannes Bückler, genannt Schinderhannes, 1802/03. Kelkheim 2009.

Der dicke Schinderhannes kann
Noch hexen gar und zaubern.
[...]
Nachdem ihm seine Streiche noch
Sind lange angegangen,
So wurde er am Ende doch
Ganz unverhofft gefangen.
Jetzt ist er in dem Diebsarrest,
Man kann ihn auf der Hauptwach vest
In Frankfurt sitzen sehen. [32]

Themenwahl, Sprachverwendung und moralisierende Aussagen kennzeichnen dieses Werk unzweifelhaft als Moritat. Deutlich bekannter dürfte heute eine Version der Schinderhannes-Moritat sein, die von Carl Zuckmayer für das 1927 uraufgeführte Schinderhannes-Schauspiel gefertigt wurde.[33] Zuckmayer stilisiert seinen Landsmann Schinderhannes zu einem Bühnenhelden. Das Lied vom Schinderhannes aus diesem Schauspiel gilt als typische Moritat. Dies wird bereits in den ersten Strophen deutlich:

Im Schneppenbacher Forste,
Da geht der Teufel rumdibum,
De Hals voll schwarzer Borste,
Und bringt die armen Kaufleut um!
Das ist der Schinderhannes,
Der Lumpenhund, der Galgenstrick,
Der Schrecken jedes Mannes,
Und auch der Weiberstück.
Im Soonewald, im Soonewald
Steht manche dunkle Tann,
Darunter liegt begraben bald
Ein braver Wandersmann.[34]

Moritatenhaft an dem Stück sind das Thema und die Sprachverwendung. Im Gegensatz zu den Jahrmarktmoritaten ist Zuckmayers Werk jedoch ein Bühnenstück. Auch die Moral am Ende des Stückes weicht vom Rigorismus früherer Jahrhunderte ab. Diese Entwicklung wird besonders deutlich in der folgenden Moritat.

---

32 Zitiert nach *Janda / Nötzoldt*, Moritat (wie Anm. 30), S. 29.

33 Vgl. dazu *Fähnders, Walter*, Volksstück mit letalem Ausgang. Carl Zuckmayers Schinderhannes in der Theaterkritik, in: Nickel, Gunther (Hrsg.), Carl Zuckmayer- und die Medien. Beiträge zu einem internationalen Symposion. Teil 1. St. Ingbert 2001, S. 155 ff.

34 *Zuckmayer, Carl*, Der fröhliche Weinberg. Schinderhannes. Zwei Stücke. Frankfurt/M. 23. Auflage 2004, S. 75 f.

IV. Die Moritat „Sabinchen war ein Frauenzimmer"

Die Moritat von Sabinchen tauchte erstmals im Jahr 1848 in den Musenklängen aus Deutschlands Leierkasten auf.[35] „Das Lied geht zwar auf eine Originalmoritat zurück, erscheint aber eindeutig satirisch-parodistisch. Es wurde offensichtlich mit der Absicht veröffentlicht, ähnliche moralisierende und volkserzieherische lyrische Produkte dieser Zeit zu verulken."[36] Es erzählt die schauderhafte Begebenheit von der Dienstmagd Sabine, die vom berühmten Treuenbrietzener Schuster entleibt wurde, wie folgt:

Sabinchen war ein Frauenzimmer,
Gar fromm und tugendhaft.
Sie diente treu und redlich immer
Bei ihrer Dienstherrschaft.
Da kam aus Treuenbrietzen
Ein junger Mann daher,
Der wollte so gerne Sabinchen besitzen
Und war ein Schuhmacher.

Sein Geld, das hat der ganz versoffen
Beim Schnaps und auch beim Bier!
Da kam er zu Sabinchen geloffen
Und wollte welches von ihr;
Sie konnt' ihm keines geben,
Denn keines war zur Stell,
Da stahl sie ihrer Dienstherrschaft
Sechs silberne Eßlöffel.

Doch schon nach achtzehn Wochen,
Da kam der Diebstahl raus!
Da jagte man mit Schimpf und Schande
Sabinchen aus dem Haus.
Sie rief: „Verfluchter Schuster,
Du rabenschwarzer Hund!"
Da nahm der Schuster sein Schuhmachermesser
Und schnitt ihr ab den Schlund.

Ihr Blut zum Himmel spritzte,
Sabinchen fiel gleich um;

---

35 Vgl. *Janda / Nötzoldt*, Moritat (wie Anm. 30), S. 224 ff. m.w.N.; weitere Literatur dazu *Boock, Barbara*, „Sabinchen war ein Frauenzimmer…". Ein Lied mit Geschichte. in: Kinzler, Hartmuth (Hrsg.), Musik und Leben. Freundesgabe für Sabine Giesbrecht zur Emeritierung. Osnabrück 2003, S. 22–27, sowie *Weismann, Anabella*, Die merkwürdige Geschichte vom Schuster und seiner Sabine: Revolutionssatire – Dienstmädchenmoral – „lustiges Lied", in: Heister, Hanns-Werner u.a. (Hrsg.), Zwischen Aufklärung & Kulturindustrie. Festschrift für Georg Knepler zum 85. Geburtstag. Band 3: Musik / Gesellschaft. Hamburg 1993, S. 119 (127, 129).

36 *Müller-Waldeck*, Unter Reu' (wie Anm. 2), S. 263.

Der böse Schuster aus Treuenbrietzen,
Der stand um ihr herum.
In einem Kellerloche,
Bei Wasser und bei Brot,
Da hat er endlich eingestanden
Die grausig' Moritot!

Und die Moral von der Geschicht':
Trau keinem Schuster nicht!
Der Krug, der geht so lang zu Wasser,
Bis daß der Henkel abbricht![37]

Mit dem sehr bildlich beschriebenen Mord des Treuenbrietzener Schusters an der Dienstmagd Sabinchen, die aus Liebe zu ihm sechs Silberlöffel stahl, was sie erst die Anstellung und dann das Leben kostete, handelt es sich thematisch wieder um eine Moritat, eine einfache Jahrmarktvolksweise um Verbrechen und Mord. Allerdings ist diese eigentlich traurige Geschichte unterhaltsam aufgebaut und mit amüsanten Effekten versehen. Zudem ist sie in einem ironischen Grundgestus gehalten. Die Moral wird nämlich bewusst falsch gezogen, wenn es heißt: Trau keinem Schuster nicht. Das Lied parodiert also die Moritat und ist noch heute „eine der bekanntesten und beliebtesten Moritatenparodien"[38].

V. Das Ende des Bänkelsangs?

Um die Wende des 19. zum 20. Jahrhunderts setzt der rasche Niedergang von Bänkelsang und Moritaten ein. Hauptgrund dürfte die übermächtige Konkurrenz durch Rundfunk, Film und Illustrierte gewesen sein, die Bänkelsang und Moritat innerhalb kurzer Zeit vom Markt drängte. In seiner Mischung von Wort, Bild und Musik wird der Bänkelsang nun einerseits vom Schlager, andererseits von der illustrierten Zeitung und Sensationspresse abgelöst.

Entgegen Karl Veit Riedel dürften die polizeilichen Verbote dem Gewerbe jedoch weniger geschadet haben, als angenommen, und somit eher nachrangig als Grund des Niederganges des Bänkelsangs anzusehen sein.[39] Meines Erachtens unterschätzt die Fachliteratur zudem die mittlerweile fast flächendeckende

---

37 Zitiert nach *Janda / Nötzoldt*, Moritat (wie Anm. 30), S. 246 f.; leicht abweichender Text in: Hansen, Walter (Hrsg.); Sabinchen war ein Frauenzimmer. Moritaten und Jahrmarktlieder. München 1996, S. 94 ff.

38 *Stemmle, R.A.* (Hrsg.), Herzeleid auf Leinewand. Sieben Moritaten. München 1962, S. 15.

39 Wenn *Riedel*, Bänkelsang (wie Anm. 2), S. 24 richtigerweise darauf hinweist, dass die Behörden nach dem ersten Weltkrieg duldsamer gegen die Bänkelsänger wurden, ist nur schwer nachvollziehbar, dass die (gelockerten!) Verbote den Niedergang des Gewerbes beschleunigten.

Lese- und Schreibfähigkeit beiderlei Geschlechts auf den Niedergang des Bänkelsangs um die Jahrhundertwende. Wo nahezu jedermann selbst die Neuigkeiten lesen konnte, bedurfte es nicht mehr der audiovisuellen Vermittlung durch Bänkelsänger.

Bereits in den 1930ern findet man Bänkelsänger nur noch vereinzelt auf Jahrmärkten und Messen. „Bänkelsang und Moritat starben eines sanften Todes, den sie so oft und in so wechselhafter Form besungen haben. Volkskundler, Literaturhistoriker und Theaterwissenschaftler kamen zum Begräbnis zu spät."[40] Es gibt nur spärliche wissenschaftliche Hinweise in der Literatur. Bei der Allgemeinheit gerät diese Kunstform langsam in Vergessenheit. Dass sie nicht völlig verschwand, ist einer weiteren Metamorphose zu verdanken und vor allem der Person Bertolt Brechts.

C) Die Transformation der Moritat bei Bertolt Brecht

Es waren die modernen Autoren des frühen 20. Jahrhunderts, die sich dem niedergehenden historischen Bänkelsang annahmen. Sie entkleideten dessen trivialen Gehalt und dessen Form von allem Ulk und aller Parodie. Übrig blieb ein tragisches – oft schockierendes – Protestlied des kleinen Mannes. Vor allem Bertolt Brecht nutzte die Moritat als Mittel der Gesellschaftskritik,[41] etwa in den die Hauspostille eröffnenden Schockmoritaten oder den schmutzaufwirbelnden, provozierenden und denunzierenden Bänkelsongs der Dreigroschenoper. Hier entlarvte er die herrschende Moral als Moral der Herrschenden; konfrontierte mit Hunger, Elend, Ausbeutung und Entrechtung. Ein gutes Beispiel dafür finden wir am Ende des 2. Aktes in der Ballade über die Frage, wovon lebt der Mensch:

> Ihr Herrn, die ihr uns lehrt, wie man brav leben
> Und Sünd und Missetat vermeiden kann
> Zuerst müsst ihr uns was zu fressen geben
> Dann könnt ihr reden: damit fängt es an.
> Ihr, die ihr euren Wanst und unsre Bravheit liebt
> Das eine wisset ein für allemal:
> Wie ihr es immer dreht und wie ihr's immer schiebt
> erst kommt das Fressen, dann kommt die Moral.[42]

---

40 *Stemmle*, Herzeleid (wie Anm. 38), S. 3 f.

41 Vgl. dazu und folgend *Riha*, Moritat (wie Anm. 16), S. 18 f. Zu Brecht und Bänkelsang vgl. auch *McLean, Sammy*, The Bänkelsang and the Work of Bertolt Brecht. Berlin 2019.

42 Zitiert nach *Brecht, Bertolt*, Die Dreigroschenoper. Berlin 45. Auflage 2017, S. 69.

Mit gezielt und effektiv gesetzten Schockeffekten entwickelt Brecht die Moritat weiter. Am bekanntesten ist die „Moritat von Mackie Messer" zu Beginn der Dreigroschenoper. In der Szenenanmerkung heißt es: „Jahrmarkt in Soho. Die Bettler betteln, die Diebe stehlen, die Huren huren. Ein Moritatensänger singt eine Moritat."[43]

> Und der Haifisch, der hat Zähne
> und die trägt er im Gesicht
> und Macheath, der hat ein Messer
> doch das Messer sieht man nicht.
>
> Ach, es sind des Haifischs Flossen
> rot, wenn dieser Blut vergießt.
> Mackie Messer trägt 'nen Handschuh
> drauf man keine Untat liest.
>
> An 'nem schönen blauen Sonntag
> liegt ein toter Mann am Strand
> und ein Mensch geht um die Ecke
> den man Mackie Messer nennt.
>
> Und Schmul Meier bleibt verschwunden
> und so mancher reiche Mann
> und sein Geld hat Mackie Messer
> dem man nichts beweisen kann.
>
> Jenny Towler ward gefunden
> mit 'nem Messer in der Brust
> und am Kai geht Mackie Messer
> der von allem nichts gewußt.
>
> Und das große Feuer in Soho
> sieben Kinder und ein Greis
> in der Menge Mackie Messer, den
> man nicht fragt und der nichts weiss.
>
> Und die minderjährige Witwe
> deren Namen jeder weiss
> wachte auf und war geschändet
> Mackie, welches war dein Preis?
> Wachte auf und war geschändet
> Mackie, welches war dein Preis?

„Mackie Messer" unterscheidet sich von der Form typischer Moritaten und Balladen früherer Zeiten durch die Anzahl der Geschichten, einen Refrain sowie atypischen Beginn (fehlendes *comm-all-ye*) und atypisches Ende (keine Moral, sondern ironische Frage).[44] Auch inhaltlich ist ein deutlich stärkerer Fokus auf

---

43 Ebd., S. 7.

44 Vgl. *Cheesman*, Shocking (wie Anm. 7), S. 32 f.

Gesellschaftskritik zu konstatieren. Durch Brecht und andere Literaten überlebt die Moritat den Untergang des Bänkelsangs im neuen Gewand der literarischen Gesellschaftskritik.[45] Gegen eine solche Kontinuität wenden sich zwar Stimmen in der Literatur mit Hinweis auf die Unterschiede zwischen dem volkstümlichen Bänkelsang beziehungsweise kommerziellen Moritaten sowie deren „hochliterarischen" Pendants.[46] Hierbei handelt es sich jedoch um eine künstliche Unterscheidung über verschiedene Epochen.

Nach dem Zweiten Weltkrieg fokussiert sich die Gesellschaftskritik der Moritaten auf das Innerliterarische, aufs formale gegen den Strom Schwimmen, wie es Brecht nennt, und die Aufgabe, den literarischen und ästhetischen *consensus* infrage zu stellen.[47] In der zweiten Hälfte des 20. Jahrhunderts wird die Moritat als Kunstform von Liedermachern wie Wolf Biermann und Konstantin Wecker sowie in Protestsongs der Friedens- und Anti-Atomkraft-Bewegungen ebenso genutzt wie in den humoristischen Seiten von Magazinen wie Stern, Spiegel und anderen.[48] Diese Moritaten zeichnen sich durch klare gesellschaftskritische Aussagen aus.

Resümiert man die Entwicklung des Gewalt- und Mordmotivs in der (volkstümlichen) Vokalmusik, lässt sich ein Entwicklungsstrang aufzeigen. An der Wende zur Frühen Neuzeit dominierte noch der musikalische Zeitungsbericht – eher sachlich neutral. Später setzte sich die moralisierende Moritat auf den Jahrmärkten durch, oft unfreiwillig sarkastisch oder parodistisch. Mit dem Niedergang des Bänkelsangs eingangs des 20. Jahrhunderts nahm sich die Hochliteratur der Moritat an (Bertolt Brecht) und entkleidete sie von Ulk, Klamauk und Parodie. Das moralisierende Element ist folglich kein Wesensmerkmal der Moritat. Es gesellte sich in der Frühen Neuzeit zeitweilig zu dieser Kunstform, um der Zensur zu entgehen und einen musikalischen Vortrag erst möglich zu machen. Es ergab sich also aus den historischen Umständen.

D) Rammstein und das Album „Liebe ist für alle da" (2009)

Auch die zeitgenössische Populärmusik bespielt das Mord- und Gewaltmotiv extensiv. Als Beispiel soll eine der bekanntesten und umstrittensten deutschen Bands dienen, die sechsköpfige Formation Rammstein. Sie vereint eine kreative

45 Vgl. dazu und folgend *Riha*, Moritat (wie Anm. 16), S. 23 f.

46 Vgl. *Cheesman*, Shocking (wie Anm. 7), S. 25 sowie zum folgenden ebd., S. 2, 25.

47 Vgl. *Riha*, Moritat (wie Anm. 16), S. 28.

48 Vgl. *Cheesman*, Shocking (wie Anm. 7), S. 30 f.

Mischung verschiedener Musikstile, etwa Techno, Punk, Heavy-Metal und Industrial.[49] Martialisches Auftreten, extensive Verwendung von stimmhaften alveolaren Vibranten (gerolltes „R") sowie mehrdeutige Texte und Videoclips trugen Rammstein in den 90ern zeitweilig den Ruf einer rechtsnationalen Gesinnung ein.[50] Dies führte zu mehreren deutlichen Klarstellungen der Band; sowohl verbal in den Medien[51] als auch mit künstlerischen Mitteln, etwa im Song „Links 2-3-4". Im Vorfeld des Releases der ersten Single „Deutschland" des neuen Studioalbums im Frühjahr 2019 heizten Auszüge aus dem Videoclip die öffentliche Diskussion wieder an. Anstoß erregte eine Szene, in der die Bandmitglieder in KZ-Häftlingskleidung am Galgen kurz vor der Hinrichtung zu sehen sind.[52]

In vielen Rammstein-Songs findet sich das lyrische Ich im Kontext von Straftaten. Bereits das Debutalbum „Herzeleid" (1995) thematisierte Pädophilie, Nekrophilie, Mord und Stalking, das zweite Album „Sehnsucht" (1997) dann unter anderem Eifersuchtsmord, Vergewaltigung und Missbrauch Schutzbefohlener. Das dritte Album „Mutter" (2001) widmet sich Raubüberfall, Terrorismus und Drogenmissbrauch. Diese Tendenz ist auch für das vierte Album „Reise, Reise" (2004) und das fünfte Album „Rosenrot" (2005) zu konstatieren. Aus dem sechsten Studioalbum „Liebe ist für alle da" (2009) lässt sich exemplarisch der Song „Wiener Blut" anführen, der dem österreichischen Kriminalfall „Josef Fritzl" nachempfunden ist. Bereits die Themensetzungen Beziehung, Schmerz, Vergänglichkeit und seelische Verarmung lassen eine Nähe zu professioneller Literatur erkennen.[53] Ferner integrieren Rammstein in vielen Liedern Elemente der klassischen Lyrik (etwa Strophenform, Versmaße und Reimung). Eine reichhaltige Bildersprache, expressive und klare Metaphorik, Oxymora, Anaphern und Parodien sind mittlerweile ein Wesensmerkmal der Formation. Gleiches gilt für besondere musikalische Elemente, etwa die Relativierungen oder Unterstreichungen einzelner Textpassagen durch Instrumentierung und Lautstärke.

Immer wieder greift die Formation aktuelle Ereignisse auf. So ist der Song „Haifisch" auf dem Album „Liebe ist für alle da" zu verstehen als Stellungnahme zu

---

49 Vgl. *Spisla, David*, Die Songtexte der Band Rammstein aus dem Blickfeld der Literaturwissenschaft. München 2006, S. 3.

50 Zum Medienecho vgl. *Mühlmann, Wolf-Rüdiger*, Letzte Ausfahrt: Germania. Ein Phänomen namens Neue Deutsche Härte. Berlin 1999, S. 20 ff.

51 Vgl. dazu m.w.N. *Spisla*, Rammstein (wie Anm. 49), S. 8 ff.

52 Vgl. zum Medienecho etwa *Hornuff, Daniel*, Rammstein – Kann dich lieben, will dich hassen, in: Zeit Online – Kultur vom 29.03.2019, https://www.zeit.de/kultur/musik/2019-03/rammstein-video-deutschland-holocaust (Aufruf am 13. Mai 2019).

53 Vgl. dazu und zum ganzen Absatz *Spisla*, Rammstein (wie Anm. 49), S. 15 ff.

den wiederholten Trennungsgerüchten. Der Videoclip verarbeitet jedoch zugleich auch seinerzeitige Medienereignisse, etwa kirchliche Missbrauchsskandale. Musikalisch und inhaltlich lehnt sich der Refrain gar an Brechts „Moritat von Mackie Messer“ an, wenn es heißt:

Und der Haifisch, der hat Tränen
Und die laufen vom Gesicht
Doch der Haifisch lebt im Wasser
So die Tränen sieht man nicht.[54]

Im Gegensatz zum Bänkelsänger früherer Jahrhunderte genießen Gegenwartskünstler einen deutlich höheren Freiheitsgrad. Meinungs-, Presse- und Kunstfreiheit sind verfassungsrechtlich geschützt (Art. 5 GG). Eine Zensur im Sinne einer Vorzensur[55] findet nicht statt (Art. 5 Abs. 1 S. 3 GG). Dies bedeutet jedoch nicht, dass diese Freiheiten schrankenlos sind. Die Meinungs- und Pressefreiheit findet ihre Grenzen in den Vorschriften der allgemeinen Gesetze, den gesetzlichen Bestimmungen zum Schutze der Jugend und in dem Recht der persönlichen Ehre (Art. 5 Abs. 2 GG). Die Kunstfreiheit (Art. 5 Abs. 3 GG) wird zwar nach Sicht der BVerfG im Gegensatz zur Meinungsfreiheit vorbehaltlos gewährt,[56] jedoch ebenfalls nicht schrankenlos. Ihre Grenzen findet die Kunstfreiheit in anderen ebenfalls verfassungsrechtlich geschützten Werten, etwa der Ehre Dritter oder dem Schutz der Jugend,[57] die gegebenenfalls durch einfaches Gesetzesrecht (Strafgesetzbuch, Jugendschutzgesetz) bestimmt und konkretisiert werden.[58] Deshalb verwundert es nicht, dass auch aktuelle Vokalmusik, zum Beispiel Alben, Booklets und Songs der Band Rammstein, Gegenstand von Verwaltungs- und Gerichtsverfahren waren.

I. Differenzierung Jugendschutz und Strafrecht

In den öffentlichen Debatten um polarisierende Kunst werden Indizierung, Verbot, Zensur, Jugendschutz und Strafrecht häufig vermengt, was die sachliche

---

54 Zitiert nach *Rammstein*, Liebe ist für alle da. Booklet der CD. Universal 2009, S. 2 f.

55 Vorzensur sind „einschränkende Maßnahmen vor der Herstellung oder Verbreitung eines Geisteswerkes, insbesondere das Abhängigmachen von behördlicher Vorprüfung und Genehmigung seines Inhalts“, *Wendt, Rudolf,* in: von Münch, Ingo / Kunig, Philip (Hrsg.), Grundgesetz-Kommentar. 6. Auflage. München 2012, Art. 5 Rn. 62.

56 *BVerfG*, Beschl. v. 24.02.1971 – 1 BvR 435/58, BVerfGE 30, S. 173 (192); *BVerfG*, Beschl. v. 17.07.1984 – 1 BvR 816/82, BVerfGE 67, S. 213 (228).

57 Vgl. *Wendt*, von Münch / Kunig (wie Anm. 55), Art. 5 Rn. 97–99.

58 Mit der Entscheidung „Josefine Mutzenbacher“ erkannte das *BVerfG* den Jugendschutz als Wert von Verfassungsrang an mit der Folge, dass dessen einfachgesetzliche Konkretisierung im Jugendschutzgesetz eine Abwägung mit der Kunstfreiheit ermöglicht, vgl. *BVerfG*, Beschl. v. 27.11.1990 – 1 BvR 402/87, BVerfGE 83, 130.

Auseinandersetzung erschwert. Wie bereits ausgeführt, genießt die Kunstfreiheit Verfassungsrang. Einschränkungen erfährt sie beispielsweise im Ehrschutz anderer (§§ 185 ff. StGB – Beleidigung, Verleumdung), dem öffentlichen Frieden (§ 131 StGB – Gewaltdarstellung; § 166 StGB – Beschimpfung von Bekenntnissen, Religionsgemeinschaften und Weltanschauungsvereinigungen) oder der sexuellen Selbstbestimmung (§ 184 StGB – Verbreitung pornographischer Schriften[59]).

Von diesen strafrechtlichen Bestimmungen zu unterscheiden ist der Jugendschutz. Das Jugendschutzrecht soll Gefährdungen von Kindern und Jugendlichen fernhalten oder vermeiden.[60] Es ist seit 2003 besonders geregelt im Jugendschutzgesetz (JuSchG). Zwar wäre eine Differenzierung zwischen Strafrecht und Jugendschutzrecht nach der Schutzgruppe Allgemeinheit bzw. Kinder/Jugendliche zu pauschal. Schließlich sanktioniert auch das Strafgesetzbuch besonders sozialschädliches Verhalten gegenüber Kindern und Jugendlichen, etwa § 174 StGB (sexueller Missbrauch von Schutzbefohlenen). Für den hier vorliegenden Bereich der Medien mag diese Differenzierung jedoch ein erster Ansatz sein, da das JuSchG insoweit spezielle Regelungen bereithält. So sieht § 17 JuSchG eine Bundesprüfstelle für jugendgefährdende Medien vor (folgend „BPjM"), welche über eine Aufnahme von Medien in die Liste jugendgefährdender Medien entscheidet (sogenannte Indizierung). Dieses Indizierungsprinzip ist in § 18 JuSchG besonders geregelt. Einmal indiziert, unterliegen die Trägermedien umfassenden Verbreitungs- und Werbebeschränkungen (§ 15 JuSchG).

II. Indizierungsverfahren bei Rammstein

Wie die Bänkelsänger und Brecht nutzen Rammstein die Grenzüberschreitung als Stilmittel und erregen Aufmerksamkeit, auch bei Verwaltung und Justiz. So wundert es nicht, dass die ersten sechs Studioalben der Band Gegenstand von Indizierungsverfahren der BPjM waren.[61] Eine (kurzzeitige) Indizierung erfolgte jedoch erst beim sechsten Studioalbum „Liebe ist für alle da" (2009). Indizierungsrelevant waren der Song „Ich tu Dir weh" und einer farbige ganzseitige Booklet-Abbildung einer nackten Frau, die über dem Knie eines Mannes liegt, der im Begriff ist, ihr einen Schlag mit der Hand auf ihr Gesäß zu

59 Vgl. zum Streit um den Schutzzweck von § 184 StGB auch *Fischer, Thomas*, Strafgesetzbuch mit Nebengesetzen, 66. Auflage. München 2019, § 184 StGB Rn. 2-3b.

60 Vgl. *Nikles, Bruno W. / Roll, Sigmar / Spürck, Dieter / Umbach, Klaus*, Jugendschutzrecht. Kommentar. 2. Auflage. München 2005, S. 6 Rn. 9.

61 Entscheidung Nr. 5513 der BPjM vom 10.10.2007.

geben.[62] Heute scheint dies – dank „Fifty Shades of Grey" – zum Grundrepertoire der Fantasiewelt in deutschen Schlafzimmern zu gehören. 2009 hingegen ordnete die Bundesprüfstelle Text und Abbildung als verrohend, unsittlich und sadistischen Tendenzen Vorschub leistend ein. Das Album wurde kurzzeitig indiziert und auf Konzerten durfte „Ich tu Dir weh" nicht gespielt werden.[63] Das Verwaltungsgericht Köln folgte der Auffassung des BPjM nicht und hob die Indizierung auf.

1. Entscheidung der BPjM

Rechtsgrundlage für die umstrittene Entscheidung der BPjM war § 18 Abs. 1 S. 1 JuSchG, wonach Träger- und Telemedien, die geeignet sind, die Entwicklung von Kindern und Jugendlichen oder ihre Erziehung zu einer eigenverantwortlichen und gemeinschaftsfähigen Persönlichkeit zu gefährden, von der BPjM in eine Liste jugendgefährdender Medien aufzunehmen sind. Zu diesen jugendgefährdenden Medien zählen nach § 18 Abs. 1 S. 2 JuSchG vor allem unsittliche, verrohend wirkende sowie zu Gewalttätigkeit, Verbrechen oder Rassenhass anreizende Medien.

Die Booklet-Abbildung eines sitzenden Mannes, der im Begriff ist, eine über seinem Knie liegende nackte Frau zu schlagen, übe eine verrohende Wirkung auf Kinder und Jugendliche aus.[64] Verrohend wirken Medien, wenn sie geeignet sind, bei Kindern und Jugendlichen negative Charaktereigenschaften wie Sadismus und Gewalttätigkeit, Gefühllosigkeit gegenüber anderen, Hinterlist und gemeine Schadenfreude zu wecken oder zu fördern, etwa wenn mediale Darstellungen Brutalität fördern beziehungsweise ihr entschuldigend das Wort reden, was vor allem dann gegeben ist, wenn Gewalt ausführlich und detailliert gezeigt wird und die Leiden der Opfer ausgeblendet beziehungsweise sie als ausgestoßen, minderwertig oder Schuldige dargestellt werden.

Im Lied „Ich tu Dir weh" würden in befürwortender und rücksichtsloser Art und Weise drastische Gewaltanwendungen gegen eine andere Person präsentiert, die in hohem Maße geeignet seien, Kinder und Jugendliche gegenüber dem Leiden Anderer gleichgültig werden zu lassen. Zudem werde sadistischen Tendenzen Vorschub geleistet. Zusätzlich sei das Lied auch als unsittlich einzustufen, da in Zusammenhang mit der Gewaltanwendung sexuelle Stimulation und damit

---

62 Entscheidung Nr. 5682 der BPjM vom 05.11.2009.

63 Vgl. *VG Gelsenkirchen*, Urt. v. 29.02.2012 – 7 K 943/10, BeckRS 2012, 50607.

64 Vgl. dazu sowie zum folgenden Absatz Entscheidung Nr. 5682 der BPjM vom 05.11.2009, S. 18, 19 m.w.N.

sado-masochistische Handlungen präsentiert würden, die eindeutig dem Erwachsenenbereich vorbehalten seien. Für Jugendliche sei in dem Lied auch nicht erkennbar, dass es sich hier nicht um eine von mehreren normalen Varianten der Liebe handele, die man kennenlernen solle. Forschungsergebnisse würden zeigen, dass die Verknüpfung von Sex und Gewalt generell in hohem Maße jugendgefährdend sei.

2. Entscheidung des Verwaltungsgerichts Köln

Das Verwaltungsgericht Köln teilte in seinen beiden Entscheidungen die Einschätzung der BPjM nicht.[65] Es bezweifelt die verrohende Wirkung beziehungsweise Unsittlichkeit von Song und Abbildung.[66] Im Song „Ich tu Dir weh" werden gerade keine wirklichkeitsnahen Gewaltexzesse wiedergegeben. Die Gewaltelemente werden lediglich in Satz- und Wortfetzen angedeutet oder surreal übersteigert („Stacheldraht im Harnkanal", „führ Dir Nagetiere ein"). Auch der Vorwurf einer befürwortenden Darstellung von gefühllosen Schmerzzufügungen sei nicht hinreichend belegt. Zum einen unterlasse die BPjM die Rückbeziehung auf das immer wieder betonte Stilmittel Rammsteins, ihre Texte aus der Sicht des Bösen wiederzugeben, ohne das Böse zu propagieren. Zum anderen wird sowohl der gegenläufige Inhalt der fünften Strophe völlig ausgeblendet (Beziehungsebene von „Täter" und „Opfer") als auch deren abweichende musikalische Umsetzung (geringere Tonstärke, weitgehender Verzicht auf Schlagzeug und Gitarren, zurückhaltender Gebrauch stimmhafter alveolarer Vibranten). Gerade Letzteres unterstreiche die nachdenklicheren Aussagen. Auch von der umstrittenen Abbildung im Booklet dürften wohl nur schwerlich verrohende Einflüsse ausgehen, da der „künstliche" Charakter der Darstellung überwiegt. Letztlich lässt das Verwaltungsgericht die abschließende Bewertung der jugendgefährdenden Wirkung offen, da die Entscheidung der BPjM den weiteren an eine rechtmäßige Indizierung zu stellenden Anforderungen offensichtlich nicht genügt.

Ein Medium darf gemäß § 18 Abs. 3 Nr. 2 JuSchG unter anderem dann nicht in die Liste jugendgefährdender Medien aufgenommen werden, wenn es der Kunst dient. Die Bundesprüfstelle hat den Kunstcharakter der indizierten CD bejaht und den Kunstgehalt als überdurchschnittlich hoch eingestuft.[67] Allein der

65 *VG Köln*, Beschl. v. 31.05.2010 – 22 L 1899/09 (Einstweiliger Rechtsschutz), MultiMedia und Recht (MMR) München 2010, S. 578 m. Anm. *Schade, Peer Boris / Ott, Sebastian* sowie *VG Köln*, Urt. v. 11.10.2011 – 22 K 8391/09 (Hauptsacheverfahren), MMR München 2012, S. 346 m. Anm. *Ott, Sebastian.*

66 Vgl. dazu und zu den folgenden Absätzen *VG Köln*, Urt. v. 11.10.2011 (wie Anm. 65).

67 Entscheidung Nr. 5682 der BPjM vom 05.11.2009, S. 24.

Kunstcharakter eines Mediums steht jedoch seiner Indizierung noch nicht entgegen. Vielmehr sind im Sinne einer praktischen Konkordanz der Belange des Jugendschutzes einerseits und der Kunstfreiheit andererseits beide Belange im Einzelfall gegeneinander abzuwägen, und zwar unabhängig davon, ob es sich um ein schlicht jugendgefährdendes oder um ein schwer jugendgefährdendes Medium handelt.[68] Eine fehlerfreie Abwägung setzt dabei eine umfassende Ermittlung der beiden widerstreitenden Belange voraus.[69]

Diesen Anforderungen genügt die vorliegende Entscheidung der Bundesprüfstelle nicht, so das Gericht. Weder hinsichtlich der auf der Seite des Jugendschutzes noch der der Kunst einzustellenden Abwägungskriterien enthält sie im Blick hierauf eine hinreichend ausdifferenzierte Bewertung. Ausgehend von dem auch nach Auffassung der BPjM überdurchschnittlich hohen Kunstwert der indizierten CD hätte es einer eingehenden und alle Erkenntnismöglichkeiten nutzenden Ermittlung und Gewichtung der für die auf beiden Seiten der Waagschalen anzusetzenden verfassungsrechtlichen Schutzgüter Jugendschutz und Kunstfreiheit bedurft, die vorliegend von der Bundesprüfstelle nicht geleistet worden ist. Weder wird begründet, warum bereits die bloße Darstellung sadomasochistischer Handlungen für sich genommen geeignet sein könnte, mit den Texten und der Musik von Rammstein konfrontierte Jugendliche in ihrer sexuellen Entwicklung zu beeinträchtigen. Noch wird die künstlerische Bedeutung des indizierten Mediums konkret gewichtet (Berücksichtigung der Reaktionen von Publikum, Kritik und Wissenschaft auf das Kunstwerk) sowie die Gesamtkonzeption des Kunstwerks außer Acht gelassen. Dem folgte auch das Oberverwaltungsgericht Nordrhein-Westfalen im Berufungsverfahren.[70]

3. Desiderat einer stärkeren Einbeziehung historischer Aspekte

Im Ergebnis ist den Entscheidungen der Gerichte im Fall Rammstein beizupflichten. Eine genauere Betrachtung der Entscheidungen zeigt, dass sowohl Prüfstelle als auch Verwaltungsgericht in ihre Abwägungen kunstgeschichtliche Aspekte einfließen ließen. Eine musikgeschichtliche Einordnung sucht man indes vergebens. Dies scheint kein Sonderfall. Soweit ersichtlich, befassen sich die jüngeren Entscheidungen von BPjM sowie Gerichten bei der Behandlung von Musikstücken mit Gewaltbezügen kaum mit dem größeren historischen

---

68 Vgl. *BVerfG*, Beschl. v. 27.11.1990 – 1 BvR 402/87, BVerfGE 83, S. 130 (143); BVerwG, Urt. v. 26.11.1992 - 7 C 22/92, Neue Juristische Wochenschrift (NJW) München 1993, S. 1490 (1490 f.).

69 Vgl. *BVerwG*, Urt. v. 18.02.1998 – 6 C 9/97, NJW München 1999, S. 75 (76).

70 *OVG Nordrhein-Westfalen*, Beschl. v. 18.03.2015 Az. 19 A 2556/11, MMR München 2016, S. 140.

Kontext. Wie aufgezeigt, findet sich das Gewaltmotiv fast durchgehend in der Vokalmusik. Wir haben es bei den Moritaten mit einer eigenständigen Kunstform zu tun, die ähnlich wie Satire, Karikatur, Western und Splatter über spezifische Eigenarten verfügt. Diese gilt es auch bei der Abwägung zwischen Jugendschutz und Kunstfreiheit stärker zu beachten.

Indizieren Diskographie, Album oder Song, dass der Künstler auf die Form der Moritat rekurriert, ist dies bei der Abwägung besonders zu berücksichtigen. Da detaillierte Darstellungen von Gewalt in der musikalischen Darbietung von Kriminalfällen wesenstypisch und seit Jahrhunderten Bestandteil der Vokalmusik sind, sind a limine höhere Anforderungen an die widerstreitenden Interessen des Jugendschutzes anzulegen. Ob und inwieweit ein moralisierendes Element in dem Werk zu finden ist, spielt für die Einordnung nur eine untergeordnete Rolle. Historisch gesehen hielt es im Schlepptau von Zensur Einzug in die Gattung. Als Indiz mag gelten: Je solitärer die Gewaltdarstellung steht, desto gewichtiger sind die widerstreitenden Interessen des Jugendschutzes.

III. Zwischenergebnis

Gewalt findet sich auch in der Vokalmusik der Gegenwart in vielfältiger Form. Überzogenes Moralisieren, Ulk und Klamauk wie in den Moritaten alter Zeit sind vergleichsweise selten. Mangels Zensur bedarf es dieser „Absicherung“ heute nicht mehr. Moritaten sind in Deutschland heute gefeit vor Vorzensur. Sofern sie als Kunst im verfassungsrechtlichen Sinne einzuordnen sind, genießen sie besonderen Schutz. Eine Schranke kann im Jugendschutz liegen. Bei der konkreten Indizierungsentscheidung ist der Kunstgehalt des Werks konkret zu beleuchten und zu werten. Hier sollte auch musikhistorisch gearbeitet werden und Eigenheiten der Kunstform der Moritat Berücksichtigung finden. Der hohe Kunstgehalt bei Werken der Formation Rammstein erklärt auch deren vergleichsweise geringe Indizierungshäufigkeit, verglichen mit Vertretern anderer Musikrichtung, etwa dem Gangsta-Rap, Rechtsrock oder Death-Metal.[71]

E) Nick Cave and the Bad Seeds und das Album „Murder Ballads“ (1996)

Nach den bei Rammstein aufgezeigten jugendschutzrechtlichen Implikationen soll abschließend das Spannungsverhältnis von zeitgenössischer Moritat und

71 Zum Gangsta-Rap vergleiche *Oğlakcioğlu, Mustafa Temmuz / Rückert, Christian*, Anklage ohne Grund. Ehrschutz contra Kunstfreiheit am Beispiel des sogenannten Gangsta-Rap, in: Zeitschrift für Urheber- und Medienrecht (ZUM). München 2015, S. 876 ff. und zum Rechtsrock *Melz / Zielińska / Bielecki*, „Verbotene“ Lieder? (in diesem Band).

Strafrecht skizziert werden. Als Beispiel dient der weltweit wohl am engsten mit der Moritat verknüpfte Künstler Nick Cave. Der Australier gilt in der Musikpresse als „Fürst der Finsternis“[72] und das 1996 erschienene Album „Murder Ballads“ (Balladen über Morde) – mittlerweile das erfolgreichste Album der Band Nick Cave and the Bad Seeds – als Inbegriff der Moritaten.[73]

I. Inhalt des Albums

Das Album ist in der Landessprache des Künstlers aufgenommen. Zur Erleichterung der inhaltlichen Betrachtung werden deshalb zunächst die einzelnen Stücke kurz in Deutsch zusammengefasst.

Im ersten Lied – „Song of Joy“ – findet ein Ehemann seine Frau Joy und seine drei kleinen Töchter Hilda, Hattie und Holly, mit Isolierband gefesselt, geknebelt und – von Messerstichen durchbohrt – tot in ihren Schlafsäcken. Täter war ein unbekannter Besucher, den die Frau in die Wohnung gelassen hatte. Mit dem Blut der Opfer beschmierte der Mörder die Zimmerwände, Zitate aus John Miltons (1608–1674) „Paradise Lost“ (1667) verwendend. Der Ehemann verlässt daraufhin seine Heimat und reist umher. Am Ende des Songs steht er vor der Tür eines anderen Familienvaters und bittet um Einlass.

Der zweite Track – „Stagger Lee“ – ist eine von vielen Versionen der Geschichte um den Mörder Lee Shelton, einem schwarzen Kutscher und Zuhälter aus St. Louis, der am Heiligabend des Jahres 1895 seinen Freund Billy tötete. Caves sehr freie Interpretation dieser Geschichte strotzt vor Stolz und Gewalt, Häme und Mitleid und verzichtet auf jegliche gesellschaftskritischen Anmerkungen. Letzteres wäre indes gut möglich, gilt die Geschichte von Lee Shelton doch als Stereotyp eines kalten schwarzen Killers oder vice versa als Widerstand der Schwarzen gegen die Weißen.

Im dritten Song – „Henry Lee“ – ersticht eine unglücklich verliebte Frau Henry Lee, als dieser ihr seine Liebe zu einer anderen Frau gestand. Das vierte Stück – „Lovely Creature“ – thematisiert die „Große Liebe“, mit der man um die Welt

---

72 https://www.nrz.de/staedte/duesseldorf/tanz-mit-dem-fuersten-der-finsternis-id 212227699. html; https://www.deutschlandfunkkultur.de/nick-cave-in-concert-der-meister-der-duesteren-balladen.2165.de.html?dram:article_id=319146; https://www.zeit.de/2013/12/Nick-Cave-Push-The-Sky-Away-Rezension (Aufrufe am 14. Mai 2019).

73 https://www.rollingstone.de/nick-cave-zum-60-geburtstag-die-kunst-des-daemmers-1348713/ (Aufruf am 14. Mai 2019).

reisen möchte; sie ist jedoch leider nicht mehr am Leben. Die Liebe wird durch den Tod gefunden und verloren.

Der fünfte Track, das mit Kylie Minogue aufgenommene Duett – „Where the Wild Roses Grow“ – umschreibt die traurige Geschichte der Jungfrau Elisa Day (Kosename Wild Rose), die sich in den „Sänger“ verliebt. Dieser erschlägt sie beim dritten Date mit einem Stein am Ufer eines Gewässers, wo wilde Rosen wachsen. Dazu singt er „All beauty must die“ und legt ihr eine Rose in den Mund. Die Interpretation der Motivation des lyrischen Ichs ist offen.

Im sechsten Song – „The Curse of Millhaven“ – zieht die blonde 14-jährige Lottie mordend durch die Kleinstadt Millhaven und verschont in ihrem Blutrausch weder jung noch alt, arm noch reich. Das Arsenal der Hinrichtungsformen erinnert an Märtyrerlegenden und den frühneuzeitlichen Strafenkanon. Lebenslänglich verurteilt und eingeliefert in die Psychiatrie verzweifeln die Ärzte an Lotties untherapierbarer Mordlust und ihrem lärchenhaften Trällern.

Der siebte Track – „The Kindness of Strangers“ – kommt der Stilform der Moritat am Nächsten. Ihre Gutgläubigkeit wird der jungen Weltenbummlerin Mary Bellows zum tödlichen Verhängnis. Der Song resümiert moralisierend: „Also, Mütter, behaltet eure Mädchen daheim – Lasst sie nicht auf eine Reise allein.“

Im achten Song – „Crow Jane“ – rächt sich ein Vergewaltigungsopfer blutigst an 20 Minenarbeitern und im neunten Song („O’Malley’s Bar“) wird eine komplette Bar niedergemetzelt. Das Bob-Dylan-Cover „Death is Not the End“ schließt das Album beinahe friedlich, kommt doch darin niemand ums Leben.

Das Album umschreibt eine Vielzahl von Verbrechen und nicht weniger als 64 Tötungen, was für seine Einordnung unter die Kunstform Moritat spricht. Zwar sucht man plakatives Moralisieren im Stil der Moritat früherer Jahrhunderte auch in „Murder Ballads“ vergeblich. Dies ist jedoch nicht konstitutiv für die Einordnung eines Albums oder Liedes in diese Gattung. Überdies lassen sich mehrere Stücke bei näherem Hinhören durchaus gesellschaftskritisch interpretieren.[74] „Murder Ballads“ ist folglich ein Moritatenalbum. Nach dieser musikhistorischen Einordnung stellt sich die Frage möglicher strafrechtlicher Implikationen. Diese sollen exemplarisch an dem längsten – und die Grundlage des Albums bildenden – Song beleuchtet werden, „O’Malley’s Bar“.

74 Etwa Track 1 (Mitleidlosigkeit), Track 6 (Medienberichterstattungen über Amok-Läufe), Track 7 (Aufsichts-, Erziehungspflichtverletzung), Track 8 (sexuelle Gewalt gegen Frauen), Track 9 (Vereinsamung).

II. „O'Malley's Bar" als Gewaltdarstellung im Sinne von § 131 StGB

„O'Malley's Bar" ist nur spärlich mit Klavier, Orgel und dezentem Schlagzeug instrumentiert. Das Stück lebt hauptsächlich von der Geschichte und damit dem Text und Gesang. Wie immer besingt Nick Cave auch diese Geschichte eines Amoklaufes in einer Bar extrem bildhaft, so dass § 131 StGB (Gewaltdarstellung) einschlägig sein könnte.

Fraglich ist zunächst, ob deutsches Strafrecht anwendbar ist, schließlich ist der Künstler australischer Staatsbürger. Auch wurde das Album in Melbourne (Australien) und London (Großbritannien) aufgenommen. Das StGB folgt dem Territorialitätsprinzip (§§ 3, 9 StGB). Danach gilt für in Deutschland begangene Taten das deutsche Strafrecht (Begehungsort). Anknüpfungspunkt für den Tatort können der Ort der Handlung oder der Ort des Erfolges sein (sogenanntes Ubiquitätsprinzip).[75]

Bei Erfolgsdelikten wie der Beleidigung (§ 185 StGB) kann also eine in Deutschland über Radio, Fernsehen oder Internet vernommene Beleidigung auch dann die Strafbarkeit begründen, wenn sie im Ausland aufgenommen oder abgesetzt wurde.[76] Fraglich ist, wie ein im Ausland begangenes abstraktes Gefährdungsdelikt, etwa die Gewaltdarstellung (§ 131 StGB)[77], zu behandeln ist, da diese Deliktskategorie typischerweise keinen Erfolgsort aufweist. Diese – vor allem bei durch das Internet vermittelten Straftaten – virulente Problematik muss im vorliegenden Fall indes nicht entschieden werden, da das Album „Murder Ballads" in Deutschland vertrieben wird und seine Songs hier gespielt werden, mithin mehrere Handlungsvarianten des § 131 Abs. 1 StGB erfüllt sind.

1. Gewaltdarstellung § 131 StGB

Gemäß § 131 Abs. 1 StGB ist unter anderem das Verbreiten einer Schrift (§ 11 Abs. 3 StGB) zu ahnden, die grausame oder sonst unmenschliche Gewalttätigkeiten gegen Menschen oder menschenähnliche Wesen in einer Art schildert,

---

75 Vgl. *Heger, Martin* in: Lackner, Karl / Kühl, Kristian (Hrsg.), Strafgesetzbuch-Kommentar. München 29. Auflage 2018, § 9 StGB Rn. 1 ff.

76 Vgl. *BGH*, Urt. v. 12.12.2000 – 1 StR 184/00, BGHSt 46, S. 212 (225) – Verbreitung der Auschwitzlüge im Internet.

77 Vgl. *Schäfer, Jürgen* in: Joecks, Wolfgang / Miesbach, Klaus (Hrsg.), Münchener Kommentar zum Strafgesetzbuch. München 3. Auflage 2017, § 131 StGB Rn. 8, a.A. *Stein, Ulrich* in: Wolter, Jürgen (Hrsg.), SK-StGB Systematischer Kommentar zum StGB. Köln 9. Auflage 2019, § 131 StGB Rn 4.

die eine Verherrlichung oder Verharmlosung solcher Gewalttätigkeiten ausdrückt oder das Grausame oder Unmenschliche des Vorgangs in einer die Menschenwürde verletzenden Weise darstellt. In erster Linie dient diese Norm dem öffentlichen Frieden, vor allem jedoch dem Jugendschutz; der Einzelne soll geschützt werden vor einer aggressionsbedingten Fehlentwicklung.[78] Zwar spricht § 131 Abs. 1 S. 1 StGB von Schriften, verweist jedoch sogleich auf § 11 Abs. 3 StGB, der Tonträger den Schriften gleich stellt. Die CD „Murder Ballads" ist ein Tonträger, weshalb § 131 StGB anwendbar ist.

a) Grausame oder sonst unmenschliche Gewalttätigkeiten gegen Menschen

Die erste Tatbestandsvariante von § 131 Abs. 1 StGB fordert die grausame oder sonst unmenschliche Schilderung von Gewalttätigkeiten gegen Menschen. Dabei muss es sich nicht um ein reales Geschehen handeln; fiktive Geschichten reichen aus.[79]

Gewalttätigkeit ist ein aggressives, aktives Tun, durch das unter Einsatz oder Ingangsetzen physischer Kraft unmittelbar oder mittelbar auf den Körper eines Menschen in einer dessen leibliche oder seelische Unversehrtheit beeinträchtigenden oder konkret gefährdenden Weise eingewirkt wird.[80] „O'Malley's Bar" schildert in einem erdachten, western-ähnlichen Szenario die Tötung von zwölf Menschen in einer Bar. Neun Menschen werden erschossen, zwei Frauen erwürgt/ertränkt und ein Mann mit einem großen Aschenbecher erschlagen. Diese Vorgänge sind mithin Gewalttätigkeiten im Sinne von § 131 Abs. 1 StGB.

Weiterhin müssen diese Gewalttätigkeiten grausam sein, worunter die Zufügung besonderer Schmerzen oder Qualen körperlicher oder seelischer Art aus gefühlloser und unbarmherziger Gesinnung zu subsumieren ist[81]. Das Erwürgen/Ertränken der Barfrau in der schmutzigen Spüle mit Speiseresten erfüllt das Tatbestandsmerkmal der Grausamkeit. Auch das Tatbestandsmerkmal der Unmenschlichkeit, das eine menschenverachtende, rücksichtslose, rohe oder unbarmherzige Tendenz fordert,[82] ist bei der Mehrzahl der Tötungen in „O'Malley's Bar" zu bejahen. Der Barkeeper beispielsweise wird aus reiner

---

78 Vgl. *Ostendorf, Heribert* in: Kindhäuser, Urs / Neumann, Ulfrid / Paeffgen, Hans-Ullrich (Hrsg.), Strafgesetzbuch – Kommentar, Baden-Baden 5. Auflage 2017, § 131 StGB Rn. 3.

79 Vgl. *Sternberg-Lieben, Detlev / Schittenhelm, Ulrike* in: Schönke, Adolf / Schröder, Horst (Hrsg.), Strafgesetzbuch-Kommentar. München 30. Auflage 2019, § 131 StGB Rn. 8.

80 Vgl. Ebd., Rn. 6.

81 Vgl. *Schäfer,* MüKo-StGB (wie Anm. 77), § 131 StGB Rn. 23.

82 Ebd., § 131 StGB Rn. 24.

Freude am Töten hingerichtet (was den Täter auch sexuell stimulierte: „And my dick felt long and hard"), Caffey, weil er aufstand, Frau Holmes, weil sie entsetzt schrie, deren Mann, weil er den Täter anschrie als „evil man", Mr. Brooks, weil er den Täter an den heiligen Franz von Assisi erinnerte und der junge Richardson, weil er dem heiligen Sebastian ähnelte. Die letzte Hinrichtung erfolgte „executioner style" mit der Waffe am Kopf des sitzenden Vincent West.

b) Verherrlichende oder verharmlosende Schilderung

Die vorbenannten grausamen Gewalttätigkeiten müssen gemäß § 131 Abs. 1 Var. 1 StGB in einer Art geschildert werden, die eine Verherrlichung oder Verharmlosung ausdrückt. Verherrlicht werden Gewalttaten, wenn sie als etwas Werthaltiges gezeigt werden, als verdienstvoll, als abenteuerlich erstrebenswert, als Bewährungsprobe.[83] Dies ist bereits für die erste Erschießung („O'Malley") zu bejahen („When I shot him, I was so handsome"). Eine Verharmlosung, das heißt das Bagatellisieren der Gewaltakte als übliche, akzeptable, zumindest nicht verwerfliche Konfliktlösung,[84] ist bei der lapidaren Beschreibung des Zertrümmerns von Jerry Barlows Schädel mit einem großen Aschenbecher ebenfalls zu bejahen.

Entscheidend ist allerdings sowohl für die Verherrlichungs- als auch die Verharmlosungstendenz, inwieweit die allgemein anerkannten Grenzen eines bestimmten Genres eingehalten werden und sich im Rahmen sozialer Adäquanz bewegen.[85] Die Literatur erklärt Gewaltverherrlichung bei Schilderungen in Western-, Krimi- und Actionfilmen für tatbestandslos.[86] „O'Malley's Bar" lehnt sich an ein Westernszenario an (Saloon). Mit der Abführung des Täters am Ende des Songs sind auch Anleihen an das Krimi-Genre offenkundig. Vor allem aber die musikalische Einordnung als Moritat und deren genretypischen Übertreibungen lassen die Tatbestandsmäßigkeit auf dieser Ebene scheitern. Die Moritat lebt geradezu von exzessiven Gewaltdarstellungen. Die erste Tatbestandsvariante von § 131 Abs. 1 StGB scheidet damit aus.

---

83 *Rackow, Peter* in: v. Heintschel-Heinegg, Bernd (Hrsg.); BeckOK-StGB; 41. Edition 2019, § 131 StGB Rn. 13 m.w.N.

84 Ebd. Rn. 15.

85 Vgl. ebd. Rn. 12.1 sowie *Erdemir, Murad*, Gewaltverherrlichung, Gewaltverharmlosung und Menschenwürde, in: Zeitschrift für Urheber- und Medienrecht (ZUM). München 2000, S. 699 (700).

86 Vgl. *Schäfer*, MüKo-StGB (wie Anm. 77), § 131 StGB Rn. 30.

c) Menschenwürdeverletzende Darstellung

Folglich ist die zweite Tatbestandsvariante von § 131 Abs. 1 StGB zu prüfen, nämlich ob diese geschilderten Gewalttätigkeiten das Grausame und Unmenschliche des Vorgangs in einer die Menschenwürde verletzenden Weise darstellen. Selbiges wird bei Darstellungen angenommen, die darauf angelegt sind, beim Betrachter eine Einstellung zu erzeugen oder zu verstärken, die den fundamentalen Wert- und Achtungsanspruch leugnet, der jedem Menschen zukommt; der Mensch zum bloßen Objekt degradiert wird.[87] In diesen Fällen ist auch keine Rechtfertigung über die Kunstfreiheit Art. 5 Abs. 3 GG mehr möglich.

Der Menschenwürdevariante unterfallen vor allem Splatter-Filme, in denen ohne dramaturgisches Korsett Scheußlichkeiten aneinandergereiht werden.[88] Nach den Gesetzesmaterialien geht es hier um „exzessive Schilderungen von Gewalttätigkeiten, die unter anderem gekennzeichnet sind durch das Darstellen von Gewalttätigkeiten in allen Einzelheiten, zum Beispiel das (nicht nur) genüssliche Verharren auf einem leidverzerrten Gesicht oder den aus einem aufgeschlitzten Bauch herausquellenden Gedärmen".[89] Prima facie sprechen dafür Nick Caves sehr bildhafte Beschreibung der Hinrichtungen und der Reaktionen der Opfer.

Bei der Frage, ob dabei die Stufe zur selbstzweckhaften Übersteigerung überschritten ist, muss jedoch auch auf den Gesamtzusammenhang abgestellt werden, in den die Gewaltbeschreibung eingebettet wurde. Der Song endet mit der Verhaftung des Täters und dessen Reflektion über seine Taten. Ferner integriert Nick Cave gesellschaftskritische Aspekte, etwa bei der Umschreibung der Tötung von Vincent West („Did you know I lived in your street?"). Im Kontext der Tötung von Richard Holmes sinniert der Täter gar über seine eigene Willensfreiheit („If I have no free will then how can I be morally culpable, I wonder"). Die Gewaltdarstellungen sind folglich gerade nicht selbstzweckhaft übersteigert, weshalb auch diese Tatbestandsvariante zu verneinen ist.

2. Zwischenfazit und Bewertungsmaßstab bei Moritaten

Der Song „O'Malley's Bar" von Nick Cave ist keine tatbestandliche Gewaltverherrlichung. Die exemplarische Betrachtung des Songs zeigt zugleich die engen Grenzen der Strafbarkeit nach § 131 StGB bei Vokalmusik.

87 Vgl. ebd., Rn. 37 f.

88 Vgl. *Rackow*, BeckOK-StGB (wie Anm. 83), § 131 StGB Rn. 17.1.

89 Vgl. *Sternberg-Lieben / Schnittenhelm*, Sch / Sch (wie Anm. 79), § 131 StGB Rn. 11.

Wird der Straftatbestand der Gewaltverherrlichung im Kontext von Moritaten diskutiert, sollte ein besonderer Prüfungsmaßstab angelegt werden. Moritaten leben schon entwicklungsgeschichtlich von sehr bildhaften und expliziten Gewaltdarstellungen. Streitgegenständliche Werke sind deshalb besonders intensiv zu prüfen, inwieweit sie moralisierende oder gesellschaftskritische Interpretationen zulassen. Diese müssen keine Offenkundigkeit im Sinne der Moritaten älteren Typus an den Tag legen. Es reichen dafür auch sehr feinfühlige und angedeutete Indizien, wie etwa in „O'Malley's Bar" oder „Song of Joy", „The Curse of Millhaven", „The Kindness of Strangers" oder „Crow Jane".

III. Exkurs – Einfluss von Gewaltdarstellung auf Individualpersonen

Zum Ende dieses Beitrags soll kurz auf ein – im gesellschaftlichen Diskurs immer wieder angeführtes – Argument eingegangen werden: die Auswirkungen von Gewaltdarstellungen auf Menschen. Diese Frage ist seit Jahrhunderten umstritten. In der Gegenwart stehen sich verschiedene wissenschaftliche Ansichten gegenüber. Nach der Lerntheorie können Gewaltdarstellungen nachgeahmt, gelernt werden und damit eine Gewöhnung eintreten (Habitualisierungshypothese).[90] Die Stimulationstheorie geht noch einen Schritt weiter, wenn sie davon ausgeht, dass Gewaltdarstellungen sogar Kriminalität verursachen, sie originär stimulieren können.[91] Dem stehen die Inhibitions- und die Katharsistheorie gegenüber. Nach ersterer identifiziert sich der Zuschauer mit dem Opfer, empfindet Mitleid und Angst, womit eine Aggressionsentstehung verhindert wird.[92] Die Katharsistheorie behauptet die Reinigung von bestehender Gewaltlust, indem die Gewaltvorführung Stellvertretungscharakter erhält.[93] Nach dem aktuellen Forschungsstand ist die unmittelbar kriminalitätsverursachende Wirkung von Gewaltdarstellungen auf Individuen eher restriktiv zu beurteilen.[94] Vor diesem Hintergrund sollte auch das strafrechtliche Instrumentarium eher restriktiv gehandhabt werden.

---

90 Vgl. *Ostendorf*, Kindhäuser (wie Anm. 78), § 131 StGB Rn. 6 m.w.N.

91 Vgl. *Green, R. / Berkowitz, L.*, Name-mediated aggressive cue properties. Journal of Personality, 34 (3). 1966, S. 456–465.

92 Vgl. *Berkowitz, L. / Rawlings, E.*, Effects of film violence on inhibitions against subsequent aggression. The Journal of Abnormal and Social Psychology, 66 (5). 1963, S. 405–412.

93 Vgl. *Feshbach, S.*, The drive-reducing function of fantasy behavior. The Journal of Abnormal and Social Psychology, 50 (1). 1955, S. 3–11.

94 Vgl. *Ostendorf*, Kindhäuser (wie Anm. 78), § 131 StGB Rn. 6 m.w.N.

Bei Kindern und Jugendlichen konnte jedoch eine Festigung und Stärkung des Aggressionspotentials festgestellt werden, wenngleich die Wirkung der Gewaltdarstellungen in einem soziokulturellen Kontext zu sehen ist und der „Konsum" nicht monokausal zur Aggression führt.[95] Eine solche einübende Gewöhnung an Gewalt mag in besonderen Konfliktsituationen zu einer tatsächlichen Gewalteskalation, zu einem Gewaltmassaker beitragen. Es müssen allerdings weitere Faktoren hinzukommen wie frustrierende Niederlagen in der persönlichen oder beruflichen Sphäre, ein leichter Zugang zu – kompensierenden – Gewaltmitteln, ein Ausbleiben einer kommunikativen Selbst- und Fremdkontrolle. Für den Jugendschutz müssen deshalb andere Maßstäbe angelegt werden und präventive Maßnahmen ergriffen werden.

F) Zusammenfassung

Mit den „Murder Ballads" – den Moritaten von Nick Cave –, schließt sich der Rundgang durch ein halbes Jahrtausend Gewalt und Mord in der Musik. Folgendes bleibt festzuhalten:

1. Das Motiv des Verbrechens zieht sich durch die Geschichte der Musik. Anfangs noch als musikalischer Zeitungsbericht, also eher sachlich neutral. Später dann als moralisierende Moritat auf den Jahrmärkten, oft unfreiwillig sarkastisch oder parodistisch. Mit dem Niedergang des Bänkelsangs eingangs des 20. Jahrhunderts nimmt sich die Hochliteratur der Moritat an (Bertolt Brecht) und später auch die Populärmusik. Bislang unterschätzt wird von der Literatur die fast flächendeckende Lese- und Schreibfähigkeit um 1900 für den Niedergang des Bänkelsangs, wohingegen die Bedeutung der polizeilichen Verbote vom Schrifttum überbewertet wird.

2. In der Musikjournalistik werden Songs, die sich mit Mord beschäftigen, häufig als Moritat bezeichnet, auch wenn das moralisierende Element fehlt oder nur in Ansätzen erkennbar ist. Meines Erachtens ist dieses Element nicht konstitutiv für die Einordnung eines Werkes unter diese Gattung. Das moralisierende Element gesellte sich in der Frühen Neuzeit zeitweilig zur Moritat, um der Zensur zu entgehen und einen musikalischen Vortrag erst möglich zu machen. Es ergab sich also aus den historischen Umständen.

3. Grenzüberschreitungen sind ein Wesensmerkmal der volkstümlichen Vokalmusik zu Gewalt und Verbrechen. Die Bänkelsänger griffen aus merkantilen Gesichtspunkten auf dieses Stilmittel zurück. Mit Brecht wurde die Grenzüber-

---

95 Vgl. ebd.

schreitung dann in die Hochkunst übernommen und später in die Unterhaltungsmusikindustrie. Überzogenes Moralisieren, Ulk und Klamauk sind mangels Vorzensur und Dank der Kunstfreiheit für – das Gewaltmotiv bearbeitende – Gegenwartskünstler nicht mehr notwendig.

4. Am Beispiel Rammsteins und den Indizierungs- sowie Gerichtsverfahren gegen die Band konnten die Einschränkungen der Kunstfreiheit durch den Jugendschutz aufgezeigt werden. Bislang wird bei konkreten Indizierungsentscheidungen zu wenig auf die Eigenheiten der Moritat als Kunstform geachtet. Dieser sind bereits wesensmäßig sehr bildliche Darstellungen inhärent. Deshalb sprechen auch weniger offensichtliche moralisierende oder gesellschaftskritische Indizien gegen eine Indizierung. Dies sollte bei künftigen Indizierungsentscheidungen stärkere Beachtung finden.

5. Am Beispiel Nick Caves Album „Murder Ballads" konnten die engen Grenzen aufgezeigt werden, innerhalb derer Vokalmusik als strafbare Gewaltverherrlichung (§ 131 StGB) einzuordnen ist. Auch hier ist bei Abwägungen mit anderen Verfassungsgütern, etwa der Kunstfreiheit, ein stärkeres Gewicht auf die historischen Eigenheiten der Kunstform Moritat zu legen. Ob deren Wesensmerkmals der übertriebenen Darstellung sprechen auch versteckte gesellschaftskritische Interpretationsmöglichkeiten gegen eine Strafbarkeit.

6. Angesichts des Forschungsstands zur unmittelbar kriminalitätsverursachenden Wirkung von Gewaltdarstellungen auf Individuen muss das Strafrecht bei Moritaten ultima ratio bleiben. Historisch betrachtet lebt diese Gattung seit Jahrhunderten von plastischst geschilderten Verbrechen. Staatliches Reglement trug den Moritaten oft unfreiwillig das sarkastische, parodistische Element ein. Gesungen wurden die Lieder dennoch. Erfolgversprechender für die Demokratien des 21. Jahrhunderts sind deshalb weder Verbot noch das Damoklesschwert des Strafrechts, sondern ein gesellschaftlicher Diskurs.

Martin Paul Waßmer

Vertonte Verbrechen*

I. Einführung

Bei näherer Betrachtung gibt es zahllose Verbrechen, die vertont wurden. Nachfolgend sollen exemplarisch einige Songs präsentiert werden. Die Auswahl ist hierbei nicht nur unvollständig – allein bei Spotify sind derzeit über 40 Millionen Musikstücke abrufbar[1] –, sondern auch subjektiv. Im Vordergrund sollen bekannte Songs stehen. Hiervon werden Sie wahrscheinlich viele kennen, bislang aber nicht unbedingt mit Verbrechen in Verbindung gebracht haben. Denn die häufig sehr eingängige Musik, die Emotionen weckt, verdeckt nicht selten den ernsten Hintergrund der Songs.

II. Boomtown Rats: I Don't Like Mondays (1979)[2]

Da Amokläufe auf großes öffentliches Interesse stoßen, überrascht es nicht, dass hierdurch etliche Songs inspiriert wurden. Der Klassiker dürfte von Bob Geldorf stammen: „I Don't Like Mondays". Der irische Rockmusiker und Frontmann der Boomtown Rats wird vielen auch als Initiator der Band- bzw. Live-Aid-Konzerte bekannt sein. Der eingängige Song gehört zu denjenigen Musikstücken, die von den meisten Menschen fehlinterpretiert werden. Es geht nämlich keinesfalls um den „Lieblingstag" der arbeitenden Bevölkerung, sondern um einen Amoklauf.

Am 29. Januar 1979, einem Montag, befand sich Bob Geldorf für ein Interview bei einem Radiosender, als plötzlich die Nachricht über einen Amoklauf in San Diego über ein Telex-Gerät hereinkam.[3] Die damals 16-jährige Brenda Ann Spencer schoss vom Kinderzimmer ihres Elternhauses aus mit einem halbautomatischen Gewehr, das sie an Weihnachten von ihrem Vater geschenkt bekommen hatte, auf das Gelände der Grover Cleveland Elementary School. Dabei verletzte sie den Schulleiter und den Hausmeister tödlich, acht Kinder und einen

* Es handelt sich um die um Nachweise ergänzte Druckfassung des Vortrages.

1 https://de.statista.com/statistik/daten/studie/378806/umfrage/anzahl-der-verfuegbaren-songs-auf-spotify.

2 https://www.youtube.com/watch?v=-Kobdb37Cwc.

3 https://en.wikipedia.org/wiki/Cleveland_Elementary_School_shooting_(San_Diego).

https://doi.org/10.1515/9783110731729-014

Polizisten teils schwer. Nach der Abgabe von dreißig Schüssen verbarrikadierte sich Spencer mehrere Stunden in ihrem Elternhaus. Dort sprach sie mit einem Reporter der San Diego Union-Tribune, der nach dem Zufallsprinzip Telefonnummern in der Nachbarschaft angerufen hatte. Die Tat begründete sie ihm gegenüber wie folgt: „I don't like Mondays. This livens up the day“.

Die Piano-Ballade, die eine eingängige Melodie und einen prägnanten Text hat, ist bis heute der größte Hit der Boomtown Rats:

> The silicon chip inside her head
> Gets switched to overload
> And nobody's gonna go to school today
> She's going to make them stay at home
> And daddy doesn't understand it
>
> He always said she was as good as gold
> And he can see no reason
> 'Cause there are no reasons
> What reason do you need to be sure
> Oh, oh, oh tell me why
> I don't like Mondays
> …
>
> I want to shoot
> The whole day down
> The Telex machine is kept so clean
> As it types to a waiting world
> And mother feels so shocked
> Father's world is rocked
> And their thoughts turn to their own little girl
> Sweet sixteen ain't that peachy keen
> Now, it ain't so neat to admit defeat
> …
>
> I want to shoot
> The whole day down
> Down, down
> Shoot it all down
> All the playing's stopped in the playground now
> She wants to play with her toys a while
> And school's out early and soon we'll be learning
> And the lesson today is how to die
> And then the bullhorn crackles
> And the captain tackles
> With the problems and the how's and why's
> …

Spencer wurde wegen zweifachen Mordes und Körperverletzung mit einer tödlichen Waffe zu 25 Jahren bis lebenslanger Haft verurteilt. Bislang hatten ihre Anträge auf Haftprüfung keinen Erfolg. Die nächste Haftprüfung steht in diesem

Jahr an.[4] Ob für die Tat andere Gründe als „Langeweile“ existierten, ist ungeklärt. Spencer selbst sagte aus, dass sie zuvor Alkohol und Drogen konsumiert hatte. Die Tests waren jedoch negativ. Später gab sie an, dass sie von ihrem Vater geschlagen und sexuell missbraucht worden war, wofür es aber gleichfalls keine Beweise gab.

III. Foster the People: Pumped Up Kicks (2010)[5]

Auch bei einem weiteren Song wird erst bei näherer Betrachtung sichtbar, dass ein Amoklauf Anlass war: „Pumped Up Kicks“[6] von Foster the People, einer kalifornischen Indie-Elektropop-Band. Marc Foster schrieb den Song, als er anfing, sich mit dem Trend zu psychischen Erkrankungen von Jugendlichen zu beschäftigen. Fast alle Bandmitglieder waren von Jugendkriminalität betroffen gewesen. Foster war in der High School schikaniert worden, während ein Cousin des Bassisten den Amoklauf an der Columbine High School (Columbine, Colorado) überlebt hatte.

Der Amoklauf hatte sich bereits am 20. April 1999 ereignet.[7] Hierbei erschossen zwei Abschlussklässler – der 18-jährige Eric Harris und der 17-jährige Dylan Klebold – innerhalb einer Stunde zwölf Schüler im Alter von 14 bis 18 Jahren, einen Lehrer und sich selbst. 24 weitere Personen wurden zum Teil schwer verletzt. Die beiden Täter hatten an sich sogar einen Bombenanschlag auf ihre Schule geplant, bei dem hunderte Menschen sterben sollten. Aufgrund eines technischen Defekts explodierten aber glücklicherweise die in der Schulcafeteria platzierten Bomben nicht, weshalb die Täter ihren Plan spontan änderten und begannen, auf ihre Mitschüler zu schießen.

Marc Foster wollte mit dem Song das Thema Waffengewalt unter Jugendlichen wieder in das Bewusstsein der Öffentlichkeit bringen. Der Titel bezieht sich auf die Schuhe, welche die Schüler der High School als Statussymbol trugen. Der Song ist aus der Perspektive eines wahnhaften Jugendlichen geschrieben, der mörderische Gedanken hegt:

> Robert's got a quick hand
> He'll look around the room, he won't tell you his plan
> He's got a rolled cigarette, hanging out his mouth he's a cowboy kid
> Yeah found a six shooter gun

4 https://www.stern.de/panorama/stern-crime/brenda-spencers-mordlust-ging-in-die-geschichte-ein--kommt-sie-frei--8654326.html.

5 https://www.youtube.com/watch?v=SDTZ7iX4vTQ.

6 https://en.wikipedia.org/wiki/Pumped_Up_Kicks.

7 Sehr ausführlich https://en.wikipedia.org/wiki/Columbine_High_School_massacre.

In his dad's closet hidden oh in a box of fun things, I don't even know what
But he's coming for you, yeah he's coming for you
All the other kids with the pumped up kicks
You'd better run, better run, out run my gun
All the other kids with the pumped up kicks
You'd better run, better run, faster than my bullet
Daddy works a long day
He be coming home late, he's coming home late
And he's bringing me a surprise
'Cause dinner's in the kitchen and it's packed in ice
I've waited for a long time
Yeah the slight of my hand is now a quick pull trigger
I reason with my cigarette
And say your hair's on fire, you must have lost your wits, yeah
....

Im Gegensatz zu dem düsteren Text des Songs ist die Musik sehr fröhlich. Marc Foster wurde deshalb vorgeworfen, Amokläufe zu verherrlichen. Er bemerkte hierzu: „It's a 'fuck you' song to the hipsters in a way—but it's a song the hipsters are going to want to dance to".[8] Von vielen Radiostationen wurde der Song boykottiert.[9]

Die Motive der beiden Täter konnten nicht mit Gewissheit aufgeklärt werden.[10] In den Medien wurde der Amoklauf häufig als Racheakt dafür angesehen, dass die Täter in der Schule gemobbt worden waren, während die Ermittlungsbehörden nach Auswertung von Tagebuch- und Videoaufzeichnungen davon ausgingen, dass die Täter in erster Linie berühmt werden wollten. Teilweise wurde auch über eine politische oder ideologische Motivation spekuliert. Die Obduktion der Leichen ergab, dass die Täter während der Tat weder unter Alkohol- noch Drogeneinfluss gestanden hatten. Bei ihnen wurden aber – wenig überraschend – post mortem schwere psychische Störungen diagnostiziert.

Der Amoklauf an der Columbine High School hatte weitreichende Folgen. Er wurde zum Archetyp des School Shootings und führte nachfolgend zu einem deutlichen Anstieg von Schulschießereien.

---

8 https://www.rollingstone.com/music/music-news/band-to-watch-foster-the-peoples-pumped-up-psych-pop-102231.

9 https://popcrush.com/foster-the-people-pumped-up-kicks-radio-pull-school-shooting.

10 https://de.wikipedia.org/wiki/Amoklauf_an_der_Columbine_High_School#Tatmotivation.

IV. Falco: Jeanny (1985)[11]

Der österreichische Sänger Falco sorgte im Jahr 1985 mit dem Song „Jeanny“ für einen der bis dahin größten Skandale in der Geschichte der deutschsprachigen Popmusik.[12] Falco wurde nach der Veröffentlichung vorgeworfen, er verherrliche hiermit einen Vergewaltiger und Mädchenmörder, obwohl im Text nicht ausdrücklich von Gewalt die Rede ist. Der Song ist vielmehr als rockorientierte Pop-Ballade im Stile eines Lovesongs gefasst. Der Text besteht aus zwei deutschsprachigen Strophen und einem englischsprachigen Refrain. Der Text wird von Falco als Sprechgesang vorgetragen, wobei ein Chor den Refrain unterstützt:

> Jeanny, komm, come on
> Steh auf – bitte, du wirst ganz nass
> Schon spät, komm – wir müssen weg hier,
> raus aus dem Wald, verstehst du nicht?
> Wo ist dein Schuh, du hast ihn verloren,
> als ich dir den Weg zeigen musste
> Wer hat verloren? Du dich?
> Ich mich? Oder, oder wir uns?
> Jeanny, quit livin' on dreams
> Jeanny, life is not what it seems
> Such a lonely little girl in a cold, cold world
> There's someone who needs you
> Jeanny, quit livin' on dreams
> Jeanny, life is not what it seems
> You're lost in the night, don't wanna struggle and fight
> There's someone, who needs you, babe
> Es ist kalt, wir müssen weg hier, komm
> Dein Lippenstift ist verwischt
> Du hast ihn gekauft und ich habe es gesehen
> Zuviel rot auf deinen Lippen und du hast gesagt:
> „Mach mich nicht an“
> Aber du warst durchschaut, Augen sagen mehr als Worte
> Du brauchst mich doch, hmh?
> Alle wissen, dass wir zusammen sind ab heute,
> jetzt hör ich sie! Sie kommen
> Sie kommen, dich zu holen
> Sie werden dich nicht finden
> Niemand wird dich finden, du bist bei mir
> Jeanny, ...

Der Text suggeriert, dass es um einen Stalker geht, der sein Opfer aus verschmähter Liebe entführt und in seinem Wahn umbringt. Unterstützt wird dies

---

11 https://www.youtube.com/watch?v=Urw-iutHw5E.

12 https://de.wikipedia.org/wiki/Jeanny.

durch einen „Newsflash“, gesprochen von einem damaligen Tagesschau-Sprecher, der von einem „dramatischen Anstieg der Zahl der vermissten Personen“ berichtet und „einem weiteren tragischen Fall“ eines seit vierzehn Tagen verschwundenen 19-jährigen Mädchens, bei dem die Polizei die „Möglichkeit eines Verbrechens“ nicht ausschließen könne. Der Videoclip legt gleichfalls nahe, dass der Protagonist, gespielt von Falco, ein psychotischer Mörder ist. Falco hält sich am Ende in Zwangsjacke in einer Gummizelle auf. Außerdem spielt der Clip auf mehrere ikonische Filme an, in denen es um Tötungsdelikte ging: „M“ von Fritz Lang (1931), „Der dritte Mann“ (1948) und „Psycho“ (1960).

Der Song stand schnell auf Platz 1 der Hitparade, obwohl – und wohl auch weil – die Kritik gewaltig war. Der ZDF-Nachrichtensprecher Dieter Kronzucker, dessen Töchter fünf Jahre zuvor verschleppt und über zwei Monate gefangen gehalten worden waren, reagierte schockiert und kommunizierte dies im „heute-journal“. Anschließend boykottierten mehrere Radiostationen den Song, darunter NDR, BR und Berliner Radiostationen. Der Verkauf des Songs sollte wegen Jugendgefährdung unterbunden werden, die Bundesprüfstelle setzte den Song allerdings nicht auf den Index. Der Entertainer Thomas Gottschalk nannte Falco gar ein „Wiener Würstchen“, das „Schwachsinn“ produziere.[13]

Die Aufregung war jedoch übertrieben: Bereits bei Erscheinen von Jeanny äußerte Falco, dass die Handlung noch nicht abgeschlossen sein könnte: „Jeanny ist ein Liebeslied. So ist es konzipiert und durchgeführt. Der auf der Platte Falco 3 befindliche Teil endet bewusst an einem Punkt, der beim Zuhörer Spekulationen auslöst und eine Fortsetzung offen lässt.“[14] 1986 folgte mit „Coming Home“ (Jeanny Part 2, ein Jahr danach) tatsächlich ein weiterer Teil und im Jahr 1990 mit „Bar Minor 7/11“ (Jeanny Dry) sogar ein dritter Teil. Posthum, ohne Freigabe durch Falco, erschienen schließlich noch zwei weitere Teile: „Where Are You Now?“ (2000) und „The Spirit Never Dies” (Jeanny Final) (2009).

V. Allan Parsons Project: The Cask of Amontillado (1976)

Der Song „The Cask of Amontillado“ befindet sich auf dem Debütalbum der Band The Alan Parsons Project. „Tales of Mystery and Imagination” ist das erste in einer Reihe von Konzeptalben des Produzenten, Komponisten und Musikers Alan Parsons. Das Album basiert auf Werken des amerikanischen Schriftstellers

13 http://falcoworld.net/falco-calling/jeanny3.htm.

14 https://www.schlagerplanet.com/news/cds-dvds-charts/top-seller/falcos-jeanny-lyrics-und-hintergruende-zum-lied-1121.html.

Edgar Allan Poe, sein Titel entspricht dem Titel einer Sammlung von Poes Kurzgeschichten.

Mit „The Cask of Amontillado“[15] vertonte Alan Parsons eine Kurzgeschichte von Edgar Allan Poe, die erstmals im Jahr 1846 veröffentlicht worden war. Hierin lockt der Ich-Erzähler Montrésor den ihm verhassten Fortunato, der sich für Montrésors Freund hält, in einer italienischen Stadt während des Karnevals in die Gewölbe seines Palazzos und mauert ihn dort als Rache für erlittene „tausendfältige Unbill“ lebend ein. Als Köder dient Montrésor ein Fass Amontillado (Sherry), das im Gewölbe begutachtet werden soll. Im Text erwähnt Montrésor sein Familienmotto „Nemo me impune lacessit“ (Niemand kränkt mich ungestraft). Was ihm Montrésor angetan hat, bleibt allerdings im Dunkeln. Hintergrund der Kurzgeschichte ist der „Krieg der Literaten“, den Poe von Mai bis November 1846 mit einer Reihe von Veröffentlichungen über Schriftsteller führte. Einer seiner Gegner war Thomas Dunn English, der Medizin und Jura studiert hatte, aber als Journalist und Literat tätig war. English war zunächst ein Freund von Poe, später aber zum Feind geworden. Die Wut Montrésors spiegelt Poes Wut auf English wider. Zur Entstehungszeit war die Furcht vor einem lebendigen Begräbnis weit verbreitet. Viele Särge bekamen Vorrichtungen, mit denen sich ein Scheintoter nach dem Begräbnis bemerkbar machen konnte.

Alan Parson vertonte die Kurzgeschichte als Mischung aus Rocksong und sinfonischer Musik. Melodie und Text vermitteln eine düstere und beklemmende Atmosphäre. Sie spiegeln damit die Absichten Montrésors (Edgar Allan Poes) eindrucksvoll wider:

> By the last breath of the four winds that blow
> I'll have revenge upon Fortunato
> Smile in his face I'll say „Come let us go.
> I've a cask of Amontillado“
> Sheltered inside from the cold of the snow
> Follow me now to the vault down below
> Drinking the wine as we laugh at the time
> Which is passing incredibly slow
> (What are these chains binding my arms)
> Part of you dies each passing day
> (Say it's a game and I'll come to no harm)
> You'll feel your life slipping away
> You who are rich and whose troubles are few
> May come around to see my point of view
> What price the crown of a King on his throne
> When you're chained in the dark all alone
> (Spare me my life only name your reward)

---

15 https://en.wikipedia.org/wiki/The_Cask_of_Amontillado.

Part of you dies each brick I lay
(Bring back some light in the name of the Lord)
You'll feel your mind slipping away

VI. Böhse Onkelz: Nur die Besten sterben jung (1991)[16]

Große Bekanntheit hat in Deutschland der Song „Nur die Besten sterben jung" der Hard-Rock-Band Böhse Onkelz erreicht, der im August 1991 veröffentlicht worden war. Die Böhsen Onkelz widmeten ihn Andreas „Trimmi" Trimborn, einem engen Freund der Onkelz und Mitbewohner des Sängers Kevin Russell. Der 23-jährige „Trimmi" wurde 1990 in einer Frankfurter Kneipe erstochen und verblutete in Kevins Armen. Der mutmaßliche Täter wurde freigesprochen, da die Tat als in Notwehr begangene Körperverletzung mit Todesfolge bewertet wurde.[17]

Kraftvoll wird eine Freundschaft besungen, die jetzt nur noch Erinnerung ist. Der Tod wird als unausweichlich und schmerzhaft dargestellt, der Blick in die Zukunft gerichtet, in der man sich wiedersehen wird:

Wir waren mehr als Freunde
Wir warn wie Brüder
Viele Jahre sangen wir
Die gleichen Lieder
Nur die Besten sterben jung
Du warst der Beste
Nur noch Erinnerung
Sag mir warum
Nur die Besten sterben jung
Nur die Besten sterben jung
Die Zeit heilt Wunden
Doch vergessen kann ich nicht
Die Zeit heilt Wunden
Doch ich denke oft an dich
Ganz egal wo du auch bist
Du weißt so gut wie ich
Irgendwann sehn wir uns wieder
In meinen Träumen in unsern Liedern
Nur die Besten sterben jung
Nur die Besten sterben jung
Viel zu jung
Viel, viel zu jung

16 https://www.youtube.com/watch?v=uH3-9ziqj0k.

17 https://web.archive.org/web/20080416180332/http://www.dunklerort.net:80/guide/ songinfo.php?id=71.

Auf ihrer Website bezeichnet die Band das Stück als das Lied, das die Band am meisten Kraft kostete, den Fans am meisten Kraft spendete und als eines der wichtigsten Onkelz-Lieder aller Zeiten; bis heute sei das Lied tausendfach auf Beerdigungen gespielt worden, sei Seelentröster und Halt für Menschen gewesen, die einen geliebten Freund, Partner oder Lebensgefährten auf der letzten Reise hätten begleiten müssen.[18]

VII. The Cranberries: Zombie (1994)[19]

Den bewaffneten Nordirlandkonflikt thematisiert der im September 1994 veröffentlichte Song „Zombie" der irischen Band „The Cranberries". Den Text schrieb Dolores O'Riordan während einer Tour der Band in England, um an zwei Kinder zu erinnern, die während eines Bombenanschlags der IRA am 20. März 1993 in Warrington getötet worden waren:[20]

Another head hangs lowly
Child is slowly taken
And the violence, caused such silence
Who are we mistaken?
But you see, it's not me
It's not my family
In your head, in your head, they are fighting
With their tanks, and their bombs
And their bombs, and their guns
In your head, in your head they are crying
In your head, in your head
Zombie, zombie, zombie-ie-ie
What's in your head, in your head
Zombie, zombie, zombie-ie-ie, oh
Du, du, du, du
Du, du, du, du
Du, du, du, du
Du, du, du, du
Another mother's breaking
Heart is taking over
When the violence causes silence
We must be mistaken
It's the same old theme
Since nineteen-sixteen
In your head, in your head, they're still fighting
With their tanks, and their bombs

18 http://www.onkelz.de/timeline/1991/08/wir-hamnoch-lange-nicht-genug-das-erste-album-unter-professionellen-bedingungen-und-namensaenderungswuensche.

19 https://www.youtube.com/watch?v=6Ejga4kJUts.

20 https://www.bbc.com/news/entertainment-arts-42702781.

And their bombs, and their guns
In your head, in your head, they are dying
In your head, in your head
Zombie, zombie, zombie-ie-ie
What's in your head, in your head
Zombie, zombie, zombie-ie-ie, oh oh oh oh oh oh ie-ie oh.

Der politisch engagierte Song ist in Moll gehalten. Ruhige und dynamische Passagen wechseln sich ab, wobei sich Lautstärke und Dynamik steigern, bis das Lied abrupt endet. Der Protestsong bringt zum Ausdruck, dass der Nordirlandkonflikt sinnlos ist, Krieg und Gewalt jeden – gleich einem Zombie – zum Töten befähigen können. Auch der Musikclip, der von der BBC nur in einer geschnittenen Version gesendet wurde, übt an dem Konflikt eindrucksvoll Kritik. So werden u.a. Kinder gezeigt, die Krieg spielen und mit der Sängerin um ein Kreuz versammelt sind, das sich auf einem angedeuteten Scheiterhaufen befindet, sowie britische Soldaten, die Fahrzeuge kontrollieren. Zombie war der erfolgreichste Song der Cranberries in Europa.[21]

VIII. Enya: Only Time (2000)[22]

Dafür, dass ein Song mit Terrorakten in Verbindung gebracht werden kann, obwohl ihm diese Rolle vom Künstler nicht zugedacht wurde, gibt es ein sehr prominentes Beispiel: „Only Time“ von der irischen New-Age-Musikerin Enya. Der Song wurde im November 2000 veröffentlicht und eroberte schnell die Hitparaden in Kanada, Deutschland, Polen, der Schweiz, Österreich und später auch den USA.[23] Im Laufe des Jahres 2001 erschien „Only Time“ als Remix. Im September 2001 unterlegte der Nachrichtensender CNN Szenen des einstürzenden World Trade Centers mit „Only Time“. Der Song entwickelte sich daraufhin zur inoffiziellen Trauerhymne für die Opfer der Terroranschläge.[24] Das Stück wird aber auch gerne auf Beerdigungen und Gedenkveranstaltungen gespielt. Die melancholische und mystisch klingende Musik ist traurig-schön, der Text befasst sich mit dem Sinn des Lebens und bringt den Wunsch nach der Akzeptanz des Unvermeidlichen zum Ausdruck:

Who can say where the road goes,
Where the day flows?
Only time ...

---

21 https://www.bbc.com/news/entertainment-arts-42702781.

22 https://www.youtube.com/watch?v=eCuuEJK5crM.

23 https://en.wikipedia.org/wiki/Only_Time.

24 https://criminologia.de/2013/08/11-september-2001-musikalische-verarbeitung-eines-nationalen-traumas.

And who can say if your love grows,
As your heart chose?
Only time ...
Who can say why your heart sighs,
As your love flies?
Only time ...
And who can say why your heart cries,
When your love dies?
Only time ...
Who can say when the roads meet,
That love might be,
In your heart.
And who can say when the day sleeps,
The moon still keeps on moving
If the night keeps all your heart?
Night keeps all your heart...
Who can say if your love grows,
As your heart chose?
Only time ...
And who can say where the road goes,
Where the day flows?
Only time ...
Who knows?
Only time ...
Who knows?
Only time ...

Der Song hat durch die gelungene Verbindung von Melodie und Text erfolgreich zur Bewältigung des amerikanischen Traumas der Terroranschläge beigetragen und wird zu jedem Jahrestag gespielt.

IX. Twain Gotti: Ride Out (2009)[25]

Schließlich gibt es dafür, dass ein Musiker selbst – jedenfalls in den Augen der Justiz – der Täter ist und sein Verbrechen in einem Song verarbeitet hat, ein prominentes Beispiel. Im März 2009 lud der „Gangsta-Rapper" Twain Gotti (Antwain Donte Steward) auf seiner MySpace-Seite ein Videoclip hoch. Hierin schildert er, wie er einen Menschen würgt, grausam tötet und das Opfer anschließend verhöhnt:

Listen, walked to your boy and I approached him
12 midnight on his traphouse porch and
Everybody saw when I motherfuckin choked him
But nobody saw when I motherfuckin smoked him
Roped him, sharpened up the shank then I poked him

25 https://www.youtube.com/watch?v=h475BZDI3H0.

357 Smith & Wesson mean scoped him, roped him
Had me crackin up so I joked him, it's betweezy six feet ova
Told ya, fuck with my money I'll roast ya
...
And I come up in the renegade
I'ma bang til my fist start bleed and my hands start leaking
And bullets get to hittin' mane
We 'gon ride Tay
Like a trunk full of bricks on dubs and some 808s
Straight raw no soft goin' hard
Spark off set it off gettin' lost on the interstate
I'ma bang til my bricks sold out and my dubs fall off
And I come up in the renegade
I'ma bang til my fist start bleed and my hands start leaking
And bullets get to hittin' mane
...

Im Jahr 2011 fiel einem Polizisten infolge des Tipps eines Gefängnisinsassen auf, dass in dem Song ein unaufgeklärter Doppelmord beschrieben sein könnte, der rund vier Jahre zuvor in Newport News (Virginia) begangen worden war.[26] Am 10. Mai 2007 waren Christopher Horton (16) und Brian Dean (20) auf der Terrasse vor Hortons Apartment umgebracht worden. Horton wurde in die Brust geschossen, er starb noch am Tatort. Dean erlitt einen Kopfschuss, er erlag seinen Verletzungen tags darauf. In dem Song – der allerdings nur einen einzigen Mord schildert – offenbarte Twain Gotti nach Auffassung der Polizei Täterwissen. Hinzu kam, dass es am Tattag zum Streit zwischen Gotti und Horton gekommen war. Der Rapper war damals Mitglied einer Straßengang mit dem Namen „Wickyboyz" bzw. deren Nachfolgerin „MOR3SH3LLZ", während Horton der rivalisierenden Gang „Dump Squad" angehörte. Bei näherer Betrachtung entspricht aber im Songtext wohl nur der Tatort der Realität.[27]

Gotti wurde verhaftet und angeklagt, obwohl er vehement die Tat abstritt. In der Verhandlung ließ die Staatsanwaltschaft den Song nicht vor der Jury abspielen, sondern stützte sich ausschließlich auf Zeugenaussagen.[28] Denn zwischenzeitlich war eine Diskussion darüber entbrannt, ob Songs von Gangsta-Rappern

26 *Andreas Ross*, Gangsterlyrik vor Gericht, FAZ online vom 21.5.2014, https://www.faz.net/aktuell/gesellschaft/kriminalitaet/ganster-rapper-twain-gotti-wegen-mordes-angeklagt-12944842.html?printPagedArticle=true#pageIndex_0.

27 *Andreas Ross*, Wenn Rapper zu sehr gangstern, FAZ online vom 24.05.2014, https://www.faz.net/aktuell/gesellschaft/menschen/prozess-gegen-twain-gotti-wenn-rapper-zu-sehr-gangstern-12954984.html.

28 https://artsbeat.blogs.nytimes.com/2014/05/25/acquitted-of-murder-rapper-is-convicted-on-weapons-charge.

überhaupt verwertbar sind.[29] Gotti wurde schließlich im Mai 2014 verurteilt, aber nicht etwa wegen Doppelmordes, sondern nur wegen zweifachen Schusswaffeneinsatzes.[30] Hierbei dürfte es sich um ein „Kompromissurteil" handeln. Während einige Geschworene Gotti für schuldig hielten, gingen andere von seiner Unschuld aus. Als Kompromiss empfahl die Jury die Verurteilung wegen Waffendelikten zu 16 Jahren Haft. Dieser Empfehlung folgte der Richter.

X. Fazit

Obwohl die Auswahl der Songs unvollständig und subjektiv war, lassen sich m.E. einige interessante Aussagen treffen:

Sehr bekannte Musikstücke wurden von schweren Verbrechen inspiriert. Die Texte nehmen hierbei nicht nur die Täter-, sondern auch die Opfer-, Freundes- oder Beobachterperspektive ein. Den Künstlern geht es in aller Regel weniger darum, das Publikum zu unterhalten, sondern vielmehr wollen sie schwere Straftaten oder traumatische Ereignisse thematisieren, um die Zuhörer aufzurütteln und zum Nachdenken zu bringen oder um zu helfen, traumatische Ereignisse zu verarbeiten. Diese hehre Intention der Künstler wird allerdings nicht selten dadurch konterkariert, dass die Songs überhaupt nicht (mehr) mit Verbrechen in Verbindung gebracht werden. Die Ursachen dürften vielfältig sein: Einerseits wird der Text nicht richtig verstanden, weil er in einer fremden Sprache oder schwer verständlich ist. Andererseits kann eine fröhliche und eingängige Musik in die falsche Richtung weisen. Schließlich kann auch einem Song, der nicht durch ein Verbrechen inspiriert wurde, eine neue Bedeutung gegeben werden, wenn er eine aktuelle Stimmungslage perfekt widerspiegelt. Denn wenn Melodie und Text eine Einheit bilden, sind Songs in der Lage, zur Anprangerung von Missständen bzw. zur Verarbeitung von Verbrechen beizutragen und damit die ihnen zugedachte bzw. zugemessene Funktion zu erfüllen.

---

29 https://www.nytimes.com/2014/03/27/arts/music/using-rap-lyrics-as-damning-evidence-stirs-legal-debate.html.

30 https://theboombox.com/virginia-rapper-sentenced-16-years-prison.

Autorenverzeichnis

Bielecki, Alice Anna, Mgr., LL.M., geb. 1987, war von 2013 bis 2016 Wissenschaftliche Hilfskraft sowie Akademische Mitarbeiterin am Lehrstuhl für Strafrecht, Strafprozessrecht und Kriminologie der Europa-Universität Viadrina Frankfurt (Oder).

Halecker, Dela-Madeleine, Dr. iur., RA'in, geb. 1973, ist seit 2001 Akademische Mitarbeiterin am Lehrstuhl für Strafrecht, Strafprozessrecht und Kriminologie der Europa-Universität Viadrina Frankfurt (Oder).

Hirte, Markus, Dr. iur., geb. 1977, ist geschäftsführender Direktor des Mittelalterlichen Kriminalmuseums in Rothenburg ob der Tauber.

Hoffmann, Paul, geb. 1995, ist seit 2018 Wissenschaftliche Hilfskraft sowie Akademischer Mitarbeiter am Lehrstuhl für Strafrecht, Strafprozessrecht und Kriminologie der Europa-Universität Viadrina Frankfurt (Oder).

Melz, Joanna, Dr. iur., LL.M., geb. 1982, ist seit 2012 Akademische Mitarbeiterin am Lehrstuhl für Strafrecht, Strafprozessrecht und Kriminologie der Europa-Universität Viadrina Frankfurt (Oder).

Scheffler, Uwe, Prof. Dr. iur. Dr. phil., geb. 1956, ist seit 1993 Inhaber des Lehrstuhls für Strafrecht, Strafprozessrecht und Kriminologie der Europa-Universität Viadrina Frankfurt (Oder).

Schild, Wolfgang, Prof. Dr. iur., geb. 1946, ist emeritierter Professor für Strafrecht, Strafprozessrecht, Strafrechtsgeschichte und Rechtsphilosophie an der Universität Bielefeld.

Valerius, Brian, Prof. Dr. iur., geb. 1974, ist Inhaber des Lehrstuhls für Strafrecht, Strafprozessrecht und Medizinstrafrecht der Universität Bayreuth.

Waßmer, Paul Martin, Prof. Dr. iur. Dr. h.c., geb. 1966, ist Inhaber des Lehrstuhls für Strafrecht, Strafprozessrecht, Wirtschafts- und Steuerstrafrecht der Universität zu Köln.

Weyhrich, Lisa, geb. 1989, ist seit 2012 Studentische sowie Wissenschaftliche Hilfskraft am Lehrstuhl für Strafrecht, Strafprozessrecht und Kriminologie der Europa-Universität Viadrina Frankfurt (Oder).

Zielińska, Claudia, Mgr., LL.M., geb. 1986, war von 2013 bis 2020 Wissenschaftliche Hilfskraft sowie Akademische Mitarbeiterin am Lehrstuhl für Strafrecht, Strafprozessrecht und Kriminologie der Europa-Universität Viadrina Frankfurt (Oder).

Juristische Zeitgeschichte

Herausgeber: Prof. Dr. Dr. Dr. h.c. Thomas Vormbaum, FernUniversität in Hagen

Abteilung 1: Allgemeine Reihe

1 *Thomas Vormbaum (Hrsg.):* Die Sozialdemokratie und die Entstehung des Bürgerlichen Gesetzbuchs. Quellen aus der sozialdemokratischen Partei und Presse (1997)
2 *Heiko Ahlbrecht:* Geschichte der völkerrechtlichen Strafgerichtsbarkeit im 20. Jahrhundert (1999)
3 *Dominik Westerkamp:* Pressefreiheit und Zensur im Sachsen des Vormärz (1999)
4 *Wolfgang Naucke:* Über die Zerbrechlichkeit des rechtsstaatlichen Strafrechts. Gesammelte Aufsätze zur Strafrechtsgeschichte (2000)
5 *Jörg Ernst August Waldow:* Der strafrechtliche Ehrenschutz in der NS-Zeit (2000)
6 *Bernhard Diestelkamp:* Rechtsgeschichte als Zeitgeschichte. Beiträge zur Rechtsgeschichte des 20. Jahrhunderts (2001)
7 *Michael Damnitz:* Bürgerliches Recht zwischen Staat und Kirche. Mitwirkung der Zentrumspartei am Bürgerlichen Gesetzbuch (2001)
8 *Massimo Nobili:* Die freie richterliche Überzeugungsbildung. Reformdiskussion und Gesetzgebung in Italien, Frankreich und Deutschland seit dem Ausgang des 18. Jahrhunderts (2001)
9 *Diemut Majer:* Nationalsozialismus im Lichte der Juristischen Zeitgeschichte (2002)
10 *Bianca Vieregge:* Die Gerichtsbarkeit einer „Elite". Nationalsozialistische Rechtsprechung am Beispiel der SS- und Polizeigerichtsbarkeit (2002)
11 *Norbert Berthold Wagner:* Die deutschen Schutzgebiete (2002)
12 *Miloš Vec:* Die Spur des Täters. Methoden der Identifikation in der Kriminalistik (1879–1933), (2002)
13 *Christian Amann:* Ordentliche Jugendgerichtsbarkeit und Justizalltag im OLG-Bezirk Hamm von 1939 bis 1945 (2003)
14 *Günter Gribbohm:* Das Reichskriegsgericht (2004)
15 *Martin M. Arnold:* Pressefreiheit und Zensur im Baden des Vormärz. Im Spannungsfeld zwischen Bundestreue und Liberalismus (2003)
16 *Ettore Dezza:* Beiträge zur Geschichte des modernen italienischen Strafrechts (2004)
17 *Thomas Vormbaum (Hrsg.):* „Euthanasie" vor Gericht. Die Anklageschrift des Generalstaatsanwalts beim OLG Frankfurt/M. gegen Werner Heyde u. a. vom 22. Mai 1962 (2005)
18 *Kai Cornelius:* Vom spurlosen Verschwindenlassen zur Benachrichtigungspflicht bei Festnahmen (2006)
19 *Kristina Brümmer-Pauly:* Desertion im Recht des Nationalsozialismus (2006)
20 *Hanns-Jürgen Wiegand:* Direktdemokratische Elemente in der deutschen Verfassungsgeschichte (2006)
21 *Hans-Peter Marutschke (Hrsg.):* Beiträge zur modernen japanischen Rechtsgeschichte (2006)
22 *Katrin Stoll:* Die Herstellung der Wahrheit (2011)

23 *Thorsten Kurtz:* Das Oberste Rückerstattungsgericht in Herford (2014)
24 *Sebastian Schermaul:* Die Umsetzung der Karlsbader Beschlüsse an der Universität Leipzig 1819–1848 (2013)
25 *Minoru Honda:* Beiträge zur Geschichte des japanischen Strafrechts (2020)
26 *Michael Seiters:* Das strafrechtliche Schuldprinzip. Im Spannungsfeld zwischen philosophischem, theologischem und juridischem Verständnis von Schuld (2020)

Abteilung 2: Forum Juristische Zeitgeschichte

1 *Franz-Josef Düwell / Thomas Vormbaum (Hrsg.):* Themen juristischer Zeitgeschichte (1) – Schwerpunktthema: Recht und Nationalsozialismus (1998)
2 *Karl-Heinz Keldungs:* Das Sondergericht Duisburg 1943–1945 (1998)
3 *Franz-Josef Düwell / Thomas Vormbaum (Hrsg.):* Themen juristischer Zeitgeschichte (2) – Schwerpunktthema: Recht und Juristen in der Revolution von 1848/49 (1998)
4 *Thomas Vormbaum:* Beiträge zur juristischen Zeitgeschichte (1999)
5 *Franz-Josef Düwell / Thomas Vormbaum:* Themen juristischer Zeitgeschichte (3), (1999)
6 *Thomas Vormbaum (Hrsg.):* Themen juristischer Zeitgeschichte (4), (2000)
7 *Frank Roeser:* Das Sondergericht Essen 1942–1945 (2000)
8 *Heinz Müller-Dietz:* Recht und Nationalsozialismus – Gesammelte Beiträge (2000)
9 *Franz-Josef Düwell (Hrsg.):* Licht und Schatten. Der 9. November in der deutschen Geschichte und Rechtsgeschichte – Symposium der Arnold-Freymuth-Gesellschaft, Hamm (2000)
10 *Bernd-Rüdiger Kern / Klaus-Peter Schroeder (Hrsg.):* Eduard von Simson (1810–1899). „Chorführer der Deutschen" und erster Präsident des Reichsgerichts (2001)
11 *Norbert Haase / Bert Pampel (Hrsg.):* Die Waldheimer „Prozesse" – fünfzig Jahre danach. Dokumentation der Tagung der Stiftung Sächsische Gedenkstätten am 28. und 29. September in Waldheim (2001)
12 *Wolfgang Form (Hrsg.):* Literatur- und Urteilsverzeichnis zum politischen NS-Strafrecht (2001)
13 *Sabine Hain:* Die Individualverfassungsbeschwerde nach Bundesrecht (2002)
14 *Gerhard Pauli / Thomas Vormbaum (Hrsg.):* Justiz und Nationalsozialismus – Kontinuität und Diskontinuität. Fachtagung in der Justizakademie des Landes NRW, Recklinghausen, am 19. und 20. November 2001 (2003)
15 *Mario Da Passano (Hrsg.):* Europäische Strafkolonien im 19. Jahrhundert. Internationaler Kongreß des Dipartimento di Storia der Universität Sassari und des Parco nazionale di Asinara, Porto Torres, 25. Mai 2001 (2006)
16 *Sylvia Kesper-Biermann / Petra Overath (Hrsg.):* Die Internationalisierung von Strafrechtswissenschaft und Kriminalpolitik (1870–1930). Deutschland im Vergleich (2007)
17 *Hermann Weber (Hrsg.):* Literatur, Recht und Musik. Tagung im Nordkolleg Rendsburg vom 16. bis 18. September 2005 (2007)
18 *Hermann Weber (Hrsg.):* Literatur, Recht und (bildende) Kunst. Tagung im Nordkolleg Rendsburg vom 21. bis 23. September 2007 (2008)
19 *Francisco Muñoz Conde / Thomas Vormbaum (Hrsg.):* Transformation von Diktaturen in Demokratien und Aufarbeitung der Vergangenheit (2010)

20 *Kirsten Scheiwe / Johanna Krawietz* (Hrsg.): (K)Eine Arbeit wie jede andere? Die Regulierung von Arbeit im Privathaushalt (2014)
21 *Helmut Irmen:* Das Sondergericht Aachen 1941–1945 (2018)

Abteilung 3: Beiträge zur modernen deutschen Strafgesetzgebung. Materialien zu einem historischen Kommentar

1 *Thomas Vormbaum / Jürgen Welp (Hrsg.):* Das Strafgesetzbuch seit 1870. Sammlung der Änderungen und Neubekanntmachungen; fünf Textbände (1999–2017) und drei Supplementbände (2005, 2006)
2 *Christian Müller:* Das Gewohnheitsverbrechergesetz vom 24. November 1933. Kriminalpolitik als Rassenpolitik (1998)
3 *Maria Meyer-Höger:* Der Jugendarrest. Entstehung und Weiterentwicklung einer Sanktion (1998)
4 *Kirsten Gieseler:* Unterlassene Hilfeleistung – § 323c StGB. Reformdiskussion und Gesetzgebung seit 1870. (1999)
5 *Robert Weber:* Die Entwicklung des Nebenstrafrechts 1871–1914 (1999)
6 *Frank Nobis:* Die Strafprozeßgesetzgebung der späten Weimarer Republik (2000)
7 *Karsten Felske:* Kriminelle und terroristische Vereinigungen – §§ 129, 129a StGB (2002)
8 *Ralf Baumgarten:* Zweikampf – §§ 201–210 a.F. StGB (2003)
9 *Felix Prinz:* Diebstahl – §§ 242 ff. StGB (2003)
10 *Werner Schubert / Thomas Vormbaum (Hrsg.):* Entstehung des Strafgesetzbuchs. Kommissionsprotokolle und Entwürfe. Band 1: 1869 (2002); Band 2: 1870 (2004)
11 *Lars Bernhard:* Falsche Verdächtigung (§§ 164, 165 StGB) und Vortäuschen einer Straftat (§ 145d StGB), (2003)
12 *Frank Korn:* Körperverletzungsdelikte – §§ 223 ff., 340 StGB. Reformdiskussion und Gesetzgebung von 1870 bis 1933 (2003)
13 *Christian Gröning:* Körperverletzungsdelikte – §§ 223 ff., 340 StGB. Reformdiskussion und Gesetzgebung seit 1933 (2004)
14 *Sabine Putzke:* Die Strafbarkeit der Abtreibung in der Kaiserzeit und in der Weimarer Zeit. Eine Analyse der Reformdiskussion und der Straftatbestände in den Reformentwürfen (1908–1931), (2003)
15 *Eckard Voßiek:* Strafbare Veröffentlichung amtlicher Schriftstücke (§ 353d Nr. 3 StGB). Gesetzgebung und Rechtsanwendung seit 1851 (2004)
16 *Stefan Lindenberg:* Brandstiftungsdelikte – §§ 306 ff. StGB. Reformdiskussion und Gesetzgebung seit 1870 (2004)
17 *Ninette Barreneche†:* Materialien zu einer Strafrechtsgeschichte der Münchener Räterepublik 1918/1919 (2004)
18 *Carsten Thiel:* Rechtsbeugung – § 339 StGB. Reformdiskussion und Gesetzgebung seit 1870 (2005)
19 *Vera Große-Vehne:* Tötung auf Verlangen (§ 216 StGB), „Euthanasie" und Sterbehilfe. Reformdiskussion und Gesetzgebung seit 1870 (2005)
20 *Thomas Vormbaum / Kathrin Rentrop (Hrsg.):* Reform des Strafgesetzbuchs. Sammlung der Reformentwürfe. Band 1: 1909 bis 1919. Band 2: 1922 bis 1939. Band 3: 1959 bis 1996 (2008)

21 *Dietmar Prechtel:* Urkundendelikte (§§ 267 ff. StGB). Reformdiskussion und Gesetzgebung seit 1870 (2005)

22 *Ilya Hartmann:* Prostitution, Kuppelei, Zuhälterei. Reformdiskussion und Gesetzgebung seit 1870 (2006)

23 *Ralf Seemann:* Strafbare Vereitelung von Gläubigerrechten (§§ 283 ff., 288 StGB). Reformdiskussion und Gesetzgebung seit 1870 (2006)

24 *Andrea Hartmann:* Majestätsbeleidigung (§§ 94 ff. StGB a.F.) und Verunglimpfung des Staatsoberhauptes (§ 90 StGB). Reformdiskussion und Gesetzgebung seit dem 19. Jahrhundert (2006)

25 *Christina Rampf:* Hausfriedensbruch (§ 123 StGB). Reformdiskussion und Gesetzgebung seit 1870 (2006)

26 *Christian Schäfer:* „Widernatürliche Unzucht" (§§ 175, 175a, 175b, 182, a.F. StGB). Reformdiskussion und Gesetzgebung seit 1945 (2006)

27 *Kathrin Rentrop:* Untreue und Unterschlagung (§§ 266 und 246 StGB). Reformdiskussion und Gesetzgebung seit dem 19. Jahrhundert (2007)

28 *Martin Asholt:* Straßenverkehrsstrafrecht. Reformdiskussion und Gesetzgebung seit dem Ausgang des 19. Jahrhunderts (2007)

29 *Katharina Linka:* Mord und Totschlag (§§ 211–213 StGB). Reformdiskussion und Gesetzgebung seit 1870 (2008)

30 *Juliane Sophia Dettmar:* Legalität und Opportunität im Strafprozess. Reformdiskussion und Gesetzgebung von 1877 bis 1933 (2008)

31 *Jürgen Durynek:* Korruptionsdelikte (§§ 331 ff. StGB). Reformdiskussion und Gesetzgebung seit dem 19. Jahrhundert (2008)

32 *Judith Weber:* Das sächsische Strafrecht im 19. Jahrhundert bis zum Reichsstrafgesetzbuch (2009)

33 *Denis Matthies:* Exemplifikationen und Regelbeispiele. Eine Untersuchung zum 100-jährigen Beitrag von Adolf Wach zur „Legislativen Technik" (2009)

34 *Benedikt Rohrßen:* Von der „Anreizung zum Klassenkampf" zur „Volksverhetzung" (§ 130 StGB). Reformdiskussion und Gesetzgebung seit dem 19. Jahrhundert (2009)

35 *Friederike Goltsche:* Der Entwurf eines Allgemeinen Deutschen Strafgesetzbuches von 1922 (Entwurf Radbruch) (2010)

36 *Tarig Elobied:* Die Entwicklung des Strafbefehlsverfahrens von 1846 bis in die Gegenwart (2010)

37 *Christina Müting:* Sexuelle Nötigung; Vergewaltigung (§ 177 StGB) (2010)

38 *Nadeschda Wilkitzki:* Entstehung des Gesetzes über Internationale Rechtshilfe in Strafsachen (IRG) (2010)

39 *André Brambring:* Kindestötung (§ 217 a.F. StGB). Reformdiskussion und Gesetzgebung seit 1870 (2010)

40 *Wilhelm Rettler:* Der strafrechtliche Schutz des sozialistischen Eigentums in der DDR (2010)

41 *Yvonne Hötzel:* Debatten um die Todesstrafe in der Bundesrepublik Deutschland von 1949 bis 1990 (2010)

42 *Dagmar Kolbe:* Strafbarkeit im Vorfeld und im Umfeld der Teilnahme (§§ 88a, 110, 111, 130a und 140 StGB). Reformdiskussion und Gesetzgebung seit dem 19. Jahrhundert (2011)

43 *Sami Bdeiwi:* Beischlaf zwischen Verwandten (§ 173 StGB). Reform und Gesetzgebung seit 1870 (2014)

44 *Michaela Arnold:* Verfall, Einziehung und Unbrauchbarmachung (§§ 73 bis 76a StGB). Reformdiskussion und Gesetzgebung seit dem 19. Jahrhundert (2015)
45 *Andrea Schurig:* „Republikflucht" (§§ 213, 214 StGB/DDR). Gesetzgeberische Entwicklung, Einfluss des MfS und Gerichtspraxis am Beispiel von Sachsen (2016)
46 *Sandra Knaudt:* Das Strafrecht im Großherzogtum Hessen im 19. Jahrhundert bis zum Reichsstrafgesetzbuch (2017)
47 *Michael Rudlof:* Das Gesetz zur Strafbarkeit der geschäftsmäßigen Förderung der Selbsttötung (§ 217 StGB nF.) (2018)
48 *Karl Müller:* Steuerhinterziehung (§§ 370, 371 AO). Gesetzgebung und Reformdiskussion seit dem 19. Jahrhundert (2018)
49 *Katharina Kühne:* Die Entwicklung des Internetstrafrechts unter besonderer Berücksichtigung der §§ 202a–202c StGB sowie § 303a und § 303b StGB (2018)
50 *Benedikt Beßmann:* Das Strafrecht des Herzogtums Braunschweig im 19. Jahrhundert bis zum Reichsstrafgesetzbuch (2019)
51 *Josef Roth:* Die Entwicklung des Weinstrafrechts seit 1871 (2020)
52 *Arne Fischer*: Die Legitimität des Sportwettbetrugs (§ 265c StGB). Unter besonderer Berücksichtigung des „Rechtsguts" Integrität des Sports (2020)

Abteilung 4: Leben und Werk. Biographien und Werkanalysen

1 *Mario A. Cattaneo:* Karl Grolmans strafrechtlicher Humanismus (1998)
2 *Gerit Thulfaut:* Kriminalpolitik und Strafrechtstheorie bei Edmund Mezger (2000)
3 *Adolf Laufs:* Persönlichkeit und Recht. Gesammelte Aufsätze (2001)
4 *Hanno Durth:* Der Kampf gegen das Unrecht. Gustav Radbruchs Theorie eines Kulturverfassungsrechts (2001)
5 *Volker Tausch:* Max Güde (1902–1984). Generalbundesanwalt und Rechtspolitiker (2002)
6 *Bernd Schmalhausen:* Josef Neuberger (1902–1977). Ein Leben für eine menschliche Justiz (2002)
7 *Wolf Christian von Arnswald:* Savigny als Strafrechtspraktiker. Ministerium für die Gesetzesrevision (1842–1848), (2003)
8 *Thilo Ramm:* Ferdinand Lassalle. Der Revolutionär und das Recht (2004)
9 *Martin D. Klein:* Demokratisches Denken bei Gustav Radbruch (2007)
10 *Francisco Muñoz Conde:* Edmund Mezger – Beiträge zu einem Juristenleben (2007)
11 *Whitney R. Harris:* Tyrannen vor Gericht. Das Verfahren gegen die deutschen Hauptkriegsverbrecher nach dem Zweiten Weltkrieg in Nürnberg 1945–1946 (2008)
12 *Eric Hilgendorf (Hrsg.):* Die deutschsprachige Strafrechtswissenschaft in Selbstdarstellungen (2010)
13 *Tamara Cipolla:* Friedrich Karl von Strombeck. Leben und Werk – Unter besonderer Berücksichtigung des Entwurfes eines Strafgesetzbuches für ein Norddeutsches Staatsgebiet (2010)
14 *Karoline Peters:* J.D.H. Temme und das preußische Strafverfahren in der Mitte des 19. Jahrhunderts (2010)

15 *Eric Hilgendorf (Hrsg.):* Die ausländische Strafrechtswissenschaft in Selbstdarstellungen. Die internationale Rezeption des deutschen Strafrechts (2019)

16 *Hannes Ludyga:* Otto Kahn-Freund (1900–1979). Ein Arbeitsrechtler in der Weimarer Zeit (2016)

17 *Rudolf Bastuck:* Rudolf Wassermann. Vision und Umsetzung einer inneren Justizreform (2020)

18 *Eric Hilgendorf (Hrsg.)*: Die deutschsprachige Strafrechtswissenschaft in Selbstdarstellungen II (2021)

Abteilung 5: Juristisches Zeitgeschehen. Rechtspolitik und Justiz aus zeitgenössischer Perspektive

Mitherausgegeben von Gisela Friedrichsen („Der Spiegel") und RA Prof. Dr. Franz Salditt

1 *Diether Posser:* Anwalt im Kalten Krieg. Ein Stück deutscher Geschichte in politischen Prozessen 1951–1968. 3. Auflage (1999)

2 *Jörg Arnold (Hrsg.):* Strafrechtliche Auseinandersetzung mit Systemvergangenheit am Beispiel der DDR (2000)

3 *Thomas Vormbaum (Hrsg.):* Vichy vor Gericht: Der Papon-Prozeß (2000)

4 *Heiko Ahlbrecht / Kai Ambos (Hrsg.):* Der Fall Pinochet(s). Auslieferung wegen staatsverstärkter Kriminalität? (1999)

5 *Oliver Franz:* Ausgehverbot für Jugendliche („Juvenile Curfew") in den USA. Reformdiskussion und Gesetzgebung seit dem 19. Jahrhundert (2000)

6 *Gabriele Zwiehoff (Hrsg.):* „Großer Lauschangriff". Die Entstehung des Gesetzes zur Änderung des Grundgesetzes vom 26. März 1998 und des Gesetzes zur Änderung der Strafprozeßordnung vom 4. Mai 1998 in der Presseberichterstattung 1997/98 (2000)

7 *Mario A. Cattaneo:* Strafrechtstotalitarismus. Terrorismus und Willkür (2001)

8 *Gisela Friedrichsen / Gerhard Mauz:* Er oder sie? Der Strafprozeß Böttcher/Weimar. Prozeßberichte 1987 bis 1999 (2001)

9 *Heribert Prantl / Thomas Vormbaum (Hrsg.):* Juristisches Zeitgeschehen 2000 in der Süddeutschen Zeitung (2001)

10 *Helmut Kreicker:* Art. 7 EMRK und die Gewalttaten an der deutsch-deutschen Grenze (2002)

11 *Heribert Prantl / Thomas Vormbaum (Hrsg.):* Juristisches Zeitgeschehen 2001 in der Süddeutschen Zeitung (2002)

12 *Henning Floto:* Der Rechtsstatus des Johanniterordens. Eine rechtsgeschichtliche und rechtsdogmatische Untersuchung zum Rechtsstatus der Balley Brandenburg des ritterlichen Ordens St. Johannis vom Spital zu Jerusalem (2003)

13 *Heribert Prantl / Thomas Vormbaum (Hrsg.):* Juristisches Zeitgeschehen 2002 in der Süddeutschen Zeitung (2003)

14 *Kai Ambos / Jörg Arnold (Hrsg.):* Der Irak-Krieg und das Völkerrecht (2004)

15 *Heribert Prantl / Thomas Vormbaum (Hrsg.)*: Juristisches Zeitgeschehen 2003 in der Süddeutschen Zeitung (2004)

16 *Sascha Rolf Lüder:* Völkerrechtliche Verantwortlichkeit bei Teilnahme an „Peacekeeping"-Missionen der Vereinten Nationen (2004)

17 *Heribert Prantl / Thomas Vormbaum (Hrsg.)*: Juristisches Zeitgeschehen 2004 in der Süddeutschen Zeitung (2005)
18 *Christian Haumann:* Die „gewichtende Arbeitsweise" der Finanzverwaltung. Eine Untersuchung über die Aufgabenerfüllung der Finanzverwaltung bei der Festsetzung der Veranlagungssteuern (2008)
19 *Asmerom Ogbamichael:* Das neue deutsche Geldwäscherecht (2011)
20 *Lars Chr. Barnewitz:* Die Entschädigung der Freimaurerlogen nach 1945 und nach 1989 (2011)
21 *Ralf Gnüchtel:* Jugendschutztatbestände im 13. Abschnitt des StGB (2013)
22 *Helmut Irmen:* Stasi und DDR-Militärjustiz. Der Einfluss des MfS auf Militärjustiz und Militärstrafvollzug in der DDR (2014)
23 *Pascal Johann:* Möglichkeiten und Grenzen des neuen Vermögenschabschöpfungsrechts. Eine Untersuchung zur vorläufigen Sicherstellung und der Einziehung von Vermögen unklarer Herkunft (2019)
24 *Zekai Dağaşan:* Das Ansehen des Staates im türkischen und deutschen Strafrecht (2015)
25 *Camilla Bertheau:* Politisch unwürdig? Entschädigung von Kommunisten für nationalsozialistische Gewaltmaßnahmen. Bundesdeutsche Gesetzgebung und Rechtsprechung der 50er Jahre (2016)

Abteilung 6: Recht in der Kunst – Kunst im Recht

Mitherausgegeben von Prof. Dr. Gunter Reiß
und Prof. Dr. Anja Schiemann

1 *Heinz Müller-Dietz:* Recht und Kriminalität im literarischen Widerschein. Gesammelte Aufsätze (1999)
2 *Klaus Lüderssen (Hrsg.):* »Die wahre Liberalität ist Anerkennung«. Goethe und die Juris prudenz (1999)
3 *Bertolt Brecht:* Die Dreigroschenoper (1928) / Dreigroschenroman (1934). Mit Kommentaren von Iring Fetscher und Bodo Plachta (2001)
4 *Annette von Droste-Hülshoff:* Die Judenbuche (1842) / Die Vergeltung (1841). Mit Kommentaren von Heinz Holzhauer und Winfried Woesler (2000)
5 *Theodor Fontane:* Unterm Birnbaum (1885). Mit Kommentaren von Hugo Aust und Klaus Lüderssen (2001)
6 *Heinrich von Kleist:* Michael Kohlhaas (1810). Mit Kommentaren von Wolfgang Naucke und Joachim Linder (2000)
7 *Anja Sya:* Literatur und juristisches Erkenntnisinteresse. Joachim Maass' Roman „Der Fall Gouffé" und sein Verhältnis zu der historischen Vorlage (2001)
8 *Heiner Mückenberger:* Theodor Storm – Dichter und Richter. Eine rechtsgeschichtliche Lebensbeschreibung (2001)
9 *Hermann Weber (Hrsg.):* Annäherung an das Thema „Recht und Literatur". Recht, Literatur und Kunst in der NJW (1), (2002)
10 *Hermann Weber (Hrsg.):* Juristen als Dichter. Recht, Literatur und Kunst in der NJW (2), (2002)
11 *Hermann Weber (Hrsg.):* Prozesse und Rechtsstreitigkeiten um Recht, Literatur und Kunst. Recht, Literatur und Kunst in der NJW (3), (2002)

12 *Klaus Lüderssen:* Produktive Spiegelungen. 2., erweiterte Auflage (2002)

13 *Lion Feuchtwanger:* Erfolg. Drei Jahre Geschichte einer Provinz. Roman (1929). Mit Kommentaren von Theo Rasehorn und Ernst Ribbat (2002)

14 *Jakob Wassermann:* Der Fall Maurizius. Roman (1928). Mit Kommentaren von Thomas Vormbaum und Regina Schäfer (2003)

15 *Hermann Weber (Hrsg.):* Recht, Staat und Politik im Bild der Dichtung. Recht, Literatur und Kunst in der Neuen Juristischen Wochenschrift (4), (2003)

16 *Hermann Weber (Hrsg.):* Reale und fiktive Kriminalfälle als Gegenstand der Literatur. Recht, Literatur und Kunst in der Neuen Juristischen Wochenschrift (5), (2003)

17 *Karl Kraus:* Sittlichkeit und Kriminalität. (1908). Mit Kommentaren von Helmut Arntzen und Heinz Müller-Dietz (2004)

18 *Hermann Weber (Hrsg.):* Dichter als Juristen. Recht, Literatur und Kunst in der Neuen Juristischen Wochenschrift (6), (2004)

19 *Hermann Weber (Hrsg.):* Recht und Juristen im Bild der Literatur. Recht, Literatur und Kunst in der Neuen Juristischen Wochenschrift (7), (2005)

20 *Heinrich von Kleist:* Der zerbrochne Krug. Ein Lustspiel (1811). Mit Kommentaren von Michael Walter und Regina Schäfer (2005)

21 *Francisco Muñoz Conde / Marta Muñoz Aunión:* „Das Urteil von Nürnberg". Juristischer und filmwissenschaftlicher Kommentar zum Film von Stanley Kramer (1961), (2006)

22 *Fjodor Dostojewski:* Aufzeichnungen aus einem Totenhaus (1860). Mit Kommentaren von Heinz Müller-Dietz und Dunja Brötz (2005)

23 *Thomas Vormbaum (Hrsg.):* Anton Matthias Sprickmann. Dichter und Jurist. Mit Kommentaren von Walter Gödden, Jörg Löffler und Thomas Vormbaum (2006)

24 *Friedrich Schiller:* Verbrecher aus Infamie (1786). Mit Kommentaren von Heinz Müller-Dietz und Martin Huber (2006)

25 *Franz Kafka:* Der Proceß. Roman (1925). Mit Kommentaren von Detlef Kremer und Jörg Tenckhoff (2006)

26 *Heinrich Heine:* Deutschland. Ein Wintermährchen. Geschrieben im Januar 1844. Mit Kommentaren von Winfried Woesler und Thomas Vormbaum (2006)

27 *Thomas Vormbaum (Hrsg.):* Recht, Rechtswissenschaft und Juristen im Werk Heinrich Heines (2006)

28 *Heinz Müller-Dietz:* Recht und Kriminalität in literarischen Spiegelungen (2007)

29 *Alexander Puschkin:* Pique Dame (1834). Mit Kommentaren von Barbara Aufschnaiter/Dunja Brötz und Friedrich-Christian Schroeder (2007)

30 *Georg Büchner:* Danton's Tod. Dramatische Bilder aus Frankreichs Schreckensherrschaft. Mit Kommentaren von Sven Kramer und Bodo Pieroth (2007)

31 *Daniel Halft:* Die Szene wird zum Tribunal! Eine Studie zu den Beziehungen von Recht und Literatur am Beispiel des Schauspiels „Cyankali" von Friedrich Wolf (2007)

32 *Erich Wulffen:* Kriminalpsychologie und Psychopathologie in Schillers Räubern (1907). Herausgegeben von Jürgen Seul (2007)

33 *Klaus Lüderssen:* Produktive Spiegelungen: Recht in Literatur, Theater und Film. Band II (2007)

34 *Albert Camus:* Der Fall. Roman (1956). Mit Kommentaren von Brigitte Sändig und Sven Grotendiek (2008)

35 *Thomas Vormbaum (Hrsg.):* Pest, Folter und Schandsäule. Der Mailänder Prozess wegen „Pestschmierereien“ in Rechtskritik und Literatur. Mit Kommentaren von Ezequiel Malarino und Helmut C. Jacobs (2008)
36 *E. T. A. Hoffmann:* Das Fräulein von Scuderi – Erzählung aus dem Zeitalter Ludwigs des Vierzehnten (1819). Mit Kommentaren von Heinz Müller-Dietz und Marion Bönnighausen (2010)
37 *Leonardo Sciascia:* Der Tag der Eule. Mit Kommentaren von Gisela Schlüter und Daniele Negri (2010)
38 *Franz Werfel:* Eine blaßblaue Frauenschrift. Novelle (1941). Mit Kommentaren von Matthias Pape und Wilhelm Brauneder (2011)
39 *Thomas Mann:* Das Gesetz. Novelle (1944). Mit Kommentaren von Volker Ladenthin und Thomas Vormbaum (2013)
40 *Theodor Storm:* Ein Doppelgänger. Novelle (1886) (2013)
41 *Dorothea Peters:* Der Kriminalrechtsfall ‚Kaspar Hauser‘ und seine Rezeption in Jakob Wassermanns Caspar-Hauser-Roman (2014)
42 *Jörg Schönert:* Kriminalität erzählen (2015)
43 *Klaus Lüderssen:* Produktive Spiegelungen. Recht im künstlerischen Kontext. Band 3 (2014)
44 *Franz Kafka:* In der Strafkolonie. Erzählung (1919) (2015)
45 *Heinz Müller-Dietz:* Recht und Kriminalität in literarischen Brechungen (2016)
46 *Hermann Weber (Hrsg.):* Das Recht als Rahmen für Literatur und Kunst. Tagung im Nordkolleg Rendsburg vom 4. bis 6. September 2015 (2017)
47 *Walter Müller-Seidel:* Rechtsdenken im literarischen Text. Deutsche Literatur von der Weimarer Klassik zur Weimarer Republik (2017)
48 *Honoré de Balzac:* Eine dunkle Geschichte. Roman (1841). Mit Kommentaren von Luigi Lacchè und Christian von Tschilschke (2018)
49 *Anja Schiemann:* Der Kriminalfall Woyzeck. Der historische Fall und Büchners Drama (2018)
50 *E. T. A. Hoffmann:* Meister Floh. Ein Mährchen in sieben Abentheuern zweier Freunde (1822). Mit Kommentaren von Michael Niehaus und Thomas Vormbaum (2018)
51 *Bodo Pieroth:* Deutsche Schriftsteller als angehende Juristen (2018)
52 *Theodor Fontane:* Grete Minde. Nach einer altmärkischen Chronik (1880). Mit Kommentaren von Anja Schiemann und Walter Zimorski (2018)
53 *Britta Lange / Martin Roeber / Christoph Schmitz-Scholemann (Hrsg.):* Grenzüberschreitungen: Recht, Normen, Literatur und Musik. Tagung im Nordkolleg Rendsburg vom 8. bis 10. September 2017 (2019)
54 *Wolfgang Schild*: Richard Wagner *recht* betrachtet (2020)
55 *Uwe Scheffler u.a. (Hrsg.)*: Musik und Strafrecht. Ein Streifzug durch eine tönende Welt (2021)

Abteilung 7: Beiträge zur Anwaltsgeschichte

Mitherausgegeben von RA Dr. Dieter Finzel (†), RA Dr. Tilman Krach; RA Dr. Thomas Röth; RA Dr. Ulrich Wessels; Prof. Dr. Gabriele Zwiehoff

1 *Babette Tondorf:* Strafverteidigung in der Frühphase des reformierten Strafprozesses. Das Hochverratsverfahren gegen die badischen Aufständischen Gustav Struve und Karl Blind (1848/49), (2006)

2 *Hinrich Rüping:* Rechtsanwälte im Bezirk Celle während des Nationalsozialismus (2007)
3 *Dieter Finzel:* Geschichte der Rechtsanwaltskammer Hamm (2018)

Abteilung 8: Judaica

1 *Hannes Ludyga:* Philipp Auerbach (1906–1952). „Staatskommissar für rassisch, religiös und politisch Verfolgte" (2005)
2 *Thomas Vormbaum:* Der Judeneid im 19. Jahrhundert, vornehmlich in Preußen. Ein Beitrag zur juristischen Zeitgeschichte (2006)
3 *Hannes Ludyga:* Die Rechtsstellung der Juden in Bayern von 1819 bis 1918. Studie im Spiegel der Verhandlungen der Kammer der Abgeordneten des bayerischen Landtags (2007)
4 *Michele Sarfatti:* Die Juden im faschistischen Italien. Geschichte, Identität, Verfolgung (2014)

Abteilung 9: Beiträge zur modernen Verfassungsgeschichte

1 *Olaf Kroon: Die Verfassung von Cádiz (1812). Spaniens Sprung in die Moderne, gespiegelt an der Verfassung Kurhessens von 1831 (2019)*

FSC
www.fsc.org
MIX
Papier | Fördert
gute Waldnutzung
FSC® C083411

Kolibri 360 GmbH
Ferdinand-Jühlke-Straße 7
99095 Erfurt, Deutschland
produktsicherheit@kolibri360.de